Eine Arbeitsgemeinschaft der Verlage

Beltz Verlag Weinheim · Basel
Böhlau Verlag Köln · Weimar · Wien
Wilhelm Fink Verlag München
A. Francke Verlag Tübingen und Basel
Haupt Verlag Bern · Stuttgart · Wien
Lucius & Lucius Verlagsgesellschaft Stuttgart
Mohr Siebeck Tübingen
C. F. Müller Verlag Heidelberg
Ernst Reinhardt Verlag München und Basel
Ferdinand Schöningh Verlag Paderborn · München · Wien · Zürich
Eugen Ulmer Verlag Stuttgart
UVK Verlagsgesellschaft Konstanz
Vandenhoeck & Ruprecht Göttingen
Verlag Recht und Wirtschaft Frankfurt am Main
VS Verlag für Sozialwissenschaften Wiesbaden
WUV Facultas Wien

Einführungstexte Erziehungswissenschaft

Herausgegeben von Heinz-Hermann Krüger

Band 1
Einführung in die Erziehungswissenschaft

Winfried Marotzki, Arnd-Michael Nohl,
Wolfgang Ortlepp

Einführung
in die Erziehungswissenschaft

Springer Fachmedien Wiesbaden GmbH 2005

1. Auflage April 2005

Bibliografische Information Der Deutschen Bibliothek
Die Deutsche Bibliothek verzeichnet diese Publikation in der Deutschen
Nationalbibliografie; detaillierte bibliografische Daten sind im Internet über
<http://dnb.ddb.de> abrufbar.

Alle Rechte vorbehalten
© Springer Fachmedien Wiesbaden 2004
Ursprünglich erschienen bei VS Verlag für Sozialwissenschaften/GWV Fachverlage GmbH, Wiesbaden 2004

www.vs-verlag.de

 Das Werk einschließlich aller seiner Teile ist urheberrechtlich geschützt. Jede Verwertung außerhalb der engen Grenzen des Urheberrechtsgesetzes ist ohne Zustimmung des Verlags unzulässig und strafbar. Das gilt insbesondere für Vervielfältigungen, Übersetzungen, Mikroverfilmungen und die Einspeicherung und Verarbeitung in elektronischen Systemen.

Die Wiedergabe von Gebrauchsnamen, Handelsnamen, Warenbezeichnungen usw. in diesem Werk berechtigt auch ohne besondere Kennzeichnung nicht zu der Annahme, dass solche Namen im Sinne der Warenzeichen- und Markenschutz-Gesetzgebung als frei zu betrachten wären und daher von jedermann benutzt werden dürften.

ISBN 978-3-8100-3718-3   ISBN 978-3-663-08019-0 (eBook)
DOI 10.1007/978-3-663-08019-0

Satz: Beate Glaubitz. Redaktion und Satz. Leverkusen
Umschlaggestaltung: Atelier Reichert, Stuttgart

Editorial zu den Einführungstexten Erziehungswissenschaft

Die Reihe Einführungstexte der Erziehungswissenschaft in sechzehn Bänden ist so konzipiert, dass sie Studierenden in erziehungswissenschaftlichen Hauptfachstudiengängen an Universitäten und Fachhochschulen im Grundstudium sowie Lehramtsstudierenden eine Einführung in Geschichte, Grundbegriffe, theoretische Ansätze, Forschungsergebnisse, Institutionen, Arbeitsfelder, Berufsperspektiven und Studienorte der Pädagogik/Erziehungswissenschaften sowie der verschiedenen Studienschwerpunkte und Fachrichtungen geben soll. Die einzelnen Bände sind so strukturiert, dass sich sich als Grundlagentexte für einführende Lehrveranstaltungen eignen.

Die Lehrtextreihe umfasst 16 Bände:

1. Einführung in die Erziehungswissenschaft
2. Einführung in die Schulpädagogik und Didaktik
3. Einführung in die Sozialpädagogik/Sozialarbeit
4. Einführung in die Erwachsenenbildung
5. Einführung in die Sonderpädagogik
6. Einführung in die Berufspädagogik/Wirtschaftspädagogik
7. Einführung in die Pädagogische Psychologie
8. Einführung in die Soziologie der Bildung und Erziehung
9. Einführung in die Interkulturelle Pädagogik
10. Einführung in die Kultur- und Freizeitpädagogik
11. Einführung in die Medienpädagogik
12. Einführung in die Genderstudien
13. Einführung in die Vorschulpädagogik
14. Einführung in die Gesundheitspädagogik
15. Einführung in das Bildungs- und Sozialmanagement
16. Einführung in die Altenhilfe/Altenbildung

Die Bände 4, 8 und 12 sind bereits erschienen.. Alle weiteren Bände werden bis Ende 2005 erscheinen. Die Autorinnen und Autoren der sechzehn Bände sind von dem Herausgeber gebeten worden, folgende Aspekte bei der Texterstellung zu berücksichtigen:

1. Geschichte des Feldes und der Teildisziplinen
2. Grundbegriffe und Theorieansätze
3. Forschungsfelder, Forschungsthemen

4. Institutionen, Arbeitsfelder, Berufschancen für Absolventen
5. Studienorte, Studiertips
6. Thematisch sortierte Literaturempfehlungen

Es bleibt abschließend noch allen Autorinnen und Autoren, die Bände für die Reihe Einführungstexte Erziehungswissenschaft verfasst haben bzw. noch fertig stellen, für die bisherige produktive und reibungslose Kooperation zu danken.
    Mein besonderer Dank gilt Petra Essebier für die umsichtige und ausdauernde Mithilfe bei den vielfältigen Redaktionsarbeiten.

Heinz-Hermann Krüger
Martin-Luther-Universität Halle-Wittenberg

Inhaltsverzeichnis

Editorial zu den Einführungstexten Erziehungswissenschaft		5
1	**Einleitung**	9
2	**Pädagogische Handlungsfelder in Institutionen und Arenen**	15
2.1	Familie	17
2.2	Kindertagesstätte	27
2.3	Schule	36
2.4	Sozialpädagogische Arbeit	46
2.5	Betrieb, Weiter- und Erwachsenenbildung	54
2.6	Interkulturelle Bildung	63
3.	**„Adressaten" pädagogischer Prozesse**	73
3.1	Kind	73
3.2	Jugend	84
3.3	Erwachsene	91
3.4	Alte Menschen	98
4.	**Erziehungswissenschaftlich relevante Grundstrukturen und -prozesse**	107
4.1	Anthropologische Grundlagen	108
4.2	Biographie	114
4.3	Generation	121
4.4	Sozialisation	127
4.5	Erziehung	137

4.6	Lernen	146
4.7	Hilfe und Beratung	159
4.8	Bildung	166
5.	**Erziehungswissenschaftliche Forschung**	**173**
5.1	Grundlagen und unterschiedliche Ansätze der empirischen Forschung	174
5.2	Erziehungswissenschaft zwischen quantitativer und qualitativer Forschung	178
5.3	Erhebungs- und Auswertungsverfahren qualitativer Forschung	179
5.4	Wie lernt man forschen?	181
6.	**Literaturverzeichnis**	**183**
	Literatur zu Kapitel 1	183
	Literatur zu Kapitel 2	184
	Literatur zu Kapitel 3	193
	Literatur zu Kapitel 4	197
	Literatur zu Kapitel 5	206

1. Einleitung

„Die wissenschaftliche Pädagogik bleibt immer darauf angewiesen, daß sie den Sinngehalt einer historisch gegebenen Wirklichkeit gewahr wird, und daß sie verdeutlicht, wie pädagogisches Verhalten, Einrichtungen, Ordnungen, Lehren in diesen Sphären geistiger Seinserfahrung und Mitentscheidung sich bewegen und betroffen werden." Wilhelm Flitner ([1957/1966] 1989, S. 336) spricht in diesem Zitat nur aus, was für viele ErziehungswissenschaftlerInnen vor ihm und nach ihm selbstverständlich war und ist: Die pädagogische Reflexion muss sich der Signatur des gegenwärtigen Zeitalters vergewissern, um mit ihrer Arbeit beginnen zu können. Das ist nicht nur eine Angelegenheit empirischer Forschung, sondern hat auch etwas mit der Haltung zu tun, die man gegenüber seiner eigenen Epoche einnimmt, in den Worten Flitners: mit dem „Standortbewußtsein im Kampfgewühl der Zeit" (ebd.). Eine solche Zeitdiagnose ist in der Regel diskursiv, d.h. sie ist im Feld wissenschaftlicher und öffentlicher Auseinandersetzung strittig, wenngleich sich mehr oder minder deutliche Konturen abzeichnen, die mit bestimmten Schlagworten belegt werden: Industriegesellschaft, Dienstleistungsgesellschaft, postmoderne Gesellschaft etc. Weil im Flitnerschen Sinne eine solche Standortbestimmung unerlässlich ist, wollen auch wir in diesem Band, der Studierende in die akademische Disziplin der Erziehungswissenschaft einführen soll, mit einer solchen Standortbestimmung beginnen und damit unsere grundlegende Sichtweise auf die gegenwärtige Gesellschaft offen legen.

<small>Notwendigkeit der Zeitdiagnose für Erziehungswissenschaft</small>

Um jüngere Gesellschaftsentwicklungen zu beschreiben, ist seit Ende der 1990er Jahre der Begriff der „Wissensgesellschaft" populär geworden. Es ist zwar immer wieder festgestellt worden, dass im wissenschaftlichen Diskurs kein homogenes Konzept einer Wissensgesellschaft existiert (z.B. Stroß 2001, S. 89), trotzdem scheint diese Beschreibung mindestens im öffentlichen Diskurs tauglich, um einige charakteristische Entwicklungszüge der gegenwärtigen Gesellschaft zu skizzieren.

<small>Wissensgesellschaft</small>

Schon immer wussten die Menschen, dass Wissen wichtig ist. Nicht umsonst gibt es das Sprichwort: „Wissen ist Macht". Aber wie ist es zu erklären, dass von aktuellen gesellschaftlichen Trends behauptet wird, sie würden zeigen, dass wir auf dem „Weg in eine Wissensgesellschaft" seien? Die These der „Dienstleistungsgesellschaft" konnte sich auf den Sachverhalt berufen, dass die Dienstleistungsarbeit auf Kosten der klassischen industriellen Güterproduktion immer mehr ansteigt. Mittlerweile arbeiten fast zwei Drittel aller Beschäftigten im Dienstleistungssektor (vgl. Deutscher Bundestag 2002, S. 260). Die eigentliche Legitimation

<small>Gesellschaftliche Bedeutung des Wissens</small>

für die Bezeichnung „Wissensgesellschaft" scheint aber darin zu liegen, „dass wissenschaftliches Wissen auf fast allen Gebieten des Lebens eine einflussreichere Rolle spielt" (Stehr 1994, S. 16). Der Einfluss von Wissenschaft und Technik wird größer, reicht sozusagen bis in den kleinsten Winkel der Lebenswelten hinein. Die Formen des Wissens wie auch die Formen des Wissenserwerbs bzw. der Wissensvermittlung in den klassischen institutionalisierten Lernfeldern, beispielsweise der Schule (vgl. Kap. 2.3), bleiben davon natürlich nicht unberührt.

Wissen als Produktionsfaktor

In ökonomischer Perspektive gilt Wissen inzwischen als vierter – und zudem bedeutendster – Produktionsfaktor neben Arbeit, Kapital und Natur. In einigen volkswirtschaftlichen Bereichen wird davon ausgegangen, dass 70 bis 80 Prozent des wirtschaftlichen Wachstums auf neues oder verbessertes Wissen zurückgeführt werden könne. Das heißt, die Bedeutung des Wissens für eine Volkswirtschaft wie auch für den Einzelnen hat zugenommen. „Die Erzeugung und Verteilung von Wissen werden künftig eine vorrangige Bedeutung in der Wertschöpfung und im gesellschaftlichen Bewußtsein einnehmen. Die Zukunft gehört der Wissensverarbeitung, den hochqualifizierten Tätigkeiten." (Deutscher Bundestag 2002, S. 260) Das schlägt sich dann auch in der Verteilung der Beschäftigten nieder: Immer mehr Menschen sind in Berufen und Jobs tätig, in denen die Generierung, Aufbereitung, Präsentation und Zirkulation von Wissen im Vordergrund steht, so dass Hellmut Willke bereits von einem neuen Typ des Arbeiters spricht: vom „Wissensarbeiter" (Willke 1999).

Erziehungswissenschaftliche Diskussion zur Wissensgesellschaft

Innerhalb der Erziehungswissenschaft ist die Frage, ob diese Zeitdiagnose zutreffend ist und was daraus folgt, durchaus kontrovers diskutiert worden (allgemein: Höhne 2003; für die Sozialpädagogik: Homfeldt/Schulze-Krüdener 2000; für die Erwachsenenbildung: Nolda 2001). Mag sein, dass die Signaturen der Wissensgesellschaft und des Wissensarbeiters etwas überzeichnet sind. Sie stellen keine scharfen Begriffe dar, sondern entfalten allenfalls eine gewisse metaphorische Kraft. Sie zeigen gleichsam bildlich, in welche Richtung sich die Gesellschaft entwickeln wird: Die heranwachsende Generation wächst in eine Gesellschaft hinein, in der Arbeit überwiegend nur auf hohem Qualifikationsniveau zu haben sein wird. Dass dieses enorme Folgen für Fragen der sozialen Struktur einer Gesellschaft haben wird, liegt auf der Hand. Dieses hohe Qualifikationsniveau muss, das sagt beispielsweise das Schlagwort des „lebenslangen Lernens", ständig erhalten und erweitert werden. Insofern ist die Wissensgesellschaft auch eine Lerngesellschaft und deshalb ist auch deutlich, was diese Debatte um die Wissensgesellschaft mit Pädagogik und Erziehungswissenschaft zu tun hat: Das Bildungssystem steht vor der Aufgabe, Unterstützung und Hilfe zur Wissensbewältigung während des gesamten Lebenslaufs zu gewähren. In der Erziehungswissenschaft geht es ja darum, die nachfolgende Generation durch Prozesse der Erziehung, des Lernens und der Bildung in diese Gesellschaft einzuführen. Ob und wie das gelingt, davon sind die Lebenschancen dieser nachfolgenden Generation elementar abhängig.

Wissen versus Information

Wir können im Rahmen dieser Einleitung natürlich nicht sehr tief in die Debatte um die Wissensgesellschaft einsteigen, möchten aber zumindest andeuten, dass Wissen nicht identisch ist mit Information, und das hat – erziehungswissenschaftlich gesehen – weitreichende Konsequenzen. Die Redeweise von der Informationsgesellschaft stellte auf der Grundlage der Beobachtung des rapiden

Informationsanstiegs infolge der Verbreitung neuer Informationstechnologien die Problematik der Datenverarbeitung und des Datentransfers in den Vordergrund. Es wurde nach der Infrastruktur für effektive Informationsverbreitung, nach der Produktion und Verarbeitung von Information und nach der Bedeutung von (neuen) Zeichensystemen für die Formation von Gesellschaften gefragt. Die Ersetzung des Begriffs „Information" durch den Begriff „Wissen" hat – bei aller noch vorhandenen Unschärfe des Begriffs – den Vorteil, dass dadurch das einzelne Individuum stärker in den Blick gerät. Aus Informationen wird Wissen dann, wenn sie von Menschen aufgenommen, in Zusammenhänge (Kontexte) eingeordnet, bewertet und auf zu lösende Probleme bezogen werden. Wissen ist sozusagen situierte Information, die auf soziale Akteure und soziale Handlungen im weitesten Sinne bezogen wird. So setzt einer der „Väter" der Debatte um Wissensgesellschaft, Nico Stehr, Wissen mit Handlungsfähigkeit gleich (vgl. Stehr 1994, S. 208). Soziale Handlungen sind eingebettet in eine soziale Gemeinschaft, in eine Kultur bzw. eine Gesellschaft. Insofern kann mit Stehr auch gesagt werden, dass der Wissensprozess in der „Teilnahme an den kulturellen Ressourcen der Gesellschaft" (Stehr 1994, S. 205) besteht. Die Fähigkeit zur Teilhabe (Methexis) und zur aktiven Teilnahme (Partizipation) an der jeweiligen Kultur setzt soziales Handeln voraus, aber auch die Fähigkeit, sich zu orientieren.

Diese kursorischen Ausführungen sollen verdeutlichen, dass unseres Erachtens aus dem skizzierten zeitdiagnostischen Befund zwei Grundkoordinaten abzuleiten sind:

Bei fast allen Beteiligten, die sich zustimmend oder kritisch zu der Frage geäußert haben, ob es richtig ist, gegenwärtige Gesellschaftsentwicklungen mit dem Begriff der Wissensgesellschaft zu bezeichnen, herrscht erstens Einigkeit darüber, wie es zu dieser Dynamik kommt: Der Grund liegt in der exponentiellen Verbreitung moderner Informationstechnologien, insbesondere des Internet. Diese Entwicklung erzwingt eine intensive Reflexion auf die Rejustierung des Verhältnisses von Mensch und Technik (vgl. Kap. 4.1). Die Frage, wie Menschen Wissen aufbauen, ist in der heutigen Zeit nicht mehr zu trennen von medialen und technischen Szenarien (vgl. Aufenanger 2001).

Expansion neuer Informationstechnologien

Die Folgen der sich anbahnenden Gesellschaftsveränderungen sind zweitens gleichsam in den letzten Schichten der Lebenswelt der Menschen spürbar. Diese müssen angesichts der medial vermittelten Informationsvielfalt Wissen für sich aufbauen, um handeln und um sich orientieren zu können. Es ist in der Debatte um die Wissensgesellschaft immer wieder darauf hingewiesen worden, dass als eine elementare Folge dieser Entwicklungen immer mehr Verantwortung auf die einzelnen Menschen abgewälzt wird (vgl. beispielsweise Höhne 2003, S. 62ff.). Das bedeutet, dass die biographische Orientierungsleistung steigen muss. Das wird durch die klassische Formel der „Biographisierung des Lebens" (vgl. Kap. 4.2) zum Ausdruck gebracht.

Biographisierung

Diese beiden Koordinaten, nämlich die integrale Bedeutung neuer Informationstechnologien und die Biographisierung des Lebens, stecken für uns ein Thematisierungsfeld ab, das uns geeignet erscheint, Studierende in die Erziehungswissenschaft einzuführen. Das bedeutet nicht, dass die zu behandelnden Themen auf diese Koordinaten reduziert werden; vielmehr werden wir die Vielfalt der Themen mit diesen Grundkoordinaten in Beziehung setzen.

Klassische Thematisierungsformen pädagogischer Fragestellungen

In der Geschichte der Erziehungswissenschaft finden sich unterschiedliche Ansätze, pädagogische Fragestellungen zu thematisieren. Schon immer haben Menschen über ihren Umgang mit der nachwachsenden Generation nachgedacht; Pädagogisches gehörte zu den Themengebieten u.a. der Philosophie, Politik und Theologie. Zur Wissenschaft avancierte die Pädagogik aber erst im Jahre 1779, als die Pädagogik zur eigenständigen universitären Disziplin zu werden begann. In der Folgezeit entwickelten sich unterschiedliche erziehungswissenschaftliche Ansätze, auf deren Merkmale wir in diesem Band allerdings nicht näher eingehen können (siehe hierzu Harney/Krüger 1997 u. Krüger 1997). Es lassen sich jedoch, wenngleich grob vereinfachend, zwei klassische Thematisierungsformen pädagogischer Fragestellungen unterscheiden.

Geisteswissenschaftliche Pädagogik

Bis in die 1960er Jahre wurde Erziehungswissenschaft vornehmlich als eine universitäre Disziplin verstanden, die sich mit der hermeneutischen Auslegung ihrer eigenen akademischen Diskurse befasste. Zwar hatte auch dieser erziehungswissenschaftliche Ansatz einen Bezug zur pädagogischen Praxis, doch war dieser Bezug nicht systematisch und konstitutiv für die Disziplin. Man legte die Werke der erziehungswissenschaftlichen Klassiker (z.B. den „Émile" von J.-J. Rousseau) aus, fand aber jenseits der Klassikerexegese keinen wissenschaftlich kontrollierten Zugang zu pädagogischen Prozessen. Obwohl sich in diesem Ansatz viele Binnendifferenzen zeigen lassen, wird er häufig als „geisteswissenschaftliche Pädagogik" bezeichnet. Der geisteswissenschaftliche Ansatz ist auch heute noch für die Erziehungswissenschaft wichtig, weil er in grundlagentheoretischer Hinsicht unverzichtbare Impulse beizusteuern hat.

Empirisch-sozialwissenschaftlicher Ansatz

Im Unterschied dazu ist es für den sozialwissenschaftlichen Ansatz in der Erziehungswissenschaft konstitutiv, einen systematisch-methodischen Zugang zur pädagogischen Praxis im Besonderen und zu pädagogisch relevanten Prozessen des Alltags im Allgemeinen zu finden. Spätestens seit den 1960er Jahren konnten sich in der Erziehungswissenschaft Verfahren etablieren, mit denen man empirische, d.h. erfahrungsbezogene Daten zur pädagogischen Praxis erheben und auswerten konnte. Zum Beispiel ließ sich in systematischer Form zeigen, ob und wenn ja welcher Zusammenhang zwischen sozialer Herkunft und Schulerfolg besteht.

Quantifizierende versus qualitative empirische Verfahren

Innerhalb der Verfahren zur Gewinnung und Auswertung empirischer Daten können noch einmal zwei Ansätze unterschieden werden: Die quantifizierenden, Hypothesen überprüfenden Verfahren einerseits und die qualitativen, Hypothesen und Theorien generierenden Verfahren andererseits (vgl. Kap. 5). Die Autoren dieses Bandes rechnen sich eher dem qualitativen Ansatz der empirischen Forschung zu, lassen sich mit ihm doch besonders gut jene Fragestellungen untersuchen, die mit Biographien und neuen Medien in der Wissensgesellschaft verknüpft sind.

Kombination von empirischer Forschung und grundlagentheoretischer Reflexion

Allerdings ordnen wir uns nicht alleine dem sozialwissenschaftlich-empirischen Ansatz innerhalb der Erziehungswissenschaft zu. Denn eine ausschließlich empirische Erforschung pädagogischer Praxis und pädagogisch relevanter Prozesse des Alltags würde zu einer Vernachlässigung der Grundbegriffe und -fragestellungen unserer Disziplin führen. Wir ziehen es demgegenüber vor, die empirisch-sozialwissenschaftliche Forschung mit der grundlagentheoretisch-philosophischen Reflexion zu kombinieren; die Arbeit an den Grundbegriffen und

-fragestellungen der Erziehungswissenschaft geht dann einher mit der empirischen Untersuchung pädagogischer Prozesse. Dieses reflexive Verhältnis zwischen Theorie und Empirie (vgl. hierzu Marotzki 1990 u. Nohl 2004) bietet die Chance, die pädagogische Profession und ihre Praxis eng mit der Erziehungswissenschaft als akademischer Disziplin zu verknüpfen.

Der Ansatz, empirisch-sozialwissenschaftliche Forschung mit grundlagentheoretisch-philosophischer Reflexion zu verbinden, strukturiert dieses Einführungsbuch. In den vier folgenden Kapiteln und ihren einzelnen Abschnitten gehen wir sowohl auf die theoretischen Diskurse zum jeweiligen Thema als auch auf empirische, meist qualitative Studien ein, die sich mit den entsprechenden Fragestellungen befassen. Unseren Leserinnen und Lesern möchten wir auf diese Weise einen Einblick darin bieten, auf welch unterschiedliche, theoretische wie empirische Weise pädagogische Probleme von der Erziehungswissenschaft thematisiert und bearbeitet werden können. Als pädagogisch bzw. als Pädagogik bezeichnen wir dabei die Profession und ihre Praxis; wo pädagogische Profession und Praxis wissenschaftlich thematisiert werden, sprechen wir vornehmlich von Erziehungswissenschaft. *Zur Struktur des Buches*

Um den systematischen Bezug der Erziehungswissenschaft zur pädagogischen Profession und ihrer Praxis von vorneherein deutlich zu machen, beginnen wir diesen Einführungsband mit einer Darstellung der wesentlichen pädagogischen Handlungsfelder in Institutionen und sozialen Arenen (Kapitel 2). Am Beispiel von Institutionen (wie u.a. der Schule) und von offeneren, im Entstehen begriffenen sozialen Arenen (wie z.B. der interkulturellen Bildung) zeigen wir, wie sich die pädagogische Profession in ihren unterschiedlichen praktischen Handlungsfeldern entfaltet und wie diese pädagogische Praxis von der Erziehungswissenschaft reflektiert wird. *Kapitel 2*

Einige dieser Handlungsfelder haben ihren Ursprung in der pädagogischen Beschäftigung mit Menschen, die noch nicht erwachsen sind. Dass Pädagogik einmal als Wissenschaft vom Aufwachsen des Menschen konzipiert war, darauf weist ja schon ihr Name hin, der auf das griechische Wort für „die Führung des Knaben zur Schule" („paideia") zurückgeht. Doch ist Erziehungswissenschaft heute nicht mehr auf die jüngeren Menschen beschränkt, sondern bezieht sich auf alle Altersgruppen. In Kapitel 3 gehen wir auf diese Adressaten der Pädagogik ein und unterscheiden sie nach ihrem Lebensalter. *Kapitel 3*

In Bezug auf die Adressaten kommen in den pädagogischen Handlungsfeldern erziehungswissenschaftlich relevante Grundstrukturen und -prozesse zum Tragen, die wir in Kapitel 4 eigens beleuchten möchten. Während die pädagogischen Handlungsfelder wie auch ihre Adressaten offen sichtbar sind und damit für den Beobachter/die Beobachterin unmittelbar (be)greifbar erscheinen, sind die erziehungswissenschaftlichen Grundstrukturen und -prozesse eher unterschwellig und ‚versteckt'. Um sie zu sehen, muss man sie erst thematisieren. Und dann wird man erkennen, von welch hoher Bedeutung Grundstrukturen (wie etwa die Anthropologie oder Biographie) und Grundprozesse (wie z.B. Lernen und Bildung) für die Pädagogik als Profession und für die Erziehungswissenschaft sind. *Kapitel 4*

Wie bereits angedeutet, werden in diesem Einführungsband Theorie und Empirie eng miteinander verknüpft. Nachdem in den Kapiteln 2, 3 und 4 immer *Kapitel 5* wieder auf beispielhafte empirische, vor allem qualitative Untersuchungen zu den jeweiligen Themen eingegangen worden ist, soll das Kapitel 5 die Ansätze und Verfahren der erziehungswissenschaftlichen Forschung selbst ausleuchten. Die Leserinnen und Leser werden hier die zentralen Unterschiede zwischen dem qualitativen und dem quantitativen Forschungsansatz wie auch einige Verfahren der Datenerhebung und -auswertung kennen lernen.

Diesem Einführungsband haben wir den geschilderten Aufbau aus systematischen Gründen gegeben. Mit den pädagogischen Handlungsfeldern zu beginnen (Kapitel 2), dann die Adressaten (Kapitel 3) und die erziehungswissenschaftlichen Grundstrukturen und -prozesse (Kapitel 4) zu thematisieren, um schließlich auf erziehungswissenschaftliche Forschung (Kapitel 5) einzugehen, gibt uns die Möglichkeit, den Bezug der Erziehungswissenschaft als akademischer Disziplin zur Pädagogik als Profession deutlich zu machen. Wenn der Beginn mit den konkreten Handlungsfeldern und die allmähliche Hinführung zu den eher abstrakten Grundstrukturen und -prozessen sowie der Forschung zugleich die Lektüre unseres Buches erleichtert, wird dies uns freuen. Wir wünschen allen LeserInnen eine zum Nachdenken anregende und Ihrem Studium nützliche Lektüre!

Winfried Marotzki
Arnd-Michael Nohl
Wolfgang Ortlepp

2 Pädagogische Handlungsfelder in Institutionen und Arenen

Unter pädagogischen Institutionen verstehen wir im engeren Sinne sämtliche Institutionen, in denen durch entsprechend ausgebildete Personen pädagogische Prozesse gestaltet werden. Dieses pädagogische Handeln kann auf Zusammenhänge gerichtet sein, die Lernen, Lehren, Bilden, Erziehen, Beraten, Helfen usw. betreffen.

Pädagogische Institutionen

Institutionen sind historisch-situierte und rechtlich kodifizierte Beziehungsformen in einer Gesellschaft. In Institutionen sind typisierte und normierte Orientierungsmuster sozialer Handlungszusammenhänge generalisiert und zumeist in Form von Gesetzen (z.B. die grundgesetzliche Verankerung der Familie) und/ oder Verordnungen bzw. Verwaltungsvorschriften (z.B. Schulverwaltung) festgelegt. Mit dieser Definition von Institution ist zugleich darauf verwiesen, dass der Kreis pädagogischer Institutionen nicht für immer festgelegt ist, sondern sich im Laufe der Geschichte verändern kann.

Die Entwicklung von Gesellschaften kann institutionenbezogen betrachtet werden: In gesellschaftlichen Teilbereichen hängt die Steigerung sozialer Ordnung in vielen Fällen von einer zunehmenden Institutionalisierung ab.

Ein Beispiel für Institutionalisierung ist die Herausbildung des öffentlichen Schulwesens im 18. und 19. Jahrhundert: Vor der Gründung des Deutschen Reiches im Jahre 1871 unterlag der Schulbesuch noch starken regionalen und sozialen Schwankungen. Es gab beispielsweise kirchliche Sonntagsschulen und andere Bekenntnisschulen, deren Schulbesuch nicht geregelt war. Kinder vermögender Stände erhielten überwiegend Privatunterricht. Die regionale Verschiedenheit ersieht man daran, dass seit 1717 in Preußen die allgemeine Schulpflicht galt, in anderen deutschen Staaten noch nicht. Erst 1871 wurde die allgemeine Schulpflicht für das ganze damalige Deutschland eingeführt und damit ein entscheidender Schritt zur Institutionalisierung des Schulwesens getan.

Beispiel für Institutionalisierung Entwicklung des Schulwesens

Pädagogische Handlungsfelder können aber auch schwach institutionell strukturiert sein. Der Bereich der sozialen Arbeit enthält beispielsweise neben stark institutionalisierten Handlungsfeldern wie der Tätigkeit in einer Schuldnerberatungsstelle auch Arbeitsfelder, denen eine solche Institutionalisierung (noch) fehlt: Beispielsweise ist die zentrale Tätigkeit von Streetworkern, nämlich mit Jugendlichen in deren sozialen Aktionsräumen, etwa auf der Straße, Kontakt aufzunehmen, kaum durch institutionelle Beziehungsformen geprägt.

Soziale Arenen

Diese neuen Handlungsfelder, die noch nicht so stark durch pädagogische Institutionen strukturiert sind, haben in den letzten Jahrzehnten stark zugenom-

„Entgrenzung des Pädagogischen"

15

men, so dass auch von einer „Entgrenzung des Pädagogischen" (Lüders/Kade/Hornstein 2002) gesprochen wird: In zunehmendem Maße lasse sich pädagogische Handlungspraxis auch außerhalb der Institutionen, d.h. in den Bereichen des Alltags, finden.

Sicherlich war es immer Konsens, dass gesellschaftliche Bereiche außerhalb des institutionalisierten Terrains der Pädagogik einen Einfluss auf Erziehung, Lernen und Bildung haben, dennoch war der eigentliche Fokus der empirischen Forschung, der Theoriebildung und der Praxisverbesserung traditionellerweise institutioneller und professioneller Art, also auf die Institutionen der Pädagogik und auf die dort Tätigen gerichtet. Dass das Fernsehen beispielsweise als „geheimer Miterzieher" (vgl. Scarbath/Straub 1986) bezeichnet wird, drückt die Einschätzung der Erziehungswissenschaft aus, dass hier eher zufällige und problematische Einflüsse auf das „Kerngeschäft" der Pädagogik wirken. Medien wirken eben nur am pädagogischen Geschehen *mit*.

Beispiel: Medien als Agenten des Pädagogischen

Was ist aber, wenn Medien – inklusive neuer Informationstechnologien – zu eigenständigen Agenten der Sozialisation, des Lernens und der Bildung werden und die klassischen pädagogischen Institutionen an diesem „Geschäft" nur *mitwirken*? Was ist, wenn Menschen in immer stärkerem Maße das, was sie zum Leben und Arbeiten brauchen, nicht mehr in den klassischen pädagogischen Institutionen lernen?

Lüders, Kade und Hornstein erläutern die mit dieser Tendenz verknüpfte Debatte folgendermaßen: „Die Entgrenzung des pädagogischen Feldes relativiert die Bedeutung der pädagogischen Strukturierung von Aneignung durch die pädagogische Profession und bringt sie in Konkurrenz zu anderen sich gesellschaftlich entwickelnden Formen pädagogischer Vermittlung, z.B. massenmedialen, aber auch lebensweltlichen Vermittlungsformen" (Lüders/Kade/Hornstein 2002, S. 214). Eine direkte Folge dieser Tendenz besteht darin, dass – negativ formuliert – die klassische institutionell und professionsorientierte Pädagogik Konkurrenz bekommen hat bzw. – positiv formuliert – sich neue Handlungsfelder für PädagogInnen jenseits der klassischen Institutionen eröffnet haben.

Definition soziale Arenen

Soweit diese neuen Handlungsfelder erst im Entstehen begriffen, ihre Grenzen und ihr Kern also noch völlig unscharf sind, bezeichnen wir sie als soziale Arenen. Eine soziale Arena zeichnet sich nach Anselm Strauss (1916-1996) nicht durch räumliche Grenzen oder eine offizielle Mitgliedschaft aus, sondern durch ihren fluiden und schnelllebigen Charakter (vgl. Strauss 1993). Eine soziale Arena ist ein Kommunikationszusammenhang, der sich aus der Partizipation an bestimmten gesellschaftlichen Aktivitäten heraus konstituiert.

Innerhalb dieses Kommunikationszusammenhangs der sozialen Arena werden Bedeutungen ausgehandelt, hervorgehoben oder abgewertet. Über die teilnehmenden Personen fließen Bedeutungen, Meinungen und Interessen anderer, nicht sichtbarer bzw. abwesender Beteiligter in diese Debatte ein. Sie werden von den Anwesenden mit berücksichtigt und ihre Standpunkte reflektiert. Die Grenzen dieser sozialen Arenen werden nur durch die Aktivitäten ihrer Teilnehmer bestimmt und sind unscharf. Sie bedürfen zunächst nur einer geringen Organisation.

Soziale Arenen können zu Vorläufern von sozialen Organisationen werden, wenn ihre Debatten voraussetzungsreicher werden und die Teilnahmevoraussetzungen zunächst erworben werden müssen. Durch ein dann notwendiges Regelwerk, bspw. in Form einer Ausbildung, verfestigen sich soziale Arenen. Sie verlieren dadurch an Flexibilität, offizielle Mitgliedschaften werden notwendig. Der langsame Prozess der Institutionalisierung beginnt.

Soziale Arenen sind also relativ neue Handlungsfelder einer Gesellschaft, in denen sich noch nicht richtig herausgestellt hat, wie die bestehenden Probleme interpretiert und gemeinsam am besten gelöst werden können. Die sich in diesen Arenen herstellende soziale Ordnung folgt (noch) nicht der Logik von Institutionalisierungen. Entsprechend neu sind dann auch die Formen von Lernen, Beraten und Bildung, die dort stattfinden. Über Lösungen wird (häufig) auf basisdemokratischer Grundlage gestritten und infolgedessen bilden sich komplexe Aushandlungsordnungen und -arrangements aus. Beispiele hierfür können in Bürgerbewegungen, Selbsthilfegruppen oder in bestimmten Vergemeinschaftungsformen im Cyberspace gefunden werden. *Soziale Arenen als neue (pädagogische) Handlungsfelder*

Betrachtet man die Handlungsfelder der Pädagogik insgesamt, so lassen sich also neben den klassischen Institutionen auch neue soziale Arenen finden. Wir gehen in diesem Kapitel zunächst auf jene Handlungsfelder ein, die am stärksten institutionalisiert sind, und wenden uns dann solchen pädagogischen Handlungsfeldern zu, in denen eher soziale Arenen zu finden sind. Wir beginnen mit der Familie (2.1), obwohl sie in dem eben dargelegten Sinne nicht als klassische Institution gilt. Gleichwohl ist die Familie durch den Artikel 6, Abs. 1, des „Grundgesetzes für die Bundesrepublik Deutschland" in besonderer Weise hervorgehoben: „Ehe und Familie stehen unter dem besonderen Schutze der staatlichen Ordnung". Weiterhin gilt die Familie als Kern einer Gesellschaft. In der Familie finden die ersten Lern- und Entwicklungsprozesse der heranwachsenden Generation statt. Aus diesen Gründen werfen wir zunächst einen Blick auf die Familie und werden dann mit klassischen Institutionen fortfahren, nämlich mit den Kindertagesstätten (2.2) und der Schule (2.3). In der Sozialpädagogik werden neben Institutionalisierungen bereits erste soziale Arenen darzustellen sein (2.4). Dies gilt umso mehr für Betrieb, Weiter- und Erwachsenenbildung (2.5) sowie für die interkulturelle Bildung (2.6). *Überblick über das Kapitel*

2.1 Familie

Die Familie kommt häufig erst dann in den Blick der Erziehungswissenschaft und der Bildungspolitik, wenn ihr – wie dies immer wieder geschieht – vorgeworfen wird, in der Erziehung ihrer Kinder versagt zu haben oder gar die Bemühungen der professionellen PädagogInnen zu stören. Wenn auf diese Weise die (mangelnde) pädagogische Leistung der Familien zum Problem (gemacht) wird und die Frage gestellt wird, ob die Familien in der heutigen Gesellschaft ihren Erziehungsauftrag vernachlässigen, können sie zum Objekt (sozial-)pädagogischer Hilfen in Form der Erziehungs- und Familienberatung, jugendamtlicher Maßnahmen etc. werden (siehe Abschnitt 2.4 über sozialpädagogische Einrichtungen). Wir möchten uns hier jedoch auf die Familie als Subjekt und ‚Träger' pädagogischer Praxis konzentrieren. Dabei ziehen wir aus der sehr breit ange- *Familie als Objekt und Subjekt pädagogischer Praxis*

17

legten Familienforschung nur die erziehungswissenschaftlich relevanten Aspekte heran, d.h. wir betrachten Familie unter dem Aspekt der „Versorgung und Erziehung der Kinder im Rahmen des elternhäuslichen Beziehungsfeldes" (Herrmann 2000, S. 187).

<small>Überblick über den Abschnitt</small>

Im Unterschied zu einer eher familiensoziologischen Betrachtungsweise (vgl. Schütze 1996) wird es daher zunächst darum gehen, einige Kernaussagen zur Geschichte der Familien zu treffen, um dann ihre zeitgenössische Lage zu skizzieren. Anschließend werden wir den Zusammenhang von Bildungsbeteiligung und Familienstruktur sowie die Erziehungs- und Sozialisationsleistungen der Familie darlegen.

2.1.1 Geschichte der Familien

<small>Probleme der Geschichte der Familie</small>

Die Geschichte der Familie nachzuzeichnen, ist kein leichtes Unterfangen. Denn erstens lässt sich kein linearer historischer (Entwicklungs-)Prozess der Familie verzeichnen (vgl. Sieder 1987, S. 286), weshalb es sich verbietet, eindeutige historische Linien der Familie herauszustellen. Zweitens gab es in früheren Zeiten je nach Milieu und Region spezifische Familienformen, die unterschiedliche Entwicklungsprozesse durchmachten (vgl. Mitterauer 1989, S. 179) – diese Heterogenität lässt sich in unserem Einführungsbuch jedoch nur feststellen, nicht aber im Detail darstellen. Und drittens ist es überhaupt nicht so einfach, zu definieren, was mit dem Begriff der Familie gemeint sein soll. Denn vor der Industrialisierung konnten Familien neben (Bluts-)Verwandten vor allem auch das Gesinde (Mägde, Knechte etc.) umfassen (vgl. Herrmann 1991, S. 110). Dass drei Familiengenerationen (Kinder, Eltern, Großeltern) unter einem Dach lebten, war dagegen keineswegs die Regel (vgl. Lenz/Böhnisch 1999, S. 18). Die gängige Annahme, dass sich in der nachindustriellen Gesellschaft der Übergang von der Mehrgenerationen-Großfamilie zur Zweigenerationen-Kleinfamilie komplettiert habe, ist insofern korrekturbedürftig (vgl. Lenz/Böhnisch 1999, S. 11), da es früher zwar Großfamilien gab, diese aber nicht unbedingt mehrere Generationen umfassten.

<small>ie Familienform des „ganzen Hauses"</small>

Besondere historisch interessierte Aufmerksamkeit wird in der Erziehungswissenschaft jener im ländlichen Raum anzutreffenden Lebensform gewidmet, die als „ganzes Haus" bezeichnet wurde und auch die Hausbediensteten umfasste. Hier stand die gemeinsame Arbeit im Mittelpunkt des Zusammenlebens (vgl. Sieder 1987, S. 292) und Kleinkinder wurden vornehmlich von älteren Geschwistern und Dienstboten betreut. In der Kindheit vollzog sich dann das „Lernen durch Mitleben und Mitarbeiten" (Mitterauer 1989, S. 191). Dies bedeutete, dass die heranwachsende Generation meist das lernte, was die ältere Generation von ihren eigenen Eltern als Wissen übernommen hatte. Alternativen, zumal hinsichtlich der pädagogischen Lehrpraxis, standen ihnen nicht zur Verfügung. Diejenigen Kinder, die keine Erbansprüche oder Arbeit innerhalb des „ganzen Hauses" hatten, wurden selbst zu anderen „ganzen Häusern" in die Fremde geschickt und dort zu Gesinde. Gleichwohl hatten sie als Gesinde im „ganzen Haus" eine ähnliche Position inne wie die leiblichen Kinder des Hausvorstandes (vgl. auch Wall 1997).

Mit der Industrialisierung und Landflucht sowie der Entstehung der bürgerlichen Familie, die häufig zum Vorbild auch von Arbeiterfamilien wurde (vgl. Sieder 1987, S. 285), verlor das „ganze Haus" vor allem in den Städten an Bedeutung, die Familie als Ort intimer Vergesellschaftung wurde allmählich zum Leitbild. Voraussetzung hierfür war die Verbreitung der Lohnarbeit, die die Arbeitstätigkeit des Mannes aus dem Haus verlagerte, während sie die Arbeit der Frau auf die Familie beschränkte. Die „Geschichte der Familie", dies zeigt die einschlägige Forschung, ist also „auf das engste und unablösbar mit der Geschichte der Produktionsweisen verbunden" (Sieder 1987, S. 282). Insofern die industrielle Produktionsweise in den Städten und die bäuerliche Arbeit auf dem Land koexistierten, lassen sich zur gleichen historischen Zeit auch unterschiedliche Lebensformen in der Stadt und auf dem Land finden.

In der Stadt wurden im Zuge der Industrialisierung die Arbeitstätigkeiten immer unterschiedlicher und spezifischer, sodass das Lernen durch Mitmachen innerhalb der Familie nicht mehr ausreichen konnte. Hier verbreiteten sich nun Institutionen der allgemeinen (Schule) und beruflichen (Lehre) Bildung (vgl. auch Mitterauer 1989, S. 191). Die Einführung der Schulpflicht in Preußen im 18. Jahrhundert (durchgesetzt wurde sie erst Ende des 19. Jahrhunderts) und die Einrichtung des ersten Lehrstuhls für Pädagogik 1779 machen deutlich, dass sich hier eigens für pädagogische Aufgaben spezialisierte Institutionen ausdifferenzierten, die sowohl mit der Familie konkurrierten als auch neue Anforderungen an sie stellten. Spätestens mit Beginn des 20. Jahrhunderts trat dann „die Familie – insbesondere jene der unteren Schichten – ... in den Blickpunkt neu entwickelter Professionen der ‚sozialen Wohlfahrt' und unter den kontrollierenden Einfluß von Fürsorge und Pädagogik, Justiz und Medizin." (Sieder 1987, S. 287) Die Familie war nun nicht mehr nur Träger von Bildungs-, Erziehungs- und Sozialisationsleistungen, sondern auch Objekt pädagogischer Aufmerksamkeit. Zugleich versprach die Schule einen sozialen Aufstieg durch Bildung, der von den Eltern nicht gewährleistet werden konnte. Damit wurde die schulische Leistung zur Hoffnung der Eltern und zum potentiellen Konflikt mit ihren Kindern, sofern sie die schulische Leistung nicht erbrachten (vgl. Mitterauer 1989, S. 191f.).

Die Auslagerung, Diversifizierung und Spezialisierung der Erwerbsarbeit hatte aber auch zur Folge, dass sich männliche und weibliche Arbeitsbereiche (noch) weiter voneinander entfernten und es zu einer „weiteren Spezifikation der Sozialisation von Mädchen und Knaben" kam (Sieder 1987, S. 283). Damit wandelte sich auch die Funktion der Familie, die nun nicht mehr der produktiven Arbeit, sondern der „Haus-, Sozialisations- und Beziehungsarbeit" (ebd., S. 292) gewidmet war.

Die hier aufgezeichneten Entwicklungstrends dürfen nicht darüber hinwegtäuschen, dass es auch historische Kontinuitäten gibt und früher wie heute unterschiedliche familiale Lebensformen anzutreffen waren. Wenngleich sich in allen historischen Phasen Kernfamilien, Dreigenerationenfamilien, Ein-Eltern-Familien, Stief- und Adoptivfamilien, Pflegefamilien etc. finden lassen, so gibt es doch historische Unterschiede und Entwicklungstendenzen, was die Quantität der jeweiligen Lebensformen angeht: Der Trend geht seit Jahrzehnten eindeutig hin zu kleineren Familien mit weniger Kindern. Insbesondere aber ist es für die Moderne und insbesondere für die pluralistische Wissensgesellschaft charakteristisch, dass die Familienformen nicht mehr nur aus sozialen Zwängen heraus quasi schicksalhaft entstehen (etwa durch den Tod eines Elternteils), sondern teilweise selbst gewählt werden. So gibt es auch in den Zeiten der Individualisierung – im Rahmen der Suche nach selbstbestimmtem Leben – eine „Sehnsucht nach Bindung, Nähe, Gemeinschaft" (Beck-Gernsheim 1998, S. 18). Angesichts der Vielfalt der Familienformen in der Wissensgesellschaft möchten wir, um zu vermeiden, mit einem zu eng gefassten Familienbegriff neue Formen der Familie von vorneherein auszuklammern (vgl. Nave-Herz 2002, S. 14), nicht von *der* Familie, sondern von „familialen Lebensformen im Plural" (Kaufmann 1995, S. 8) sprechen.

2.1.2 Zur Lage der familialen Lebensformen heute

Geburtenrate als Kennziffer familialer Lebensformen

Als eine wichtige Kennziffer für die Lage familialer Lebensformen gelten die Geburten- und Eheschließungszahlen. Diese sind, nach einem rasanten Anstieg in der Nachkriegsdekade, zwischen 1965 und 1975 stark gesunken, haben sich danach aber wieder – wenn auch auf niedrigem Niveau – stabilisiert (vgl. Burkart 1995, S. 4). Dabei muss die geringe Geburtenrate nicht unbedingt als Abkehr von der Elternschaft verstanden werden, sondern kann auch als „gesteigerte elterliche Verantwortlichkeit interpretiert werden" (ebd.), da weniger Kinder besser erzogen werden können.

Einpersonenhaushalte

Die hohe Zahl der Einpersonenhaushalte (ca. 36% im Jahr 1999, vgl. Wagner/Franzmann/Stauder 2001, S. 60) ist nicht nur einer veränderten Werthaltung geschuldet, sondern vor allem der Verlängerung des Lebensablaufs: Im Jahr 1994 ist mehr als die Hälfte dieser Personen über 55 Jahre alt, deren Mehrzahl verwitwet (vgl. Burkart 1995, S. 5). Als eine neue, der (individuellen) Suche nach selbstbestimmten Leben geschuldete Phase im Lebensablauf erweist sich auch die nichteheliche Lebensgemeinschaft, die in der Altersgruppe der 18-35jährigen Frauen zwischen 1972 und 1992 von 0,6 auf 8,8% angestiegen ist, bei den 35-55jährigen Frauen jedoch nur bei 3,7% liegt. Vor der eigenen Familiengründung hat also, so kann aus den Zahlen geschlossen werden, das „Alleinleben und nichteheliche Zusammenleben als Übergangsphase im Lebensverlauf stark an Bedeutung gewonnen" (ebd., S. 6). Für diesen Abschnitt des Lebensverlaufs zeichnet sich die höchste Pluralität der familialen Lebensformen ab (vgl. Wagner/Franzmann/Stauder 2001, S. 63). Über den Lebensverlauf hinweg betrachtet, macht die Familienphase dann nur noch ein Viertel des Lebens aus (vgl. Nave-Herz 2002, S. 27); ihr geht eine lange präfamiliale Phase voraus und ihr folgt ein ebenso langer postfamilialer Lebensabschnitt.

Bildungsexpansion und Wandel der Familie

Als eine wesentliche Ursache für den lebensgeschichtlichen Aufschub der Familiengründung muss die Bildungsexpansion in den 1960er Jahren gelten, mit der sich auch die Stellung der Frau wesentlich veränderte (vgl. Burkart 1995, S. 8). Die Pluralisierung der familialen Lebensformen ist eng mit dieser Bildungsexpansion und der in ihrem Zuge sich ändernden Werthaltung („68er Generation") verknüpft. Allerdings zeigen sich auch hier – wie schon in der Geschichte der Familie – milieuspezifische Unterschiede: Während bei Arbeitern und einfachen Angestellten wie auch in ländlichen Milieus Ehe und Familie noch die übliche Lebensform sind, zeigt sich in jenen Milieus, die besonders von der Bildungsexpansion profitiert haben, ein anderes Bild: „Für Akademikerpaare ... ist langer Aufschub der Elternschaft und häufig auch Kinderlosigkeit ein typisches Phänomen; das liegt u.a. daran, daß die Frauen sich in beruflicher Hinsicht den Männern annähern, die Männer aber umgekehrt sich nicht stärker für die Familie engagieren – im Unterschied zum Alternativmilieu, wo Kinder häufiger sind, weil hier die Männer weniger Probleme haben, sich als ‚neue Väter' zu sehen" (Burkart 1995, S. 10; vgl. auch Burkart/Kohli 1992).

Betrachtet man die Familienpolitik, so zeigt sich über alle Milieuunterschiede hinweg, dass es den Eltern von der Wirtschaft und dem Staat nicht leicht gemacht wird, Kinder aufzuziehen. Berechnet man die finanziellen Einbußen von Eltern, die sich aus den Ausgaben für die Kinder und aus den Einschränkungen der Eltern in der Erwerbsarbeit ergeben, so kommt man auf mehrere Hunderttausend Euro in einer vierköpfigen Familie (vgl. Kaufmann 1995, S. 192). Dass diese staatliche Familienpolitik (bzw. ihr Fehlen) auch ein Faktor in der gesunkenen Geburtenrate ist, zeigt sich z.B. an der nach Ankunft in Deutschland schnell abnehmenden Geburtenrate in Migrantenfamilien. In Deutschland lässt sich also zwar keine manifeste Kinderfeindlichkeit konstatieren, wohl aber eine „strukturelle Rücksichtslosigkeit gegenüber der Familie" (ebd., S. 169), nämlich eine „weitgehende Indifferenz gegenüber Kindern und ihren spezifischen Bedürfnissen sowie eine ungenügende Anerkennung der Elternleistungen in weiten Bereichen der Gesellschaft" (ebd., S. 174). In diesem Zusammenhang wird von Seiten der Familienforschung eine Aufwertung der Eltern- und Erziehungsarbeit gefordert (vgl. Burkart 1995, S. 13), die sich u.a. in einer verbesserten Altersabsicherung für nicht erwerbstätige Elternteile und einer erleichterten Vereinbarkeit von Kindererziehung und Beruf (vgl. Kaufmann 1995, S. 205) niederschlagen kann.

Familienpolitik

2.1.3 Schulbildung und Familie

Obgleich die Schule (siehe dazu Abschnitt 2.3) den Anspruch erhebt, alle Kinder gleich zu behandeln und nach ihren individuellen Leistungen zu bewerten, hängen Ungleichheiten in den Schulabschlüssen immer noch mit der familialen Herkunft zusammen (vgl. Grundmann/Huinink/Krappmann 1994, S. 73ff.). In der PISA-Studie 2000 wurde z.B. festgestellt, „dass der Gymnasialbesuch, der bei 15-Jährigen aus Familien der oberen Dienstklasse 50 Prozent beträgt, mit niedriger werdender Sozialschicht auf 10 Prozent in Familien von ungelernten und angelernten Arbeitern sinkt. Das Pendant dazu ist der Hauptschulbesuch, der von gut 10 Prozent in der oberen Dienstklasse auf rund 40 Prozent in der Gruppe der Kinder aus Familien von ungelernten Arbeitern ansteigt" (Baumert/Schümer 2001, S. 356). Doch nicht nur hinsichtlich der Bildungsbeteiligung (d.h. des besuchten Schultyps), sondern auch in Bezug auf die Kompetenzen etwa im Lesen und in der Mathematik zeigen sich in Deutschland so große Disparitäten zwischen den oberen und unteren Sozialschichten wie in keinem anderen OECD-Land (vgl. ebd., S. 386ff.).

Familiale Herkunft und Schulabschluss

Man kann hier von einer „sozialen Vererbung" der Bildungsbeteiligung (und in deren Folge der sozialen Schichtung) sprechen (vgl. Grundmann/Huinink/

Krappmann 1994, S. 73). Diese wird noch dadurch potenziert, dass auch die neu gegründeten Familien zumeist aus Eltern gleicher Bildungsabschlüsse bestehen. Denn es gibt in Deutschland gerade nach der Bildungsexpansion der 1960er Jahre einen „starken langfristigen Trend zu mehr Bildungshomogamie", insbesondere bei den Höherqualifizierten (Blossfeld/Timm 1997, S. 470; vgl. auch Wirth 1996). Etwa 70% der Ehen werden zwischen Menschen mit äquivalenten Bildungsabschlüssen geschlossen.

Da mit der Einführung der Rentenversicherung der Nachwuchs nicht mehr nur für die Alterssicherung nur der eigenen Eltern, sondern für die gesamte Elterngeneration verantwortlich ist, wird dieser Zusammenhang von Familie und Schulbildung zum öffentlichen Problem (vgl. Diefenbach 2000, S. 173), dem viele wissenschaftliche Studien gewidmet sind.

Familiale Einstellung zur Schule

Ganz allgemein wird die These aufgestellt, dass in jeder Familie eine bestimmte „Einstellung zum Lernen und zur Auseinandersetzung mit Fragen, zur kulturellen Tradition und zu den ‚Bildungsgütern'" (Grundmann/Huinink/ Krappmann 1994, S. 79) vermittelt wird, die nicht unbedingt der „‚Mittelklassen-Institution'" Schule entsprechen muss, welche „vom Schüler u.a. eine aufstiegsorientierte Motivationsstruktur" (Nave-Herz 2002, S. 79) oder z.B. Spaß am Lesen verlangt. Dies kann vor allem dort ein Problem sein, wo die Familie eher der Arbeiterschicht zugehörig ist. Von dieser familialen Einstellung zur Schule werden in der diesbezüglichen Forschung die „direkten Interventionen" durch die Eltern unterschieden (vgl. Zimmermann/Spangler 2001, S. 471), die durch Kontakt zur Schule, Hausaufgabenhilfe oder -kontrolle die Leistungen oder Lernmotivation (vgl. Wild 2001) ihrer Kinder beeinflussen.

Gefahr der Essentialisierung des Familienfaktors

Dabei darf der Familienfaktor allerdings nicht essentialisiert, d.h. als eigenständiger und isolierter Faktor betrachtet werden. Denn dann würde dessen eigene soziale Bedingtheit aus dem Auge geraten. So gilt das Fehlen eines Elternteils (durch Scheidung, Trennung o.ä.) zwar allgemein als negativer Effekt für den Schulerfolg von Kindern, doch handelt es sich hier um ein statistisches Artefakt: Denn nicht das Fehlen eines Elternteils selbst, sondern andere Faktoren wie Armut oder Umzug, die einer Trennung vorausgehen oder ihre Folge sein können, sind als die eigentlichen Ursachen schulischen Misserfolgs zu identifizieren (vgl. Bohrhardt 2000). Ohnehin erscheint Armut gerade an den Übergängen von der Primar- in die Sekundarstufe bzw. von der Schule in den Arbeitsmarkt als entscheidender Grund für Bildungsbenachteiligung (vgl. Lauterbach et al. 1999).

Beispiel: Migrantenfamilien

Eine andere Form der Essentialisierung von Familien findet sich in der Diskussion über die deutlichen Unterschiede in der Bildungsbeteiligung zwischen einheimischen Kindern und solchen mit Migrationshintergrund (vgl. Hansen/ Hornberg 1996; Statistisches Bundesamt 2000). Diese Unterschiede haben dazu geführt, die Gründe hierfür in der ethnischen Familienkultur zu suchen. Doch erscheint die Annahme, diese Eltern (etwa solche türkischer Herkunft) hätten aufgrund einer traditionellen Haltung eine Distanz gegenüber modernen Bildungseinrichtungen (vgl. Leenen et al. 1990), zu kurz gegriffen. Vielmehr muss danach gefragt werden, „ob sich eine Verhaltensweise aus der ‚Situationsrationalität' der Migration und der Zugehörigkeit zu einer Zuwandererminorität ergibt (was meistens der Fall ist), oder ob tatsächlich ‚kulturelle Differenzen' bzw. die mit ihnen verbundenen Handlungspräferenzen und Alltagsroutinen ursächlich sind" (Nauck/Alamdar-Niemann 1999, S. 4; vgl. auch Nauck et al. 1998).

In einer qualitativen Studie hat Andrea Lanfranchi (1995) gezeigt, wie unterschiedlich Familien in der Migrationssituation mit der tradierten Kultur umgehen. Er führte dazu Beobachtungen und Interviews in drei italienischen Familien in Zürich durch. Diese drei Familien kennzeichne – so Lanfranchi – allesamt eine aus der Herkunftsgesellschaft mitgebrachte „traditionale Grundorientierung" (ebd., S. 270), deren Konzept vom Lebensablauf mit den Weltanschauungen der Aufnahmegesellschaft Schweiz kollidiere. Doch unterschieden sich die Familien hinsichtlich des migrationsspezifischen „Umgangs mit dem Traditionalen", den Lanfranchi in drei Typen ordnet: Im ersten Typus restrukturiert die Familie tradierte Handlungsmuster und schafft auf diese Weise eine „Koppelung an die andersartigen Orientierungen des Aufnahmelandes" (ebd., S. 219). Hierzu zählt auch, dass die Familie das schulische Fortkommen ihrer Kinder davon abhängig sieht, „wie die Familie mit Lehrerinnen und Lehrern kommuniziert, wie sie ihren Kindern beisteht" (ebd., S. 271). Im zweiten Typus wird die Schule demgegenüber als Erzeuger von Stress und Schwierigkeiten wahrgenommen. Die Familie ist „innenzentriert" (ebd., S. 220), d.h. sie zieht sich auf sich selbst zurück. Im dritten Typus gibt es zwar einen Wandel, dieser „ist jedoch nicht vorwärts-, sondern rückwärtsorientiert" (ebd., S. 271). Während die Familie im zweiten Typus trotz der Schulschwierigkeiten ihrer Kinder und entsprechender schulischer Maßnahmen passiv bleibt, wehrt sich im dritten Typus die Familie gegen solche Eingriffe von außen.

Qualitative Studie zu Migrantenfamilien und Schulerfolg

Obgleich diese Studie von Lanfranchi damit einen wesentlichen Beitrag zur Rekonstruktion von Familienstrukturen in der Migrationssituation leistet, lassen sich an ihr zumindest zwei Punkte kritisieren: Zum einen reduziert sie den Schulerfolg der Kinder dennoch auf die Familienkultur, auch wenn diese nicht als ethnische gefasst wird, und vernachlässigt somit Fragen der sozialen Schichtung (vgl. Apitzsch 1999, S. 476). Zum anderen nimmt sie, indem sie die Familien der Kinder und nicht deren Schulen untersucht, letztere als gegeben an und entzieht sie auf diese Weise der Kritik. Dieser zweite Punkt stellt dort, wo familiale Hintergründe von Schulerfolg und nicht die Interaktion zwischen Familie und Schule untersucht wird, ganz allgemein ein Problem der Forschung zum Zusammenhang von Familie und Schulbildung dar.

Kritik an der Studie

2.1.4 Erziehung und Sozialisation in der Familie

Wie Erziehung (siehe Abschnitt 4.7) und Sozialisation (siehe Abschnitt 4.4) in Familien vonstatten gehen, ist nicht nur für den schulischen Erfolg der Kinder von Bedeutung; da es sich bei der Kindheit und Jugendphase, die vornehmlich im Rahmen der Familie durchlaufen werden, um die wichtigsten und prägendsten Abschnitte in der Biographie der Menschen handelt, strukturieren familiale Erziehung und Sozialisation gerade auch jenseits ihrer Bedeutung für formale Bildungsinstitutionen die Integration junger Menschen in die Gesellschaft. Die These, dass die „konkreten Reziprozitäts- und Beziehungserfahrungen in der Familie ... ein idealtypisches Beziehungskonzept bereit[stellen; d.A.], das auf

Bedeutung von Erziehung und Sozialisation in der Familie

alle weiteren Beziehungen [in der Gesellschaft; d.A.] übertragen wird" (Gerris/ Grundmann 2002, S. 4), erscheint uns allerdings zu kurz gegriffen, insofern es die Gleichaltrigenbeziehungen zwischen Kindern und Jugendlichen (auch diejenigen mit den Geschwistern) tendenziell vernachlässigt (vgl. Youniss 1994). Gleichwohl ist die Familie, gerade in der frühen Kindheit, ein wichtiges Feld der Erziehung und Sozialisation.

Aspekte familialer Erziehung und Sozialisation: Intellektuelle Förderung

In theoretischer Perspektive lassen sich drei Aspekte familialer Erziehung und Sozialisation unterscheiden (vgl. Hamann 2000, S. 65ff., auch: Zimmermann/Spangler 2001): die intellektuellen, die emotionalen und die moralischen Aspekte des Lebens von Kindern in Familien. Die intellektuelle Förderung des Kindes innerhalb der Familie vollzieht sich u.a. in der Sprache: „Das Ausmaß des verbalen Kontaktes und die Qualität des sprachlichen Vorbilds fördern oder beeinträchtigen das Denken, die Leistungsmotivation und somit auch Intelligenzleistungen des Kindes" (Hamann 2000, S. 66). Insbesondere die Leistungsmotivation wird in Abhängigkeit davon gesehen, inwieweit Familien das selbständige Tun der Kinder bestärken und ihnen ein eigenständiges Gefühl für Erfolg und Misserfolg im Handeln geben.

Emotionale und moralische Förderung

Die emotionale Förderung in der Familie beginnt zwar mit der Bindung an die engste Bezugsperson (meist die Mutter); Kinder lernen aber gerade dadurch, dass sie ihre Emotionen auf unterschiedliche Familienmitglieder richten und dabei auch Frustrationen aushalten müssen. Die Familie ist insofern auch ein Ort moralischer Entwicklung. Dabei geht es weniger um konkrete moralische Werte, sondern eher um die Einübung in eine moralische Sichtweise. Die Formen dieser Einübung „reichen von der Schaffung einer vertrauensvollen Atmosphäre und einem rücksichts- und respektvollen gegenseitigen Umgang über die Zuweisung (bzw. Übernahme) verantwortungsvoller Aufgaben und die Konfrontation mit entscheidungsträchtigen Situationen bis hin zum Gespräch (Diskussion) über Gründe und Gegengründe bei der Bewertung eigener und fremder Handlungen (Unterlassungen) und der jeweils zugrundeliegenden Prinzipien" (Hamann 2000, S. 82).

Gerade die intellektuellen und moralischen Aspekte der familialen Erziehung und Sozialisation sind der zeitgeschichtlichen Dynamik unterworfen. Befragt man Personen nach ihren Einstellungen zur familialen Erziehung, wie dies das Forschungsinstitut EMNID über Jahrzehnte hinweg in Westdeutschland getan hat, so zeigt sich ein rascher Wertewandel zwischen dem Ende der 1960er und dem Anfang der 1970er Jahre. Hatte zuvor noch ein hoher Prozentsatz der Bevölkerung Gehorsam und Unterordnung für wichtige Erziehungsziele gehalten, so halten seither die meisten Menschen Selbständigkeit und freien Willen für zentrale Werte in der Erziehung (vgl. Reuband 1999, S. 134).

Unterschied zwischen Erziehungszielen und -praktiken

Dass Erziehungsziele und -werte allerdings nicht mit Erziehungspraktiken gleichzusetzen sind, wird bereits dann deutlich, wenn man Menschen nach den Erziehungserfahrungen in der eigenen Kindheit fragt. Hier zeigt sich kein abrupter Wertewandel um 1968 herum, sondern ein kontinuierlicher Trend hin zu einer weniger strengen Erziehung (vgl. Reuband 1999, S. 148). Gleichwohl nehmen hinsichtlich der ‚am eigenen Leibe' erfahrenen elterlichen Strafen lediglich die körperlichen Züchtigungen stark ab, während andere Sanktionsmethoden (Hausarrest, Taschengeldentzug, Strafarbeiten) nahezu konstant bleiben (vgl. ebd., S. 146).

Um Erziehungsziele und -praxis geht es in der breiten Elternratgeberliteratur (vgl. Höffer-Mehlmer 2003). Hier wird Eltern eine Möglichkeit geboten, tradierte und für selbstverständlich gehaltene Ziele und Praktiken zu hinterfragen und neue Formen der Familienerziehung kennen zu lernen. Dass Eltern sich hierbei geradezu semiprofessionalisieren, wird auch in der umfangreichen Internetkommunikation zur Familienerziehung deutlich (vgl. Marotzki 2005).

Einen tiefen Einblick in den historischen Wandel der Familienerziehung bieten qualitative Studien, so jene von Jutta Ecarius über die Erziehungsvorstellungen und -erfahrungen von drei Generationen in Ostdeutschland (Ecarius 2002). Ausgangspunkt ihrer Untersuchung ist die Feststellung, dass die Familienerziehung im Kontext dreier Generationen eine „typische Form gegenwärtiger Zeit" (ebd., S. 11) ist, die es früher (aufgrund der geringeren Lebenserwartung) so nicht gegeben habe. Zwar leben die drei Generationen nicht unbedingt in einem Haushalt, doch zumeist in unmittelbarer Nähe zueinander (vgl. ebd., S. 35f.).

Qualitative Studie zum Wandel der Familienerziehung

Ecarius bildet anhand der 22 von ihr untersuchten Drei-Generationen-Familien drei Typen der historischen Genese von Erziehungsmustern, die sie exemplarisch anhand konkreter Familien verdeutlicht. Die Kontinuität eines „autoritären Befehlshaushaltes" (ebd., S. 84) kennzeichnet die Familie Grau, die sich am zentralen Familienthema des Erfolgs und der Leistung orientiert. Dass in dieser Familie klare Regeln und Pflichten herrschen, bedeutet jedoch weder, dass emotionale Zuwendung und Achtung fehlten, noch dass es von Generation zu Generation nicht zu Veränderungen etwa hinsichtlich der Berufsbiographie käme. War der Großvater noch Fischer, so ist der Sohn Maschinenbauschlossermeister, ein Beruf, zu dem auch der Enkel hinstrebt (vgl. ebd., S. 84ff.). Eine ähnliche Kontinuität, jedoch eine solche des „Verhandlungshaushaltes", wird im zweiten Typus deutlich, in dem den Kindern „eigene Freiräume" (ebd., S. 103) gegeben werden. Gleichwohl verkörpert dieser Typus nicht einfach den ‚besseren' Erziehungsstil, zeigt sich doch, dass gerade die Mitglieder der älteren Generation als Kinder erhebliche Schwierigkeiten hatten, da sie außerhalb der Familie ganz andere, nämlich autoritäre „Verhaltens- und Interaktionsmuster" (ebd.) erlebten, auf die sie innerhalb der Familie nicht vorbereitet worden waren. Während auch dieser Typus durch ein über die Generationen hinweg gemeinsames Familienthema geprägt ist, kommt diesem dritten Typus, demjenigen des Übergangs vom Befehls- zum Verhandlungshaushalt, keine solch zentrale Rolle zu. Jener Übergang vollzieht sich vornehmlich in der mittleren Generation, die noch einen autoritären Befehlshaushalt in der eigenen Kindheit erlebt hat. Damals führte die „Allmacht des Vaters, gepaart mit einer traditionalen Machtbalance, ... dazu, dass Gefühle der Unsicherheit entstehen, die erst über einen langsamen Entwicklungsprozess in männliche Verhaltensmuster überführt werden" (ebd., S. 104f.). Diese Unsicherheit eröffnet jedoch zugleich Freiheitsgrade, die es der mittleren Generation erlauben, bei ihren eigenen Kindern „eine andere Erziehung umzusetzen" (ebd., S. 105), auch wenn dies nur bedingt gelingt.

Generationeller Wandel zwischen Befehls- und Verhandlungshaushalt

In der Studie von Ecarius wird, gerade aufgrund ihres methodischen Tiefgangs, deutlich, wie schwierig es ist, Familienerziehung empirisch zu erforschen. Denn das, was Eltern über die Erziehung ihrer Kinder berichten, muss – auch wenn man unterstellt, dass sie authentisch erzählen – nicht mit den Erziehungserfahrungen dieser Kinder übereinstimmen. Diesem Spannungsverhältnis wird in der qualitativen Untersuchung von Ecarius dadurch Rechnung getragen, dass Erziehungserfahrungen der Kindheit mit Erziehungsvorstellungen der Eltern kontrastiert werden.¹

Familiale Sozialisation

Während die Diskussion um familiale *Erziehung*sziele, -stile und -praktiken vornehmlich die Interaktion der Eltern mit ihren Kindern fokussiert, wird das familiale *Sozialisation*sgeschehen breiter gefasst und beinhaltet neben der Beeinflussung der Eltern durch die Kinder auch „den andauernden Anpassungsprozeß der gesamten Familie an die sich im Laufe des Lebenszyklus der einzelnen Familienmitglieder verändernden Bedingungen" (Kreppner 1989, S. 296).² So verändern sich schon durch die sich ankündigende Geburt eines Kindes die Beziehungen zwischen den bereits vorhandenen Familienmitgliedern. Das Kind wird dann in diesen Rahmen der Familienbeziehungen hineingeboren, innerhalb dessen auch seine Familienbeziehungen gestaltet werden (vgl. Kreppner 2002, S. 3). Eine besonders kritische Phase ist dann auch der Übergang von der Kindheit zur Jugend, an dem der junge Mensch immer mehr Erfahrungen außerhalb der Familie macht und dafür auch die entsprechende Freiheit benötigt – und in dieser Hinsicht nötigenfalls seine Eltern überzeugen muss –, die Eltern zugleich vor die Aufgabe gestellt sind, ihre Rolle als Beschützer und Kontrolleure zu revidieren, ohne aber die Familie als System zu gefährden (vgl. ebd., S. 6ff.).

Geschwister

Gerade das unterschiedliche Alter der Kinder impliziert, dass jedes Familienmitglied auf seine Weise an der Familie teilhat. So kommen den Kindern unterschiedliche Formen und Intensitäten der elterlichen Zuwendung zu; auch trifft das jüngere Kind auf Eltern, die bereits durch die älteren Geschwister beeinflusst worden sind (vgl. Kreppner 1989, S. 301). Diese unterschiedliche Teilhabe an der Familie lässt sich als ein Ort der Einübung in die Übernahme unterschiedlicher, auch diskrepanter Perspektiven verstehen; die Komplexität der Beziehungen innerhalb der Familie stellt zugleich einen steten Anlass zur moralischen Diskussion dar, allein schon deshalb, weil die spezifische Zuwendung der Eltern gegenüber einem Kind (Belohnung für gute Hausaufgaben, Sorge während der Krankheit) immer der Rechtfertigung gegenüber anderen Kindern bedarf.

Einzelkinder

Mit der abnehmenden Größe der Familie verändern sich allerdings die Lernmöglichkeiten innerhalb familialer Beziehungen. Das eine Viertel aller Kinder, das mittlerweile als Einzelkind aufwächst, kann nicht mehr die Erfahrung der geteilten elterlichen Aufmerksamkeit machen (vgl. Nave-Herz 2002, S. 72ff.). Dennoch ist nicht davon auszugehen, dass diese Kinder per se zu ‚Egoisten' heranwachsen. Denn die geringe Familiengröße macht andererseits auch jenen Erziehungsstil möglich, der als „Verhandlungshaushalt" (vgl. ebd., S. 69) bezeichnet (s.o.) und der als der Selbständigkeit der Kinder besonders förderlich angesehen wird.

Neue Medien in der Familie

Ein Gegenstand solcher Verhandlungen kann durchaus der Umgang mit (neuen) Medien sein – und dies nicht nur auf Seiten der Kinder. Nicht nur die

---

1 Eine andere Vorgehensweise wird von Audehm/Zirfas (2001) gewählt, die Rituale in der Familie mit der Methode der teilnehmenden Beobachtung untersuchen, wie wir dies im Abschnitt 4.4 (Sozialisation) referieren.

2 Ein empirische Untersuchung, in der dieser sozialisatorische Wandel über mehrere Familiengenerationen hinweg rekonstruiert wird, hat Karin Bock (2000) vorgelegt, deren Studie wir im Abschnitt 4.3 (Generation) vorstellen.

Frage, welche Medien wann von den Kindern genutzt werden können, sondern auch konkrete Medieninhalte können Anlässe zur Kommunikation mit den Eltern bieten. „Medieninhalte werden ... Fenster zur Medien-Biographie der Eltern. Sich über und mittels Medien erklären ist eine neue Qualität innerhalb des Familienalltages. Mit ihren Lieblingsmedien öffnen die Eltern ihren Kindern den Blick für ihre eigene Jugendzeit. Das Reden über Medien gibt aber auch Aufschluss über die eigenen (Geschmacks-) Vorlieben" (Barthelms 2000, S. 102). Insofern können die (neuen) Medien durchaus kommunikationsfördernd für die Familien sein, und müssen das Gespräch zwischen Eltern und Kindern nicht unbedingt verhindern. Entscheidend ist dann auch nicht nur, was Kinder medial rezipieren, sondern wie der Medienkonsum (etwa das Fernsehen) kommunikativ in die Familie eingebettet ist. Dabei ist zu bedenken, dass die mediale Vermittlung von Wissen durchaus von den Kindern als Alternative zum Wissen der Familie gesehen werden kann. Mediales Wissen kann eingespielte familiale Wissensbestände somit ergänzen oder auch ersetzen; diese Differenzerfahrung zwischen medialem und familialem Wissen bietet Anlässe für Bildungsprozesse.

Die Familie, dies wird auch hier deutlich, unterliegt zwar historischen Veränderungen und Transformationen, löst sich als ein zentrales pädagogisches Handlungsfeld jedoch nicht auf. Überall dort, wo Kinder von einer älteren Generation innerhalb intimer Sozialbeziehungen aufgezogen werden, wird es Familie geben. Politik und Erziehungswissenschaft werden dem mit flexiblen Ansätzen zur Unterstützung der Familie Rechnung tragen müssen.

2.2 Kindertagesstätte

Einrichtungen der Früherziehung stellen zwar eine Antwort auf den gesellschaftlichen Wandel und die Veränderungen in den familialen Lebensformen dar, doch ergänzen sie nicht nur die familiale Erziehung. Insbesondere seit die Kindertagesstätten neben einem Fürsorge- auch einen Bildungsauftrag innehaben und aus der Sicht der Erziehungswissenschaft das Elementarbildungssystem ausmachen, kann hier von einer eigenständigen pädagogischen Institution gesprochen werden. In dieser Institution arbeiten vornehmlich ErzieherInnen, doch sind immerhin 2,6% der Diplom-PädagogInnen in Kindertagesstätten beschäftigt (vgl. Kleifgen/Züchner 2003, S. 76). Zu dieser Institution zählen die Kinderkrippen für 0 bis 3jährige, die Kindergärten für 3 bis 5/6jährige und die Horte für die Nachmittagsbetreuung von Schulkindern. Im Zentrum unserer Betrachtung stehen dabei die Kindergärten.

Fürsorge- und Bildungsauftrag der Kindertagesstätte

Wir gehen zunächst auf die historische Entwicklung der Kindertagesstätten und dann auf ihre zeitgenössische Situation ein, um schließlich unterschiedliche Ansätze der Kleinkindpädagogik vorzustellen und die Kinder in Tagesstätten zu betrachten.

Überblick über den Abschnitt

2.2.1 Zur Geschichte der Kindertagesstätten

Pädagogische Fürsorge in Zeiten er Industrialisierung

Analysen zur historischen Entwicklung der Kindertagesstätten (vgl. u.a. Schäfer 1987) betrachten diese zumeist in enger Bindung an die Geschichte der Familie (siehe Abschnitt 2.1) und ganz allgemein an die Gesellschaftsgeschichte. Mit der beginnenden Industrialisierung hörte die Familie auf, ein Lebens- und Produktionsort zu sein, innerhalb dessen Kleinkinder von Geschwistern oder Gesinde erzogen werden konnten; der Vater und häufig auch die Mutter gingen nun außerhalb der Familie einer Erwerbstätigkeit nach. In der Folge konnten die (Klein-) Kinder nicht nur nicht mehr ausreichend innerhalb der Familie lernen; auch konnte ihre Betreuung kaum mehr sichergestellt werden. Die Entstehung von Tageseinrichtungen für Kinder im 18. Jahrhundert, zunächst die „Warteschulen", dann die „Kinderbewahranstalten" und christlichen „Kleinkinderschulen" (vgl. Erning 1987, S. 30ff.), hatte daher gleich mehrere Funktionen: Sie kompensierten die (fehlende) Erziehung in der Familie, sie dienten einer christlichen Erziehung, sie schützten die Kinder vor ‚Verwahrlosung' und Kinderarbeit und sie ermöglichten älteren Kindern, die zur Aufsicht ihrer kleinen Geschwister abgestellt waren, indirekt den Schulbesuch (vgl. Grossmann 1978, S. 23ff.). Noch bis Anfang des 19. Jahrhunderts hatten Schulkinder ihre kleinen Geschwister häufig in die Schule mitgenommen, was dann aber verboten worden war (vgl. Erning 1987, S. 19f.). Insofern das fürsorgerische Element nicht nur im Programm, sondern auch in der Praxis der Tagesstätten primär war, werden diese zu Recht „Kinderbewahranstalten" genannt. In ihnen hatten Disziplin, strenge religiöse Erziehung und eine Vorbereitung auf das Leben als Arbeiterkind Vorrang. Mit ihnen sollte „eine Selbstgenügsamkeit der armen Schichten erreicht werden, die sie gegenüber allen Revolutionsgedanken immunisieren sollte" (Erning 1987, S. 15). Die Ausbreitung dieser Anstalten weist auf ihre Funktionalität hin: Bereits Mitte des 19. Jahrhunderts gab es in Berlin 29 von ihnen, und Ende des Jahrhunderts waren es in Deutschland mehr als 2000. Zumeist wurden sie von christlichen Vereinen betrieben (vgl. Grossmann 1978, S. 23).

Entstehung des „Kindergartens"

In der historischen Forschung werden die „Kinderbewahranstalten" zumeist von einem zweiten, von der Programmatik und Praxis her gänzlich verschiedenen Strang der historischen Entwicklung von Kindertagesstätten unterschieden: jenem des „Kindergartens". Auch dessen Historie ist eng an die Gesellschaftsgeschichte gebunden: Mit dem Aufstieg des Bürgertums zu Beginn des 19. Jahrhunderts fand idealistisches und romantisches Gedankengut in die Erziehungsvorstellungen Einlass. Mit der frühen Förderung des Kleinkindes sollte die „Lebenseinigung" des Menschen mit seiner Welt gefördert, aber auch seine Emanzipation und Freiheit ermöglicht werden. Wenn er auch nicht der Begründer des „Kindergartens" war, so ist Friedrich Fröbel doch als ihr Namensgeber anzusehen. In seinen seit 1840 entstandenen Kindergärten ging es nicht nur darum, Kinder durch Spiele und andere angemessene Beschäftigungen auf das Leben vorzubereiten; auch sollten junge Menschen in Erziehungsaufgaben eingeübt und überhaupt erst Spielmaterialien entwickelt werden. „Fröbels genuine Leistung lag ... in der Entwicklung einer Theorie der Kleinkindpädagogik (...), die – unabhängig von und vor jeder sekundären standes- oder klassenpolitischen Zwecksetzung – die Bildung des Menschen zum Thema hatte" (Erning 1987, S.

37). Nach dem politischen Niedergang des Bürgertums Mitte des 19. Jahrhunderts wurden jedoch die Kindergärten verboten und konnten erst nach Fröbels Tod wieder eröffnet werden; sie standen jedoch lange Zeit in Konkurrenz zur konfessionellen Kleinkinderpflege (vgl. Reyer 1987).

In der Weimarer Republik bekam der Kindergarten eine rechtliche Stellung im Rahmen des „Reichsjugendwohlfahrtsgesetzes" von 1924, nachdem es mit dem ersten Weltkrieg zu einer Ausweitung der Frauenerwerbstätigkeit und einem immer höheren Bedarf nach institutioneller Kinderbetreuung gekommen war. Das Gesetz legte u.a. fest, dass Kindergärten nach dem Subsidiaritätsprinzip von der freien Wohlfahrtspflege und nicht vom Staat einzurichten waren. Allerdings gab dieses Gesetz den Kindergärten keinen pädagogischen, sondern einen dezidiert sozialfürsorgerischen Auftrag. Gleichwohl konnten in jener Zeit pädagogische Konzepte wie dasjenige von Maria Montessori oder solche psychoanalytischer Prägung Fuß fassen. Im Nationalsozialismus wurden die Kindergärten in ihrer Vielfalt beschnitten und allmählich gleichgeschaltet; Ziel nationalsozialistischer Kindergartenpädagogik war das „Heranzüchten kerngesunder Körper" (zit. n. Grossmann 1978, S. 36; vgl. auch Reyer 1987).

Rechtliche Verankerung des Kindergartens

Die Geschichtsschreibung zur Nachkriegsentwicklung der Kindertagesstätten differenziert genau zwischen den beiden deutschen Staaten, wurden in ihnen doch einander diametral entgegen gesetzte Strategien der Entnazifizierung in der Erziehung verfolgt: „Während die BRD aus der politischen Vereinnahmung der Familie im Nationalsozialismus im Grundgesetz den Schluß zog, die Familie vom ideologischen Einfluß des Staates zu befreien, entschloß sich die DDR zu staatlich forcierter antinationalsozialistischer Erziehung", die später zu einer sozialistischen mutierte (Höltershinken/Hoffmann/Prüfer 1997, S. 27).

Kindertagesstätte und Entnazifizierung in den beiden deutschen Staaten

Dazu wurden in der DDR die Kindergärten aus der (freien) Wohlfahrtspflege heraus- und in das einheitliche Bildungssystem hinein genommen und zu 80% unter kommunaler Verwaltung geführt (vgl. ebd., S. 20). Dem Kindergarten kamen dabei neben den familienpolitischen Funktionen auch beschäftigungspolitische (Vereinbarkeit von Familie und Beruf, Gleichberechtigung der Frau), sozialpolitische (Integration in das einheitliche Bildungssystem) und ordnungspolitische (Einordnung in den Sozialismus) Funktionen zu (vgl. ebd., S. 27f.).

Kindertagesstätten in der DDR

Zwischen den fünfziger Jahren und dem Ende der DDR kam es dann zu einer erheblichen Quantitäts- und Qualitätssteigerung im Bereich der Kindergärten, d.h. in den Einrichtungen für 3-6½jährige: Die Versorgungsquote mit Kindergartenplätzen stieg von 34,5% (1955) auf 113% (1989), die Quote ausgebildeter Erzieher/innen von 30% (1946) auf 70% (1989) und der Betreuungsschlüssel sank von 16 Kindern (1955) auf 10,5 Kinder (1988) (vgl. ebd., S. 24). Auch die Kinderkrippen, d.h. die Einrichtungen für 1-3jährige, erfuhren einen Ausbau von einer Versorgungsquote von 9,9% (1960) auf 55,6% (1989) (vgl. Tietze/ Roßbach 1991, S. 557). Als Teil des Bildungssystems waren die Kindergärten und -krippen gleichwohl nicht frei von politischen Zwängen für die Leiter/innen, Erzieher/innen und auch die Kinder (vgl. Höltershinken/Hoffmann/Prüfer 1997, S. 24).

Die Arbeitsweise in den Kindergärten und -krippen der DDR wurde mittels eines Programms z.T. bis ins kleinste Detail festgelegt und auf diese Weise an das Schulbildungssystem angegliedert. So wurde den Erzieherinnen z.B. ver-

Qualitative Studie zur Erziehung in DDR-Kindertagesstätten

bindlich vorgeschrieben, wie ein zwölfmonatiges Kind an den Esstisch zu setzen ist. Eine intensive Interpretation des „Programms für die Erziehungsarbeit in Kinderkrippen", wie sie von Iris Nentwig-Gesemann (1999, S. 35-67) vorgelegt wurde, zeigt, dass in diesem sowohl die Eigenaktivitäten der Kinder in ihren peer-Gruppen als auch Diskrepanzen zwischen Norm und Praxis ausgeblendet wurden. Zugleich wurde das individuelle Kind tendenziell dem Kollektiv untergeordnet: „Durch die Altersnormierung der pädagogischen Angebote und Anforderungen an die Kinder, durch die Festlegung sowohl von Erziehungszielen als auch von Mitteln und Wegen zu ihrer Erreichung war eine klare Betonung von Kollektivität und Führung unumgänglich" (ebd., S. 37). Dabei wurden „Normabweichungen ... entweder den Erzieherinnen als Folge unprofessioneller Arbeit angelastet oder aber als kindliches Defizit stereotypisiert" (ebd., S. 38).

Zwischen Programm und Praxis der Kindererziehung

Die Annahme, Kindertagesstätten seien in der DDR vollständig Teil der ideologischen Erziehung gewesen, kann diese Studie von Nentwig-Gesemann jedoch mit einer profunden qualitativen Analyse der pädagogischen Handlungsorientierungen der Erzieherinnen in diesen Einrichtungen differenzieren: Anhand von Gruppendiskussionen mit den unterschiedlichsten Teams von Erzieherinnen, die kurz nach der Wende geführt wurden, arbeitet Nentwig-Gesemann heraus, dass das Erziehungsprogramm zwar für alle Erzieherinnen (auch noch nach der Wende) „einen sicheren, sinnstiftenden und handlungsleitenden Orientierungsrahmen" (ebd., S. 188) darstellte, dessen Stellenwert und Umsetzung wurde jedoch ganz unterschiedlich gehandhabt. Neben der hierarchischen Position der Erzieherinnen (z.B. als stellvertretende Leiterin) waren die Größe und der Sozialraum der Einrichtung von hoher Bedeutung für die Freiheitsgrade in der Umsetzung des staatlichen Erziehungsprogramms (vgl. ebd., S. 177ff.). Die Erzieherinnen großer Einrichtungen, insbesondere solcher in der Metropole Berlin, sahen sich nicht in Differenz zur Gesamtgesellschaft und der sie dominierenden Weltanschauung. Sie waren in besonders hohem Maße der Kontrolle durch ihre Vorgesetzten und den Staat ausgesetzt. Demgegenüber dokumentiert sich in den Gruppendiskussionen mit Teams aus kleinen Einrichtungen, insbesondere auf dem Land, dass für diese Teams das Dorf und seine räumliche Distanz zur Hauptstadt zum Korrektiv des Erziehungsprogramms wurden, das mithin nicht vollständig umgesetzt wurde, sondern eher als Leitfaden diente. Auch in der Wendezeit konnten diese Teams auf dem Lande sich allmählich und aus eigener Initiative an die neuen pädagogischen Konzepte aus dem Westen herantasten, während die Teams in dem großen Einrichtungen Berlins die westliche Pädagogik ebenso wie das DDR-Erziehungsprogramm eher als eine Form der Fremdbestimmung erfuhren. Es zeigt sich damit in diesen Ergebnissen der Studie von Nentwig-Gesemann, dass die Einrichtungen der Früherziehung in der DDR nicht nur keine einheitliche Erziehungspraxis hatten, sondern auch den Transformationsprozess und die Annäherung an die Früherziehung in der BRD in höchst unterschiedlicher Weise durchlaufen haben.

Kindertagesstätten in der BRD

In der BRD gingen nach 1945 die Kindergärten zumeist wieder in konfessionelle Hand zurück, zumal das Jugendwohlfahrtsgesetz der Weimarer Republik weitgehend in die westdeutsche Gesetzgebung übernommen wurde. Damit behielt der Kindergarten auch zunächst seine sozialfürsorgerische Funktion und blieb an die „bürgerlich-traditionale, konfessionell ausgerichtete Programmatik der Kleinkindererziehung" gebunden (Neumann 1987, S. 90). Erste Ansätze einer Veränderung zeigten sich erst, als es in den 1960er und 1970er Jahren zu einer Expansion und Revision des Bildungssystems kam, innerhalb dessen nun auch die Früherziehung – zumindest in der erziehungswissenschaftlichen Theoriedebatte – als Elementarbereich Berücksichtigung fand. Beim Übergang von der fürsorgerischen zur Bildungsperspektive in der Kleinkindpädagogik spielte der neu entwickelte Situationsansatz (s.u.) eine wichtige Rolle (vgl. Neumann 1987, S. 107ff.).

Die Versorgungsquote für Kindergärten, die sich zwischen den 1960er und den 1980er Jahren verdoppelt hatte (vgl. Neumann 1987, S. 113), lag im Jahre 1989 zwar bei 67,7% (vgl. Tietze/Roßbach 1991, S. 557), doch handelt es sich hier nur zu 14,2% um Ganztagsplätze (die eine Erwerbstätigkeit der Betreuungsperson ermöglichen), während die Mehrzahl der Kindergärten nur vor- oder nachmittags geöffnet bzw. mittags geschlossen waren (vgl. Tietze/Roßbach/Roitsch 1993, S. 29). Einrichtungen für Kinder unter 3 Jahren deckten nur eine Quote von 1,6% ab und fanden sich zumeist in kreisfreien Städten (vgl. ebd., S. 104). Kinder unter 3 Jahren wurden 1989 zumeist von der Mutter, solche über 3 Jahren zumindest 30 Stunden pro Woche von anderen Familienangehörigen oder auch in Einrichtungen der Früherziehung betreut (vgl. Tietze/Roßbach 1991, S. 562).

2.2.2 Zur gegenwärtigen Lage der Kindertagesstätten

Mit dem seit 1991 geltenden neuen Kinder- und Jugendhilfegesetz (KJHG) wurde dem wachsenden Betreuungsbedarf für Kleinkinder Rechnung getragen. Seit dem 01.10.1996 besteht ein Rechtsanspruch auf einen Kindergartenplatz für Kinder ab dem vollendeten dritten Lebensjahr (vgl. KJHG § 24), während den jüngeren Kindern nur „nach Bedarf" Platz in Tageseinrichtungen oder in der Tagespflege eingeräumt wird (vgl. KJHG § 23,1). Trotz dieser Gesetzesänderung stieg die Zahl der Kindergartenplätze nur um 2%, während die Versorgungsquote aufgrund der gesunkenen Geburtenrate immerhin von 77% (1994) auf 90% (1998) kletterte. Die Zahl der Krippenplätze indes sank von 1994 bis 1998 um knapp 6.000 (vgl. Statistisches Bundesamt 2000). Nach 1998 stagnierten die Ausgaben für Kindertageseinrichtungen jedoch, wenn man sie von der Inflation bereinigen würde (vgl. Statistisches Bundesamt 2002).

Betreuungsbedarf und Versorgungsquote

Ähnlich wie schon in den Zeiten der Bildungsexpansion in den 1960er und 70er Jahren, als zu aller erst die Quantität der Kindertageseinrichtungen und später erst ihre Qualität gesteigert wurde, ist auch nach der Verabschiedung des neuen Kinder- und Jugendhilfegesetzes das Problem virulent, dass eine höhere Anzahl von Kindertageseinrichtungen nicht unbedingt bedeuten muss, dass diese auch besser geworden sind. Diese Qualitätsdebatte kam auch dadurch in Gang, dass mit der Wiedervereinigung in Deutschland zwei gänzlich unterschiedliche Früherziehungssysteme zusammengelegt wurden (vgl. Tietze 1998, S. 17f.).

Quantität und Qualität von Kindertageseinrichtungen

In einer groß angelegten Studie wurde gezeigt, dass die pädagogische Qualität von Kindergärten zwar die Bewältigung von Lebenssituationen und die soziale Kompetenz innerhalb der Familie nicht unmittelbar beeinflusst, wohl aber von zentraler Bedeutung für die selben Handlungs- und Kompetenzmerkmale innerhalb des Kindergarten und außerdem wichtig für die Sprachentwicklung des Kindes ist (vgl. Tietze 1998, S. 328). Da Kinder in zunehmendem Maße in Institutionen der sekundären Sozialisation (Kita, Schule etc.) eingebunden sind, ist dieser differentielle Einfluss der Kindergartenqualität auf die kindliche Entwicklung in seiner Bedeutung jedoch nicht zu unterschätzen (vgl. ebd.). Umso problematischer ist daher die niedrige Qualität der Kindergärten, die in dieser Studie festgestellt wird: „Die globale pädagogische Prozeßqualität in den deutschen Kindergartengruppen liegt – auch nach einem Vierteljahrhundert Kindergartenreform – lediglich im Bereich gehobener Mittelmäßigkeit; es zeigen sich beträchtliche Unterschiede in der pädagogischen Struktur- und Prozeßqualität zwischen den Kindergartengruppen" (ebd., S. 337). Aufgrund dessen wird darüber diskutiert, ob institutionalisierte Systeme zur Qualitätskontrolle einzuführen sind (vgl. Tietze 2002, S. 512).

<small>Bildungsauftrag der Kindertagesstätten</small>

Gerade nach den Debatten um die mangelnde Leistungsfähigkeit der Schüler/innen in Deutschland wurde der Bildungsauftrag der Kindertagesstätten erneuert und erste Überlegungen zu seiner Realisierung in der Praxis angestellt (vgl. Rabe-Kleberg 2001). Inzwischen wird hier sogar von einer „Neuorientierung der Kindertageseinrichtungen" an Bildung gesprochen (Gloger-Tippelt 2002, S. 488f.).

Der Wandel von der Fürsorge- zur Bildungsinstitution wird indes auch in Zukunft eng an die Professionalisierung des Erzieher(innen)berufsgebunden sein. Es ist hier, so Rabe-Kleberg (2000, S. 106), die Frage, ob „der systematische Transfer erziehungswissenschaftlichen Wissens von der Universität ... in die Praxis der öffentlichen Kleinkinderziehung mehr oder weniger dem Zufall überlassen bleibt", oder ob es zu einer engeren wechselseitigen Verzahnung von universitärer Erziehungswissenschaft und der Erziehungspraxis in Kindertagesstätten als einem „professionellen Handeln auf einem spezifischem Wissenshintergrund" kommt.

2.2.3 Ansätze der Kleinkindpädagogik

<small>Mischung pädagogischer Ansätze</small>

Die Praxis in vielen Kinderkrippen und -gärten ist gekennzeichnet von einer Mischung unterschiedlicher pädagogischer Ansätze; nur wenige Einrichtungen der Früherziehung sind einem bestimmten Ansatz, etwa demjenigen der Reggio-Pädagogik (vgl. Göhlich 1995), der Montessori-Pädagogik oder der Waldorf-Pädagogik (vgl. Hellmich/Teigeler 1995) vollständig verpflichtet. Wir möchten daher im Folgenden drei Ansätze vorstellen und diskutieren, die einander nicht ausschließen, sondern sich in der Praxis zu ergänzen vermögen. Im Einzelnen handelt es sich um den Situationsansatz, um die Betreuung altersgemischter Gruppen und um die Medienbildung.

<small>Situationsansatz</small>

Die Entwicklung des *Situationsansatzes* ist eng mit dem Übergang von einer Kindergartenpädagogik, die sich als sozialfürsorgerisch betrachtete, zur Bildungsarbeit mit Kleinkindern verbunden. Ursprünglich am Deutschen Jugendinstitut von Jürgen Zimmer und Mitarbeiterinnen erarbeitet, waren die Konzepte und Praxishilfen des Situationsansatzes Grundlage eines größeren Projektes zur Reform der bundesdeutschen Kindergärten (vgl. Gerstacker/Zimmer 1978, S.

193; Zimmer 1995); mit seiner Popularisierung – 1994 bekundeten 53% der Erzieherinnen, mit diesem Ansatz zu arbeiten – vervielfachten sich allerdings die Interpretationen des Situationsansatzes und verwischten seine Konturen (vgl. Conrad 1999, S. 4-9). Nach der Wende gelang es dem Begründer dieses Ansatzes jedoch, ein neues größeres Modellvorhaben „Kindersituationen" in den neuen Bundesländern durchzusetzen und erfolgreich abzuschließen (vgl. Wolf/Becker/Conrad 1999, S. 271ff.).

Im Zentrum des Situationsansatzes steht der Versuch, den „Bildungsprozess stärker auf gesellschaftliche Praxis" der Kinder (Gerstacker/Zimmer 1978, S. 189) zu beziehen, wie dies vorbildhaft in den Arbeiten von Saul B. Robinsohn und Paulo Freire getan wurde. Möglich sollte dies dadurch werden, dass man die Kinder als Experten in Entscheidungs- und Handlungssituationen einbezog und die Einrichtungen der Früherziehung nach außen hin und für das Leben draußen öffnete (vgl. ebd., S. 190). Kinder konnten dann als Experten ihrer selbst betrachtet werden, wenn man sie in realen Lebenssituationen agieren ließ; zugleich ermöglichte dies eine Verknüpfung von auf Autonomie ausgerichtetem sozialen Lernen mit dem instrumentellen, kompetenzbezogenen Lernen (vgl. ebd., S. 195). Die Öffnung des Kindergartens für die Außenwelt implizierte nicht nur die Mitwirkung von Eltern und den Einbezug des Gemeinwesens (vgl. Zimmer 1985, S. 30f.), sondern auch das interkulturelle Lernen (vgl. ebd., S. 32f.) und das Lernen in gemischten Altersgruppen (vgl. Gerstacker/Zimmer 1978, S. 196). Kritisiert wurde der Situationsansatz vornehmlich dafür, dass er die Entwicklungsdimension kindlichen Lebens vernachlässige und seine Erziehungsinhalte bzw. -ziele unklar blieben (vgl. dazu Conrad/Becker/Wolf 1999, S. 276f.). Letzteres muss allerdings aus der Sicht des Situationsansatzes nicht als Defizit, sondern als Vorteil gesehen werden, geht er doch davon aus, dass Kinder nur in den sich stets verändernden realen Lebenssituationen lernen und Inhalte wie Ziele dieser Lern- und Bildungsprozesse damit ebenfalls der Veränderung unterworfen sind. Gleiches gilt für die notwendige Vernachlässigung der Entwicklungsdimension, sofern hierunter allgemeine Normen und Vorstellungen von Entwicklungsschritten der Kinder verstanden werden.

Gesellschaftliche Praxis und Bildung

Obgleich schon im Situationsansatz die Öffnung des Kindergartens für unterschiedliche Altersgruppen vorgesehen ist, verbreitete sich die Früherziehung in altersgemischten Gruppen erst in den 1980er und 1990er Jahren. *Altersmischung* bedeutet zum einen, im Kindergarten Gruppen mit Kindern zwischen 3 und 6 ½ Jahren zu haben; zum anderen gehört zur Altersmischung auch der Einbezug von Kinderkrippen und Horten (d.h. der Nachmittagsbetreuung von Grundschülern) in die Kindertagesstätten. Eine derartige Altersmischung kann zwar auch als eine rein technisch-organisatorische Reaktion auf den erhöhten Bedarf an Betreuungsplätzen für Kinder unter 3 Jahren und für Schulkinder gesehen werden (vgl. Peukert 1995, S. 74); sie stellt aber zugleich eine Antwort auf die veränderten Familien- und lebensweltlichen Verhältnisse der Kinder dar, denen in ihrem angestammten sozialen Umfeld Geschwister und Nachbarskinder häufig fehlen (vgl. Grundmann 1995, S. 14; Völkel 1995, S. 46).

Ansatz der Altersmischung

Mit der Altersmischung in den Kindergartengruppen verlagert sich das Bildungsgeschehen vom Verhältnis zwischen Erzieherin und Kind hin zur Kindergruppe, innerhalb derer zentrale soziale und kognitive Fähigkeiten gelernt wer-

Bedeutung der Kindergruppe

den: Zum Beispiel, „was es heißt, einen Partner zu gewinnen und für die eigene Idee zu begeistern", zu „lernen, wie man zu einem gemeinsamen Verständnis einer Situation kommt, wie sie Konflikte konstruktiv lösen können" oder den „Sinn von sozialen Regeln" zu verstehen (Peukert 1995, S. 80). Gerade der Altersunterschied ermöglicht es hier, dass das Sozialverhalten, die Selbständigkeit und die Sprachentwicklung Jüngerer durch den Kontakt mit älteren Kindern gefördert wird, die sich wiederum in prosoziales Verhalten und in die Anleitung jüngerer Kinder einüben können (vgl. Völkel 1995, S. 46ff.). Nicht übersehen werden darf aber, dass zwischen Kindern ungleichen Alters eher asymmetrische Beziehungen entstehen, während Freundschaften sich vornehmlich zwischen Gleichaltrigen bilden können (vgl. ebd., S. 56). Es ist hier gerade als der Vorteil altersgemischter Kindergartengruppen anzusehen, dass in ihnen sowohl Interaktionen zwischen Gleichaltrigen als auch solche zwischen Altersverschiedenen vonstatten gehen können. Für die Erzieherinnen bedeutet dies gleichwohl, ihre professionellen Kenntnisse flexibel zu halten, damit sie sich in ihrer Arbeit auf die unterschiedlichen Altersstufen einstellen können. „Die pädagogische Arbeit muß also in einem hohen Maß differenzierend und individualisierend sein" (Colberg-Schrader 1995, S. 71).

Ansatz der Medienpädagogik

Medien haben einen durchaus umstrittenen Stellenwert in den Einrichtungen der Früherziehung. Bis in die 1980er Jahre hinein versuchte man, den Kindergarten von (neuen) Medien freizuhalten. Zwar wurden die Kinder nicht daran gehindert, „ihre Medienerfahrungen in spontanem Spiel oder im Gespräch aufzuarbeiten, aber der eigentliche Sinn einer Medienerziehung in diesem frühen Alter wurde darin gesehen, Gegenerfahrungen gegen die Faszination der neuen Medien zu ermöglichen und auf ihren direkten Einsatz zu verzichten" (Peukert 2000, S. 296). Diese Haltung entsprach noch einem Verständnis von Früherziehung als Fürsorge und Schutz für Kinder. Demgegenüber würde ein Bildungsverständnis für Kindertagesstätten implizieren, die neuen Medien der Wissensgesellschaft (nicht nur das Fernsehen) produktiv und den Lebenssituationen der Kinder entsprechend in den pädagogischen Alltag einzubeziehen (vgl. ebd.).

Zwischen den Polen von Bewahrung vor und Bildung mit Medien lassen sich vier Konzepte der frühkindlichen Medienpädagogik unterscheiden (vgl. Six/Frey/Gimmler 1998, S. 35ff.): Der bereits angesprochene „bewahrpädagogische Ansatz", der kritische Ansatz, in dem die gesellschaftlichen Auswirkungen von Medien im Zentrum stehen, der kompetenzorientierte und der kindzentrierte Ansatz. Zwar wird in den beiden letzten Ansätzen das Kind nicht nur als Medienkonsument, sondern auch als aktiver Rezipient und Produzent der Medien angesehen, doch formuliert der kompetenzorientierte Ansatz (vgl. auch Baacke 1999) eher allgemeine Ziele jenseits des kindlichen Lebens, während der kindzentrierte Ansatz – hierin durchaus dem Situationsansatz verpflichtet – von den (empirischen) Medienerfahrungen in Kindersituationen ausgeht (vgl. Six/Frey/Gimmler 1998, S. 47). So wird im kindzentrierten Ansatz vorgeschlagen, „Kinder – als Produzenten mit handhabbaren Medien – Themen aus ihrer Lebenswelt bearbeiten und darstellen" zu lassen (Schmidt 1991, S. 172). Derart situationsbezogen und produktionsorientiert genutzt, zerstörten Medien die Kreativität von Kindern auch nicht, sondern regten sie sogar an, neue Wissensgebiete zu entdecken (vgl. ebd., S. 176).

Dabei wird darauf aufmerksam gemacht, dass Medienbildung immer nur an frühkindliche Bildungsprozesse anknüpfen, ihnen aber nicht vorausgehen oder sie ersetzen kann; denn erst wenn das Kind seine zentralen kommunikativen Fähigkeiten ausgebildet – und damit ohnehin schon multimediale Erfahrungen mit den unterschiedlichsten Sinnen gemacht – habe, könne es selbst – situativ – aus der Masse von Medien diejenigen selektieren, mit denen es umgehen möchte (vgl. Peukert 2000, S. 305ff.).

Medienbildung knüpft an frühkindliche Bildung an

Insgesamt zeigt sich in den referierten Ansätzen, dass sich mit ihnen die Wende von der allein fürsorgerischen Kleinkinderziehung hin zur Bildungsarbeit mit Kleinkindern vollzieht und somit dem frühkindlichen Bildungsprozess zunehmende Aufmerksamkeit gewidmet wird (vgl. dazu auch Schäfer 1995; Peukert 1997; Neumann 1999; Bürmann 2000). Gleichwohl müssen die Fürsorgefunktion der öffentlichen Kleinkinderziehung und ihr Bildungsauftrag einander nicht notwendig widersprechen (vgl. Rabe-Kleberg 2000, S. 96).

2.2.4 Kinder in der Tagesstätte

Begreift man Kindertagesstätten verstärkt als Einrichtungen frühkindlicher Bildung, wie dies sich in den oben referierten Ansätzen abzeichnet, so rücken die Kinder in den Tageseinrichtungen, ihr Erleben, ihre Spiele, ihre Konflikte und ihr Umgang mit der Pluralität der Lebensformen in den Blick.

Konflikte zwischen Kindern und ihr Umgang mit Pluralität gehören zum Alltag in den Einrichtungen der Früherziehung. Wurden sie früher noch – unter den Vorzeichen der Entwicklungspsychologie – eher als Kompetenzdefizit der Kinder betrachtet, das – wie dies auch heute noch oft geschieht – zum Anlass von pädagogischen Interventionen wird, so versuchen Gisela Dittrich, Mechthild Dörfler und Kornelia Schneider (2001) in einer qualitativen Studie ihren Blick offen zu halten für die Situationen und Interaktionsverläufe von Kindern, die sich selbst dort als konstruktiv erweisen können, wo Gewalt zum Einsatz kommt. Es ist für die Forscherinnen „nicht ausschlaggebend, mit welchen Mitteln und in welcher Form ein Konflikt ausgetragen wird, solange Handlungsspielräume bestehen bleiben" und jeder Konfliktpartner in gleichem Maße seine Handlungspotentiale entfalten kann (ebd., S. 155; vgl. auch S. 67f.).

Qualitative Studie zu Konflikten zwischen Kindern

In ihrer videogestützten teilnehmenden Beobachtung bei Kindern zwischen einem und sechs Jahren beobachteten die Forscherinnen unterschiedlichste Anlässe von Konflikten, denen folgende Schlüsselthemen unterlagen: „Einander kennen lernen", ‚Mein' – ‚Dein', „Positionen finden und festigen oder ändern wollen", „Gruppe(n) bilden", Freundschaft schließen, „Territorium, Spielfluss, Spielgruppe sichern", Mitspielen wollen, Regeln und Grenzen testen (ebd., S. 109). Die meisten dieser Themen verweisen zugleich auf zentrale Elemente des frühkindlichen Bildungsprozesses, in dem es ja gerade auch um das Erleben der eigenen Person im Verhältnis zu anderen Kindern geht. Kinder lernen in der Kindertagesstätte also nicht nur, Konflikte und Probleme der Pluralität konstruktiv zu bewältigen, die Konflikte selbst sind für den Bildungsprozess wichtig.

Zusammenhang von Konflikt und Bildung

Schon bei Kindern im Alter von 1 bis 2 Jahren beobachten Dittrich/Dörfler/Schneider, wie diese sich in Konflikten über den Besitz von Spielzeug (Thema

‚Mein'-‚Dein') mit ihren körperlichen Gesten – ohne die Hilfe der Sprache – verständigen, einander dort, wo Interessen kollidieren, neue Spielangebote machen und sich dort zurücknehmen, wo der Konflikt zu eskalieren droht (vgl. ebd., S. 120ff.). Obgleich diese körperlichen Gesten stets unmittelbar sind und Absichten also nie sprachlich vor ihrer Umsetzung in das Handeln kommuniziert werden können, gelingt es den Kindern, Konflikte konstruktiv zu lösen (vgl. ebd., S. 135). Voraussetzung hierfür ist allerdings, dass die Erwachsene dies auch zulassen und ihre körperlichen Gesten nicht als „unvernünftiges Gerangel einschätzen" (ebd.).

Bedeutung von Anerkennung und Freundschaft

Dies gilt auch für die Konflikte zwischen älteren Kindern, in denen Gewaltanwendung einem konstruktiven Konfliktverlauf durchaus nicht zuwider laufen muss. In der Beobachtung einer längeren Auseinandersetzung zwischen zwei Freunden zeigen die Forscherinnen, dass es hier mitnichten um einen Spielzeug-Baustein geht, sondern die beiden mit unterschiedlichen, auch gewaltförmigen Mitteln um die wechselseitige Anerkennung ringen: Das Schlagen „war aufs Feinste vorbereitet, von beiden wechselseitig vorsichtig aufgebaut und zugespitzt ... Erst war es ein Ringkampf um den Baustein. Bevor Paul zugeschlagen hat, hat er es angedroht. Und Marius hat noch schnell den Stein aus der Hand genommen, bevor er zurückgeschlagen hat, obwohl Paul nicht so zartfühlend war, sondern einen Stein in der Hand hatte, als er Marius auf den Rücken schlug. Es gab also Rücksichtnahme trotz des Willens zur heftigen Auseinandersetzung. Letztlich haben die Jungen ihren Konflikt selbst lösen können" (ebd., S. 178f.), wobei, wie die Autorinnen betonen, die Freundschaft unter den beiden und unter Kindern im Allgemeinen ein wichtiger Faktor ist. Demgegenüber erscheint ein hoher Altersunterschied zwischen Konfliktpartnern als ein Faktor für die ungleichgewichtige Verteilung von Potentialen, eigene Interessen in den Konflikt einzubringen (vgl. ebd., S. 166f.).

Einrichtungen der Früherziehung, wie wir sie hier diskutiert haben, wird mit den Konflikten, Spielen, Erfahrungsräumen, die sie für Kleinkinder bereithalten, eine immer höhere Bedeutung zwischen der Familie und der Schule zukommen. Dies geschieht nicht zuletzt im Zeichen einer Wende von der Kleinkindfürsorge zur Bildungsarbeit in Kindertagesstätten.

2.3 Schule

Klassische Institution der Pädagogik: Schule

Die klassische Institution der Pädagogik ist die Schule. Seit es Schulen gibt, lässt sich an ihnen ablesen, welche Aufmerksamkeit die Gesellschaft heranwachsenden Generationen widmet und was sie von ihnen erwartet. Dabei hat sich mit der historischen Entwicklung der Gesellschaft auch die Schule selbst verändert.

Verschiedene Schulformen

Zum Schulsystem gehören verschiedene Schulformen: Neben dem allgemeinbildenden Pflichtschulbereich (Primarbereich und Sekundarbereich I und II) gibt es den berufsbildenden Bereich (siehe dazu Abschnitt 2.5.1) sowie den Tertiärbereich der Fachhochschulen, Hochschulen und Universitäten sowie den der Weiterbildung (siehe dazu Abschnitt 2.5). Der Vollständigkeit halber soll noch auf zwei weitere Spezifika hingewiesen werden: Einerseits gibt es neben den hier genannten Schulen ein vielfältiges Netz von Sonderschulen für benachteiligte und behinderte Kinder und Jugendliche. Andererseits bestehen, obwohl das gesamte Schulwesen der staatlichen Aufsicht unterliegt, neben den öffentlichen Schulen auch private, so genannte Freie Schulen. Zu diesen gehören z.B. die Freien Waldorfschulen oder auch Schulen in Trägerschaften von Kirchen.

Wir beschäftigen uns in diesem Abschnitt ausschließlich mit dem öffentlichen, allgemeinbildenden Schulwesen. Zunächst gehen wir auf die geschichtliche Entwicklung der Schule ein, skizzieren dann rechtliche Rahmenbedingungen und den Aufbau des allgemeinbildenden Schulsystems, widmen uns den Funktionen der Schule sowie ihren Akteuren. Am Ende stellen wir die Frage nach den Chancen der Schule in Zeiten des Internets.

Überblick über den Abschnitt

2.3.1 Zur Geschichte der Schule in Deutschland

Um die Situation des gegenwärtigen Schulwesens in Deutschland zu verstehen, ist es ratsam, seine historischen Wurzeln zu kennen. Zwar können wir hier nicht bis zu den allerersten Anfängen der Schule in Deutschland zurückgehen, möchten aber in groben Zügen kennzeichnen, welche Eckpunkte das Schulwesen innerhalb der letzten knapp einhundert Jahre geprägt haben.

Bedeutsam für die Entwicklung des Schulwesens nach dem ersten Weltkrieg war die durch die Weimarer Reichsverfassung (1919) vorgesehene allgemeine Schulpflicht, auf deren Basis 1920 eine vierjährige Grundschulpflicht für alle Kinder eingeführt wurde. Waren zuvor noch die Kinder – meist nach Schichtzugehörigkeit differenziert – schon von Beginn an in unterschiedliche Schultypen eingeschult worden, so wurden mit Einführung der Grundschulpflicht die bis dahin üblichen schichtenspezifischen Ungleichheiten (soziale Herkunft als Auswahlkriterium für Bildungswegeentscheidungen) zumindest im Primarbereich prinzipiell überwunden.

Einführung der Grundschulpflicht und Schulgliederung

Nach Beendigung dieser gemeinsamen Grundschulzeit allerdings spaltete sich das Schulwesen in drei nebeneinander liegende weiterführende Schularten auf, die wir noch heute als Hauptschule, Realschule und Gymnasium kennen. Diese Dreigliedrigkeit weiterführender Schularten setzte sich im Dritten Reich und in der Bundesrepublik bis heute fort. Während in der DDR eine 10jährige Pflicht zum Besuch einer gemeinsamen Schule bestand, wurden und werden in der BRD die Kinder bereits nach der vierten bzw. sechsten Klasse nach Schularten aufgeteilt.

Hinzugekommen ist in der BRD seit den 1970er Jahren als weitere Schulart die Gesamtschule. Ursprünglich als Konkurrenzmodell zum klassischen dreigliedrigen Schulsystem gedacht, konnte diese Schulart die an sie gerichteten Erwartungen nicht erfüllen. „Die Gesamtschule existiert lediglich als Alternative neben den herkömmlichen Schulen" (Dresselhaus 1997, S. 32). Sie hat also die Dreigliedrigkeit des Schulwesens nicht in Frage stellen können.

Bedeutsam für die Entwicklung des bundesdeutschen Schulsystems der letzten dreißig Jahre ist der vom Deutschen Bildungsrat (1969) verfasste *Strukturplan für das Bildungswesen*. Dieser Plan stellte einen Vorschlag zur Neugestaltung des deutschen Bildungswesens dar, dessen Zuständigkeit sich von der

„Strukturplan für das Bildungswesen"

Grundschule bis hin zur Erwachsenenbildung erstreckt. Er war geprägt von der Vorstellung größtmöglicher Chancengleichheit, die aber bis heute (vgl. u.a. PISA-Studie) nicht erfüllt werden konnte. Allerdings lässt sich sagen, dass die Bildungsexpansion in den 1960er und 1970er Jahren zu zwei Veränderungen im Schulwesen geführt hat: Nicht mehr die Hauptschule, sondern das Gymnasium kann mittlerweile die größten Schülerzahlen verzeichnen (bis zu 45% eines Jahrganges), und die starke Benachteiligung bestimmter Konfessionen, Geschlechter, Regionen und Schichten ist teilweise überwunden, zumindest aber abgeschwächt worden (vgl. Tenorth 2000, S. 435). Für die Schule in der Wissensgesellschaft bleiben jene Heranwachsenden, die überhaupt keinen Abschluss erlangen können, allerdings ein Problem, das trotz steigender Gymnasiastenzahlen nicht vernachlässigt werden darf.

2.3.2 Rechtliche Rahmenbedingungen für Schule

In der Bundesrepublik sind allgemeine und wesentliche Grundsätze, die das Schulwesen betreffen, im Grundgesetz geregelt. Dazu zählen u.a. die Freiheit der Kunst und Wissenschaft, Forschung und Lehre, die staatliche Schulaufsicht, die Religionsunterricht als ordentliches Lehrfach an öffentlichen Schulen sowie das Recht zur Errichtung von Privatschulen.

Föderale Differenzierung des Schulwesens

Das wesentliche Merkmal des deutschen Schulwesens besteht in seiner föderalen Differenzierung, die vorsieht, dass die einzelnen Bundesländer selbst die inhaltliche und institutionelle Ausgestaltung des Schulwesens bestimmen. Trotz ihrer „Kulturhoheit" sind die Bundesländer dazu verpflichtet, auf der Basis des Grundgesetzes Freizügigkeit im ganzen Bundesgebiet und das Recht zu garantieren, Beruf und Ausbildungsstätte frei zu wählen.

Um dies zu gewährleisten und als Instrument einer Selbstkoordinierung der Bildungspolitik der Länder wurde bereits 1948 die „Ständige Konferenz der Kultusminister" (KMK) gegründet. Ziel der Arbeit der Kultusministerkonferenz ist es, Regelungen zu treffen, welche sich vor allem auf die Gestaltung des Bildungswesens und die gegenseitige Anerkennung von Abschlüssen beziehen. Eine rechtliche Wirkung haben diese Regelungen jedoch erst dann, wenn entsprechende Landesgesetze erlassen wurden.

Durch entsprechende Abkommen der Kultusminister der Länder sind u.a. folgende Fragen untereinander abgestimmt: die Dauer der Schulpflicht, die Dauer der Schulferien, die Bezeichnung der Schultypen und -formen, die Prüfungsanforderungen, die gegenseitige Anerkennung von Abschlüssen sowie die Bezeichnung der Notenstufen.

2.3.3 Aufbau des allgemeinbildenden Schulsystems

Jenseits der bundeseinheitlich gestalteten Regelungen bestehen zwar teilweise große Unterschiede zwischen den einzelnen Bundesländern im Aufbau der Schulsysteme, in der Schulorganisation aber auch in inhaltlichen Fragen (Rahmenrichtlinien etc.). Wir konzentrieren uns hier jedoch auf die Gemeinsamkeiten im Aufbau des Schulsystems.

Das allgemeinbildende Schulsystem ist nach Jahrgangsstufen (Klassenstufen) gegliedert, die in die Primarstufe sowie die Sekundarstufe I und II zusammengefasst werden. Während in der Primarstufe, die zwischen 4 und 6 Jahren dauert, alle Kinder *eine* Schule besuchen, bestehen im Bereich der Sekundarstufe I (Klasse 5 bzw. 7 bis 10) in der Regel mehrere *getrennte* Schularten nebeneinander: Hauptschulen, Realschulen, integrierte bzw. kooperative Gesamtschulen und Gymnasien.

Im Bereich der Sekundarstufe II bestehen als allgemeinbildende Schulart das Gymnasium und die Gesamtschule. Allgemeines Ziel der Sekundarstufe II ist die Herausbildung der Studierfähigkeit. Auch hier gibt es länderspezifische Besonderheiten, welche die Dauer des gymnasialen Ausbildungsweges betreffen. Bereits seit mehr als 10 Jahren wird in der Bundesrepublik Deutschland intensiv über die Frage der Schulzeitdauer diskutiert, weil Erfahrungen aus anderen europäischen Nachbarländern und auch aus den neuen Ländern, bezogen auf das ehemalige Schulsystem der DDR, zeigen, dass das Abitur bereits am Ende eines zwölfjährigen Schulbesuchs abgelegt werden kann (vgl. dazu Böttcher/Plath/Weishaupt 1999). Gegenwärtig wird das Abitur jedoch in den meisten Bundesländern in der 13. Klassenstufe abgelegt.

Länderspezifische Regelungen in der Organisation des Schulwesens finden sich auch in anderen Aspekten, so etwa in der Gestaltung demokratischer Organe in der Schule. Dazu ist die Arbeit der Schulleitung, die Arbeit der Konferenzen (Schul-, Gesamt-, Klassenkonferenzen usw.), die Vertretungen (Personal-, Lehrer-, Schüler- und Elternvertretungen, die Landesschülervertretungen und auch Landeselternvertretungen) zu zählen.

Stufen des allgemeinbildenden Schulsystems

2.3.4 Funktionen von Schule

Aus gesellschaftlicher Sicht kommen der Schule verschiedene Funktionen zu. Wenngleich es in der Literatur unterschiedliche Modelle gibt (vgl. Fend 1980), unterscheiden wir vier Funktionen der Schule, die miteinander in Beziehung stehen. Alle vier Funktionen werden in der Regel vom Lehrer wahrgenommen bzw. erfüllt, unabhängig davon, wie er zu den einzelnen Funktionen steht.

Qualifikationsfunktion

In der Schule werden Qualifikationen erworben, die einen Anschluss an das Beschäftigungssystem gestatten. Diese Funktion ist insbesondere als bildungsökonomische Perspektive von Bedeutung. Die Frage ist hier, ob in der Schule die Qualifikation erworben wird, die man dann braucht, um einen bestimmten Beruf zu erlernen bzw. eine bestimmte Tätigkeit auszuüben. Anders formuliert: Werden in der Schule die Qualifikationen vermittelt, die der Markt nachfragt?

Ein Beispiel dafür, wie diese Frage diskutiert wird, sind Konflikte zwischen Arbeitgeberorganisationen und Schule. So behauptete 1996 der Deutsche Industrie- und Handelstag, dass die Leistungen in Deutsch und Mathematik nachgelassen hätten (vgl. FAZ, 7. Februar 1996). Während die theoretischen Anforderungen in Ausbildung und Beruf zunähmen, würden die Basisqualifikationen wie

Qualifikationsfunktion und bildungsökonomische Perspektive

Lesen, Schreiben und Rechnen der Berufsanfänger in besorgniserregendem Ausmaß sinken. Es hapere an der Rechtschreibung, aber auch an Grammatik, Satzbau und logischer Gedankenführung.

Nicht nur von den Arbeitgeberverbänden, auch in erziehungswissenschaftlichen Untersuchungen wird auf eine Diskrepanz zwischen Qualifikationsbedarf und -leistung hingewiesen. So hebt die PISA-Studie (vgl. Baumert et al. 2001) hervor, dass mit guten Lesekompetenzen „ganze Lebensbereiche" erschlossen werden könnten (vgl. ebd., S. 69ff.). Doch sei diese Qualifikation bei deutschen Schülern im internationalen Vergleich schlecht ausgeprägt. Dieser Befund ist nur ein Beispiel dafür, dass die Schule ihre Qualifikationsfunktion nicht immer und in allen Bereichen ausfüllt.

Allokationsfunktion (Selektionsfunktion)

Schulerfolg und gesellschaftliche Positionierung

In der Schule wird erstens durch die unterschiedlichen Schultypen und zweitens durch das System der Leistungsbewertung (Zensierung, verbale Einschätzungen, schriftliche Beurteilungen u.a.) eine Auswahl vollzogen, die Folgen für die spätere gesellschaftliche Positionierung (Allokation) des Einzelnen hat. Schulabschlüsse eröffnen oder verschließen soziale Chancen. Wenn man z.B. einen Schulabschluss im Sekundarbereich I erwirbt, kann man bestimmte Berufe anstreben, die im berufsbildenden Schulsystem angeboten werden, man kann aber nicht studieren. Mit dem Abitur (Sekundarbereich II) hingegen ergeben sich prinzipiell nahezu alle Chancen für weiterführende Qualifikationen (Berufsausbildung wie Hochschulbildung).

Lebensgeschichtliche Folgen schulischer Selektion

Durch diese Selektionen werden bereits sehr frühzeitig in der Entwicklung eines Heranwachsenden weit reichende Weichenstellungen vorgenommen, die in aller Regel lebenslaufrelevante Folgen haben. Die Selektionsfunktion der Schule trägt entscheidend dazu bei, wie sich der Einzelne in der Gesellschaft positioniert, welche Stellung er erwirbt und wie sein Ansehen ist (Allokation). Da diese gesellschaftliche Selektion durch die Schullaufbahnentscheidung determiniert ist, tragen die an diesem Entscheidungsprozess maßgeblich Beteiligten (Eltern und LehrerInnen) eine hohe Verantwortung gegenüber den ihnen anvertrauten Kindern und Jugendlichen, wobei jene mit fortschreitenden Schuljahren selbst Verantwortung für derartige Entscheidungen übernehmen können.

Hinsichtlich der Allokations- bzw. Selektionsfunktion kommt es aus Sicht der Gesellschaft wie der Betroffenen vor allem darauf an, ob sich Schullaufbahnen entlang schichts- und geschlechtsspezifischer oder anderer Unterscheidungsmerkmale herausbilden oder ob sie sich den Schülerleistungen entsprechend gestalten. Dabei ist auch zu bedenken, dass die Schülerleistungen selbst schon abhängig von derartigen Unterscheidungsmerkmalen (Schicht, Geschlecht ect.) sein können.

Integrationsfunktion (Legitimationsfunktion)

Integration durch Wertevermittlung

Die Integrationsfunktion spricht *erstens* den Sachverhalt an, dass Schulen einen wesentlichen Beitrag dazu leisten, dass die jeweils nachrückende Generation in die Gesellschaft hineinwächst und diese mitträgt. Hierzu gehört die Vermittlung gesellschaftlicher Grundwerte wie auch damit verknüpft der Aufbau eines demokratischen Rechtsbewusstseins.

Die Integrationsfunktion bezeichnet *zweitens* das Prinzip der Partizipation als Teilhabe. In einer demokratischen Gesellschaft gibt es eine Vielzahl von Mitwirkungs- und Mitgestaltungsmöglichkeiten. Ob es sich um Mitbestimmungsmodelle in den Betrieben handelt oder um die Gremienbesetzung in Universitäten, ob es um die Sitzungen des Gemeinderates oder darum geht, wie ein Verein aufgebaut ist, ob es um eine Bürgerinitiative geht oder um eine Protestaktion, immer geht es darum, dass der Einzelne versuchen kann, an gesellschaftlich wichtigen Entscheidungen teilzunehmen. Hierzu gehört es auch, Menschen mit anderen Lebensstilen, Kulturen und solche aus anderen Ländern und Sprachgebieten zu integrieren. Integration durch Partizipation

Drittens gehört zur Integrationsfunktion, dass Schule zwischen den individuellen Interessen einzelner Menschen und sozialer Einheiten, z.B. Familien, einerseits und der Gesellschaft andererseits vermitteln muss. Es geht hier um die Abwägung zwischen partikularistischen und allgemeinen Interessen. Integration durch Vermittlung zwischen Familie und Gesellschaft

Personalisationsfunktion

Die Personalisationsfunktion bedeutet, dass Schüler und Schülerinnen das Recht haben, sich in der Schule optimal gemäß ihrer Anlagen zu entwickeln, um eine starke Persönlichkeit auszuprägen, die sachlich, fachlich, ästhetisch und moralisch in begründeter Weise zu urteilen in der Lage ist. Es geht also um die Förderung der Individualität des Heranwachsenden, und zwar nicht nur eingeschränkt auf den Bereich der Schule, sondern im Hinblick auf das zukünftige Leben in der Gesellschaft. Mit anderen Worten: Die Personalisationsfunktion betrifft die Suche nach biographischen Sinnentwürfen des Einzelnen. Durch die Wahrnehmung dieser Funktion übernimmt die Schule eine wesentliche Verantwortung gegenüber den Heranwachsenden, sie auf dem Weg zur Biographisierung ihres Lebenslaufes so zu begleiten und zu unterstützen, dass sie den Herausforderungen der Wissensgesellschaft gewachsen sein werden. Personalisation und biographische Sinnentwürfe

2.3.5 Akteure der Schule

Schule als Institution funktioniert auf Grund der Kooperation von Akteuren, die entsprechend von stabilen wechselseitigen Erwartungen, in der Schule handeln. Diese Akteure der Schule lassen sich fünf Personenkreisen zuordnen. Die nachfolgende Diskussion dieser Kreise stellt keine hierarchische Reihenfolge dar, obgleich der Einfluss der einzelnen Personengruppen durchaus unterschiedlich ist.

Zunächst sind hier *Politiker* zu nennen, die verantwortlich zeichnen für Belange des Bildungswesens im weitesten Sinne, d.h. für die Gestaltung der Rahmenbedingungen, unter denen Schule stattfinden kann. Dazu gehören die Bereitstellung der materiellen und finanziellen Ressourcen für die Institution Schule Bildungspolitiker und die formal-inhaltlichen Belange der Schulverwaltungsverordnungen sowie der Rahmenrichtlinien auf der Grundlage der bestehenden Gesetze. Dazu gehört bisweilen auch die Novellierung bestehender gesetzlicher Rahmenbedingungen als Folge gesellschaftlicher Veränderungen. Solche schulpolitischen Entscheidungen unterliegen nicht nur bildungs-, sondern auch machtpolitischen Konstellationen, so dass sich PolitikerInnen nicht immer am Wohl der Schule und ihrer SchülerInnen orientieren (können).

Schulverwaltung

Personen in Schulverwaltungen haben u.a. die Aufgabe, im jeweiligen Zuständigkeitsbereich dafür Sorge zu tragen, dass Schule alltäglich funktioniert. Das betrifft u.a. die Wohnortnähe der Schule, die Verkehrsanbindung, die raumtechnische und auch architektonische Beschaffenheit des Schulbereichs. Diese Themen haben für die Funktionen von Schule höchste Bedeutung, wird doch nicht zuletzt dadurch mit geprägt, was Eltern, Lehrer und Schüler von der Schule halten, welche Präferenzen z.B. für eine Schullaufbahnentscheidung herangezogen werden. Zudem bereiten diese Akteure auch Entscheidungen wie solche zum Fortbestand oder zur Neugründung von Schulen vor, die große Bedeutung für die regionale Lebensqualität von Familien und für die Schule als soziokulturellem Zentrum eines Wohngebietes haben können.

LehrerInnen

Die *LehrerInnen* sind – zusammen mit den SchülerInnen – die wichtigsten Akteure in der Schule. Ihre Berufsgruppe unterliegt in der Gesellschaft einer besonderen Aufmerksamkeit. Einerseits übernehmen sie über längere Zeit familienergänzende Aufgaben im Bereich der Bildung und Erziehung, und das in einem für die Sozialisation der Heranwachsenden extrem wichtigen Lebensabschnitt; andererseits sind sie als Lehrer aber auch Berater, Freunde, Stoffvermittler, Erzieher, Schlichtende, Vertraute oder Kontrahenten der Kindern und Jugendlichen. LehrerInnen agieren von daher in einem Spannungsfeld, das einerseits durch die Umsetzung der von ihnen erwarteten pädagogischen Handlungen im Einklang mit den institutionellen Vorgaben strukturiert wird, und das andererseits oftmals von den dazu im Widerspruch stehenden Erwartungen der SchülerInnen beeinflusst ist.

Gerade diese Rolle des Lehrers ist in den letzten Jahren Gegenstand vielfältiger Untersuchungen geworden. Im Mittelpunkt steht dabei vor allem die Entwicklung der Lehrerprofessionalität (vgl. Bauer 1998; Combe/Helsper 1996; Dirks 1999, 2000, 2002; Helsper 2000, 2001, 2002; Helsper et al. 2001; Krummheuer/Naujok 1999). Cobe/Helsper z.B. verweisen auf Antinomien des Lehrerhandelns in veränderten Schulkulturen. Zu diesen Antinomien zählten sie unter anderem: Distanz versus Nähe, Subsumtion versus Rekonstruktion, Einheit versus Differenz, Organisation versus Interaktion/Kommunikation und Heteronomie versus Autonomie (vgl. Combe/Helsper 1996, S. 530ff.).

Qualitative Studie zu MusiklehrerInnen

Eine empirisch-qualitative Studie, die sich u.a. mit Antinomien im Lehrerhandeln befasst, ist die Untersuchung von Hansmann (1999 u. 2001). Der Autor hat 19 narrativ-biographische Interviews mit MusiklehrerInnen geführt, von denen er zwei als Eckfälle intensiv ausgewertet und präsentiert hat. Im Vergleich dieser Eckfälle, aber auch der anderen Interviews rekonstruiert er zentrale Probleme im schulischen Musikunterricht (vgl. 2001, S. 137ff.).

Antinomien im Lehrerhandeln

Zu diesen Problemen gehört auch die Gegensätzlichkeit zwischen den Erwartungen und Anforderungen an das Handeln im Musikunterricht in der Schule einerseits und den selbst gesteckten Zielen musikalisch-künstlerischen Handelns. Hier finden sich Schwierigkeiten, „die sich aus der Spannung zwischen dem Auftrag zur Vermittlung von traditiertem (Kultur-) Wissen und seiner Umsetzung durch klassisches Lehrlernen ergeben, und die durch eine an der Lebenswelt der SchülerInnen orientierte Unterrichtsgestaltung bedingt sind" (Hansmann 1999, S. 66). An einem ausgewählten Beispiel soll dieses Aspekt verdeutlicht werden: Hansmann stellt aus einem narrativen Interview mit einer dieser Lehrerinnen folgenden Zusammenhang vor: Die Lehrerin schildert ein Erlebnis aus einer zehnten Klasse, in der üblicherweise Barockmusik behandelt wird: „nach ihrem Dafürhalten sollen die SchülerInnen ‚wenigstens 'n bisschen mal was andres gehört haben' ..., bevor sie in der Klassenstufe 11 in der Mehrzahl das Fach Musik abwählten" (Hansmann 2001, S. 73). Die Lehrerin verfährt nun im unterrichtlichen Geschehen entsprechend ihren langjährigen Erfahrungen, um bestimmte typische Merkmale der Barockmusik erkennen zu lassen. Während sie diese Merkmale anhand von Folien erklären will, schaltet sich plötzlich der CD-Player ein, obwohl sie ihn nicht bedient hat. Sie setzt ihren Unterricht in gewohnter Weise fort, weil sie glaubt, es sei ein technischer Defekt. Nach einer Weile wiederholt sich aber der Vorgang des Einschaltens des CD-Players. Nun bemerkt sie, dass die Schüler hinter ihrem Rücken das Gerät bedient haben. Die Lehrerin reagiert entsprechend „sauer" und stellt ihren Unterricht um: „... da machen wir jetzt erst mal ne Phase mit Theorie und hab mit denen also dann mhm drei, vier Wochen nur noch Theorie gemacht und hab gesagt, ja, Strafe muss sein, so geht's ja nich, ne" (zit. n. Hansmann 2001, S. 74).

Unabhängig davon, wie man diese Reaktion der Lehrerin bewertet, stellt Hansmann an diesem Beispiel fest, wie komplex und antinomisch das Lehrerhandeln ist. Einerseits versucht die Lehrerin, nach bewährtem Muster inhaltliche Zusammenhänge zu einer historischen Musikentwicklung zu vermitteln, von der sie meint, dass die Schüler einmal etwas gehört haben müssten, andererseits sind die Erwartungen der SchülerInnen auf modernere Themen gerichtet, die sie auf ihre Weise im unterrichtlichen Geschehen umzusetzen versuchen und damit in das Handlungskonzept der Lehrerin eingreifen. Die Lehrerin ist also aufgefordert, diese Situationen im alltäglichen pädagogisch-professionellen Handeln zu beherrschen und diesen Gegensatz zwischen ihrer eigenen Zielstellung und den Erwartungen der Schüler zu bewältigen. Hansmann entwirft denn auch auf der Basis seiner empirischen Rekonstruktionen ein Modell musikpädagogischer Professionalität (vgl. 2001, S. 143ff.).

Probleme der Antinomie und Fragen der Professionalität werden zukünftig sicherlich auch vermehrt zum Gegenstand in der Ausbildung von LehrerInnen werden, wie sie sich an den Universitäten und pädagogischen Hochschulen vollzieht. Eine gute Zusammenfassung zu Überlegungen über die modernen Anforderungen an Lehrerbildung vermittelt der Band „Die Lehrerbildung der Zukunft – eine Streitschrift" (Breidenstein/Helsper/Kötters-König 2002). Dabei ist hervorzuheben, dass in den aktuellen Diskussionen vor allem der Schwerpunkt auf inhaltliche Akzentuierungen der Lehrerbildung gelegt wird. Es geht u.a. um die Frage: „Welches Wissen brauchen Lehrer für ihr Können und was müssen Lehrer über ihr Können wissen?" (Breidenstein/Helsper/Kötters-König 2002, S. 11; vgl. auch Terhart 2000, 2003). Insofern die Lehrerbildung unmittelbare Auswir-

Professionalität von LehrerInnen

kungen auf die Schule hat, ließen sich auch diejenigen Erziehungswissenschaftlerinnen, die LehrerInnen ausbilden, zu den Akteuren der Schule zählen. Ihre Gruppe klammern wir jedoch aus unserer Darstellung aus.

SchülerInnen als heranwachsende Mitglieder der Gesellschaft sind nicht nur Objekte der Institution Schule, sondern auch ihre aktiven Subjekte, also Mitgestaltende der komplizierten pädagogischen Prozesse, wie an dem oben angeführten empirischen Beispiel erkennbar wurde. Sie erlernen in diesen Prozessen nicht nur stoffliche Zusammenhänge und erwerben Wissen, sie erlernen auch ihre Rolle im demokratischen Gemeinwesen. Dies beginnt mit der Wahl der Klassensprecherin und geht bis zur Arbeit in Schülervertretungen.

Neuere qualitative Untersuchungen sind vor allem auf die Bedeutung der interpersonalen Beziehungen zwischen den SchülerInnen gerichtet. Aufbauend vor allem auf teilnehmenden Beobachtungen, wurden Analysen sozialer Interaktionsprozesse zwischen SchülerInnen vorgenommen (vgl. Krappmann/Oswald 1995; Breidenstein/Kelle 1998), in denen untersucht wurde, wie sich z.B. Freundschaftsbeziehungen entwickeln oder welche Prozesse in der Schule dazu beitragen, dass Schüler die Fähigkeit aufbauen, „als an anderen Individuen orientierte Subjekte urteilen und handeln zu können" (Krappmann/Oswald 1995, S. 15).

Eine andere Fragestellung wählen Götz Krummheuer und Natalie Naujok (1999). Sie gehen in ihren qualitativen Untersuchungen der Frage nach, welche Bedeutung Schülerkooperationen für unterrichtliches Lernen besitzen. Auf der Grundlage teilnehmender Beobachtung im Unterricht arbeiten sie heraus, inwieweit in der Schülerkooperation das vermeintliche Ideal des Kooperierens und Helfens zwischen Schülern auch Lernbeeinträchtigungen erzeugen kann. Die Autoren transkribieren die aufgezeichneten Unterrichtsabschnitte und können anhand der Schülerdialoge nachweisen, wie sich Schüler gegenseitig helfen, aber auch gegebenenfalls beim Lernen behindern. Konkret sieht das in einem ausgewählten Beispiel so aus: Ein Schüler und eine Schülerin arbeiten an einem Gruppentisch. Der Schüler beginnt, für die Mitschülerin hörbar, mit der Lösung einer Rechenaufgabe. Das Mädchen möchte sich in den Lösungsvorgang „einschalten", was der Junge aber mit den Worten „…sags nich \ und nein ich will selber rechnen…" (Krummheuer/Naujok 1999, S. 102) abwehrt. „Dann führt er das genauer aus und stützt seine Aussage mit einem Kommentar: nein wenn du nicht sagst ist viel besser" (Krummheuer/Naujok 1999, S. 102). Daraus wird von den Forschenden geschlussfolgert: „Es ist besser, sich nichts vorsagen zu lassen und selber zu rechnen, weil man so besser lernen kann" (Naujok 1999, S. 102).

Es zeigt sich in diesen Untersuchungen, dass auch Schüler zunehmend in das Zentrum qualitativer Forschung geraten, und zwar vornehmlich hinsichtlich der Analyse der interpersonalen Beziehungen, einerseits zwischen den Schülern untereinander und andererseits zwischen Schülern und Lehrern.

Eltern nehmen im Zusammenspiel der Personen, die mit Schule befasst sind, eine besondere Rolle ein und tragen eine hohe Verantwortung. Einerseits verfügen Eltern selbst über große Erfahrung mit der Institution Schule, da sie selbst diese Einrichtung durchlaufen haben. Diese allgemeinen Sozialisationserfahrungen wie auch konkreten Schullaufbahnerfahrungen, die sich in den meisten Fällen mit weiteren biographischen Erfahrungen wie Berufswahl, Berufsausbildung,

Studium, Arbeitswelterfahrungen u.v.a.m. mischen, fließen in die schulbezogene Kommunikation mit ihren Kindern ein. Am deutlichsten wird dies bei den weit reichenden Schullaufbahnentscheidungen, die am Ende der Grundschulzeit getroffen werden müssen. Da Heranwachsende oftmals die Tragweite solcher Entscheidungen nur begrenzt überblicken, kommt den biographisch geprägten Ratschlägen und Handlungen der Eltern im Miteinander mit ihren Kindern und mit den Lehrern der Kinder eine große Bedeutung zu.

Eltern haben auch das Recht, aktiv auf Belange der Schule einzuwirken. Eine besondere Bedeutung kommt dabei den Eltern durch die Beteiligung an den unterschiedlichen Formen von Elternvertretungen zu. Ihre Mitwirkungsmöglichkeiten reichen von Vertretungen in den einzelnen Schulen (Schulelternrat) über Stadtelternräte, Kreis- und Landeselterräten bis hin zum Bundeselternrat. Über diese Vertretungen haben die Eltern die Möglichkeit, auf die Gestaltung von Schule unter Berücksichtigung aktueller Erfordernisse Einfluss zu nehmen.

2.3.6 Schule und Internet

Schule als Institution unterliegt in der Wissensgesellschaft einem Modernisierungsdruck und steht daher im öffentlichen Bewusstsein unter aufmerksamer und kritischer Beobachtung. Inhalte und Organisation von Schule sind somit Veränderungserwartungen ausgesetzt, die sich in Forderungen nach Schulreformen äußern.

Besonders prägnant sind diese Veränderungserwartungen in Bezug auf die Frage, wie denn moderne Informationstechnologien in die Schule Einzug halten können. Die Initiative „Schulen ans Netz", in der es darum ging, den Internetzugang an den Schulen flächendeckend zu sichern, um allen Schülerinnen und Schülern einen Umgang mit diesem Medium zu ermöglichen, ist als ein Ergebnis solcher Diskussionen zu nennen. *Neue Medien in der Schule*

Allerdings stellt sich mit der Einführung des Internet auch die Frage, ob denn angesichts neuer Informationstechnologien Schule in der bisherigen Form auch zukünftig überhaupt noch zeitgemäß sei. In diesem Zusammenhang wird auf mögliche Paradoxien verwiesen, wie z.B. darauf, dass sich das Verhältnis zwischen Jungen und Alten im Bildungsprozess umkehren könne (vgl. Wittpoth/ Schäffer 1997). Denn häufig seien es nicht die LehrerInnen, sondern ihre SchülerInnen, die das informationstechnologische Wissen in die Schule einbringen und von denen dann auch die LehrerInnen profitieren können (vgl. auch Schäffer 2003, S. 245ff.). Hier könnte sich das asymmetrische Verhältnis zwischen wissensvermittelndem Lehrpersonal und lernender Schülerschaft umkehren. *Umkehrung des Lehrer-Schüler-Verhältnisses*

Noch radikaler wird die Schule als zentrale pädagogische Institution in Frage gestellt, wenn man danach fragt, ob SchülerInnen ihr Wissen inzwischen nicht mehr aus der Schule beziehen, sondern andere Quellen wie das Internet nutzen, um sich Wissen anzueignen. An die Stelle der LehrerInnen (respektive der Schule) träten so die Peers und die Medien (vgl. Marotzki 2001, S. 296ff.). Schule, so führt Marotzki aus, „wird möglicherweise den Status des herausgehobenen Ortes von Lernen verlieren, so dass sich dadurch der soziale Stellenwert des Lernens überhaupt verändert. Schule (...) gerät unter Legitimationsdruck und *Internet als Alternative zur Schule*

muss sehen, dass sie nicht nur ein Ort für schulsozialarbeiterische Aktivitäten wird und das Lernen und der Aufbau von Qualifikationen immer mehr an außerschulischen Orten stattfindet" (ebd., S. 297). Diese Diskussion wird auch u.a. angesichts der Ergebnisse der PISA-Studie in den nächsten Jahren an Intensität zunehmen und der Institution Schule Veränderungen abverlangen.

Die Debatten um die Schule, so kann man zusammenfassend sagen, werden von allen ihren Akteuren geführt. Ob indes der rechtliche Rahmen von Schule und der grundlegende Aufbau des Allgemeinbildungssystems in Deutschland sich grundlegend wandeln werden, wird erst die Zukunft dieser klassischen Institution der Pädagogik zeigen.

2.4 Sozialpädagogische Arbeit

Es sind nicht nur die klassischen Institutionen wie Familienhilfe und Heimerziehung, in denen sozialpädagogische Arbeit geleistet wird. Mit dem Übergang zur Wissensgesellschaft differenzieren sich auch die sozialpädagogischen Angebote und die Erwartungen einzelner Klientel aus, sodass neue sozialpädagogische Arenen entstehen. Dabei wird erkennbar, dass die von uns in der Einleitung benannten Koordinaten der Wissensgesellschaft, nämlich die integrale Bedeutung neuer Informationstechnologien und die Biographisierung des Lebens, die sozialpädagogischen Arenen immer deutlicher prägen.

Professionelle in sozialpädagogischen Institutionen und Arenen

In der sozialpädagogischen Arbeit sind, sofern sie nicht in sozialen Arenen von Nichtprofessionellen geleistet wird, vorwiegend SozialarbeiterInnen und SozialpädagogInnen mit einem Fachhochschulabschluss tätig. Aber auch Magister- und Diplom-PädagogInnen sind in sozialpädagogischen Institutionen und Arenen tätig. Etwa ein Drittel der Diplom-PädagogInnen leistet sozialpädagogische Arbeit, wobei hier insbesondere Hilfen zur Erziehung und Jugendarbeit zu Buche schlagen (vgl. Kleifgen/Züchner 2003, S. 76 u. 78).

Überblick über den Abschnitt

Wir möchten in diesem Abschnitt zunächst grundsätzlich erläutern, wie sich gegenwärtig das Verständnis von sozialpädagogischer Arbeit darstellt, um nach einer Beschreibung ausgewählter sozialpädagogischer Institutionen auf neue Arenen sozialpädagogischer Arbeit einzugehen.

2.4.1 Ansätze sozialpädagogischer Arbeit

Wandel der Sozialpädagogik

Im Unterschied zur Institution Schule, deren Zielgruppe Kinder und Jugendliche im schulpflichtigen Alter sind, zeichnet sich in Deutschland am Ende des 20. Jahrhunderts ab, dass sich Sozialpädagogik auf alle Lebensalterstufen richtet (vgl. Böhnisch 1997). Damit erweitern sich auch ihre Aufgaben und ihr Funktionsfeld erheblich: War das, was wir heute als Sozialpädagogik bezeichnen, im Mittelalter zunächst auf die Armenfürsorge gerichtet, fixiert sie sich ab dem ausgehenden 19. Jahrhundert zunehmend vornehmlich auf Heranwachsende (Kinder und Jugendliche). Gegenwärtig kann man davon ausgehen, dass sich in dieser Hinsicht ein Wandel bzw. eine Erweiterung der klassischen Rahmungen der Sozialpädagogik entwickelt hat, so dass Menschen aller Lebensalter zu ihrem Klientel geworden sind bzw. werden können. Diese Veränderungen begründen sich vor allem aus dem Wandel von der Industrie- zur Wissensgesellschaft.

Es ist heute die Aufgabe sozialpädagogischer Arbeit, Antworten bzw. Lösungen für existentielle Problemlagen zu entwickeln, in die Menschen in dieser Gesellschaft gelangen können. Angesichts vieler krisenhafter Entwicklungen der Gesellschaft sind häufig einzelne Menschen immer weniger in der Lage, mit eigenen Ressourcen die entstandenen Problemlagen zu bewältigen. Das kann bedeuten, dass der Einzelne damit überfordert ist, den alltäglichen Herausforderungen zu begegnen, z.B. aus Sorge um den Arbeitsplatz, in der Wahrnehmung der Erziehungsaufgaben oder in der Erfüllung finanzieller Pflichten (vgl. Winkler 1995, S. 170).

Aufgabe der sozialpädagogischen Arbeit

Bemerkenswert an dieser Entwicklung ist aber der Umstand, dass die Bezugspersonen bzw. Bezugsgruppen sozialpädagogischen Handelns aufgrund der hochgradig individualisierten Gesellschaft, die Beck (1986) als „Risikogesellschaft" bezeichnet, aus allen sozialen Schichten der Gesellschaft kommen können. In dem Maße, in dem die Pluralisierungs- und Individualisierungstendenzen zunehmen, in dem sich die tragenden Fundamente traditioneller Normalitätsvorstellungen ändern, in dem Muster der Lebensplanung und -führung sich lebensweltlich spezifizieren, ist für einzelne Menschen nicht mehr klar, wie sie alle Herausforderungen des Alltags bewältigen sollen. Man kann daher im weitesten Sinne sagen, dass es in der sozialpädagogischen Arbeit um die Anbahnung von *Hilfe zur Lebensbewältigung* geht, d.h. um die Reaktivierung unterbrochener Lebensbewältigungsprozesse.

Hilfe zur Lebensbewältigung

In sozialpädagogischen Aktivitäten wird Hilfe vermehrt in lebensgeschichtlichen Kontexten gesehen. SozialpädagogInnen können heute als SpezialistInnen für menschliche Biographien in der Wissensgesellschaft gesehen werden. Auf die komplizierten Problemlagenvernetzungen reagiert die sozialpädagogische Arbeit nicht mehr nur mit traditionellen sozialpädagogischen Institutionen, sondern auch mit neu entstandenen sozialpädagogischen Arenen, die noch nicht institutionell verankert sind.

Sozialpädagogische Spezialisten für Biographien

Unter den Institutionen möchten wir auf die Sozialpädagogische Familienhilfe (SPFH), die Heimerziehung und die Jugendarbeit eingehen. Sozialpädagogische Arenen finden sich u.a. in einzelnen Bereichen der Jugendarbeit.

Den rechtlichen Rahmen für die klassischen Institutionen der sozialpädagogischen Arbeit bilden vor allem das Bundessozialhilfegesetz (BSHG), das Arbeitsförderungsgesetz (AFG) sowie das Kinder- und Jugendhilfegesetz (KJHG).

2.4.2 Ausgewählte sozialpädagogische Institutionen

Sozialpädagogische Familienhilfe (SPFH)

Familienergänzende Einrichtungen der Kinderpflege, -erziehung und -bildung lassen sich grundsätzlich unter dem Begriff „sozialpädagogische Familienhilfe" (SPFH) zusammenfassen. Sie wurden entwickelt, um im Rahmen der sich etablierenden Lebensweltorientierung in der Jugendhilfe niedrig-schwellige und

Lebensweltorientierte Unterstützung von Familien

alltagsorientierte Hilfsangebote bereitstellen zu können. Lebensweltorientierung ist hier in Anlehnung an Thiersch so zu verstehen, dass die gegebenen Lebensverhältnisse der Adressaten in die Hilfekonzepte einbezogen werden; sie „meint den Bezug auf individuelle, soziale und politische Ressourcen, meint den Bezug auf soziale Netze und soziale/regionale Strukturen" (Thiersch 1997, S. 5).

Die SPFH ist als familienunterstützend zu verstehen und auf die Familie als Ganzes gerichtet. „Durch die längerfristige Begleitung sollen die vorhandenen familiären Ressourcen aktiviert sowie notwendige externe Ressourcen zugänglich gemacht werden. Ziel ist es hierbei, die Erziehungskompetenz der Eltern zu stärken und die Entwicklung der Kinder innerhalb der Familien zu fördern." (Hofgesang 2001, S. 529)

Neben der Erziehung und Betreuung von Kindern in Kindertagesstätten (siehe dazu Abschnitt 2.2) rechnet man zu den familienergänzenden Einrichtungen die individuelle Tagespflege, die die Familie insbesondere dann entlastet, wenn die Eltern bzw. auch Alleinerziehende in dieser Zeit weiterhin berufstätig sind. Aber auch Angebote der Familienfreizeit und der Familienerholung für Familien in besonders belasteten Situationen, die bei Bedarf die erzieherische Betreuung der Kinder einschließen, dienen diesem Zweck (vgl. KJHG §16).

Qualitative Studie zu sozialpädagogischer Familienhilfe

Empirische Forschungsarbeiten, insbesondere unter einem qualitativen Fokus, die sich mit Zusammenhängen sozialpädagogischer Arbeit mit Familien befassen, gibt es bislang nur wenige, weil „der Zutritt in das Forschungsfeld kaum möglich ist" (Woog 1998, S. 43). Eine Ausnahme stellt die Arbeit von Astrid Woog dar, die in einer ethnographischen Studie die Praxis der SPFH analysiert hat. Ihre Forschungsfrage zielt darauf, was Sozialpädagogische Familienhilfe leisten kann, um ein gelingenderes Lebens zu ermöglichen (vgl. Woog 1998, S. 44). Forschungspraktisch hat sie drei Familiengeschichten aufgearbeitet, die sie anhand ausführlicher Protokolle von teilnehmenden Beobachtungen über zwei Jahre ausgewertet hat. Dabei untersucht sie jeweils sehr ausführlich einzelne Aspekte jeder dieser Familien. Dazu gehören allgemeine Informationen zur Lebenswelt, zum Alltagsgeschehen, zur Förderung und Begleitung im Alltag dieser Familien und zu Veränderungen und Stabilisierungen durch die Sozialpädagogische Familienhilfe. Das Ergebnis dieser Studie zeigt, „daß es durchaus möglich und sinnvoll ist, Familien, die sich verletzlicher als andere zeigen, mit einer am Alltag von Familien orientierten Sozialpädagogik im Einzelfall und individuell für einen gewissen Zeitraum zu einem gelingenderem Leben zu befähigen" (Woog 1998, S. 204).

Heimerziehung, sonstige betreute Wohnformen

Heimerziehung für Kinder und Jugendliche

Bei der Heimerziehung für Kinder und Jugendliche handelt es sich um Formen der Erziehung außerhalb des Elternhauses, bei der junge Menschen (im Gegensatz zur Erziehung in einer Tagesgruppe) über Tag und Nacht in einer Einrichtung (Heim) oder einer anderen betreuten Wohnform, also einer Jugendwohngemeinschaft oder einer eigenen Wohnung, untergebracht sind. Durch eine Verbindung von Alltagsleben mit pädagogischen und therapeutischen Angeboten soll der junge Mensch in seiner Entwicklung gefördert werden. Diese Hilfe soll einerseits, entsprechend dem Alter und Entwicklungsstand des Kindes oder des

Jugendlichen sowie entsprechend der Verbesserung der Erziehungsbedingungen in der Herkunftsfamilie, möglichst eine Rückkehr in die Familie erreichen. Andererseits soll sie (als zweitbeste Lösung) die Erziehung in einer anderen Familie vorbereiten, die eine auf längere Zeit angelegte Lebensform bietet und auf ein selbständiges Leben vorbereitet (vgl. KJHG § 34). Jugendliche sollen in Fragen der Ausbildung und Beschäftigung sowie der allgemeinen Lebensführung beraten und unterstützt werden.

Die Facetten der Heimerziehung sind vielfältig. So gibt es Heime unterschiedlichster Größe und Struktur, Heime für spezielle Zielgruppen oder auch Formen der geschlossenen Unterbringung. Ein Drittel der Einrichtungen der Heimerziehung wird von kirchlichen Trägern betrieben, ein weiteres Drittel von anderen Vereinen und Verbänden und das letzte Drittel von Gemeinden und Bundesländern. Im Prinzip geht es in diesen Einrichtungen darum, die Lebensumwelt der Kinder und Jugendlichen so zu gestalten, dass sich Entwicklungsmöglichkeiten eröffnen, die ihnen sonst nicht zur Verfügung stehen. Ein grundsätzliches Problem der Heimeinweisung ist die pädagogische Entscheidung: Unter welchen Bedingungen ist es verantwortbar, ein Kind aus seiner vertrauten Umgebung herauszunehmen und in einem Heim unterzubringen?

Einen guten Überblick über die Leistungen und Grenzen der Heimerziehung (unter Einbezug betreuter Wohnformen und erzieherischer Hilfen in Tagesgruppen) gibt eine 1998 erschienene Studie (vgl. BMFSFJ 1998). Die Studie umfasst eine ausführliche Analyse von Akten aus Jugendämtern und eine Nachbefragung von jungen Menschen, die ehemals in den ausgewählten Formen der Hilfen zur Erziehung betreut worden waren. Im Kern kommt die Untersuchung zu dem Ergebnis, dass in zwei Dritteln der untersuchten Fälle die Lebensgeschichten der Betroffenen durch diese erzieherischen Hilfsangebote positiv beeinflusst werden konnten. Die Studie legt damit sowohl die Potenziale als auch die Ressourcen einer erfolgreichen Heimerziehung offen.

Jugendarbeit

Ein spezielles, wenn nicht sogar das am Weitesten verbreitete institutionalisierte Handlungsfeld der Sozialpädagogik ist die Jugendarbeit. Das Spektrum betrifft vielfältige Handlungs- und Erfahrungsfelder, in die Jugendliche einbezogen sind, wie z.B. die Familie, die Schule, die Berufsausbildung und Freizeiteinrichtungen. Grundprinzip aller Jugendarbeit ist die Freiwilligkeit der Inanspruchnahme. Insofern ist sie stark geprägt von den beteiligten Kindern und Jugendlichen sowie deren Bedürfnissen und Interessen. Daher hat „Jugendarbeit ... ihre eigenen sozialen Orte: Jugendgruppen, Jugendzentren, Jugendverbände, Pfarr- oder Verbandsheime, Wochenendseminare, Ferienreisen, Zeltlager. Sie geben der Jugendarbeit eine vielfältige eigene Struktur" (Schefold, 2002, S. 509).

[Freiwilligkeit von Jugendarbeit]

Zu den Schwerpunkten der Jugendarbeit gehören: außerschulische Jugendbildung mit allgemeiner, politischer, sozialer, gesundheitlicher, kultureller, naturkundlicher und technischer Bildung, Jugendarbeit im Sport, Spiel und Geselligkeit; arbeitswelt-, schul- und familienbezogene Jugendarbeit, internationale Jugendarbeit, Kinder- und Jugenderholung, Jugendberatung (vgl. KJHG §11, 3).

[Schwerpunkte der Jugendarbeit]

Daraus ergibt sich eine Vielzahl von Institutionen. Im Kinder- und Jugendhilfegesetz heißt es im § 3,1: „Die Jugendhilfe ist gekennzeichnet durch die Vielfalt von Trägern unterschiedlicher Wertorientierungen und die Vielfalt von Inhalten, Methoden und Arbeitsformen." Man kann vornehmlich drei Typen derartiger Einrichtungen unterscheiden:

Einrichtungen, die von Gemeinden unterhalten werden und ein grundsätzlich pluralistisches Angebot unterbreiten (von vielfältigen Freizeitprogrammen bis zur Hausaufgabenbetreuung); Einrichtungen, die von Verbänden bzw. Interessenvertretungen betrieben werden (z.B. politisch orientierten Jugendverbänden, von Kirchen o.ä.); Einrichtungen, die sich programmatisch von etablierten Institutionen (Stadtverwaltung, Verbänden usw.) unterscheiden und sich deshalb „selbstverwaltet" nennen, um eigene Interessen zur Geltung bringen zu können.

Anhand dieser Unterscheidungen, insbesondere aber beim letzten Punkt, wird deutlich, dass neben die etablierten institutionellen Formen der sozialpädagogischen Jugendarbeit bereits sozialpädagogische Arenen getreten sind.

„Kurzzeitpädagogik"

In der Regel wird in den genannten Einrichtungen „Kurzzeitpädagogik" geleistet. Der Begriff Kurzzeitpädagogik wird verwendet, wenn darauf verwiesen werden soll, dass (im Unterschied zu langfristig intendierten Bildungsprozessen, wie sie in der Regel durch die Schule gestaltet werden) hier pädagogische Initiativen gemeint sind, die auf kurze, zeitlich begrenzte Maßnahmen gerichtet sind. Giesecke führt in diesem Zusammenhang aus, dass die gesamte Jugendarbeit eigentlich Kurzzeitpädagogik sei und darin ihre besondere Chance liege, weil sie zum einen aktuelle und kontroverse Themen aufgreifen könne. Damit würde das kritische Denken der Teilnehmer gefördert. Zum anderen könnten damit die Bedürfnisse und Interessen der Teilnehmer weitgehend berücksichtigt werden, was dem Prinzip der stärkeren Teilnehmerorientierung dieser Veranstaltungen entspreche (vgl. Giesecke 1988, S. 459).

Debatte zur Jugendarbeit

In den letzten Jahren ist die Debatte um die Jugendarbeit vielfältiger geworden. Hierfür gibt es mehrere Ursachen: Einerseits hat sich die organisatorische Struktur unterschiedlicher Formen der Jugendarbeit enorm erweitert, andererseits wird sie seit den 1980er Jahren verstärkt qualitativen Veränderungen unterzogen, die nicht zuletzt durch die Diskussionen um die Professionalisierung der Jugendarbeit ausgelöst wurden. Zudem findet die Jugendarbeit heute veränderte gesellschaftliche Rahmenbedingungen vor, denn zum einen sind Schule und andere Bildungsbereiche enorm ausgeweitet und verlängert worden, zum anderen hat sich das Problem des Ausbildungsplatzmangels und der Jugendarbeitslosigkeit erheblich verschärft (vgl. Böhnisch/Münchmeier 1999, S. 9f.). Diese Entwicklung hat bewirkt, dass in den letzten Jahren eine breite Diskussion über Theorien und Konzepte von Jugendarbeit entstanden ist, die von den Eckpfeilern Theorie – Professionalität – Praxis – Legitimation eingerahmt wird (vgl. Böhnisch/Münchmeier 1999). Diese Debatten stellen einerseits den Versuch dar, theoretisch fundierte Begründungen für modifizierte Jugendarbeit unter den gewandelten gesellschaftlichen Bedingungen zu finden, andererseits sind sie geprägt von empirischen Befunden zu aktuellen Bedingungen von Jugendarbeit.

2.4.3 Sozialpädagogische Arenen

Münchmeier (1992), Merten/Olk (1996) und andere stellen fest, dass in den letzten Jahrzehnten sowohl eine Expansion sozialer Dienstleistungsberufe stattgefunden hat als auch eine Tendenz zur Erweiterung von Aufgaben der Sozialpädagogik zu verzeichnen ist. Da immer mehr gesellschaftliche Problembereiche als Folgen von Modernisierungsprozessen sozialpädagogisch ausgelegt werden können, verändert sich der Bedarf an sozialpädagogischen Angeboten.

Expansion sozialer Dienstleistungsberufe

Dabei ist eine grundsätzliche Veränderung festzustellen: Sozialpädagogische Dienstleistungen, die ursprünglich für Ausnahmesituationen, d.h. für Krisen und Notsituationen reserviert und konzipiert waren, werden immer mehr zu alltäglichen Unterstützungsleistungen. Münchmeier beispielsweise beschreibt das Diffuswerden von Problemen und Hilfeanlässen am Beispiel der Jugendberatung: „Jugendliche offerieren diffuse, schwer auf den Begriff zu bringende Orientierungs- und Sinnprobleme; es wird zunehmend schwerer, Problemverursachungen und Defizite einzugrenzen und zu diagnostizieren. Oft zielt Beratung nicht mehr auf konkrete, benennbare Schwierigkeiten, sondern wird zu einer Art ‚allgemeiner Lebensberatung'. So klagen etwa selbst Erziehungsberatungsstellen darüber, dass ihr therapeutisches Handlungsrepertoire immer häufiger leer laufe und nicht zum Zuge komme, weil ihre Beratung nicht selten bei eher allgemeinen oder unbestimmten ‚Lebensschwierigkeiten' als bei speziellen Konfliktsituationen in Anspruch genommen werde" (Münchmeier 1992, S. 139). Zudem werden heutzutage für ehemals anders bewältigte Aufgaben sozialpädagogische Angebote in Anspruch genommen.

Sozialpädagogik als alltägliche Unterstützungsleistung

Doch haben wir es in der sozialpädagogischen Arbeit nicht nur mit einer Entgrenzung der Problemlagen, sondern auch mit einer Entgrenzung der Lebensalter zu tun. Die Sozialpädagogik ist längst nicht mehr nur auf Heranwachsende gerichtet. Vielmehr wird Hilfe sowohl von Erwachsenen mittleren Alters als auch von SeniorInnen erwartet. Diese doppelte Entgrenzung verändert und erweitert die Funktionen der Sozialpädagogik und beeinflusst zugleich das professionelle Selbstverständnis der in der Sozialpädagogik Tätigen.

Entgrenzung der Lebensalter

Ein Beispiel für die Diskussion um das professionelle Selbstverständnis ist die interne Debatte um das Selbstverständnis der Disziplin. Diese Debatte, in der es vor allem um die Ausbildung von Sozialpädagogen/Sozialarbeitern geht, wird zwischen der universitären Sozialpädagogik und der Sozialpädagogik an Fachhochschulen geführt. Es geht darum, ob die Ausbildung an Universitäten als wissenschaftsorientierter Studiengang in Form von Diplomstudiengängen Sozialpädagogik/Soziale Arbeit oder an Fachhochschulen als berufsqualifizierender Studiengang unter dem Begriff Sozialarbeitswissenschaft angeboten werden soll (vgl. Puhl 1996). Diese Auseinandersetzung ist nach wie vor nicht abgeschlossen, wie die einschlägigen Veröffentlichungen dazu belegen (vgl. u.a. Puhl 1996; Niemeyer 1999; Bango 2001). Grundsätzlich kann festgehalten werden, dass diese Kontroversen „Auswirkungen sowohl für die Disziplin als auch für die Profession Sozialer Arbeit" (Puhl 1996, S. 5) haben und darauf verweisen, dass auch die Wissenschaftsdisziplin Sozialpädagogik der Dynamik der sich wandelnden Gesellschaft unterliegt und in ihrem Selbstverständnis ebenso auf

Sozialpädagogik/-arbeit zwischen Wissenschaft und Berufsausbildung

den Prüfstand steht wie ihre unterschiedlichen Institutionen und Arenen (vgl. Dewe et al. 1996).

2.4.4 Sozialpädagogik und Internet

Ein Bereich, in dem sich die sozialpädagogische Arbeit unter den Bedingungen der Wissensgesellschaft grundlegend verändert, ist das Internet. Nicht nur, dass Sozialpädagogen oder Sozialarbeiter vielfältige Anregungen für ihre Tätigkeiten im Internet finden können. Auch ihr Klientel, Kinder, Jugendliche, aber auch Erwachsene nutzen diese Medium, sei es, um sich mit eigenen Projekten im Internet zu präsentieren oder sich über Erfahrungen auszutauschen bzw. Probleme zu diskutieren. So entstehen im Internet neue sozialpädagogische Arenen.

Chancen und Grenzen des Internet

Der Nutzen des Internet für die Sozialarbeit wird allerdings erst allmählich erkannt. Nicht zuletzt durch einige Arbeiten (vgl. u.a. Stahlmann 1999), die sich mit den Möglichkeiten, Chancen und Grenzen der sozialen Arbeit in Bezug auf das Internet befassen, hat dieses Thema in jüngster Zeit jedoch an Bedeutung gewonnen. Dass anfangs in der sozialpädagogischen Arbeit noch Vorurteile und Skepsis gegenüber dem Internet zu verzeichnen waren (vgl. Poseck 2001), zeigt u.a. eine Expertenbefragung zu „Chancen und Risiken des Internet für die Soziale Arbeit" (Wittenberg/Poguntke-Rauer/Ragg 2000). Die Autoren kommen dabei zu der Feststellung, dass nach anfänglich polarisierenden Debatten über den Nutzen des Internet für die Sozialarbeit heute über dessen sinnvollen Einsatz keine Zweifel mehr bestehen und sich stattdessen eine Profilierung dieses Bereichs abzeichnet. Diese Profilierung wird u.a. darin gesehen, dass die mittlerweile etablierte Verwendungsform des Internet, nämlich Informationen zu beschaffen, erweitert werde durch die Möglichkeit der zeit- und ortsunabhängigen Kommunikation und Interaktion zwischen den professionell Tätigen und ihren Klienten. Dazu zählen vor allem E-Mail, Mailinglisten, Diskussionsforen, Online-Beratungen, Newsgroups oder Communities (vgl. Wittenberg/Poguntke-Rauer/Ragg 2000).

Wir möchten die Verwendungszwecke des Internets in der sozialpädagogischen Arbeit folgendermaßen differenzieren. Das Internet kann als Arbeitsinstrument zur weiteren Professionalisierung der Sozialpädagogen, als Informations- bzw. Beratungsplattform zu sozialpädagogisch relevanten Fragen unterschiedlicher Nutzerkreise (Klienten), und als Anwendungsmedium in unterschiedlichen sozialpädagogischen Handlungsfeldern, vor allem der Kinder- und Jugendarbeit fungieren.

Internet als Arbeitsinstrument

Zum erstgenannten Punkt zählen wir, dass professionell Tätige im sozialen Bereich das Internet zunehmend als *Arbeitsinstrument* nutzen, um in Informations- und Erfahrungsaustausch miteinander treten zu können. Realisiert wird dieser Bereich vor allem durch Mailinglisten bzw. Newsgroups, mit deren Hilfe Anfragen, Diskussionen und Stellungnahmen zu berufsrelevanten Problemen ausgetauscht werden können. Ein Beispiel dafür ist die Mailingliste Sozialarbeit (http://www.sozialarbeit.de/mailingl/mailing.htm, 13.06.03).

Internet als Informations- und Beratungsplattform

Die zweite Bedeutung, das Internet als *Informations- bzw. Beratungsplattform*, nimmt gegenwärtig den größten Raum ein. Hierzu gehören einerseits die unzähligen Selbstdarstellungen sozialer Einrichtungen und Verbände, meistens verbunden mit der Möglichkeit, direkte Kontakte zu den jeweiligen Einrichtungen aufnehmen zu können. Andererseits gehört hierzu auch, dass die Klienten im Zusammenhang mit einem konkreten Anliegen direkt zueinander in Kontakt treten können (z.B. in Foren). Im Newsnet gibt es allein zur Domain „alt.drugs." über 200 Newsgroups. Den weitaus größten Raum nehmen allerdings die diversen Beratungsplattformen ein. Hier sind die Beispiele mittlerweile unüberschaubar. Sie reichen von der Arbeitslosenberatung, der Telefonseelsorge der Kirchen, über Selbsthilfegruppen zur Bewältigung bestimmter Lebenslagen bis hin zu verschiedenen Kommunikationsforen, die das Thema Suizid zum Gegenstand haben. Diese „Informationsangebote für Klienten und hilfesuchende Menschen sind zum Teil nicht eindeutig von den Angeboten für Professionelle zu trennen, denn Adressdatenbanken mit Hilfsangeboten oder Informationen zu verschiedenen Suchtmitteln können von beiden Zielgruppen gleichermaßen genutzt werden" (Fachhochschule Emden 2003). Ein Beispiel dafür stellt die Online Beratung www.kids-hotline.de dar.

Dem dritten Schwerpunkt, *Internet als Anwendungsmedium*, messen wir besondere Bedeutung bei. Diese Bedeutung besteht zum einem in einer bildungstheoretischen Dimension und zum anderen in einer sozialstrukturellen Dimension. Unter bildungstheoretischer Dimension verstehen wir vor allem, dass die Nutzung des Internet durch Kinder und Jugendliche dazu beiträgt, dass Informationen über die Welt in Wissen transformiert werden können, um auf diese Weise Orientierung zu ermöglichen (vgl. Marotzki/Nohl/Ortlepp 2003). Das Internet als Anwendungsmedium bekommt folglich vor allem in der Kinder- und Jugendarbeit eine herausgehobene Stellung im Hinblick auf die dabei stattfindenden Lern- und Bildungsprozesse der Kinder und Jugendlichen. *Internet als Anwendungsmedium*

Die sozialstrukturelle Dimension der gegenwärtigen Debatten im Kontext sozialer Arbeit und Internet betrifft den Aspekt der Zugangsmöglichkeiten insbesondere benachteiligter Gruppen von Kindern und Jugendlichen. Im Kern geht es um Begriffe wie „Digital Divide" (digitale Spaltung) bzw. „Digital Inclusion" (digitale Integration). Gemeint ist damit die Spaltung der Jugendlichen in die Gruppe derer, die ohne Beschränkungen im Netz navigieren können und die Gruppe jener, die über keinen oder nur einen erschwerten Zugang zum Internet verfügen. Neuere Untersuchungen belegen, dass diesem Zusammenhang größte Aufmerksamkeit geschenkt werden muss, um allen Jugendlichen einen kompetenten Umgang mit dem Medium Internet zu vermitteln (vgl. Otto/Kutscher/Cleppien 2003). *Soziale Schranken im Internetzugang*

In einer sowohl qualitativ als auch quantitativ vorgehenden Begleitstudie zur Bundesinitiative „Jugend ans Netz" untersuchen Otto et al. (2004) nicht nur die je nach sozialer Lage unterschiedliche Verfügbarkeit von IT-Technik für Jugendliche, sondern auch die „Nutzungsstrukturen" der Jugendlichen (ebd., S. 6), die sich nach Schulabschlüssen differenzieren lassen („Digital Inequality"). Auf diese Weise führen sie die o.g. sozialstrukturellen und bildungstheoretischen Dimensionen tendenziell zusammen.

Die Forschenden haben im qualitativen Teil ihrer Untersuchung ca. 50 Besucher und Besucherinnen von Jugendeinrichtungen mit Hilfe eines „explorativen Leitfadeninterviews" (ebd., S. 8) befragt. Da gerade die Jugendlichen mit *Qualitative Studie zur Internetpraxis von Jugendlichen* niedrigem formalem Bildungsgrad Schwierigkeiten hatten, ihre Erfahrungen im Internet zu verbalisieren, entwickelten die Forschenden die Methode des von ihnen so genannten „Surf-Interviews" (ebd., S. 9), mit dem sie zunächst die Jugendlichen während ihrer gewohnheitsmäßigen Bewegungen im Internet begleiteten, dann aber ihnen Aufgaben (Navigation, Informationssuche im Internet etc.) stellten und sie nach Begründungen für ihr Verhalten fragten.

Deutlich wird im qualitativen Teil der Untersuchung von Otto et al., dass Jugendliche mit niedriger formaler Bildung vornehmlich Chats als Einstieg in das Internet nutzen (vgl. ebd., S. 14). Interessanter Weise legen sie hier Wert darauf, mit einer guten Orthographie aufzufallen und sich selbst als der Mehrheitsgesellschaft und den GymnasiastInnen ähnlich darzustellen (vgl. ebd., S. 16).

Insgesamt stellen die AutorInnen im Vergleich der Jugendlichen unterschiedlicher Integration in das Schulsystem fest, dass „technische Erfahrung ... nicht unbedingt zu einer Entwicklung von reflexiver Nutzung und/oder Bildungsentwicklungen" führt (ebd., S. 17). Allerdings wird auch deutlich, dass die Jugendlichen mit niedriger formaler Bildung schon hinsichtlich der technischen Seite über nur eingeschränkte Fähigkeiten verfügen. Zum Beispiel können sie die Aufgabe, sich fremde Webseiten zu erschließen, nicht bewältigen (vgl. ebd., S. 19). Dass zudem diesen Jugendlichen weitgehend ein Bewusstsein dieser einschränkten Fähigkeit fehlt, während die GymnasiastInnen über ihre Interneterfahrungen intensiv reflektieren (vgl. ebd., S. 19), stellt die sozialpädagogische Arbeit mit dieser Zielgruppe vor neue Aufgaben.

<small>Bedeutungsgewinn des Internet für die sozialpädagogische Arbeit</small>

Allgemein lässt sich zusammenfassend festhalten, dass der Zusammenhang zwischen sozialer Arbeit und Internet in hochkomplexen Gesellschaften an Bedeutung zunehmen wird. Die aufgezeigten Zusammenhänge machen deutlich, dass sich sozialpädagogische Probleme auf verschiedenen Ebenen abbilden. Das betrifft einerseits die traditionellen institutionellen Bereiche, in denen verstärkt die Forderung nach Professionalisierung gestellt wird, wie auch die sozialpädagogische Arenen, wie sie in der Jugendarbeit, Straßensozialarbeit und vor allem im Internet anzutreffen sind. Hier hat die Pluralität der Gesellschaft auch zu einer Pluralisierung von Problemlagen geführt, die eben auch eine Pluralität von Lösungsangeboten erfordert.

2.5 Betrieb, Weiter- und Erwachsenenbildung

Unter dieser Überschrift fassen wir zwei verschiedenartige institutionelle Bereiche und Arenen zusammen, in denen pädagogisch gehandelt wird, nämlich einerseits den Betrieb mit der dort stattfindenden beruflichen Erstausbildung und der berufsnahen Weiterbildung sowie andererseits die klassischen Felder der Erwachsenenbildung.

<small>Professionelle im Betrieb und in der Erwachsenen- und Weiterbildung</small>

Während in der beruflichen Erstausbildung vor allem BerufsschullehrerInnen und MeisterInnen arbeiten, sind immerhin 17,4% aller Diplom-PädagogInnen in der Erwachsenen- und Weiterbildung tätig. Hierzu zählen neben der betrieblichen und überbetrieblichen Weiterbildung auch die Personal- und Organisationsentwicklung (vgl. Kleifgen/Züchner 2003, S. 77f.).

2.5.1 Betrieb und Weiterbildung

Die betriebliche Ausbildung ist zunächst mit *beruflicher Erstausbildung* assoziiert. Auf der Grundlage des Berufsbildungsgesetzes findet die Berufsausbildung im deutschsprachigen Bereich auf der Basis des so genannten dualen Systems statt. Das bedeutet, dass an der Berufsausbildung zwei Institutionen beteiligt sind, nämlich der Betrieb und die Berufsschule. Beide, Betrieb und Berufsschule, stellen (auch) pädagogische Institutionen dar.

In der staatlichen Berufsschule stellen BerufsschullehrerInnen das pädagogische Personal. Sie haben in der Regel ein Universitätsstudium absolviert, in dem u.a. allgemein- und berufspädagogische Kompetenz erworben wurde. Wir finden berufspädagogisches Fachpersonal darüber hinaus in allen Berufsfachschulen (z.B. wirtschaftlichen Berufsfachschulen) und Berufsaufbauschulen (vgl. dazu genauer: Arnold/Müller 1995, S. 76ff.). Berufsschulen arbeiten auf der Grundlage eines bundeslandspezifischen Rahmenlehrplans. Neben der Aufgabe, fachliche Inhalte zu vermitteln, haben Berufsschulen aber auch einen Allgemeinbildungsauftrag. Heute wird aufgrund des so genannten „Gleichwertigkeitsbeschlusses" der Kultusministerkonferenz aus dem Jahre 1994 die berufliche Bildung formal als gleichwertig mit der allgemeinen Bildung (siehe dazu Abschnitt 2.3) angesehen.

Bei dem zweiten Lernort, dem (überwiegend) privaten Betrieb, ist die pädagogische Dimension etwas versteckter auszumachen, weil die Hauptaufgabe der Betriebe zunächst nicht die Ausbildung ist, sondern das Funktionieren als wirtschaftliche Grundeinheit (für das allerdings auch ausgebildetes Personal notwendig ist). Ausbilden darf ein Betrieb in der Regel nur, wenn er dafür die Befähigung nachweist. Dieser Nachweis wird erbracht, indem neben der Eignung des Betriebes auch eine Eignung des entsprechenden Personals nachgewiesen wird. In der Regel wird dies durch eine Ausbildereignungsprüfung oder entsprechende Äquivalente erbracht. Bestandteil dieser Ausbildung sind sowohl Kenntnisse im jugendpsychologischen wie auch im berufpädagogischen und didaktischen Bereich. Die Ausbildereignungsprüfung wird von den zuständigen Stellen, im Regelfall den Industrie- und Handelskammern und den Handwerkskammern, abgenommen.

Berufspädagogisches Personal finden wir weiterhin in überbetrieblichen Ausbildungsstätten, in die Firmen ihre Auszubildenden schicken, damit sie jene Abschnitte ihrer Ausbildung absolvieren, die sie in den Firmen nicht absolvieren können, weil die dafür benötigten Einrichtungen nicht vorhanden sind (beispielsweise im gewerblich-technischen Bereich: Schweißausbildung). Der Anteil der betrieblichen Ausbildung an der beruflichen Erstausbildung erfolgt auf der Basis des bundeseinheitlichen Ausbildungsrahmenplans des jeweiligen Berufes.

Doch nicht nur hinsichtlich der beruflichen Erstausbildung, auch über diese hinaus erweist sich der Betrieb als eine pädagogische Institution bzw. Arena. Verallgemeinernd kann gesagt werden, dass betriebspädagogische Arbeitsbereiche solche Arbeitsfelder sind, in denen es darum geht, Menschen und betriebliche Organisationen in wechselseitige Abstimmung zu bringen, indem auf nahezu allen Ebenen betrieblicher Organisation Lernprozesse ermöglicht, gestaltet und begleitet werden. Das gilt auch für die *betriebliche Weiterbildung*, der wir uns

Margin notes: Berufliche Erstausbildung im dualen System; Berufsschule; Betrieb als Lernort; Betriebliche Weiterbildung

jetzt zuwenden wollen. Darunter fassen wir auch jene Bereiche, auf die sich die Debatten der letzten Jahrzehnte unter den Stichworten „lernende Organisation" oder „Organisationslernen" beziehen. Unter Weiterbildung wird „die Fortsetzung oder Wiederaufnahme organisierten Lernens nach Abschluß einer unterschiedlich ausgedehnten ersten Bildungsphase" (Deutscher Bildungsrat 1972, S. 197) verstanden. Da es immer weniger wahrscheinlich wird, dass ein Mensch bis zum Erreichen des Erwachsenenalters alles gelernt haben könnte, was er im Beruf und im Erwachsenenalter bis zur Verrentung an Wissen benötigt, hat die Weiterbildung in den letzten Jahrzehnten einen Bedeutungszuwachs erfahren. Es ist für uns heute die Auffassung selbstverständlich, dass lebenslang gelernt werden muss, weil die Entwicklungsdynamik der Gesellschaft eine permanente Anpassung der eigenen Qualifikation erfordert (Anpassungsfortbildung).

Neue Qualifikations-anforderungen in der Wissensgesellschaft

Wir haben in der Einleitung zu diesem Band schon darauf verwiesen, dass in der Wissensgesellschaft die Qualifikationsanforderungen an den Einzelnen nicht nur steigen, sondern dass sich auch die Art der Qualifikation verändert: Immer mehr fachübergreifende Fähigkeiten müssen in das Qualifikationsprofil integriert werden, so dass auf die neuen strukturellen Entwicklungen angemessen reagiert werden kann. Laut Arnold und Müller „lassen die technisch-arbeitsorganisatorischen Wandlungsprozesse in der Arbeitswelt die zu lösenden Aufgaben immer offener, unstrukturierter und kooperationsbedürftiger werden und stellen damit immer höhere Anforderungen an die Selbständigkeit, Verantwortungsfähigkeit und Kooperationsfähigkeit der MitarbeiterInnen sowie ihre Fähigkeit, mit Unbestimmtheit und Unsicherheit umzugehen" (Arnold/Müller 1995, S. 70).

Wir müssen also konstatieren, dass sich im Zuge der Veränderung unserer Gesellschaft in Richtung einer Wissensgesellschaft die Art und Weise, wie Menschen (in Betrieben) arbeiten, wandelt, und dass sich dadurch die Art der Qualifikation, die sie benötigen, um dies zu tun, ebenfalls ändert. Lernen und Arbeiten treten in ein integrales Verhältnis; genau das meint das Schlagwort vom lebenslangen Lernen.

Schwindende Identifikation durch den Beruf

Diesen Sachverhalt kann man verschieden bewerten und diskutieren. Arnold und Müller sehen mit einer solchen wachsenden Abhängigkeit von Weiterbildungsmaßnahmen gravierende Folgen verbunden. Sie sprechen von einer „Erosion der identitätsstiftenden Entwicklungsschablone Beruf" (Arnold/Müller 1995, S. 72), weil eine Identitätsstiftung in abnehmendem Maße ausschließlich durch den Beruf erfolgt, denn die berufliche Fachqualifikation wird ja grundsätzlich weiterbildungsbedürftig. Wahrscheinlich ist dies die gravierendste Folge: Wenn sich die Arbeit (im Sinne der Erwerbsarbeit) grundlegend wandelt, so dass sich der einmal erlernte Beruf nur noch begrenzt als identitätsstiftend erweist, wenn möglicherweise das Nachgehen geregelter Erwerbsarbeit eher zur Ausnahme denn zur Regel wird, dann verliert unter Umständen auch die Erwerbsarbeit diese elementare Funktion, Menschen ein biographisches Zentrum zu geben (vgl. Willke 1999a; Rifkin 1995). Arnold und Müller führen diese Entwicklung explizit auf die „zunehmende ‚Individualisierung der Lebenslagen und Biographiemuster' [zurück; d.A.], bei der dem einzelnen sowohl die Verantwortung für seine Beschäftigung als auch für seine Identität zuwächst" (Arnold/Müller 1995, S. 72). Auch das stimmt mit dem überein, was im einleitenden

Kapitel dieses Bandes ausgeführt worden ist: Die Folgen dieser Entwicklung werden dem Einzelnen zugerechnet. Er wird in stärkerem Maße in die Verantwortung für sein eigenes Lernen, für die eigene Qualifikation und für seine eigene Biographie genommen, ein Sachverhalt, der als „erhöhte Biographizität" bezeichnet wird (siehe dazu Abschnitt 4.2). Geeignete Weiterbildungsmaßnahmen müssten von daher auch „das Bewußtsein der eigenen Biographieverantwortung" (ebd.) stärken.

Die zunehmende Notwendigkeit für Weiterbildung hat aber nicht nur auf der Seite der in den Betrieben arbeitenden Menschen Folgen, sondern auch für die Betriebe selbst. Mit dem verstärkten Einsatz von Personal- und Organisationsentwicklungsmaßnahmen seit Beginn der 1980er Jahre öffnen sich auch für Pädagogen auf betrieblicher Ebene weitere Beschäftigungsmöglichkeiten, die jenseits der klassischen beruflichen Erstausbildung und der klassischen Weiterbildung liegen. Flachere Hierarchien und Verantwortungsdelegation nach unten haben beispielsweise zu Qualitätszirkeln geführt. Wenn Lernen verstärkt im Sinne von Selbststeuerungsprozessen verstanden wird, ergeben sich neue pädagogische Anforderungen an die Moderation und Gestaltung dieser Prozesse. Die Entwicklung der Gesellschaft in Richtung auf eine Wissensgesellschaft hat zu einem Import pädagogischen Wissens in den betrieblichen Kontext geführt (vgl. Kade/Nittel 2002, S. 200). Zusammenfassend stellt Harney fest, dass pädagogische Arbeit in Betrieben sich zu einer Pädagogisierung des Lebenslaufs entwickelt habe: „Heute ist die moderne Bedeutung des Betriebes in hohem Maße von Erziehungsabsichten geprägt, die sich allerdings nicht auf den Jugend-, sondern auf den Erwachsenenzyklus richten ..., und deren Reichweite deutlich über den Betrieb hinausgeht. Eine nicht mehr übersehbare Beratungs- und Managementliteratur beschäftigt sich heute mit der Konstruktion des neuen Betriebsmenschen, der teamfähig, flexibel und schlüsselqualifiziert, sich selbst steuernd etc. sein soll. Der Betrieb hat sich zum Einfallstor für die Pädagogisierung des Lebenslaufs entwickelt" (Harney 2002, S. 192).

Personal- und Organisationsentwicklung

2.5.2 Erwachsenenbildung

Wie Hans Tietgens (1995) erläutert, kann Erwachsenenbildung geschichtlich aus der Volksbildung begriffen werden und bezieht sich auf eine allgemeine Bildung des Menschen. Deshalb heißt die zentrale Instanz, die gewöhnlich mit Erwachsenenbildung assoziiert wird, auch Volkshochschule. Weiterbildung bezieht sich dagegen mehr auf die funktionale Qualifikation, die in der Regel auf berufliche Verwertung zielt.

Auch der Bereich der Erwachsenenbildung ist zunächst mit klassischen Institutionen assoziiert: Volkshochschule, gewerkschaftliche und parteigebundene Einrichtungen etc. Erst in zweiter Linie wird hier deutlich, dass Erwachsenenbildung auch unterhalb und jenseits dieser offiziellen Institutionen thematisiert werden muss. Kade und Nittel verwenden dazu kategorial neben dem Institutionenbegriff die Begriffe des „Ortes" und des „Raumes". Lernorte und -räume seien auch das Museum, die Stadt oder auch soziale Bewegungen. „Das Gesamtfeld der Erwachsenenbildung erscheint als eine lockere und bunte Aneinanderreihung

Klassische Institutionen und neue Arenen der Erwachsenenbildung

von institutionellen Lernorten einerseits und Orten des Lernens in lebensweltlichen Kontexten andererseits" (Kade/Nittel 2002, S. 196). Zum institutionellen Kern öffentlich verantworteter Erwachsenenbildung können Einrichtungen der Kirchen, Gewerkschaften und Gebietskörperschaften bzw. Kommunen gerechnet werden.

Beispiel für neue Arenen: Museum

Werfen wir einen Blick auf die neuen Lernorte, die wir deshalb als Arenen bezeichnen, weil sie nicht so stark im klassischen Sinn institutionalisiert sind. Zunächst ist generell eine Zunahme pädagogischer Ämter und Berufe in Kultureinrichtungen zu konstatieren, beispielsweise im Museum oder in der Gedenkstättenarbeit. Das hängt möglicherweise mit dem starken Trend zur Didaktisierung des Ausstellungswesens mittels interaktiver Medien und multimedialer Arrangements in den letzten Jahren zusammen. Dieser Bereich wäre also ein Beispiel dafür, dass sich zunehmend pädagogisch induzierte Arenen außerhalb der bekannten Einrichtungen und gesellschaftlichen Träger der Erwachsenenbildung etabliert haben.

Beispiel: soziale Bewegungen

Soziale Bewegungen, das wäre ein weiteres Beispiel, zeichnen sich in vielen Fällen durch die „Generierung und die Vermittlung von Wissen aus, das im offiziellen Diskursuniversum einer Gesellschaft nur eine randständige Bedeutung hat oder gar ausgegrenzt wird" (Kade/Nittel 2002, S. 201), z.B. Dritte-Welt-Bewegung, Dritte-Welt-Läden, Friedensbewegung, Anti-Atomkraftbewegung, Atac, Bürgerbewegungen etc. Insofern sprechen Kade und Nittel zu Recht von den Lernorten der neuen sozialen Bewegung, in denen durchaus innovative pädagogische Methoden entwickelt werden, z.B. die Zukunftswerkstatt. In diesem Sinne stellen Soziale Welten, Bewegungen und Milieus den Akteuren gewisse Sozialisations- bzw. Beteiligungsformen bereit.

„Entgrenzung des Pädagogischen"

Die Rede von der „Entgrenzung des Pädagogischen" (Lüders/Kade/Hornstein 1995) meint in diesem Zusammenhang gleichsam eine Ortsveränderung des Lernens. Neue Arenen des Lernens und der pädagogischen Aktivitäten finden sich außerhalb der traditionellen Institutionen (Schule etc.). Daraus folgt, dass pädagogisches Handeln, das sich auf die Generierung von Wissen bezieht, nicht zwingend in klassisch institutionellen Settings stattfindet, sondern dadurch, dass es in arenaartigen gesellschaftlichen Teilbereichen zu finden ist, sich auch hinsichtlich der Beschaffenheit, der Anforderungen und des Professionalisierungsgrades verändert. Ähnlich wie wir es auf der betrieblichen Ebene konstatiert haben, ist auch auf der Ebene der Erwachsenenbildung zu konstatieren, dass die „Wissensarbeit", um einen Ausdruck von Willke (1997; 1999) zu verwenden, stärker an die biographischen Ressourcen des Einzelnen gekoppelt werden. Nicht unwesentlich haben die neuen Medien zu dieser Entwicklung beitragen. Deshalb sollen einige Facetten der gegenwärtigen Transformation des Weiterbildungs- und Erwachsenenbildungsbereichs im nächsten Schritt skizziert werden.

2.5.3 Transformation der Weiter- und Erwachsenenbildung durch neue Informationstechnologien

Es ist in den letzten Jahren immer wieder die These vertreten worden, dass die neuen Informationstechnologien die betriebliche Weiterbildung wie auch die

Erwachsenenbildung grundlegend verändern werden (vgl. dazu grundlegend Meister 2003). Dabei ist allerdings zwischen diesen beiden Bereichen eine unterschiedliche Transformationsgeschwindigkeit zu konstatieren: Während auf betrieblicher Ebene verschiedene Konzepte des E-Learning relativ weit entwickelt sind (vgl. Schwarzer 1998; Keil-Slawik/Kerres 2003), stagniert die Entwicklung im klassischen Erwachsenenbildungsbereich.

Zwar ist immer wieder eine geringe Bereitschaft der Mitarbeiterinnen und Mitarbeiter in Betrieben für diese neue Lern- und Weiterbildungsform festgestellt worden (vgl. Meister 2003, S. 205f.), das hat jedoch überwiegend große Betriebe beispielsweise der Elektro- und Automobilindustrie nicht daran gehindert, weite Bereiche ihrer betrieblichen Weiterbildung auf E-Learning umzustellen. Die Marktpotentiale der Online-Weiterbildung werden auch weiterhin sehr hoch eingeschätzt (vgl. Meister 2003, S. 203ff.). *E-Learning in der Industrie*

Warum die Transformation der klassischen Erwachsenenbildung so langsam verläuft, warum also hier internetgestützte Lernformen eher zur Ausnahme gehören, erklärt Meister mit dem geringen Konkurrenzdruck der klassischen Weiterbildungsträger und mit der geringen Akzeptanz der Nachfrager. Hinzu komme, dass die didaktische Qualität der Angebote sich in den letzten Jahren zwar wesentlich verbessert habe, insgesamt aber noch zu wünschen übrig lasse. *Neue Informationstechnologien in der Erwachsenenbildung*

Die Transformationen der Weiterbildungsarenen sind allgemein in zweifacher Hinsicht zu beschreiben. Zum einen wird ein erhöhter Weiterbildungsbedarf über Angebote abgedeckt, die als E-Learning konzipiert sind. Das hat für die Lerner die bekannten Vorteile der Zeit- und Ortsunabhängigkeit; es stellt sozusagen Lernen „just in time" dar. Auf der anderen Seite erzeugt der Einsatz neuer Informationstechnologien selbst einen immer stärkeren Weiterbildungsbedarf.

Zusammenfassend kann gesagt werden, dass sich durch den vermehrten Einsatz neuer Informationstechnologien die Art und Weise des Lernens verändern wird. Die Erzeugung von Wissen wird grundlegend verzahnt sein mit den Möglichkeiten neuer Informationstechnologien. All dies setzt aber auch eine „Umstellung im Kopf" voraus, was die grundlegende Haltung gegenüber dem lebenslangen Lernen betrifft. Denn nicht alle Menschen sind dem lebenslangen Lernen gegenüber positiv eingestellt. Wir wollen diese Haltung zur Erwachsenen- und Weiterbildung anhand zweier qualitativ-empirischer Studien abschließend erörtern. Zunächst gehen wir auf eine empirische Studie aus dem Bereich der Erwachsenenbildung ein, in der lebenslanges Lernen eher positiv konnotiert ist, dann auf eine Studie aus dem Bereich der berufsnahen Weiterbildung, in der auch die Probleme, Zumutungen und Widerstände, die mit einem auferlegten lebenslangen Lernen verbunden sind, in den Blick genommen werden.

2.5.4 Empirische Studien in der Erwachsenen- und Weiterbildung

Jochen Kade und Wolfgang Seitter favorisieren in ihrer empirischen Studie „Lebenslanges Lernen. Mögliche Bildungswelten" (1996) einen subjektorientierten Zugang zum lebenslangen Lernen. In ihrer Studie, die den Standards Qualitativer Sozialforschung verpflichtet ist, haben sie NutzerInnen des vom Hessischen Rundfunk seit den 1960er Jahren ausgestrahlten Funkkollegs befragt. „Gefragt *Qualitative Studie zum lebenslangen Lernen* wird nach den vielfältigen, individuell unterschiedlichen Verläufen lebenslangen Lernens, nach der lebensgeschichtlichen und lebensweltlichen Bedeutung, die die Erwachsenenbildung für die Teilnehmer hat, und nach den subjektiven alltagsbezogenen Aktivitäten, die längerfristige Lernprozesse individuell überhaupt erst möglich machen" (Kade/Seitter 1996, S. 19f.). Kade und Seitter interessieren sich also dafür, wie die TeilnehmerInnen die Bildungsangebote individuell nutzen und welche Zusammenhänge dabei mit ihren Interessen sowie der Art und Weise ihrer Lebensführung bestehen. Der modernitätstheoretische Hintergrund für diese Fragerichtung besteht in der Annahme, dass Lernen zwar *normalerweise* institutionsbezogen stattfindet, jedoch die traditionellen Bildungsinstitutionen als tradierte Sinn- und Handlungseinheiten brüchig werden und ihre Gestaltungsmacht gegenüber ihren Adressaten einbüßen.

Die Autoren favorisieren in ihrem Forschungsdesign offene, thematisch fokussierte Interviews. Sie interviewen Menschen, die im Zeitraum von Mitte der 1970er bis zum Anfang der 1990er Jahre im Funkkolleg eingeschrieben waren, wobei sie drei Generationen in den Blick genommen haben: „Die erste ist durch Erfahrungen von Krieg und Nachkriegszeit bestimmt, die zweite kommt in den 60er Jahren ins Erwachsenenalter, beginnt ihr Erwachsenenleben also unter den Bedingungen des wirtschaftlichen Wachstums; die dritte Gruppe wächst mit der Bildungsreform bereits auf" (Kade/Seitter 1996, S. 28). Die Auswertung der Daten orientiert sich am Konzept hermeneutisch-rekonstruktiver Sozialwissenschaft, insbesondere in der Spielart, wie sie Heinz Bude unter dem Stichwort „Rekonstruktion von Lebenskonstruktionen" entwickelt hat. Die Autoren präsentieren vier Typen: (1) den Typ, der durch lebenslanges Lernen schrittweise den Weg zu sich selbst findet und auf diese Weise die „Defizite" der eigenen biographischen Ausgangssituation aufhebt; (2) der Typ, bei dem lebenslanges Lernen schrittweise zur Eröffnung einer bildungskompensatorischen Zweitkarriere führt; (3) den Typ, der Motive der biographischen Lebensgestaltung und der beruflichen Entwicklung lebenslang eng miteinander verschränkt; sowie schließlich (4) den Typ einer gescheiterten Bildungskarriere.

Lebenslanges Lernen und Selbstverwirklichung

Die Autoren kommen zu dem Resultat, dass lebenslanges Lernen einen Bezug zu einer Steigerung von Selbstbestimmung, Selbstverwirklichung und Selbstbewusstsein habe. Erfolgreiche Erwachsenenbildungsangebote seien deshalb multifunktional: „Erwachsenenbildung ... wandelt sich somit von einer Institution, die Bildungs- und Lernprozesse initiiert, unterstützt und begleitet, zu einer Institution, die einen umfassenden Bezug auf die ganze Lebensführung von Erwachsenen hat, mit anderen Worten auf deren Subjektkonstitution. Zusätzlich zu ihrer Bildungsaufgabe nimmt sie Aufgaben der Identitätsbildung wahr, indem sie soziale Zugehörigkeiten und neue Gemeinschaftserfahrungen schafft und zur Stabilisierung und Renormalisierung biographischer Verläufe beiträgt" (Kade/ Seitter 1996, S. 245). Das Funkkolleg befriedige somit nicht nur Bildungsmotive, sondern auch Tätigkeits-, Stabilitäts- und Gemeinschaftsmotive. Das Funkkolleg bilde ein Angebot, Bildungs- und Lebenswelten zu strukturieren. Dabei würden biographische Differenzen zwischen möglichen und wirklichen Lebenspraxen erzeugt. Lernen ist nicht bezogen auf Defizite, sondern bezogen auf mögliche Lebenspraxen, auf ein Noch-Nicht lebensweltlicher Zusammenhänge.

Dieser durchgehend optimistischen Sichtweise lebenslangen Lernens, die biographische Chancen und Optionen betont, wird in der folgenden Studie aus dem Bereich der betrieblichen Weiterbildung ein skeptischeres Bild entgegengesetzt. Bolder und Hendrich setzen sich in ihrer Studie „Fremde Lebenswelten. Alternative Strategien lebenslangen Lernens" (2000) mit dem zentralen Problem der Wissensgesellschaft, dass nämlich gesamtgesellschaftlich produzierte Risiken vermehrt individuell abzufedern sind, auseinander. Die Notwendigkeit, Bildungsaktivitäten zu ergreifen, die den Zweck haben, Erwerbsarbeit angemessen verrichten zu können oder den Arbeitsplatz zu erhalten, steigt. Auf der anderen Seite kann aber auch nicht gesagt werden, dass die Notwendigkeit lebenslangen Lernens überall in gleicher Weise zu Weiterbildungsaktivitäten führt. Weiterbildungsangebote werden von einigen Menschen zunehmend auch als Zumutung erfahren. Weiterbildungszumutungen können somit auch zum unausweichlichen Druck auf die Individuen geraten, gleichsam zur Erfahrung andauernder Unzulänglichkeit. Weiterbildung wird dann als Enteignung und Entwertung des eigenen Bildungskapitals interpretiert.

Kritische Studie zum lebenslangen Lernen

Die Autoren gehen davon aus, dass ein offensichtlicher Widerspruch zwischen dem allgemeinen Anspruch, sich weiterzubilden, und der individuellen Bereitschaft, dieses auch zu tun, klafft. Axmacher kommt bereits in den 1970er Jahren zu dem Resultat, dass Widerstand gegen Bildung eine kultur- und gesellschaftskritische Funktion hat, die sich gegen die Zerstörung lebensweltlicher Milieus wende (vgl. Axmacher 1990). Die Autoren folgen dieser skeptischen Haltung und glauben nicht an die selbstverständliche Integration organisierten Lernens in die Bildungs- und Erwerbsbiographien Erwachsener.

Die vorliegende Studie folgt im wesentlichen den Standards qualitativer Sozialforschung, legt aber im ersten Schritt eine repräsentative Bevölkerungsbefragung in den alten und neuen Bundesländern zugrunde, die die aktuelle Situation des Weiterbildungsabstinenzverhaltens auf der gesamtgesellschaftlichen Ebene klärt. Im zweiten Schritt werden regionale Fallanalysen (Halle an der Saale und Herford in Ostwestfalen) und im dritten Schritt auf der Mikroebene problemzentrierte Interviews durchgeführt. Über die problemzentrierten Interviews werden die Dimensionen von Nichtteilnahme, Ablehnung der Verhaltenserwartung und Widerstandshandeln exploriert. Im letzten Schritt werden Gruppendiskussionen und Zukunftswerkstätten durchgeführt, in denen Ideen entwickelt werden, wie Weiterbildung aussehen müsste, damit sie Sinn macht. Der Hauptteil der Studie ist der Erstellung einer Typologie der Nichtteilnahme an Weiterbildungsveranstaltungen gewidmet. Die Autoren arbeiten mit fünf Fallreihen bildungsbiographischer Strukturierung:

Forschungsdesign der Studie

Zunächst wird in der ersten Fallreihe jener Typ herausgearbeitet, der weiterbildungsoffen ist und eine positive, ambivalente oder negative biographische Kosten-Nutzen-Bilanz aufweist. Im Falle einer positiven Bilanz liegt eine Weiterbildungsbereitschaft als bildungsbiographisches Strukturierungsmuster vor; im Falle ambivalenter und negativer Bilanzen sprechen die Autoren von einer kompensatorisch orientierten Weiterbildungsoffenheit als bildungsbiographisches Strukturierungsmuster. Das bedeutet, dass zwar die Notwendigkeit von Weiterbildung generell eingesehen wird, aber im je besonderen Fall werden die erwarteten Erträge, also der konkrete erwartbare Nutzen, als zu gering angese-

1. Typus lebenslangen Lernens: Kompensatorische Weiterbildungsoffenheit

hen, so dass letztlich keine Weiterbildungsmaßnahme in Angriff genommen wird.

2. Typus: Reintegration in das Erwerbsleben

Die zweite Fallreihe bezieht sich auf Frauen in Ostdeutschland, deren dominantes biographisches Muster eine Reintegration in das Erwerbsleben und der Erhalt der Erwerbsperspektive bildet. Zentrales Thema der Interviews ist die Gefahr der Ausgrenzung aus dem Erwerbsleben oder die schon erfolgte Ausgrenzung. Zunächst untersuchen die Autoren bildungsbiographische Strukturierungsmuster unter Akkulturationsdruck. Darunter verstehen sie die Bearbeitung der neuen gesellschaftlichen Zumutungen der Frauenrolle, die nicht immer mit der in der ehemaligen DDR selbstverständlichen Rolle als Erwerbstätige übereinstimmt. Im nächsten Schritt untersuchen sie blockierte bildungsbiographische Strukturierungsmuster. Das sind Fälle ostdeutscher Frauen, „denen die Wendefolgen auf absehbare Zeit jede Strukturierungsmacht genommen zu haben scheinen" (Bolder/Hendrich 2000, S. 153).

3. Typus: Alternative des Hausfrauendaseins

Die dritte Fallreihe bezieht sich auf westdeutsche Frauen. Während für die in der DDR sozialisierten Frauen Erwerbstätigkeit selbstverständlich ist, hat das westdeutsche System stets ein Alternativrollenmodell bereit gehalten, bzw. zeitweilig auch zum erstrebenswerten „Normalfall" erklärt, das die alleinige Hausfrauen- und Mutterrolle vollständig legitimiert hat, so dass Weiterbildung nicht zwingend angestrebt werden muss.

4. Typus: Reklamation von Erfahrungswissen

Die vierte Fallreihe bezieht sich auf das Verhältnis von Erfahrungswissen und Bildungstitel. Die Reklamation von Erfahrungswissen gegen Bildungstitel durchziehe alle Interviews, sei in den zugrunde liegenden sechs Fällen nur besonders signifikant. Dieses Insistieren auf erworbene Erfahrungszusammenhänge verweise auf die damit verknüpfte Angst vor einer Abwertung dieser Erfahrung und damit vor einer Abwertung der eigenen Identität.

5. Typus: Stabilitätsorientierung

Die fünfte Fallreihe vereint stabilitätsorientierte Haltungen, bezieht sich also auf Menschen, die den erreichten status quo verteidigen, weil sie mit dem Erreichten zufrieden sind und keine Veränderung wünschen. Es handelt sich um Nichtteilnehmer an Weiterbildungsveranstaltungen, die eher zu den Begünstigten gehören. Zu dieser Fallreihe gehören aber auch Ausgegrenzte, die die Erwerbsperspektive nicht aufgeben wollen (Reintegration ins Normalarbeitsverhältnis). Schließlich gehören jene Menschen dazu, die eine erwerbsalterbedingte Reduktion bildungsbiographischer Strukturierung vornehmen. Was Erwerbsalter dabei bedeutet, ist durchaus subjektiv bedingt und nicht an ein bestimmtes Lebensalter gebunden.

Die vorgelegte Typologie der Weiterbildungsabstinenz (Ausgegrenzte, Desinteressierte und Verweigerer) vermag durchaus ein hohes Maß an Plausibilität für sich zu reklamieren und ermöglicht einen differenzierten Blick auf das Phänomen der Weiterbildungsabstinenz. Im Unterschied zu der Studie von Kade und Seitter arbeiten Bolder und Hendrich heraus, dass die Notwendigkeit lebenslanges Lernen sich nicht unbedingt auch in Weiterbildungsaktivitäten niederschlägt. Die Autoren machen plausibel, dass die Frage der Bereitschaft zum lebenslangen Lernen von biographisch konturierten Kosten-Nutzen-Bilanzierungen abhängt. Ob daraus ein Plädoyer für eine „Weiterbildungspädagogik" folgt, die „sich langsam, Schritt für Schritt den Situationen der Adressaten nähert, sie dort abholen und (...) auf ihrem Lebenslauf professionell begleiten" (Bolder/Hendrich 2000, S. 264), möchten wir an dieser Stelle offen lassen. Klar scheint uns aber zu sein, dass aus dem gesamtgesellschaftlichen Trend der Individualisierung von Biographiemustern das Postulat der Stärkung individueller Eigenverantwortlichkeit für den Erwerbslebenslauf und die hierfür erforderlichen Weiterbildungen folgen.

2.6 Interkulturelle Bildung

Die interkulturelle Bildung entwickelte sich als Reaktion auf die zunehmend ins Bewusstsein gerückte kulturelle Pluralität der Gesellschaft. Allgemein wird unter interkultureller Bildung die Befähigung zur konstruktiven Auseinandersetzung mit fremden Kulturen verstanden. Dabei ist sowohl umstritten, wer die Zielgruppe interkultureller Bildung sein soll, als auch, was unter Kultur und Befähigung zu verstehen sei. Bevor wir auf diese Kontroversen um die interkulturelle Bildung und auf empirische Studien zu mit ihr verbundenen Institutionen und sozialen Arenen näher eingehen, möchten wir einen Blick auf dessen Geschichte werfen.

Überblick über den Abschnitt

2.6.1 Die Entwicklung der interkulturellen Bildung

Üblicher Weise wird die Entstehung der interkulturellen Bildung in Deutschland auf den Zeitpunkt datiert, an dem die seit 1955 ins Land gerufenen Arbeitsmigranten und -migrantinnen („Gastarbeiter") ihre EhepartnerInnen und Kinder nachzogen, um sich dauerhaft in Westdeutschland anzusiedeln. Waren im Jahre 1960 noch lediglich 0,4% der Schüler/innen ausländischer Herkunft, so stieg mit dem Familiennachzug deren Anteil auf 3% in 1973 (vgl. Hoff 1995, S. 826) und stabilisierte sich Ende der 1990er Jahre bei 9-9,5% (Statistisches Bundesamt 2002a u. b, eigene Berechnung), wobei allerdings hohe regionale Unterschiede zu beachten sind. Damit waren die Schulen vor die Aufgabe gestellt, nicht nur der Fremdsprachigkeit dieser Kinder Rechnung zu tragen, sondern auch ihrem kulturellen Hintergrund, der als der deutschen Kultur fremd wahrgenommen wurde.

Familiennachzug und interkulturelle Bildung

Doch täuscht der Eindruck, die kulturelle und sprachliche Pluralität Deutschlands sei erst mit dem Zuzug von Arbeitsmigranten entstanden. Zwei- und Mehrsprachigkeit gehörte seit langem zum Alltag der Schule, denke man nur daran, dass erst im 19. Jahrhundert an den Gymnasien und Universitäten der sprachliche Schwerpunkt vom Lateinischen zum Deutschen wechselte (vgl. Gogolin 1997a, S. 16). Mit dem Aufkommen des Nationalstaates wurde die Mehrsprachigkeit zum Problem (gemacht) und die Schüler/innen mit unterschiedlichen pädagogischen Mitteln zum Sprechen der Nationalsprache angehalten – „im Sinne der Formel: ein Mensch – eine Sprache – ein Volk – ein Territorium" (Krüger-Potratz 1994, S. 93). Minderheitensprachen und Zweisprachigkeit wurden in der Schule allenfalls zugelassen, um die ‚betroffenen' Kinder an die Nationalsprache heranzuführen. Dabei hatte man im Kaiserreich und in der Weimarer

Kontinuität der Mehrsprachigkeit an deutschen Schulen

63

Republik durchaus das Wohl der Kinder im Sinne, wollte man sie doch zur Teilhabe am Bildungssystem befähigen. Im „Dritten Reich" aber diente die deutsche Einsprachigkeit der Diskriminierung der Bevölkerung in den eroberten Gebieten (vgl. ebd., S. 94).

Kulturelle Pluralität der deutschen Gesellschaft

Nicht nur hinsichtlich der Sprache, auch in Bezug auf die Kultur macht deren enge Bindung an die Arbeitsmigration Glauben, die Gesellschaft sei lediglich aufgrund der Einwanderung kulturell pluralisiert. Dabei sind schon die als „deutsch" bezeichneten Bevölkerungsteile in sich unterschiedlichen Lebensweisen, Milieus, Generationen, Religionen etc. zugehörig (vgl. Bohnsack/Nohl 1998). Die Erziehungswissenschaft hat sich erst recht spät mit diesen (Binnen-) Differenzen auseinandergesetzt (vgl. Lutz/Wenning 2001). Dies hat wohl auch damit zu tun, dass die Schule seit Einführung der Schulpflicht stets auf eine Homogenisierung der Schülerschaft gezielt hatte: auf eine Vereinheitlichung der Lehrinhalte, der Leistung in Form von Klassenstufen, der Sprache, der Abschlüsse, der Schulzeit und Fächer (vgl. Wenning 1999).

Homogenisierungstendenzen der Schule

Mit dem Nachzug der Migrantenkinder wurde diese Tendenz zur Homogenisierung erneut deutlich: Man beschulte sie zunächst in „Vorbereitungsklassen", bevor sie am Regelunterricht teilnehmen durften. Später wurde aus der Vorbereitung die dauerhafte Beschulung in „Nationalklassen", in denen Kinder von Lehrenden ihrer Heimatländer unterrichtet wurden, ohne dass sie die Chance zum Übertritt in die Regelschule erhielten. Dies geschah auch mit der Absicht, den Kindern die Rückkehr in ihr Heimatland zu ermöglichen, wurde doch zu jenem Zeitpunkt die Arbeitsmigration weder auf Seiten der Betroffenen noch auf Seiten des deutschen Staates als dauerhafte Einwanderung betrachtet. Auch der muttersprachliche Ergänzungsunterricht, der bis heute existiert, diente damals diesem Zweck. Indem man auf diese Weise den Migrantenkindern ein sprachliches und kulturelles Defizit zuschrieb und sie folgerichtig im Sinne einer „Ausländerpädagogik" (s.u.) förderte, konnte im Regelunterricht weiterhin auf der sprachlichen und kulturellen Homogenität der Schülerschaft insistiert werden. In der Schulpraxis dauert diese Tendenz z.T. bis heute an (vgl. zur Geschichte der Einwanderung in Bezug auf die interkulturelle Bildung: Hoff 1995 u. Auernheimer 2003, S. 34ff.).

Migranten und Einheimische als Adressaten interkultureller Bildung

Ebenfalls in der Praxis, allerdings eher außerhalb der Schule, kam es Ende der 1970er Jahre zu einer wesentlichen Veränderung in dieser sozialen Arena: Nicht mehr nur die Kinder der Migranten, sondern auch diejenigen der Einheimischen wurden zur Zielgruppe. Da man die Kulturen der Migranten nicht assimilieren konnte oder wollte, wurde der Umgang mit kultureller Vielfalt auch zur Anforderung an die einheimische Bevölkerung (vgl. Hohmann 1989, S. 6). „Diese Adressierung an alle war ... sozusagen der Gründungsakt der interkulturellen Pädagogik" (Reich 1994, S. 13), bzw., wie wir sie hier nennen, der interkulturellen Bildung.

Interkulturelle Bildung in der Schule

In der Folge entstanden (auch) in der Schule neue Ansätze zur interkulturellen Bildung, die zunächst zeitlich befristet in Modellprojekten erprobt wurden, um dann später (mehr oder weniger vollständig und konsequent) in den Regelunterricht übernommen zu werden. Zur Jahrhundertwende wird konstatiert, dass die kulturelle Heterogenität der Schülerschaft mittlerweile in die Lehrpläne Einzug gefunden habe (vgl. Gogolin/Neumann/Reuter 1998 u. 2001). Gleichwohl bleibt die interkulturelle Bildung zumeist an die Tatsache der Arbeitsmigration und darüber hinaus an die konkrete Anwesenheit von Kindern mit Migrationshintergrund gebunden (vgl. Reich 1994, S. 21). „Interkulturalität" als genuines Lernziel für alle SchülerInnen, wie es gerade auch im Hinblick auf die Globalisierung und ein sich vereinendes Europa von hoher Bedeutung ist, hat sich in der schulischen Praxis bislang nicht durchsetzen können.

Die interkulturelle Bildung lässt sich keineswegs auf den schulischen Bereich beschränken, sondern findet sich in einer Vielzahl pädagogischer Institutionen und Arenen. So hat eine parallele Entwicklung von der kompensatorischen Ausländerpädagogik hin zur differenzsensiblen interkulturellen Bildung auch in anderen pädagogischen Bereichen stattgefunden, etwa in den Kindergärten, in der Sozialberatung und der Erwachsenenbildung, um nur einige zu nennen.

Andere Institutionen und Arenen interkultureller Bildung

In der Sozialarbeit dominierten zunächst nationenspezifische Angebote (so etwa „Türkdanış" von der Arbeiterwohlfahrt), die seit Ende des Jahrtausends allmählich von interkulturellen Beratungszentren abgelöst werden. Da deren Klientel nicht nur mit sprachlichen Verständigungsproblemen, sondern auch mit einer ausländerspezifischen Gesetzgebung (Ausländergesetz, Arbeitsförderungsgesetz, Asylgesetze) konfrontiert ist, werden solche interkulturellen Angebote weiterhin auf Einwanderungsfragen spezialisiert sein.

In der Erwachsenenbildung – und hier insbesondere in den Volkhochschulen – lässt sich beobachten, dass zu den staatlich geförderten Sprachkursen für Arbeitsmigranten eine Vielzahl von Angeboten hinzutritt, die neben Einwanderern auch Einheimische ansprechen (vgl. etwa Apitzsch 1997) oder sogar auf die interkulturelle Bildung vor allem von letzteren zielten.

Den Einrichtungen der Früherziehung wird erst seit den 1980er Jahren überhaupt eine Rolle in der interkulturellen Bildung zugemessen. Obwohl es hier ebenfalls weit ausgearbeitete Ansätze zur interkulturellen Bildung gibt (vgl. Akpinar/Zimmer 1984ff.), wird der Kindergartenbesuch vor allem als notwendig für das frühe Erlernen der deutschen Sprache angesehen, um auf diese Weise die Schule zu ‚entlasten'.

In jüngster Zeit wird diskutiert, ob sich mit dem Internet eine neue Arena der interkulturellen Bildung eröffnet. Voraussetzung für interkulturelle Bildung im Internet ist zunächst einmal der Zugang möglichst vieler Menschen aus unterschiedlichen Kulturen, aber auch unterschiedlichen ökonomischen Verhältnissen, Geschlechts- und Generationszugehörigkeiten, der hinsichtlich der in vielen armen Ländern kaum vorhandenen technischen Voraussetzungen und Fertigkeiten, wie auch wegen mangelnder Kenntnisse der Internet-Mehrheitssprache Englisch bislang allerdings nicht gegeben ist („digital divide"). Sodann stellt sich aber die Frage, wie interkulturelle Begegnungen im Internet vonstatten gehen können. Hierbei ist vor allem zu beachten, dass das Internet selbst nicht nur ein Medium ist, sondern inzwischen über eigene Kulturen verfügt, die spezifisch für die technischen Möglichkeiten des Internet wie auch für die sie nutzenden Menschen sind (vgl. Marotzki 2000). Zwei Tendenzen lassen sich innerhalb dieses Kulturraums Internet identifizieren:

Interkulturalität im Internet

Einerseits ist zwar zu beobachten, dass das Internet auch zur Neukonstruktion tradierter Ethnizität genutzt werden kann. So wurde in einer Untersuchung

Ethnizität im Internet

zum Internetgebrauch auf der karibischen Insel Trinidad herausgearbeitet, wie sich hier gesellschaftliche, soziale, familiale und biographische Strukturen verändern und das neue Medium den Einwohnern Trinidads die Möglichkeit gibt, sich als „Trinidaner" zu identifizieren, d.h. Ethnizität in neuer Weise zu konstituieren (vgl. Miller/Slater 2000, dazu: Zurawski 2000).

Transkulturalität des Internet

Andererseits vollzieht sich im Internet aber auch die Infragestellung eindeutiger ethnischer und kultureller Zuordnungen, steht doch nicht nur die persönliche und kulturelle Identität der jeweiligen Kommunikationspartner in Frage, sondern auch die nationale oder regionale Verwurzelung kultureller Zuordnungen. Angesichts dessen wird vom Internet als „transkulturellem" Raum (vgl. Jörissen 2002) gesprochen. Wie auch in der offline-Kommunikation ist hier für das Gelingen transkultureller Kommunikation nicht so sehr die ‚tatsächliche' Verständigung notwendig; denn schon die gelungene Inszenierung von Verständigung, wie sie so oft in Chats sich vollzieht, ist oder schafft Verstehen und Gemeinsamkeit (vgl. ebd., S. 328).

Das Internet, so lässt sich resümieren, ist nicht nur eine neue soziale Arena der interkulturellen Bildung, es rückt auch eine neue Qualität ins Auge. Denn während interkulturelle Bildung bislang vornehmlich mit dem Umgang mit kulturellen Minderheiten innerhalb eines Nationalstaats befasst war, lassen sich im Internet nationalstaatliche Grenzen sprengen. Unter den Stichworten „Europäisierung" und „Globalisierung" zeichnen sich neue, bislang ungenutzte Qualitäten und Potenziale interkulturelle Bildung ab. Im Internet, aber auch ganz allgemein wird es darum gehen, „neue transnationale Loyalitäten und Solidaritäten zu entwickeln, die in einem sich neu formenden Europa zu Bezugspunkten der Erziehung und der Erziehungswissenschaft werden" (Wulf 2002, S. 90).

2.6.2 Theorien der interkulturellen Bildung

Kritik der „Ausländerpädagogik"

Ein wichtiger Ausgangspunkt der Theorien interkultureller Bildung ist die Kritik an der „Ausländerpädagogik", wie sie Anfang der 1980er Jahre geleistet wurde: Abgesehen von Schwierigkeiten mit dem Begriff (wer ist ein „Ausländer"?) zielte diese Kritik vor allem auf den Gesamtansatz der „Ausländerpädagogik", die dazu antrat, Defizite der Ausländer zu kompensieren, dabei aber sich selbst an der Marginalisierung und Abwertung ihrer Klientel beteiligte: Nur solange die „Ausländer" problembehaftet waren, war es für die Pädagogik legitim, sich um sie zu kümmern. So wurden die „Ausländer" – ähnlich den Behinderten, Obdachlosen etc. – zu einer „abgrenzbaren und handhabbaren Randgruppe, die Gegenstand von Programmen wissenschaftlicher wie praktischer Art" wurde (Hamburger/Seus/Wolter 1984, S. 33), womit sich die Pädagogik einen neuen Tätigkeitsbereich schaffen konnte. Mit dieser Kritik war die Forderung verbunden, die „Ausländerpädagogik" abzuschaffen (vgl. Griese 1984) und – unter Verzicht auf Professionalisierungsforderungen (vgl. Apitzsch 2000, S. 291) – stattdessen die rechtliche Anerkennung der Bundesrepublik als „Einwanderungsgesellschaft" mit gleichen Beteiligungsrechten für alle politisch einzufordern (vgl. Hamburger 1984, S. 68).

Auch wenn damit die „Ausländerpädagogik" an ihr Ende gelangt war, verhallte der Ruf nach Entpädagogisierung und Politisierung weitgehend ungehört. Die Theorieentwicklung ging vielmehr in Richtung einer interkulturellen Bildung für Einheimische und Zugewanderte, ohne aber die rechtliche und soziale Diskriminierung der letzteren mehr als beiläufig zu thematisieren.

In ihren Anfängen machte es sich die interkulturelle Bildung vor allem zur Aufgabe, Einheimische und Zugewanderte über die Kulturen des anderen aufzuklären. So finden sich hier Bücher über „Die Herkunftsländer der Migranten" (Essinger/Kula 1988) oder „Das Kopftuch" in der deutschen und türkischen Tradition (Akkent/Franger 1987). Mit interkulturellen Festen und internationalen Speisen sollten Toleranz und gegenseitiges Verständnis gefördert werden.

<small>Entstehung der interkulturellen Bildung</small>

Diese „Begegnungspädagogik", die einen „Anspruch auf interkulturellen Austausch und den nicht selten als utopisch angesehenen Anspruch auf interkulturelle Bereicherung" (Hohmann 1989, S. 14) vertrat, wurde von Seiten einer konfliktorientierten, vornehmlich antirassistischen Pädagogik (vgl. Essed/Mullard 1991; Kalpaka/Räthzel 1990; Cohen 1994; Essinger/Pommerin 1993) als kulturalistisch kritisiert. Die antirassistische Pädagogik zielte auf die einheimische Bevölkerung und die ihr unterstellte rassistische Haltung, die abzubauen sie helfen wollte. Für die Einwanderer forderte sie Chancengleichheit und politische Partizipationsmöglichkeiten, deren Fehlen als das wahre Problem der Migranten angesehen wurde.

<small>Begegnungspädagogik versus antirassistischer Pädagogik</small>

Auch dieser Ansatz der antirassistischen Pädagogik konnte sich – wie schon zuvor die Kritik an der Ausländerpädagogik – letztendlich in der deutschsprachigen Erziehungswissenschaft nicht durchsetzen. Seine Skepsis gegenüber den Potentialen interkultureller Verständigung war jedoch einer der Anlässe dafür, dass man die interkulturelle Bildung, die vormals vornehmlich politisch motiviert und stark normativ war, nunmehr grundlagentheoretisch zu begründen versuchte. Im Folgenden möchten wir ausgewählte Begründungsansätze knapp skizzieren.

Georg Auernheimer (vgl. 2003) stellt die interkulturelle Bildung bzw. Erziehung, zu der er die noch heute maßgebliche Einführung geschrieben hat, in einen breiten Rahmen: Angefangen mit einer historischen Betrachtung der kulturellen Pluralisierung der Gesellschaft nicht nur aufgrund von Einwanderung greift er auf unterschiedliche, z.T. empirisch fundierte Theorien der Migrations-, Minderheiten- und interkulturellen Kommunikationsforschung zurück, um dann vor allem die sprachliche Dimension der interkulturellen Bildung zu betonen.

<small>Sprachliche Dimension interkultureller Bildung</small>

Mit seiner weniger sozialwissenschaftlichen denn philosophischen Betrachtungsweise arbeitet Wolfgang Nieke (2000) zunächst an dem zentralen Begriff der „Kultur", die er als „Gesamtheit der kollektiven Deutungsmuster einer Lebenswelt" (2000, S. 50) definiert. Damit befreit er den Kulturbegriff von seiner (meist impliziten und dennoch engen) Bindung an das Ethnische, steht aber dennoch vor der Frage, wie interkulturelle Konflikte zu lösen seien. Hier vertraut Nieke vornehmlich auf den von ethischen Prinzipien getragenen Diskurs, innerhalb dessen Widersprüche der Deutungsmuster diskutiert und letztere, wo sie nicht in der Situation als legitim erscheinen, verändert werden können.

<small>Philosophische Reflexion interkultureller Bildung</small>

Gegenüber einem Vertrauen auf die Vernunft und einer Reduktion von Kultur auf eine „Denkerfahrung", die die kulturelle Praxis hintanstellt, bleibt

<small>Kultur als Praxis</small>

Jürgen Wittpoth (1994, S. 121) skeptisch. Auf der Basis einer theoretischen Auseinandersetzung mit der Interaktionstheorie George Herbert Meads und dem Habitus-Konzept Pierre Bourdieus plädiert Wittpoth dafür, „kulturelle Bindungen" „nicht von vorneherein" als das zu thematisieren, „was es möglichst rasch zu überwinden gilt" (ebd., S. 123). Nur dann erscheint nämlich Verständigung als „zunächst eher unwahrscheinlich" (ebd., S. 119), die Fremdheit anderer Kulturen dagegen als „produktive Verunsicherung" (ebd., S. 122) des eigenen Selbst.

Kultur als Konstruktion

Gemeinsam ist den hier knapp zusammengefassten Positionen die Annahme, dass es Kulturen gibt, und dass die Einwanderer einer anderen Kultur zugehören als die Einheimischen. Eben diese Voraussetzung wird jedoch von einer Erziehungswissenschaft bestritten, die die Konstruktion des Kulturellen untersucht und hinterfragt. Die Unterscheidung zwischen Migranten und Einheimischen selbst wird hier zum Gegenstand theoretischer und empirischer Analysen gemacht und danach gefragt, wie diese Unterscheidungen in der Öffentlichkeit und in den Institutionen und sozialen Arenen (auch derjenigen der interkulturellen Bildung) erst hergestellt werden (vgl. u.a. Bukow/Llaryora 1988; Bommes/ Radtke 1993).

Institutionelle ethnische Diskriminierung

Der interkulturellen Bildung wird dabei vorgeworfen, die institutionelle Diskriminierung (z.B. die unterschiedliche Beschulung von Kindern ausländischer Herkunft) zu übersehen und einen „pädagogisch halbierten Anti-Rassismus" zu betreiben, der lediglich „erziehend auf den Menschen einwirken will und darüber ... die institutionelle Seite des Problems außer Reichweite verlegt" (Radtke 1995, S. 856). Einer solchen „institutionellen Diskriminierung", wie sie Gomolla/Radtke (2002) auch qualitativ-empirisch rekonstruiert haben (s.u.), wird eine pädagogische Konzeption entgegengesetzt, die das Lehrpersonal und die Bildungsplanung dazu befähigen soll, der eigenen, unbewussten und ungewollten Diskriminierungspraktiken gewahr zu werden und sie auf diese Weise zu vermeiden (vgl. Diehm/Radtke 1999, S. 187ff.).

So geeignet diese Position für eine kritische Reflexion interkultureller Bildung ist, so sehr lässt sie doch das soziale Geschehen jenseits und unterhalb der Institutionen, d.h. die Individuen, Interaktionen und Milieus außer Acht (vgl. Nohl 2001, S. 15ff.). Für eine Pädagogik, die sich nicht nur als Kritik ihrer selbst, sondern auch als Reflexionsinstanz für die Praxis interkultureller Bildung versteht, genügt dies also nicht.

Konstruktivistisch reflektiertes Verständnis von Kultur

Die Theorie interkultureller Bildung hat auf die dezidiert konstruktivistische Kritik reagiert, indem sie kulturelle Differenz nicht mehr unhinterfragt voraussetzt, sondern diese als im jeweiligen Fall zu untersuchenden „Teil der Dynamik einer sozialen Beziehung" (Scherr 1998, S. 54) begreift, in der Gruppen miteinander um Privilegien kämpfen. Hiervon ausgehend kann die interkulturelle Bildung auf eine „Sensibilität für *mögliche* Differenzen" (Auernheimer, zit. n. Krüger-Potratz 1999, S. 159) zielen.

Mögliche Differenzen ergeben sich nicht nur im öffentlichen Diskurs, den Politik und Medien führen, sowie in Institutionen wie der Schule; auch in der Erfahrungswelt der Gesellschaftsmitglieder konstituieren sich Differenzen. Solche Differenzen finden sich allerdings nicht nur zwischen Einheimischen und Migranten, sondern auch zwischen unterschiedlichen Altersgruppen, Generationen und Bildungsabschlüssen (vgl. Nohl 2001) bzw. zwischen Behinderten und

Nichtbehinderten sowie Frauen und Männern (vgl. Prengel 1995). Interkulturalität als „Sensibilität für mögliche Differenzen" muss daher stets mehrdimensional gedacht werden, zumal auch die Individuen selbst als in sich different und heterogen bzw. als sich selbst fremd (vgl. Wulf 1999) betrachtet werden können. Wo die Erziehungswissenschaft angesichts dieser mannigfaltigen Unterschiede innerhalb ihrer Klientel die Suche nach dem Allgemeinen, dem alle Unterschiede überbrückenden und allen Gemeinsamen aufrecht erhält, tendiert sie in Richtung einer „Allgemeinen Pädagogik der Vielfalt" (Prengel 1995, S. 166, vgl. auch Krüger-Potratz 1999).

2.6.3 Empirische Studien in der interkulturellen Bildung

Parallel zur Entwicklung der interkulturellen Bildung gewannen qualitative Forschungsmethoden in diesem Bereich hohe Popularität. Dabei zeigten sich anfangs durchaus ähnliche Missverständnisse, wie sie für die „Ausländerpädagogik" und eine kulturalistisch verstandene interkulturelle Erziehung charakteristisch waren. So bevorzugte man qualitative Methoden zur Erforschung der ArbeitsmigrantInnen, da „ihr Verhalten und ihre Einstellungen ... anderen als den dem deutschen Forscher vertrauten Mustern" folgen würden (Hoffmeyer-Zlotnik (1986, S. 1). Damit wurden die Einwanderer vorab jeglicher empirischer Forschung als kulturell fremdartig betrachtet und damit kulturalisiert (vgl. Radtke 1991, S. 103 u. Bommes 1996). Neuere qualitative Forschungsarbeiten betrachten demgegenüber *alle* zu erforschenden Personen und Gruppen, seien diese einheimisch oder zugewandert, prinzipiell als fremd und versuchen deren Lebens- und Handlungsorientierungen zu rekonstruieren (vgl. Bohnsack/Nohl 2001). Aus der reichen Zahl dieser Studien möchten wir im Folgenden drei vorstellen. Im Einzelnen handelt es sich um eine Untersuchung zu einer von Migration geprägten Grundschule in der Großstadt und um zwei Studien zu Rassismus und ethnischer Diskriminierung.

Interkulturelle Bildung und qualitative Forschung

Ausgangspunkt der von Ingrid Gogolin und Ursula Neumann (vgl. Gogolin/ Neumann 1997) geleiteten Forschung zu einer Hamburger Grundschule war die These, dass die Einsprachigkeit der Institution Schule und die Mehrsprachigkeit vieler ihrer Kinder zu einem Konflikt und in der Folge zu Beeinträchtigungen in deren sprachlicher Entwicklung führe (vgl. Gogolin 1997a, S. 2f.); im Unterricht werden von den Lehrenden andere Sprachen als die Deutsche nur ausnahmsweise und vorübergehend toleriert. Auch wenn innerhalb der Lehrerschaft der untersuchten Grundschule dieser common sense eines „monolingualen Habitus" (Gogolin 1994) angesichts erster Begegnungen mit der Mehrsprachigkeit der Schüler nicht mehr völlig selbstverständlich ist, wird an ihm doch – auch aufgrund der institutionellen Rahmenbedingungen – festgehalten (vgl. Gogolin 1997b, S. 101).

Qualitative Studie zur Mehrsprachigkeit in der Schule

Überraschender Weise zeigt sich aber, dass auch die Eltern der mehrsprachigen Kinder, die zumeist aus den typischen Anwerbestaaten Türkei, Italien und dem damaligen Jugoslawien eingewandert sind, sich mit dieser Einsprachigkeit der Schule arrangiert haben, obwohl sie an ihrem persönlichen Erziehungsziel der Mehrsprachigkeit festhalten (vgl. Neumann/Popp 1997, S. 63ff.). Um des Schulerfolgs ihrer Kinder willen, oder auch um diese nicht zu überfordern, oder weil sie mündliche Fähigkeiten in der Herkunftssprache für ausreichend halten (vgl. ebd., S. 66-74), fordern die Eltern von der Schule keine mehrsprachigen Unterrichtsangebote. Der common sense der schulischen Einsprachigkeit herrscht also sowohl auf Seiten der Lehrer- wie der Elternschaft.

Dominanz offizieller Einsprachigkeit und inoffizielle Mehrsprachigkeit

Ein erster Blick in die Klassen der Grundschule schien diese Dominanz der Einsprachigkeit zu bestätigen: Im Unterricht wurde Deutsch gesprochen. Erst die Tonbandaufnahmen mit mehreren über das Klassenzimmer verteilten Mikrofonen ließen deutlich werden, dass neben der ‚offiziellen‘, deutschsprachigen Kommunikation zwischen Lehrerin und Schüler/innen sich eine zweite, ‚inoffizielle‘ „Sprachsphäre" (Frey 1997, S. 153) entfaltet, die durch die mehrsprachige Kommunikation zwischen den Kindern gekennzeichnet ist. In dieser multilingualen Schülerinteraktion werden nicht nur Probleme und Aufgaben des Unterrichts erörtert, sondern auch die Diskussionen innerhalb der Kindergruppen (vgl. dazu auch Dirim 1998) fortgeführt. Dabei sorgt eine „von allen respektierte Übereinkunft dafür, daß die sprachliche Praxis der Schülerinnen und Schüler die Grenze zwischen ein- und mehrsprachigem Raum kaum übertrat" (Frey 1997, S. 156). Diese „Trennung der ‚Sphären'" (Gogolin 2000, S. 30), die u.a. die Kinder hier leisten, verhindert einerseits eine grundlegende Veränderung der Schule in Richtung Mehrsprachigkeit; andererseits wird hier aber auch deutlich, dass es interkulturelle Bildung nicht mit eindeutigen und miteinander unvermittelbaren kulturellen Identitäten, sondern häufig mit „grenzüberschreitenden Lebensformen" (Gogolin 1997c, S. 344) zu tun hat.

Das Agieren im interkulturellen Kontext gestaltet sich also auch auf Seiten der Einheimischen, insbesondere des pädagogischen Personals, nicht immer einfach; dies insbesondere deshalb, weil die Angehörigen der Mehrheit stets Gefahr laufen, Minderheiten unbemerkt und ungewollt zu diskriminieren. Diesem Thema haben sich – in Bezug auf eine offene soziale Arena (Weiß 2001) und auf die zentrale pädagogische Institution Schule (Gomolla/Radtke 2002) – zwei ganz unterschiedliche qualitative Untersuchungen gewidmet.

Qualitative Studie zu ungewolltem Rassismus

Anja Weiß (2001) hat im Rahmen von sog. „Reflexionstagen" Rollenspiele mit antirassistischen Initiativgruppen durchgeführt, diese aufgenommen und ausgewertet. Sie zeigt, dass die AktivistInnen Rassismus vornehmlich in der Arbeiterschicht verorten und sich von deren Ungebildetheit, die letztendlich zu Rassismus führe, abgrenzen. Dabei unterläuft den antirassistischen Gruppen jedoch zugleich ein eigener „Rassismus wider Willen" (so der Titel der Studie). Denn sie stereotypisieren auch selbst die eingewanderten Minderheiten, so etwa als homogene Gruppen oder als Angehörige niedriger Schichten. Zum Beispiel dort, wo ein „Ali" in das Rollenspiel als Beschäftigter der Universität eingeführt, ihm von den anderen aber nur eine Tätigkeit als „Reinemachekraft" zugebilligt wird (vgl. ebd., S. 304). Sobald sich aber herausstellt, dass „Ali" Professor ist, verliert er – in den Augen der Gruppe – seine Zugehörigkeit zur rassistisch diskriminierten Minderheit, wie sich dies in folgendem Ausspruch einer Teilnehmerin zeigt: „Auf einmal war er kein Türke mehr. Auf einmal war er ein Universitätsprofessor" (zit. n. ebd., S. 305). So formuliert die Gruppe implizit auch eigene Kriterien (etwa bezüglich der Bildung oder des Berufes), mit denen sie Angehörige dominierter Minderheiten in die eigene Wir-Gruppe aufnimmt oder aus ihr ausschließt und damit letztlich ihre eigene Dominanzposition wahrt (vgl. ebd., S. 309). Damit bekämpft die gebildete Mittelschicht einerseits den Rassismus „aus voller Überzeugung und andererseits wählt sie Methoden, die die Bedingungen des Spiels [nämlich die strukturellen Dominanzverhältnisse; d. A.] unangetastet lassen, aus welchem sie selbst ihren Vorteil zieht" (ebd., S. 301).

Während Weiß also Rassismus und Antirassismus eher als Phänomen des Dominanzverhältnisses unterschiedlicher sozialer Schichten bzw. Klassen betrachtet, können Mechtild Gomolla und Frank-Olaf Radtke (2002) ethnische Diskriminierung als Institutioneneffekt identifizieren. Ausgangspunkt der Studie sind statistische Auffälligkeiten in den Grundschulen der Stadt Bielefeld: Bei den Einschulungen, den Überweisungen in die ‚Sonderschule' und den Übergängen in die Sekundarstufe zeigt sich eine gravierende Ungleichbehandlung ausländischer Kinder, denen durchweg schlechtere Bildungschancen eingeräumt werden als ihren deutschen Altersgenossen (vgl. ebd., S. 139). Da nicht anzunehmen war, dass die häufige Zurückstellung von der Einschulung, die dominierenden Empfehlungen für die Haupt- und Realschule oder die Zuweisungen in eine ‚Sonderschule' für Lernbehinderte explizit mit der Nationalität der Kinder begründet werden (was verboten ist), haben Gomolla und Radtke die impliziten Argumentationsmuster, d.h. die „undiskutierten Prämissen" untersucht, „die eine Garantie dafür übernehmen sollen, dass es ‚von der Sache her' gerechtfertigt ist, so und nicht anders zu entscheiden" (Gomolla/Radtke 2000, S. 327). Diese Argumentationsmuster lassen sich in den Gutachten des Lehrpersonals und in eigens durchgeführten Interviews mit den Entscheidungsträgern (Rektorat und Lehrpersonal) finden (vgl. Gomolla/Radtke 2002, S. 142ff.).

Qualitative Studie zu institutioneller Diskriminierung in Grundschulen

Greift man die Entscheidungen bezüglich des Übergangs in die Sekundarstufe heraus (diese sind in Nordrhein-Westfalen nur teilweise den Eltern überlassen), so zeigt sich, dass neben Sprachdefiziten auch die fehlende kulturelle Passung zwischen Elternhaus und Schule als Begründung angeführt wird, um Kindern die Gymnasialempfehlung zu verweigern. So wird der Elternwunsch nach einer Gymnasialbildung mit „deren fehlender Schulkenntnisse und Bildung erklärt" (ebd., S. 235) und der Umstand, dass die Kinder nachmittags „in ihre türkische Umgebung zurückgehen" (so ein Schulleiter), wo sie keine (elterliche) Unterstützung bei den Hausaufgaben fänden, prinzipiell als Defizit gewertet (vgl. ebd., S. 234 u. 248). So kann „selbst bei guten Noten ... mit der Begründung, daß ohne perfekte Deutschkenntnisse oder angemessene Elternunterstützung kein Erfolg auf dem Gymnasium möglich sei, die Real- oder Hauptschule empfohlen werden" (ebd., S. 252). Dabei betonen die Forschenden, dass es sich bei solchen Entscheidungsbegründungen nicht um die individuellen Boshaftigkeiten oder Rassismen des Lehrpersonals handelt, sondern um der Institution Schule zuzurechnende Mechanismen der Diskriminierung einer spezifischen Gruppe, wie es sie (früher) etwa auch in Bezug auf Mädchen gegeben hat.

Diskriminierende Begründungen für die Verweigerung der Gymnasialempfehlung

Gerade die empirischen Studien in den Institutionen und sozialen Arenen der interkulturellen Bildung (vgl. auch Auernheimer 2002 u. Bender-Szymanski 1999) machen deutlich, dass die Sensibilität für *mögliche* kulturelle Differenzen die professionell Handelnden vor Paradoxien stellt. Denn es lassen sich zwar „einige Schritte hin zu einer Professionalisierung interkultureller Arbeit" feststellen (dazu Apitzsch 2000, S. 291). Doch droht gerade hier die Gefahr, dass die

Paradoxien professionellen Handelns in der interkulturellen Bildung

Professionalisierung und „die Institutionalisierung der interkulturellen Perspektive eine analytische Verengung vornimmt und kulturelle Identifikationen in einem Maße verstärkt, dass neue Probleme entstehen und Konflikte verschärft werden" (Hamburger 1999, S. 38). Demgegenüber gelte es, „Interkulturalität nur dort, aber auch genau dort zu thematisieren, wo dies notwendig ist" (ebd.). Interkulturelle Bildung, dies zeigt sich hier, muss stets die Folgen ihres professionellen Handelns reflektieren und bisweilen auch zur allgemeinen, kulturindifferenten Bildung werden.

Zusammenfassend kann man sagen, dass nicht nur in der empirischen Forschung zur interkulturellen Bildung, sondern auch in ihrer Theorie und der Geschichte sich ein Perspektivenwechsel von der einseitigen Ausrichtung auf national definierte Kulturen von Einwanderern hin zur allgemeinen Relevanz interkultureller Bildung für alle Bevölkerungsgruppen in ihren vielfältigen Differenzen zeigt. Dass dabei weiterhin um die richtigen Ansätze und Definitionen gestritten wird, markiert die Pluralität der interkulturellen Bildung, die nicht nur mit Pluralität befasst ist, sondern diese auch selbst erzeugt.

3. „Adressaten" pädagogischer Prozesse

In diesem Einführungsband begreifen wir Erziehungswissenschaft als eine Disziplin, die nicht nur dem Kernbestand pädagogischer Praxis in institutionalisierten Einrichtungen Rechnung trägt, sondern auch die erst im Entstehen begriffenen sozialen Arenen des Pädagogischen reflektiert. Während Institutionen pädagogischer Praxis ein klar definierbares Klientel haben (Schüler, Teilnehmerinnen an Volkshochschulkursen, Beratungsbedürftige, o.ä.), lassen sich die Beteiligten an den pädagogischen Prozessen in sozialen Arenen nicht alleine über ihren Bedarf an pädagogischer Zuwendung definieren. Aus Ermangelung eines besseren Begriffs haben wir deshalb den Begriff der Adressaten in Anführungszeichen gesetzt.

Zum Begriff des „Adressaten"

Da gleichwohl die „Adressaten" pädagogischer Prozesse nicht in ihrer Gesamtheit, sondern differenziert behandelt werden müssen, bietet es sich für die Erziehungswissenschaft an, sie nach Lebensaltern zu unterscheiden. Wie sich schon im Begriff der Pädagogik, der sich ursprünglich auf den Schutz des Knaben auf dem Weg zur Schule bezog, andeutet, ist für pädagogische Prozesse das Lebensalter der Betroffenen von hoher Bedeutung. Während die Pädagogik früher vornehmlich mit Kindern und Jugendlichen befasst war, ist es in der Wissensgesellschaft jedoch zu einer Entgrenzung der Lebensalter gekommen, sodass neben den Jüngeren auch die Erwachsenen und älteren Menschen berücksichtigt werden müssen.

Pädagogischer Bezug auf Lebensalter

Wenn wir im Folgenden zunächst auf Kinder (Abschnitt 3.1), Jugendliche (Abschnitt 3.2) und dann auf Erwachsene (Abschnitt 3.3) und ältere Menschen (Abschnitt 3.4) eingehen, so thematisieren wir diese Altersgruppen in einer Art und Weise, dass sie nicht nur hinsichtlich ihrer Beteiligung an pädagogischen Prozessen, sondern auch jenseits dieser Relevanz für das Pädagogische Berücksichtigung finden.

Überblick über das Kapitel

3.1 Kind

Kinder hat es zu allen Zeiten gegeben, doch nicht immer wurde Kindheit gesellschaftlich anerkannt. Zwar kann nur derjenige, der ein Kind gewesen ist, sagen, er habe eine Kindheit gehabt. Doch bedarf es dafür auch einer Gesellschaft, die das Kindsein anerkannt und somit eine Altersphase Kindheit institutionalisiert

Kindheit – Kindsein

hat. Zwischen der gesellschaftlichen Tatsache Kindheit und dem Kindsein, der Lebenspraxis der Kinder, steht die Kindheit als biographischer Abschnitt im Lebenszyklus.

Auch wenn heute nicht mehr nur Kinder ihr Klientel sind, orientiert sich die Pädagogik meist an Kindsein und Kindheit. Denn Kindern wird in besonderem Maße das Recht zu gestanden, noch nicht ‚fertig' zu sein und das Lernen zu lernen. Erziehungswissenschaftliche Denkfiguren nehmen dieses „pädagogische Moratorium Kindheit" (Zinnecker 2000) häufig zu ihrem Ausgangspunkt und betonen zugleich, dass nicht nur das Kind, sondern auch der Erwachsene lernbedürftig und -fähig ist.

Definition von Kind, Kindheit und Kindsein

Als *Kinder* bezeichnen wir alle Menschen vom Säuglingsalter bis zum Beginn der Jugend. Dabei ist weniger die biologische Entwicklung von Kindern als ihre Stellung im sozialen Gefüge der Gesellschaft von Bedeutung: Kinder mehren ihr Wissen und lernen zu lernen, ohne dass von ihnen schon erwartet würde, sich in der Gesellschaft zu positionieren und eine eigene Lebensorientierung (möglicher Weise im Sinne einer Biographisierung ihres Lebens) zu entfalten. *Kindheit* möchten wir als eine gesellschaftliche, häufig in Institutionen – zum Beispiel dem Kinder- und Jugendhilfegesetz – festgeschriebene Konstruktion begreifen, die selbstverständlich historischen Veränderungen unterworfen ist. *Kindsein* bezeichnet die Seinsweise der Kinder, die von ihrer Geburt bis hin zum Jugendalter einen Bildungs-, Entwicklungs- und Sozialisationsprozess durchlaufen. Beide, Kindheit und Kindsein, stehen zueinander in einem Verhältnis wechselseitigen Austauschs.

Überblick über den Abschnitt

In diesem Kapitel thematisieren wir zunächst Kindheit (3.1.1), um dann auf Fragen des Kindseins einzugehen (3.1.2). Am Ende erörtern wir den Zusammenhang von Kindsein und Kindheit als Aufgabe der Erziehungswissenschaft (3.1.3).

3.1.1 Zur Kindheit

Der Kindheit kann man sich in erziehungswissenschaftlicher Absicht aus unterschiedlichen Perspektiven nähern, von denen wir hier drei Perspektiven herausgreifen: die historische, die generationstheoretische sowie die anthropologische Perspektive.

Die historische Perspektive

Geschichtliche Entstehung der Kindheit

Die historische Kindheitsforschung gewann innerhalb der Erziehungswissenschaft mit der Veröffentlichung der „Geschichte der Kindheit" von Philippe Ariès (1990) im Jahre 1960 ihre Dynamik. Zwar bietet dieses Buch keine umfassende Kindheitsgeschichte, doch rekonstruiert Ariès hier den Wandel der Kindheit in den gehobeneren Schichten Frankreichs zwischen dem 15. und 18. Jahrhundert. Sein Werk inspirierte die historische Kindheitsforschung, wie sie in Deutschland etwa von Imke Behnken und Jürgen Zinnecker (vgl. u.a. Behnken/Bois-Reymond/Zinnecker 1989) vorangetrieben wird.

Ariès unterscheidet die emotionale Beziehung zum Kind von der sozialen Anerkennung einer Kindheit (vgl. Ariès 1990, S. 209). Letztere habe es in der mittelalterlichen Gesellschaft in nur geringem Maße gegeben: „Die Dauer der Kindheit war auf das zarteste Kindesalter beschränkt ...; das Kind wurde also, kaum daß es sich physisch zurechtfinden konnte, übergangslos zu den Erwachsenen gezählt, es teilte ihre Arbeit und ihre Spiele" (ebd., S. 46). Erst über die folgenden Jahrhunderte hinweg entwickelte sich eine gesellschaftliche Konstruktion ‚Kindheit', innerhalb derer das Kind über eine längere Lebensstrecke hinweg als pflege- und erziehungsbedürftig angesehen wurden. Damit wurde nicht nur die Familie zum Ort gegenseitiger, emotionaler Wertschätzung (jenseits einer funktionalen, für das Überleben notwendigen Beziehung). Zugleich lernten die Kinder nicht mehr, indem sie an der Arbeit der Erwachsenen unmittelbar teilhatten, sondern wurden in einer eigenen (pädagogischen) Institution, der Schule, auf das Leben als Erwachsener vorbereitet.

Ariès' Studie ist trotz ihrer Popularität hinsichtlich ihrer inhaltlichen Stichhaltigkeit umstritten. So ist eingewandt worden, dass die Kindheit keine bürgerliche Erfindung sei, auch wenn im 18. Jahrhundert mit der „Institutionalisierung der Erziehung" die „Kindheit als eigene kulturelle Größe in deutlicher institutioneller Abgrenzung vom Erwachsenenleben" hervorgetreten sei (Oelkers 1987, S. 199).

Gleichwohl war der methodologische Impetus von Ariés' Studie richtungsweisend: Seine Einsicht in die Geschichtlichkeit von Kindheit „impliziert eine Unterscheidung zwischen dem chronologischen Lebensalter und den psychophysischen Reifungsprozessen einerseits" und „den sozialen Bedeutungen ..., die daran geknüpft sind", andererseits. „So gelesen, schildert Ariès, wie der Unterschied von ‚Kindern' und ‚Erwachsenen' praktiziert und wie er institutionalisiert wird [...] Alterszugehörigkeit erweist sich als soziokulturelles Phänomen und die Kindheit als institutionalisiertes Konstrukt" (Honig 1999, S. 20). Diese methodologische Einsicht bietet Anknüpfungspunkte für eine generationstheoretische Perspektive auf Kinder.

Unterscheidung zwischen Lebensalter und gesellschaftlicher Bedeutung der Kindheit

Die generationstheoretische Perspektive

Michael Sebastian Honig versucht, Kindheit als „generationelle Ordnung" nicht nur zwischen Kindern und Erwachsenen, sondern auch zwischen Kindern und Eltern zu begreifen (vgl. 1999, S. 185). Damit sind zugleich zwei Zeit- und Sozialstrukturen angesprochen: die Entwicklung des Kindes in seinen „mikrosozialen Beziehungen der erfahrbaren sozialen Welt" (ebd., S. 198), etwa der Familie, wie auch die Gesellschaft und der soziale Wandel, den jene durch das Heranwachsen neuer Generationen durchmacht. Innerhalb dieser „generationellen Ordnung" zwischen Kindern und Erwachsenen/Eltern entfalten sich Bildung und Entwicklung als „Sache gelebter Generationenbeziehungen" (ebd., S. 200). Auch wenn Honig mit dem Begriff der „generationellen Ordnung" eine Verknüpfung von Kindsein (d.h. der Bildung und Entwicklung der Kinder) mit der Kindheit als gesellschaftlich institutionalisierter Lebensphase gelingen mag, wird dies mit einem sehr offenen und unpräzisen Generationenbegriff erkauft, der nicht zwischen Familiengenerationen, ökonomischen Generationen und Weltanschauungsgenerationen (vgl. Kohli 1996) zu differenzieren vermag (siehe zum Thema Generation auch Abschnitt 4.3 in diesem Buch).

Kindheit als „generationelle Ordnung"

Die anthropologische Perspektive

<small>Anthropologie der Kindheit</small>

In anthropologischer Sichtweise lässt sich Kindheit zum einen eher historisch analysieren und dabei der Frage nachgehen, wie sich der Stellenwert von Kindheit für das Menschsein über die historische Zeit hinweg verändert hat (vgl. zum Beispiel Lenzen 1985). Zum anderen kann man die anthropologische Fragestellung nach dem Wesen des Menschen mit einer phänomenologischen Betrachtungsweise verknüpfen (vgl. u.a. Langeveld 1956; Lippitz/Rittelmeyer 1989; Lippitz/Meyer-Drawe 1987).

So lässt sich das Kind innerhalb eines Feldes thematisieren, „das immer schon pädagogisch bedingt ist und wo pädagogische Handlungsnormen und -formen Ziel, Ansatzpunkt und Bedingung der entwicklungsfördernden oder -hemmenden Auseinandersetzung des Kindes mit den Erwachsenen darstellen" (Lippitz 1999, S. 242). Das Kind wird hier als „qualitativ und ‚eigensinnig' anders als Erwachsene" und zugleich als Fremder betrachtet (ebd., S. 244). Dabei ist das Kind nicht nur der Erwachsenenwelt (noch) fremd, es befremdet sie zugleich. Es bricht – so die Phänomenologen – in die Ordnung der Erwachsenen ein: „Ungehemmt schreit es seine Bedürfnisse heraus, verletzt es alle Tabus der Sexualität oder überschreitet die Schwellen der Peinlichkeit, wenn es lustvoll mit Schmutz und Dreck spielt" (Lippitz 1995, S. 48). Die Befremdung des Erwachsenen durch das Kind wird noch dadurch potenziert, dass er in dem fremden Kind auch das „vielleicht inzwischen fremd gewordene Kind in ihm" (ebd.) entdeckt. Diese Irritation gehört zur pädagogischen Grunderfahrung und markiert den engen Zusammenhang zwischen Kindheit und Kindsein.

3.1.2 Zum Kindsein

Kindsein kann man in erziehungswissenschaftlicher Absicht unter unterschiedlichen Perspektiven thematisieren, von denen wir hier vier herausgreifen: die entwicklungspsychologische, die sozialisationstheoretische, die sozialkonstruktivistische und die biographische Perspektive.

Die entwicklungspsychologische Perspektive

<small>Psychoanalytisch orientierte Entwicklungspsychologie</small>

Unter den Ansätzen, die der entwicklungspsychologischen Perspektive auf das Kindsein zuzuordnen sind, heben wir die der Psychoanalyse verpflichtete Arbeit von Gerd E. Schäfer (1995) hervor, der das Kindsein als Resultat eines Prozesses der Selbst-Bildung begreift. Schäfer zufolge entfaltet sich die Subjektwerdung des Säuglings zwischen der fürsorglichen Pflege durch die Mutter oder eine andere engste Bezugsperson, die diese Funktion erfüllt, einerseits, und den „inneren Impulsen" (Schäfer 1995, S. 31), die der Säugling zunehmend in sich entdeckt, andererseits. Sie vollendet sich dort, wo das Kind seine inneren Impulse nach Außen tragen und (in Form einer Sprache) symbolisieren kann (vgl. ebd., S. 31f.). Schäfer sieht diesen frühen Selbst-Bildungsprozess als Grundlage aller weiteren Formen von Bildung und Lernen an.

Folgt man Schäfer, so erlebt der Säugling sich nach seiner Geburt weder in körperlicher noch in geistiger Hinsicht als ein einzelnes Subjekt, sondern als „Ensemble von Körperteilen" mit einer „Vielfalt von Zentren des Lust-Unlust-Erlebens" (ebd., S. 39). Erst durch das fürsorgliche Halten durch die Mutter bzw. die engste Bezugsperson, die den Säugling gerade dort schützt, wo er durch Umwelteinflüsse über seine eigenen Kompetenzen hinaus belastet wird, erlebt er sich als integriertes Subjekt in Abgrenzung von der Umwelt (vgl. ebd., S. 40).

Zunächst ist dem Säugling das Gehaltenwerden und die Fürsorge der engsten Bezugsperson allerdings noch nicht bewusst. In jenem Moment aber, wo ihm diese Fürsorge für kurze Dauer entzogen wird und er schreit, erhält er ein Bewusstsein dieser Abhängigkeit von der engsten Bezugsperson (vgl. ebd., S. 43).

Hier entfaltet nun der zweite Moment der Subjektwerdung, der innere Impuls, seine Wirkung: Wurde der Säugling in seinen ersten Lebensmonaten noch vor den (z.T. zerstörerischen) Wirkungen seines „inneren, spontanen Impulses" (ebd., S. 46) in den Armen der Mutter geschützt (z.B. bei Wutanfällen), so eröffnet sich diesen spontanen Impulsen (psychoanalytisch: das „Es") später ein Raum. Dies geschieht dort, wo die engste Bezugsperson nicht unmittelbar die noch nicht artikulierten Wollungen des Säuglings antizipiert und vorsorglich befriedigt, sondern „Lücken im Geschehensverlauf" (ebd., S. 50) zulässt, in denen der Säugling nach Möglichkeiten der Realisierung seiner inneren Impulse in der äußeren Umwelt suchen (z.B. die Brust zum Stillen erst finden) muss.

Hier nun wird der Säugling eigener Wünsche und des Unterschiedes zwischen sich und seiner Umwelt gewahr, die Subjektwerdung gewinnt an Dynamik. Sie benötigt aber einen Bereich, der zwischen den inneren Wünschen und der äußeren Realität, zwischen Ich und Umwelt vermittelt und als „intermediärer Bereich" (Winnicott) eine eigene, symbolische Wirklichkeit schafft (vgl. ebd., S. 52). Hierin liegt die hohe Bedeutung von sog. „Übergangsobjekten" (Winnicott), aber auch von Phantasien, Spielen und gestalterischer Tätigkeit für den kindlichen Bildungsprozess.

Auch wenn Schäfer diesen kindlichen Prozess der Selbstbildung noch weiter analysiert (insbesondere geht er auf die Bedeutung des Vaters ein), können wir ihn nicht in Gänze darstellen. Vielmehr gehen wir zuerst auf eine Kritik an Schäfers Thesen ein, die innerhalb der entwicklungspsychologischen Perspektive geäußert wurde, um ihn dann mit dem Ansatz der Sozialisationstheorie zu kontrastieren.

Schäfers Ansatz unterliegt insgesamt die Annahme, der Säugling könne in seinen ersten Monaten noch nicht zwischen Selbst und Objekt trennen und lebe in einer Symbiose mit seiner engsten Bezugsperson bzw. der Mutter, aus der er sich dann im Zuge des Bildungsprozesses befreie. Gegen diese Annahme wurde, ebenfalls aus psychoanalytisch-entwicklungspsychologischer Perspektive, eingewandt, dass „ein einheitliches Selbstempfinden und eine einheitliche Objektwahrnehmung schon im ersten Lebenshalbjahr existieren" (Dornes 1997, S. 97). Dieses präreflexive „Selbstempfinden" sei allerdings nicht mit einem „reflexiven Ich-Bewußtsein" zu verwechseln, welches sich erst im Alter von 18 Monaten entfaltet (ebd., S. 101) – also zu jenem Zeitpunkt, an dem nach Schäfer auch der frühe Bildungsprozess abgeschlossen ist. Dornes Kritik wird durch empirische Beobachtungen von D. Stern an Säuglingen untermauert, die z.B. unterscheiden

Frühkindliche Bildungsprozesse

Kritik der entwicklungspsychologischen Perspektive

können, ob sie selbst oder eine andere Person Urheber von Handlungen ist. Obgleich es also schon mit der Geburt ein Selbstempfinden des Säuglings gibt, kommt es bei ihm aber auch zu „Gemeinsamkeitserlebnissen" mit der engsten Bezugsperson. Empirisch sei, so Dornes, noch unklar, ob diese nichtsymbolischen „Gemeinsamkeitserlebnisse" zunächst dominieren oder gleichgewichtig mit dem Selbstempfinden sind (vgl. Dornes 1997, S. 104).

Die sozialisationstheoretische Perspektive

Während in diesen psychoanalytisch orientierten entwicklungspsychologischen Ansätzen (Schäfer, Dornes) der Bildungsprozess des Kindes vornehmlich aus seiner Interaktion mit den Eltern erklärt und hernach das Kind vor allem als individuelles thematisiert wird, lässt sich hiervon die sozialisationstheoretische Perspektive auf das Kindsein abgrenzen, zu deren wichtigsten Vertretern William Damon (1990) und James Youniss gehören.

Bedeutung der Gleichaltrigen

Youniss (1980 u. 1994) unterscheidet, anknüpfend an Jean Piaget (1986) und Edmund Sullivan, zwischen der Eltern-Kind-Beziehung und den sozialen Beziehungen des Kindes mit seinen Gleichaltrigen. Diese Differenz erhält in jenem Moment Bedeutung, zu dem ein Kind bewusst erkennt, dass seine Gedanken anders sind als die der anderen. Nach Piaget (vgl. 1986, S. 67) versucht das Kind nun, die Interaktionsregeln dieser Gedanken zu verstehen. In der Eltern-Kind-Beziehung werden solche Interaktionsregeln ihm von den Eltern mit Macht und Autorität auferlegt (vgl. Youniss 1994, S. 18); das Kind fügt sich ihnen, kann sie aber nicht eigentlich verstehen, da es eher Objekt denn Partner dieser Interaktion ist. Die Beziehung zu den Eltern beruht insofern (noch) nicht auf einer Wechselseitigkeit.

Die Bedeutung von Gleichaltrigen liegt in der Möglichkeit einer wechselseitigen Beziehung, innerhalb derer Interaktionsregeln verstanden und gelernt werden können. Denn unter den peers werden die Interaktionsregeln gemeinsam produziert bzw., wie Youniss es nennt, „ko-konstruiert" (ebd., S. 35): „Wechselseitigkeit wird zuerst praktiziert, dann in Prinzipien umgesetzt und schließlich wieder in die soziale Praxis übertragen. [...] Gleichaltrige entwickeln gemeinsam die Perspektiven, die sie miteinander teilen. Wenn sie sich in die Perspektive des anderen hineinversetzen, übernehmen sie damit eine Perspektive, die sie und der andere konstruiert haben" (ebd.). Dass diese Gegenüberstellung von autoritären Eltern-Kind-Beziehungen und Beziehungen unter Gleichaltrigen, wie sie Youniss betont, in ihrer Schärfe nicht aufrecht zu halten ist, werden wir weiter unten zeigen.

Das Lernen von Interaktionsregeln unter Gleichaltrigen vollzieht sich, wie Youniss in einer empirischen Studie nachweist, zwischen dem 6. und 14. Lebensjahr. Während die Jüngeren noch auf die praktische Einhaltung isolierter Interaktionsregeln achten, sehen die Älteren diese Regeln schon als Prinzipien in einem Gesamtsystem der Freundschaft. Später entsteht hier auch die Vorstellung von einer Beziehung zwischen individuellen Persönlichkeiten (vgl. ebd., S. 25f.).

Symmetrische und kooperative Reziprozität

Youniss bezeichnet die hier entstehende Wechselseitigkeit der Perspektiven als Reziprozität und unterscheidet die symmetrische Reziprozität der Jüngeren von der kooperativen Reziprozität der älteren Kinder: Im Alter von 6 bis 8 Jahren sei „Freundschaft auf Praktiken im Hier-und-Jetzt bezogen" (1984, S. 51).

Jede Handlung des einen Kindes wird vom anderen im Guten wie Bösen unmittelbar vergolten. „Die Elemente dieser Transaktionen sind auf beiden Seiten genau bestimmt, so daß jeder Tauschakt in sich abgeschlossen ist, ohne sich noch in die Zukunft zu erstrecken" (ebd.). Die Kinder merken jedoch, dass eine solche symmetrische Reziprozität die Beziehung sehr schnell zu einem Ende führen kann. Hier entsteht der Keim der „kooperativen Reziprozität", wie sie bei den Älteren zu beobachten ist. Jene ist zwar auf „Gleichwertiges, aber nicht notwendigerweise Gleiches" bezogen (ebd., S. 52), sodass jedes einzelne Kind auch seine (temporären) Schwächen und Stärken in die Beziehung einbringen bzw. in dieser erst entdecken kann. Hier entsteht in der Freundschaft eine Moral, mit der der Kreis der Gleichaltrigen eine „sich eine wechselseitig befriedigende und gleichwohl Individualität sichernde Form der Gemeinschaft" (ebd., S. 55f.) findet.

Youniss' Arbeit ist für die sozialisationstheoretische Perspektive von hoher Bedeutung, so dass sie zum Referenzpunkt vieler empirischer Forschungen wurde. Lothar Krappmann und Hans Oswald (1995) etwa gelang es in ihrer qualitativen Studie zum „Alltag der Schulkinder", Youniss' Theorie empirisch weiter zu führen. Insbesondere konnten sie zeigen, dass Youniss' an Piaget orientierte These, die Aushandlungen unter Gleichaltrigen seien in jedem Fall förderlich für das Erlernen von Interaktionsregeln und Perspektivenübernahme, zu differenzieren ist: Nur unter den (besten) Freunden kommt es überhaupt zu einem offenen Aushandlungsprozess, während unter Kindern, die einander nicht schon vertraut sind, solche gelungenen Aushandlungen kaum zu beobachten sind (vgl. Krappmann/Oswald 1995, S. 103f.). *Qualitative Studie zum Alltag von Kindern in der Schule*

Entwicklungspsychologische und sozialisationstheoretische Arbeiten, wie sie hier anhand von Schäfer und Youniss beispielhaft vorgestellt wurden, vermitteln dem Erwachsenen und dem Pädagogen eine sehr plausible Vorstellung vom Gelingen des Aufwachsens. Doch leiden derlei Ansätze oft unter dem Problem einer ihnen unterliegenden Normativität, die sie häufig mit den erwachsenen PädagogInnen, ihren RezipientInnen, teilen. Denn sie gehen – mit Ausnahme der qualitativen Studie von Krappmann/Oswald (1995) – nicht nur (mehr oder weniger implizit) von bestimmten Entwicklungs- oder Sozialisationsschritten aus, die zu einem bestimmten Alter gemacht werden müssen, sie sehen Kinder zudem vornehmlich als „zukünftige Erwachsene", nicht aber als „Personen aus eigenem Recht" an (Honig 1999, S. 79). Diese Sichtweise auf das Kind wurde schon früh in der Pädagogik kritisiert, da sie Wachstum als eine „Bewegung hin zu einem festgelegten Ziel" auffasse, das sich im Erwachsenen verkörpere (Dewey 1985, S. 55). Demgegenüber wurde vorgeschlagen, Wachstum selbst als das Ziel zu sehen; dies bedeute, jede Phase des Lebens „unabhängig vom Alter" für sich zu betrachten und die ihr je inhärenten Entfaltungs- und Wachstumsmöglichkeiten zu nutzen (vgl. ebd., S. 56). In der modernen empirischen Forschung zum Kinde ist mit diesem Ansatz u.a. die sozialkonstruktivistische Sichtweise verbunden. *Normativität entwicklungspsychologischer und sozialisationstheoretischer Ansätze*

Die sozialkonstruktivistische Perspektive

<small>Erforschung von Kinderkulturen</small>

Versteht man Kindheit und Kindsein als soziales Konstrukt, so sind die „sozialen Beziehungen und Kulturen von Kindern es aus eigenem Recht wert, erforscht zu werden, unabhängig von der Perspektive und den Interessen der Erwachsenen" (Proust/James 1990, S. 8). Für diese Forschung wird die qualitative Richtung bzw. die Ethnographie als geeignet angesehen (vgl. ebd.), mit der nicht nach einer Persönlichkeitsentwicklung oder Graden der Einsozialisation in die Gesellschaft, sondern danach gefragt werden kann, „wie Kinder im Handeln soziale Realität miteinander *konkret* herstellen. Der Blick auf die Praktiken bedeutet ..., nicht das Ziel der Entwicklung im Rahmen von Sozialisationsprozessen immer schon vorauszusetzen ... Stattdessen rücken die alltagskulturellen Bedeutungen der Praktiken für die Kinder *selbst* in den Vordergrund" (Kelle/Breidenstein 1996, S. 51).

<small>Aufschwung empirischer Forschung zu Kindsein/Kindheit</small>

Die empirische Erforschung von Kindheit und Kindsein hat in den 1990er Jahren einen großen Aufschwung erlebt. Dieser schlägt sich einerseits in mehreren Publikationen zur Methodik (vgl. Heinzel 2000a) und Methodologie (vgl. Honig et al. 1999a) der Kindheitsforschung (vgl. Markefka/Nauck 1993) nieder. Andererseits findet sich eine Vielzahl empirischer Untersuchungen, die zwei Ziele verfolgen: „Kinder kennenzulernen, indem man sie beobachtet und zu Wort kommen läßt, und die Kindheit als einen symbolischen und sozialstrukturellen Kontext des Kinderlebens zu analysieren" (Honig et al. 1999b, S. 13).

Zum Kindsein und zur Kindheit gehört vor allem das Spielen, das zugleich ein vielfach erforschtes Gebiet der Erziehungswissenschaft darstellt (vgl. u.a. Scheuerl 1973 u. 1975). Kinderspiele haben nicht nur eine hohe Bedeutung für den Bildungsprozess kleiner Kinder, in ihren Spielen bringen Kinder auch eine gemeinsame Wirklichkeit im Sinne einer Kinderkultur hervor.

<small>Qualitative Studie zum Kinderspiel</small>

Derartige „Spielgemeinschaften" von 4-9jährigen stehen im Zentrum einer empirisch-rekonstruktiven Studie von Iris Nentwig-Gesemann und ihren Studentinnen (vgl. Nentwig-Gesemann 2002 u. Nentwig-Gesemann/Klar 2002). Konventionelle Verfahren der empirischen Forschung, die die Kinder dazu verpflichten, über ihre Spielpraxis zu erzählen, stoßen bei solch jungen Untersuchungspersonen schnell an Grenzen, da die Kinder lieber performativ darstellen, wie sie ihre Spiele spielen. So beobachtete Nentwig-Gesemann, dass während der von ihr geführten Gruppendiskussionen (vgl. auch Heinzel 2000b) spontan „Mädchen begannen bspw. gemeinsam zu singen und zu tanzen" (Nentwig-Gesemann 2002, S. 47), sodass sie später die Kinder explizit dazu aufforderte, ihre Spiele während der Erhebung zu spielen, und diese dann videographierte. Hier zeigt sich, dass die empirische Erforschung von (Klein-)Kindern „die Grenzen der sozialen Welt sprach- und handlungsfähiger Akteure [im Sinne von Erwachsenen; d. A.] überschreiten" (Honig 1999, S. 80) muss.

Während den Kindern stets viele Varianten eines Spiels (z.B. des zur Zeit der Erhebung sehr beliebten Pokémon) geläufig waren, gab es in der Untersuchung von Nentwig-Gesemann auch solche „Situationen, in denen sich die Kinder ganz ihrer habitualisierten Spielpraxis hingaben, ohne sich noch zu einer (auch verbal erläuternden) verständlichen Vermittlung an uns [Forscherinnen; d. A.] verpflichtet zu fühlen: Sie spielten ihren Wettstreit mit Pokémon-Karten aus, sie sangen und tanzten, ohne uns damit explizit etwas Bestimmtes erklären zu wollen" (Nentwig-Gesemann 2002, S. 54). Solchen Momenten wurde in der Forschung besondere Aufmerksamkeit geschenkt.

Unter den vielen Spielvarianten ließen sich drei verschiedene Strukturen identifizieren: Erstens die von der Kulturindustrie vorgefertigten Regeln, wie sie bei „Pokémon" etwa auf die Karten geschrieben sind: „In jeder Spielrunde innerhalb dieses Spiels wurde von jedem Mitspieler eine Karte auf den Tisch gelegt und mit den möglichen ‚Attacken' der auf der Karte abgebildeten Pokémon-Figur gegen die anderen Figuren bzw. Karten ‚gekämpft'. Die jeweils stärkste Karte in jeder Runde wurde von dem Spieler, der sie eingesetzt hatte, wieder auf die Hand genommen, die anderen Karten wurden aussortiert" (Nentwig-Gesemann/Klar 2002, S. 140). Zweitens entfalten die Kinder probehaft und spontan Spielvarianten, „deren Regeln noch nicht zu den gesicherten Wissensbeständen einer Spielgruppe gehören" (ebd., S. 139). So stellen sich in der „Werfen" genannten Variante „zwei Kinder an einer imaginierten Linie auf und werfen je eine Pokémon-Karte so weit sie können nach vorne. Das Kind, das weiter geworfen hat, gewinnt die des Mitspielers" (ebd., S. 155). Drittens zeigt sich, dass gerade die probehaft entfalteten Spielvarianten zugleich „tief in der Kinderkultur bzw. der Kultur des Spielens verwurzelt" (ebd., S. 139) sind, welche von den Kindern aber nicht expliziert werden. Zum Beispiel erinnert das „Werfen" an solch alte Spiele wie das „Kirschkernspucken". Oder die an die Wand gestellten „Pokémon"-Karten werden mit den zuvor in der Mode gewesenen „Gogos" umgeworfen, die selbst wiederum auf Wurfspiele mit Schafsknöcheln zurückgehen (vgl. dazu Tervooren 2001). Hierin zeigt sich eine „Tradierung von praktischem Wissen innerhalb der Kinderkultur, eines Wissens darüber, wie man Spiele spielen kann – und zwar relativ unabhängig vom gerade verfügbaren bzw. am meisten ‚angesagten' Material" (Nentwig-Gesemann 2002, S. 58).

Die Tradierung von Wissen erscheint in etwas anderem Licht, wenn man Kinderkulturen nicht so sehr in ihrer Alters-, sondern vor allem in ihrer Generationszugehörigkeit untersucht und dabei sich auf den Bereich der (neuen) Medien konzentriert. Im Bereich ‚alter' Medien wie dem Fernsehen wird den Kindern erstes Wissen vornehmlich über die Familie vermittelt; sie machen ihre ersten Fernseherfahrungen im Rahmen der Familie, womit auch „das Gemeinsame der Familie gefestigt" wird, während es in der Jugend zu Abgrenzungsversuchen von der Familie kommt, wie Sander (2001, S. 260) in einer qualitativen Studie zeigt. Doch nur dort, wo die Generation der Eltern und diejenige der Kinder über eine vergleichbare Vertrautheit mit den Medien verfügen, kann Wissen innerfamilial tradiert werden. Computerspiele, die der heutigen Elterngeneration nicht bereits aus ihrer Sozialisation vertraut sind (vgl. Schäffer 2003), lernen die Kinder demgegenüber im Kontext der Gleichaltrigen (Fromme/Meder/Vollmer 2000, S. 63; Fromme 2002, S. 75 u. Bühl 2000; vgl. ähnlich auch schon Lenhart 1994, S. 248), in deren generationsspezifischen Kinderkultur der Computer zum selbstverständlichen Wissen gehört.

<aside>Vorgefertigte, spontan gefundene und habitualisierte Regeln im Spiel</aside>

<aside>Qualitative Studie zu Kinderkultur und Mediengenerationen</aside>

Die biographische Perspektive

Lebensgeschichten von Kindern

Während der sozialkonstruktivistische Ansatz also vor allem Kinderkulturen in den Blick bekommt, geht es der eng mit ihm verknüpften biographischen Perspektive auf Kinder um deren lebensgeschichtliche Selbstthematisierungen (vgl. Behnken/Zinnecker 2001). Neben Forschungsarbeiten, die in historischer, gesellschaftstheoretischer oder ethnologischer Perspektive Erwachsene im Rahmen biographischer Interviews nach ihrer Kindheit befragen, ist hier vor allem jene Art von Forschungsarbeiten hervorzuheben, die „Kinder im Schulalter selber nach ihrer Lebensgeschichte fragt, um auf dieser Basis aktuelle Veränderungsprozesse der kindlichen Normalbiographie untersuchen zu können" (Grunert/Krüger 1999, S. 228). Es geht hier also um Biographie als Teil des Kindseins und weniger um Kindheit als Teil der Biographie.

Kompetenzen biographischer Reflexion

Seine eigene Biographie zu erzählen, stellt allerdings hohe Voraussetzungen an Kinder, geht es hier doch darum, sich als Individuum mit einer eigenen Vergangenheit, Gegenwart und Zukunft zu begreifen. Heinz-Hermann Krüger, Jutta Ecarius, Cathleen Grunert und Dirk Michelmann (1994) untersuchen denn auch in ihrer Studie über zwölfjährige Kinder in Ostdeutschland vornehmlich die Frage, in welchem Maße Kinder ihr Leben biographisch reflektieren und zu einer „individuierten Verselbständigung" (ebd., S. 221) gekommen sind, also zum Beispiel ihren Kleidungsstil, ihre Freizeit oder ihre Schullaufbahn selbständig gestalten. Davon, dass diese die dazu notwendigen kognitiven und sprachlichen Fähigkeiten bereits entwickelt haben, gehen Krüger et al. im Anschluss an Piaget aus. Offen bleibt aber, ob sie in das lebensgeschichtliche Erzählen eingeübt sind, gibt es doch für ein Kind dieses Alters kaum Anlässe hierzu (vgl. ebd., S. 226f.).

Fortgeschrittene Biographisierung im Typus „hochmoderner Verselbständigung"

Am fortgeschrittensten erscheint die Biographisierung im ersten der fünf Typen, die die ForscherInnen in der Auswertung ihrer Daten gebildet haben. Exemplarisch wird dieser erste Typus anhand eines Punks deutlich, der in seinem jungen Alter bereits mehrfach von Zuhause ausgerissen und in die Berliner Szene eingetaucht ist. Denn dieser Junge antizipiert etwa auch seine biographische Zeit nach der Punk-Szene, wenn er sagt: „irgendwann werd' ich dann aufhören mit der Szene und so, sowas, das kann man ja nicht das ganze Leben durchmachen irgendwie" (zit. n. ebd., S. 233). Dieser Typus der „hochmodernen Verselbständigung" (ebd.) wie auch der zweite Typus, jener der „modernen Verselbständigung", zeichnen sich durch einen relativ hohen Grad an biographischer Reflexion, Unabhängigkeit von der Familie und eigenständiger Lebensgestaltung aus. So auch ein Mädchen, das, obgleich es seine Familie sehr schätzt und jedes Wochenende mit ihr verbringt, unter der Woche in alltagspraktischen Dingen ihr Leben weitgehend selbständig gestaltet und auch bereits eigene biographische Pläne hat (vgl. ebd., S. 240ff.).

Weitere Typen der Lebensgeschichten von Kindern

Am häufigsten finden sich, so Krüger et al. (1994, S. 258), jedoch der dritte und vierte Typus der „partiellen" und der fünfte Typus der „traditionalen Verselbständigung".[3] Dieser fünfte Typus zeichnet sich durch eine enge Bindung an

---

3 Es muss gefragt werden, inwieweit solche Angaben zur Häufigkeitsverteilung der Typen angesichts der bei qualitativer Forschung üblichen geringen Fallzahl sinnvoll sind. Statt solcher Anleihen an eine quantitative Logik wäre es interessant gewesen, das empirische

die institutionellen Stationen der Kindheit (Krippe, Kindertagesstätte, Schule) sowie an die Familie aus. Eine „Selbstreflexion biographischer Ereignisse" (ebd., S. 257) erfolgt demgegenüber kaum. Besonders interessant sind in diesem Zusammenhang der dritte und vierte Typus „partieller Verselbständigung", unterscheiden sich diese doch nach der sozialen Herkunft der jeweiligen Kinder. Während bei Kindern aus akademischen Familien sich die Verselbständigung vornehmlich in einer „hohen biographischen Reflexionskompetenz" (ebd., S. 246) manifestiert, sind die Kinder aus dem Arbeitermilieu – unter anderem aufgrund der geringen Versorgungsleistungen ihrer Eltern – in praktischer Hinsicht verselbständigt. Sie gestalten ihre Freizeit vornehmlich auf der Straße (vgl. ebd., S. 249ff.).

Diese fünf Typen der Verselbständigung von Kindern lassen sich nicht nur in Ost-, sondern auch in Westdeutschland und den Niederlanden zeigen, wo ähnliche Forschungen durchgeführt wurden. Eine frühe individuierte Verselbständigung und Biographisierung finden Krüger et al. allerdings auch dort kaum öfter (Westdeutschland) oder in noch geringerem Maße (Niederlande). Ein „hochmoderner beschleunigter Weg in eine lange Jugendphase", zu diesem Schluss kommen sie, ist „eher die Ausnahme" (ebd., S. 270).

Es zeigt sich also in dieser Studie, dass auch in der Wissensgesellschaft sich Kindheit als gesellschaftlich institutionalisierte Phase nicht auflöst. Kinder bleiben hier gerade insofern Kinder, als sie sich noch nicht in der Gesellschaft positionieren und noch keine eigene Lebensorientierung im Sinne einer Biographisierung ihres Lebens entfalten. Zugleich können Krüger et al. mit dem Typus der „hochmodernen Verselbständigung" zeigen, dass es in der zeitgenössischen Gesellschaft dennoch prinzipiell möglich wird, schon im Kindesalter individuierte biographische Orientierungen zu entwickeln. An dieser Stelle beginnen sich Kindheit und Kindsein in der Wissensgesellschaft zu wandeln.

Stabilität von Kindheit als gesellschaftlich institutionalisierter Phase

3.1.3 Der Zusammenhang von Kindsein und Kindheit als Aufgabe der Erziehungswissenschaft

Für die erziehungswissenschaftliche Forschung wird es in Zukunft darauf ankommen, Kindsein und Kindheit in ihrem Zusammenhang zu thematisieren und auf diese Weise „Trennungen in eine akteursbezogene und eine strukturbezogene Forschung zu überwinden" (Krüger/Grunert 2002, S. 30). Denn für die Erziehungswissenschaft als wissenschaftliche Reflexionsinstanz pädagogischer Praxis ist es von Bedeutung, den Wechselwirkungen von Kindsein und Kindheit im Leben der Kinder wie auch im gesellschaftlichen Umgang mit ihnen stets Beachtung zu schenken.

Material mehr nach den sozialen Hintergründen dieses oder jenes Typus zu befragen – in dieser Hinsicht beziehen sich die Forschenden nämlich lediglich auf Sekundärliteratur.

3.2 Jugend

Eine eigene Jugend- oder Adoleszenzphase hat es nicht immer und überall gegeben, und nicht immer und überall wurde dieser (in der Gesellschaft wie der erziehungswissenschaftlichen Theorie) ein Eigenwert zugestanden. Ebenso wie die Kindheit ist auch die Jugend erst in der modernen Gesellschaft, u.a. im Zuge der Einführung und Ausdehnung der Schulpflicht, entstanden. Der Lebensabschnitt „Jugend" unterliegt insofern historischer und kultureller Kontingenz (vgl. Fend 1988), sodass von einem „heterogenen Gebilde Jugend" (Oswald 2000, S. 388) gesprochen werden muss, das hohe Anforderungen an die Theorie und Empirie stellt.

Merkmale der Jugendphase

Begreift man Jugend als heterogene und kontingente Lebensphase, so verbietet es sich, sie mit Hinweis auf ein bestimmtes Lebensalter absolut zu definieren. Relational indes kann sie zwischen Kindheit und Erwachsenenalter verortet werden. Inhaltlich zeichnet sie sich dadurch aus, dass Menschen in ihr nach Lebensorientierungen suchen, sich in der Gesellschaft zu positionieren trachten und beginnen, sich biographisch selbst zu thematisieren. Dabei wird ihnen von der Gesellschaft ein Raum zugestanden, in dem sie experimentieren und mit ihrem probehaften Handeln Risiken eingehen können, ohne dass dies in vollem Maße Konsequenzen nach sich ziehen würde.

Überblick über den Abschnitt

In diesem Abschnitt gehen wir zunächst auf die historische Entwicklung der Jugendforschung ein (3.2.1), um dann an den Stand der theoretischen Konzeptualisierung von Jugend in der heutigen Gesellschaft anzuknüpfen (3.2.2). Schließlich stellen wir exemplarisch drei qualitativ-empirische Studien zu Jugendlichen vor (3.2.3) und gehen auf den Zusammenhang von Jugend und neuen Medien (3.2.4) ein.

3.2.1 Zur historischen Entwicklung der Jugendforschung

„Psychologie des Jugendalters"

Schon früh haben Pädagogen über Jugend nachgedacht, stellt sie doch ein wichtiges Klientel pädagogischer Bemühungen dar. So verstand Eduard Spranger (1882-1963) in seiner 1924 erstmals erschienenen „Psychologie des Jugendalters" (1949) Verhaltensprobleme Jugendlicher als phasenspezifische Entwicklungsschwierigkeiten, auf die das pädagogische Handeln in Familie und Schule einzugehen habe. Jugendliche wurden von ihm vornehmlich als ‚Noch-nicht-Erwachsene' betrachtet, denen eine gewisse Toleranz entgegen zu bringen sei, ohne dass man ihre Äußerungsformen und Kulturen ernst nehmen müsse. Den pädagogischen Institutionen fiel demzufolge die Aufgabe zu, die Heranwachsenden (Adoleszenten) in die Traditionen der Erwachsenenkultur einzuführen. Für die Beziehungspflege der Jugendlichen untereinander legte Spranger großen Wert auf die Gestaltung eines jugendspezifischen Handlungsraumes (Jugendclubs u.ä.).

Biographisch orientierte Jugendforschung

Überwiegt bei Spranger die theoretisch-normative Frage danach, wie Pädagogen mit Jugendlichen umgehen sollen, so untersucht die Psychologin Charlotte Bühler (1893-1974) die Jugendphase zunächst empirisch und schließt hieran ihre theoretischen und normativen Überlegungen an. Bühler ist mit ihren Tagebuchanalysen (vgl. u.a. Bühler 1925 u. 1932) zu einer Vorreiterin der biographisch orientierten qualitativen Jugendforschung geworden (vgl. Baacke/Sander 1999, S. 244 u. Krüger 1999, S. 15).

In ihrem Hauptwerk, „Das Seelenleben des Jugendlichen", unterscheidet Bühler das biologische „Gesetz der Pubertätsentwicklung" von den psychischen und sozialen „Formen, in denen es sich verwirklicht zeigt" (1967, S. 11), wobei ihr Hauptaugenmerk den letzteren gilt. Neben den Themenbereichen Intellekt, Ethik, Religion und Weltanschauung, Kunst- und Literaturverständnis sowie Beruf rekonstruiert sie aus den Tagebüchern von Jugendlichen „vier deutlich von einander verschiedene Erlebnisformen" in der Sexualentwicklung (ebd., S. 64), die nicht aufeinander folgen, sondern zwei „Entwicklungsreihen" bilden: Die „Entwicklungsreihen der Reihe I sind Schwärmerei und enge Beziehungen ohne sexuelles Akterlebnis; die der Reihe II Flirt und sexuelle Erlebnisse, die Vollreife aber ist erst erreicht, wenn beide Reihen zusammenstoßen und so Erlebnisformen neuer Art schaffen, die durchaus verschieden sind von allen vorhergehenden und im wesentlichen auf der Fähigkeit des Individuums zu völliger und verantwortungsbewußter seelischer und körperlicher Bindung an einen Menschen anderen Geschlechtes bestehen" (ebd., S. 65). Dieses Stadium wird erst in der Adoleszenz, also nach der Pubertät erreicht.

Erlebnisformen der Sexualentwicklung

Während die Schwärmerei, wie Bühler anhand der Tagebucheintragungen zeigt, unabhängig von der Reaktion des Gegenübers vonstatten geht, ist der Flirt auf die (positive) Reaktion der/des Partners/in, d.h. auf seine Bereitschaft zur sexuellen Beziehung, angewiesen (vgl. ebd., S. 172ff.). Die „Jugendliebe" ist, wie Bühler konzediert, erst in der modernen Gesellschaft möglich geworden (vgl. ebd., S. 179). Nach Ansicht von Bühler verläuft sie dort „erfolgreich", wo sie nicht den „sexuellen Akt" einschließt, denn dadurch würde die Beziehung eine Ernsthaftigkeit erlangen, die die beiden Beteiligten nicht ertragen, denn die Jugendlichen hatten nur „unter der Perspektive des Spiels, der unverantwortlichen Gemeinschaft zueinander gepaßt" (ebd., S. 182). Dass sich hier unter die theoretischen Überlegungen auch Wertungen der Forscherin (wie auch der historischen Zeit, in der sie dies schrieb) mischen, die uns heute nicht mehr plausibel erscheinen, wird im letzten Satz besonders deutlich. Gleichwohl stellen die Studien von Charlotte Bühler eine der ersten theoretisch gehaltvollen und empirisch gegründeten Jugendforschungen dar.

Ebenfalls in den 1920er Jahren entfaltete sich eine soziologisch orientierte Jugendforschung. Hierin deutet sich schon an, dass die Jugendforschung in vielen Wissenschaftsdisziplinen betrieben wird. Dies erweist sich dort von Vorteil, wo es – wie es in der Jugendforschung der Fall ist – einen regen Austausch zwischen den Disziplinen, also eine Interdisziplinarität der Jugendforschung gibt.

Soziologische Jugendforschung

Die soziologische Jugendforschung ist u.a. mit dem Namen des Chicagoer Soziologen Frederic M. Thrasher verbunden. In seiner 1927 erstmals erschienenen Studie zu (männlichen) Arbeiterjugendlichen bezeichnet er deren Cliquen und Gangs als „Zwischenlagerungsphänomene", die nicht nur in den Zwischenräumen der Gesellschaft, ihren Hinterhöfen, Industriebrachen und Parks angesiedelt sind, sondern auch in der zeitlichen Phase zwischen Kindheit und Erwachsenenwelt (vgl. Thrasher 1963, S. 20ff.). Damit wendet Thrasher seinen

85

(insofern typisch soziologischen) Blick von den Individuen ab und den Gleichaltrigengruppen (peer groups) zu, in denen Jugendliche die Adoleszenz verbringen. Deren Instabilität ist eng verknüpft mit dem Umstand, dass Jugendliche einen tiefgreifenden, krisenhaften Wandel auf dem Weg von der Herkunftsfamilie zur Welt der Erwachsenen durchmachen.

Psychoanalytische Jugendforschung

In eher psychoanalytischer Sichtweise und stärker bezogen auf Jugendliche bürgerlichen Hintergrundes hat Erik Erikson (1970, S. 159ff.) diese Adoleszenzphase als „psychosoziales Moratorium" begriffen: Trotz körperlicher Reife wird der Jugendliche in dieser Phase des Aufschubs von den sozialen Verpflichtungen des Erwachsenen entbunden und ihm so ein Spielraum gegeben, in dem er „durch freies Experimentieren mit Rollen einen passenden Platz in irgendeinem Ausschnitt seiner Gesellschaft finden sollte" (ebd., S. 160). Schon Erikson wies darauf hin, dass dieses Ausprobieren zukünftiger Lebensorientierungen mit Risiken behaftet sein und sich auch in einer erhöhten Jugendkriminalität manifestieren kann.

3.2.2 Zur Konzeptualisierung von Jugend in der zeitgenössischen Gesellschaft

Jugend als Phase oder als Konstrukt

Gegen Ende des zwanzigsten Jahrhunderts geriet die Annahme einer stabilen Struktur der Jugendphase, wie sie noch in den oben referierten Ansätzen deutlich wurde, in die Kritik; man sprach nun von einer „individualisierten Jugendbiographie" (Fuchs 1983), die die Statuspassage Jugend überlagere. Auch einer der Leiter der Shell-Jugendstudien (vgl. Jugendwerk der Deutschen Shell 1997 u. 2000), Richard Münchmeier, betrachtet Jugend nur mehr als Konstrukt, und fasst diese Debatte um die Auflösung der Jugendphase folgendermaßen zusammen (1998, S. 106): „Verliert Jugend ihre einheitliche Struktur ..., dann zerfällt die einheitliche kollektive Statuspassage Jugend in plurale Verlaufsformen und Zeitstrukturen (relativ kurze Übergangsphase bei der Arbeiterjugend – relativ lange ‚postadoleszente' Lebensformen bei der ‚Bildungsjugend', Unterschiede zwischen Geschlechtern, Sozialräumen, Ethnien); es entwickeln sich gleichsam mehrere ‚Jugenden', die sich voneinander so stark unterscheiden, daß sie nicht mehr in einem Modell zusammengefaßt werden können."

Die Jugendforschung hat auf diese Infragestellung ihres Gegenstandes auf zweierlei Weise reagiert: Zum einen hat sie ihre Hoffnungen in die empirische Forschung über Jugendliche gelegt (siehe Abschnitt 3.2.3) und zum anderen ihr theoretisches Modell von Jugend differenziert.

Jugend als Übergangs- oder Bildungsmoratorium

Eine zentrale theoretische Differenzierung der Jugendphase stammt von dem Erziehungswissenschaftler Jürgen Zinnecker (1991a u. b): Er unterscheidet zwischen Jugend als „Übergangsmoratorium" und Jugend als „Bildungsmoratorium". Dabei grenzt er seinen Begriff des Moratoriums von demjenigen Eriksons (s.o.) ab, insofern er weniger die psychosoziale Verfassung des Jugendlichen denn eine „gesellschaftliche Institutionalisierung" (Zinnecker 1991b, S. 11) meint, die den Jugendlichen zugleich auferlegt ist und ihnen einen Möglichkeitsraum bietet.

Jugend als „Übergangsmoratorium" stellt einen kurzen Abschnitt im Lebenslauf dar, der vornehmlich als „Einstiegsphase in die berufliche und familiale Erwachsenenlaufbahn" (1991a, S. 73) strukturiert ist. Eine besondere eigene Bedeutung innerhalb des Lebenslaufs kommt ihm daher nicht zu.

Demgegenüber lässt sich Jugend als „Bildungsmoratorium" als eigenständiger Lebensabschnitt verstehen, „in dessen Rahmen sich spezifische soziale Lebensweisen, kulturelle Formen und politisch-gesellschaftliche Orientierungsmuster ausbilden" (ebd.) und der vornehmlich im „Milieu der Altersgleichen" (ebd.) durchlaufen wird.

Ein deutlicher Hinweis auf die gesellschaftliche Institutionalisierung des Bildungsmoratoriums im Lebensablauf ist die zunehmende Dauer des Schulbesuchs. Während 1952 in der Bundesrepublik noch 79,3% aller SchülerInnen des 7. Jahrganges die Volksschule, 6,1% die Realschule und 13,2% das Gymnasium besuchten, waren im Schuljahr 1999/2000 in der 8. Schulklasse nur noch 22,4% der SchülerInnen in der Hauptschule, hingegen 24,3% in der Realschule und 29,4% auf dem Gymnasium und 9,2% in der integrierten Gesamtschule (Sekretariat 2001, S. VII). Von dieser Expansion des Besuchs weiterführender Schulformen profitiert haben vor allem die Mädchen, die die Jungen inzwischen beim Besuch von Realschulen und Gymnasien überholt haben. Das „Bildungsmoratorium" muss allerdings nicht, auch wenn der Name dies zu implizieren scheint, durch gesellschaftliche Institutionen wie das Gymnasium hergestellt, sondern kann auch von den Jugendlichen selbst herbeigeführt werden (vgl. Bohnsack/Nohl 2001).

Institutionalisierung des Bildungsmoratoriums

3.2.3 Empirische Studien zur Jugend

Innerhalb der empirischen Forschung ist von Seiten der qualitativen Ansätze vorgeschlagen worden, die „Entstrukturierung" bzw., wie wir es lieber nennen wollen: die Pluralisierung der Jugendphase als Begründung für eine qualitative Jugendforschung zu nehmen. Demnach wäre in empirischen Untersuchungen weniger von „einer abgrenzbaren Stufenfolge von Entwicklung, Reifung und Identitätsbildung" (Baacke/Sander 1999, S. 249) auszugehen. Vielmehr ist danach zu fragen, ob „bestimmte Entwicklungsaufgaben und Selbstbestimmungsprozesse des Subjekts als *verstehbare* Erfahrung ... zu beschreiben sind, die wir dann in einem *nachfolgenden* Deutungsmuster als ‚Jugend' bzw. ‚Jugendliche(r)' fassen" (ebd.; Hervorhebung im Original). Eine derartige „hermeneutische" (vgl. Combe/Helsper 1991) bzw. rekonstruktive Jugendforschung kann dann *nach* der empirischen Analyse auch Bezug auf grundlagentheoretische Konzeptualisierungen wie etwa diejenige des Übergangs- und Bildungsmoratoriums nehmen (vgl. auch Krüger/Grunert 2002).

Zum Thema Jugend existiert eine große Anzahl empirischer Studien. In der Öffentlichkeit bekannt wurden vor allem die quantitativen Befragungen des Jugendwerks der Deutschen Shell, die in ihrer langfristigen Anlage auch Aussagen über Veränderungen in den Befindlichkeiten und Meinungen deutscher Jugendlicher erlauben (vgl. u.a. Jugendwerk der Deutschen Shell 1992, 1997, 2000). Anhand der Shell-Studien kann man auch sehen, wie wichtig mittlerweile quali-

Jugendstudien der Deutschen Shell

tative Erhebungen in der Jugendforschung geworden sind. Denn neben dem breiten statistischen Teil der Shell-Studie finden sich seit 1985 stets auch Kapitel zu den Biographien Jugendlicher.

Insgesamt ist die qualitative Herangehensweise heutzutage zu einem wichtigen Pfeiler der Jugendforschung geworden. Exemplarisch möchten wir im Folgenden drei größere Untersuchungen vorstellen: eine biographieanalytische Studie, eine Langzeitforschung, in der Jugendliche am Beginn und Ende ihrer Adoleszenz befragt wurden, sowie eine Folge von Forschungsprojekten zu den Milieus von Jugendlichen.

Qualitative Biographieforschung zu Jugendlichen

Mit ihrer biographieanalytischen Untersuchung zu 29 Jugendlichen beiderlei Geschlechts nehmen Fuchs-Heinritz/Krüger (1991) auf die These von der „individualisierten Jugendbiographie" (Fuchs 1983) Bezug und differenzieren diese empirisch. Aus den lebensgeschichtlichen Interviews mit den ca. 18jährigen arbeiten sie sieben unterschiedliche Typen bzw. „Bewegungsformen, in denen Jugendliche durch die Jugendphase gehen" (Fuchs-Heinritz/Krüger 1991, S. 21), heraus.

Wenn die Autoren auch einen Typus identifizieren, in dem die Jugendphase durch eine frühe Eheschließung stark verkürzt ist, so stehen doch jene unterschiedlichen Bewegungsformen im Zentrum der Untersuchung, die eine längere Jugendphase voraussetzen. Es wird hier deutlich, dass es nicht allen Jugendlichen gelingt, diese Phase ihres Lebens selbst zu strukturieren.

Jugendliche zwischen eigenen und schulisch vorgegebenen Orientierungen

So fehlt es sowohl jenen Jugendlichen, die sich völlig an die (zeitlichen) Vorgaben der Schullaufbahn anpassen, als auch Jugendlichen, die sich in einer persönlichen Krise befinden, an einer biographischen Kontinuität oder „Linie" (ebd., S. 223). Dagegen finden diejenigen Jugendlichen, die den strikten schulischen „Fahrplänen" die sozialen Beziehungen ihrer Herkunftsfamilie oder der Clique entgegenzusetzen vermögen, einen eigenen Weg durch die Jugendphase. Dieser Weg ist allerdings auf diese Phase im Leben beschränkt, so dass man sich von ihr im Erwachsenenalter wird lösen müssen (vgl. ebd., S. 224). Bewegungsformen, die auch als Erwachsene fortsetzbar sind, sehen die Autoren hingegen im Aufbau eines heterosexuellen Privatlebens (wie er nur bei jungen Frauen beobachtet werden konnte) oder eines selbst gestalteten Engagements etwa in sozialen Bewegungen (vgl. ebd.).

Pluralität in der Jugendphase

Nur dieser letztgenannte Typus, in dem der Weg durch die Jugendphase „selbst strukturiert" bzw. „selbst gebahnt" (ebd., S. 205) ist, untermauert die „grob" gefasste These von der „Entstrukturierung bzw. Individualisierung der Jugendphase", wie Krüger/Fuchs-Heinritz im Fazit ihrer Studie betonen (ebd., S. 236). Sie schlagen daher vor, für die moderne Gesellschaft statt von einer Individualisierung von einer „Pluralität von Bewegungsformen durch die Jugendphase" zu sprechen (ebd.).

Qualitative Studie zur Individualisierung Jugendlicher

Auch die Langzeitstudie von Dieter Baacke, Uwe Sander und Ralf Vollbrecht (vgl. Sander/Vollbrecht 1985 u. Baacke/Sander/Vollbrecht 1994) beschäftigt sich mit der Individualisierungsthese. Die Jugendforscher zeichnen in ihrer Studie zu „Spielräumen biographischer Selbstkonstruktion" die Lebenslinien von vier Jugendlichen nach, mit denen sie sowohl im Alter zwischen 21 und 23 Jahren als auch acht Jahre zuvor biographische Interviews geführt haben. Dieser Längsschnittvergleich lässt interessante Aussagen zur Dauerhaftigkeit von jugendlichen Wünschen, Zielen und Lebensorientierungen sowie zu deren Individualität zu.

Schon in ihrer Studie zu den 13- bis 15jährigen Jugendlichen hatten Sander/ Vollbrecht (1985) darauf hingewiesen, wie stark deren Leben und Zukunftsorientierung durch die Herkunftsfamilie und deren sozialen Status geprägt ist. Dies gilt nicht nur für die Einschätzung der Schule, die den Jugendlichen mit niedrigem Sozialstatus und geringen Aufstiegserwartungen mehr oder weniger sinnlos vorkommt; dies wird auch in der Erwartung der Jugendlichen deutlich, später einmal – wie ihre Eltern – zu heiraten und eine Familie zu gründen. Obgleich jedoch die Jugendlichen antizipieren, dass sie als Erwachsene zwangsläufig eine Familie gründen werden, lehnen sie die Institution Ehe zum Teil explizit ab. Die Ehe hat also als tradierte Institution ihre Selbstverständlichkeit verloren. Hier werden Potentiale der Modernisierung und Individualisierung deutlich – dass das Leben nämlich auch anders als in den tradierten Bahnen geführt werden kann –, die allerdings nur in Ansätzen genutzt werden.

Zukunftsorientierungen der 13 bis 15jährigen

Sander/Vollbrecht reflektieren im Anschluss an diese und andere empirische Ergebnisse ihrer Studie über die Kategorie „Jugend", die für die meisten der untersuchten Jugendlichen noch eher eine „Statuspassage" (ebd., S. 248) im Sinne des o.g. Übergangsmoratoriums darstellt, während nur ein Mädchen ihre Jugend biographisch individualisiert (was dem o.g. Bildungsmoratorium entsprechen würde).

Anke, wie dieses Mädchen genannt wird, gehörte zu jenen Jugendlichen, die im Alter von 21 Jahren noch einmal von den Forschern befragt wurden. Sie ist mittlerweile Auszubildende, ohne sich aber hinsichtlich ihres Berufs festgelegt zu haben. In einem ähnlichen biographischen „Experimentierstadium" (Baacke/ Sander/Vollbrecht 1994, S. 141) ist Anke hinsichtlich ihrer zwischenmenschlichen (Liebes-)Beziehungen. Dabei spielt der Besuch von Discotheken für sie eine besondere Rolle, kann sie hier doch „wichtige soziale Erfahrungen mit anderen" wie mit sich selbst machen (ebd.). Dieses Andauern des Bildungsmoratoriums hängt sicherlich auch mit Ankes Erfahrungen innerhalb ihrer Herkunftsfamilie zusammen, die nach der Scheidung ihrer Eltern zerbrach, sodass Anke mal bei der Mutter, mal beim Vater gelebt hat. Diese Brüche in ihrem Leben konnte sie – so das Fazit der Jugendforscher – auf Grund ihrer besonderen Fähigkeiten im Gespräch, d.h. in der diskursiven Bearbeitung von „problematischen oder unklaren Lebenslagen", bewältigen (ebd., S. 143). Bei Anke zeigt sich also ein ausgeprägter Prozess biographischer Individualisierung.

Orientierungen der 21-23jährigen

Auch in Bezug auf die Interviews mit den anderen drei Jugendlichen kommen Baacke/Sander/Vollbrecht zu folgendem Schluss: „die Individualisierung schreitet fort, überkommene Orientierungsmuster werden in Frage gestellt" (ebd., S. 129). Dies weisen sie anhand der fortgesetzten Infragestellung der Institution Ehe wie auch der Unsicherheiten hinsichtlich des beruflichen Werdegangs nach. Gleichwohl behalten die Milieus, aus denen diese Jugendlichen kommen, „ihre bindende Kraft" (ebd.). Dies mag ein Grund dafür sein, dass die biographischen Entwürfe der 13- bis 15jährigen aus der vorangegangenen Untersuchung sich als erstaunlich stabil erwiesen haben (vgl. ebd., S. 9).

Auch die Reihe von Forschungsprojekten unter Leitung von Ralf Bohnsack befasst sich mit den Erfahrungen und Orientierungen Jugendlicher in der modernen Gesellschaft. Allerdings setzen diese Untersuchungen direkt an den Freun-

Qualitative Studie zu Jugendcliquen

deskreisen und Cliquen der Jugendlichen an, auf deren hohe Bedeutung auch Baacke/Sander/Vollbrecht hinweisen.

Ausgangspunkt dieser Untersuchungen ist eine Studie zu 14 Jugendcliquen auf dem Lande, anhand derer Bohnsack (1989) neben geschlechts-, milieu- und bildungsspezifischen Unterschieden vor allem ein empirisches Phasenmodell der Adoleszenzentwicklung bei Auszubildenden herausarbeitet (vgl. ebd., S. 199ff.):

Phasenmodell der Adoleszenzentwicklung

Demnach thematisieren Jugendliche am Ende der Hauptschule ihre berufliche Zukunft nicht („Suspendierungsphase"). Nach einer sehr kurzen „Entscheidungsphase", in der die berufliche Situation kaum antizipiert wird, treten diese Jugendlichen ihre Ausbildung an und werden massiv durch den Berufsalltag enttäuscht („Enttäuschungsphase"). Dies schlägt dann um in eine Verneinung berufsbiographischer Überlegungen und bisweilen biographischer Reflexion insgesamt. Gerade diese „Negationsphase" ist häufig mit auffälligem Verhalten verbunden, mit exzessivem Alkohol- und Drogenkonsum oder auch mit Diebstählen und Prügeleien. Erst gegen Ende der Ausbildungszeit, mit etwa 19 bis 20 Jahren, beginnen die Jugendlichen wieder, über ihre Lebensorientierungen zu reflektieren bzw. überhaupt nach solchen zu suchen. Häufig steht am Beginn dieser „Reorientierungsphase" eine feste Liebesbeziehung, also eine Entwicklung außerhalb des beruflichen Rahmens.

Diese Entwicklungstypik zur Adoleszenz (vgl. auch Breitenbach 2000) erwies sich angesichts der empirischen Untersuchungen zu (meist männlichen) Jugendlichen in Berlin (vgl. Bohnsack et al. 1995, Schäffer 1996, Nohl 1996 u. 2001a, Gaffer 2001, Weller 2003) als zu undifferenziert, war sie doch auf Jugend als Übergangsmoratorium beschränkt und implizierte somit eine weitgehend unproblematische Reintegration in die Gesellschaft der Erwachsenen (vgl. Bohnsack/Nohl 2001). Die Jugendlichen in der Großstadt, zu denen Gruppen von Hooligans, Musikbands wie auch Breakdance- und ganz unauffällige Gruppen gehörten, blickten zumeist auf schwerwiegende Erfahrungen der Desintegration zurück; sie waren aus unterschiedlichen Gründen (Umzug aus dem Dorf, Scheidung, gesellschaftlicher Aufstieg oder Migration der Eltern, Arbeitslosigkeit) der Einbindung in tradierte Milieus verlustig gegangen.

Desintegrationserfahrungen und neu entstehende Gruppen

Diese Desintegrationserfahrungen führen, so zeigen Bohnsack et al. (1995), allerdings nicht unmittelbar und unbedingt zu einer Individualisierung der Jugendlichen, sondern eher zu einer Pluralisierung und Neukonstituierung ihrer Cliquen. Denn die Jugendlichen suchen nach neuen Formen der Gemeinsamkeit mit Gleichaltrigen, nach neuen Milieuzusammenhängen und Lebensorientierungen. Dies korrespondiert Zinneckers (1991a u. b) oben dargestellten Überlegungen zum Bildungsmoratorium, das also auch von den Jugendlichen selbst geschaffen werden kann (vgl. Bohnsack/Nohl 2001). Wie anhand eines Musiker und eines Breakdancers gezeigt wurde, können sich auf der Basis solch neu entstandener Milieus auch höchst individualisierte Biographien und Bildungsgeschichten entfalten (vgl. Nohl 2001b u. 2003).

3.2.4 Jugend und neue Medien

Neuen Medien wird eine hohe Bedeutung für die Jugendphase zugeschrieben; gleichwohl kann in der empirischen Rekonstruktion der Milieus von Jugendlichen festgestellt werden, dass Gymnasiasten einen wesentlich leichteren und spielerischeren Zugang zu Computer und Internet haben als Haupt- und Realschüler (vgl. Schäffer 2003, S. 158ff.). Sie beschränken ihren Umgang mit Computer und Internet nicht auf die ihnen bekannten Webseiten, sondern explorieren Neues im Internet und machen sich auf diese Weise das Internet zu eigen (vgl. Otto et al. 2004, S. 17ff.).

Diese Unterschiede hinsichtlich der formalen Bildung bedeuten allerdings nicht, dass Jugendliche vornehmlich in der Schule und von den Lehrern das Handeln mit neuen Medien erlernten; vielmehr kommt den Medien selbst und den Gleichaltrigengruppen schon rein quantitativ eine hohe Bedeutung für relevante Lern- und Bildungsprozesse zu (vgl. Marotzki 2001), sodass hier sogar vom Internet oder den LAN-Partys als „jugendkulturellen Erlebnisräumen" (Vogelgesang 2000 u. 2003) gesprochen wird.

Die Medienpraktiken gerade von Jugendlichen, die niedrige Bildungsabschlüsse aufweisen, beschränken sich demgegenüber auf das Chatten (vgl. Welling 2003). Dass hierbei gleichwohl von den Jugendlichen angestrebt wird, eine den GymnasiastInnen äquivalente Orthographie zu gebrauchen (vgl. Otto et al. 2004, S. 16), weist darauf hin, dass auch im Internet Bildungsunterschiede und -aspirationen für Jugendliche eine große Rolle spielen.

Zusammengefasst kann man sagen, dass sich die Jugendphase in der Wissensgesellschaft weiter pluralisiert hat. Es kommt daher sowohl in der Theorie und Empirie der Erziehungswissenschaft wie in der pädagogischen Praxis darauf an, eine Sensibilität für diese Pluralität der Jugendphase zu erlangen bzw. zu wahren, ohne dabei die Suche nach jenen Aspekten aufzugeben, die allen Jugendlichen gemeinsam sind.

Bildungsabschluss und Internetzugang

Medienpraktiken von Jugendlichen

3.3 Erwachsene

Erwachsene stellen jene Altersgruppe dar, die erst lange Zeit nach der Entstehung der Pädagogik in das Zentrum ihrer Aufmerksamkeit gerückt ist. Dies hat vor allem damit zu tun, dass Erwachsene bis in die 1970er Jahre als in ihren Lebensorientierungen und ihrem Wissen stabil und statisch, also in gewisser Weise als „fertig" gesehen wurden, während ihnen heute eine Entwicklungsdynamik bis ins hohe Alter zugestanden wird. Als Menschen, die ebenfalls nach Lebensorientierungen suchen können und – gerade in der Wissensgesellschaft – der Erweiterung und Orientierung im Wissen bedürfen, gelten sie mittlerweile auch als Klientel der Erziehungswissenschaft. Wir haben hierauf schon im Kapitel 2.5 unter dem Stichwort des „lebenslangen Lernens" hingewiesen.

Das Interesse am Lebensabschnitt des Erwachsenseins wurde dabei durch die Diskussionen um die Postadoleszenz und die Frage, ob die Grenze von Jugend- und Erwachsenenalter fließend wird, noch verstärkt. Diese Diskussionen

Erwachsene als Adressaten der Pädagogik

wurden seit den 1980er Jahren vor allem in der Psychologie (vgl. Stiksrud/Wobit 1985) und der erziehungswissenschaftlichen Sozialisationsforschung (vgl. Zinnecker 1997) geführt.

Zwar wird das Erwachsenenalter weiterhin relational gegenüber der Kindheit und Jugend einerseits und dem höheren Alter andererseits definiert (vgl. Schäffer 2004), doch kann der Erwachsene nicht mehr „als die Inkarnation des normalen Gesellschaftsmitgliedes und das Erwachsenenalter als Prototyp von Stabilität und Festigkeit" gelten (Nittel 1999, S. 302).

Übersicht über den Abschnitt

Wir möchten in diesem Abschnitt zunächst auf die gesellschaftliche Institutionalisierung des Erwachsensalters eingehen (3.3.1), um dann verschiedene Aspekte des Erwachsenenseins auszuführen (3.3.2).

3.3.1 Zur gesellschaftlichen Institutionalisierung des Erwachsenalters

Lebenslaufperspektive

Die gesellschaftliche Institutionalisierung des Erwachsenenalters kann aus mindestens zwei Perspektiven betrachtet werden. Von Martin Kohli ist vorgeschlagen worden, die gesellschaftliche Institution des *Lebenslaufs* mit seinen konsekutiven Lebensaltern in den Blick zu nehmen. In dieser Perspektive ist der Lebenslauf „in den modernen Gesellschaften um das Erwerbssystem herum organisiert", womit sich eine „Dreiteilung in Vorbereitungs-, Aktivitäts- und Ruhephase (Kindheit/Jugend, ‚aktives' Erwachsenenleben, Alter)" ergibt (Kohli 1985, S. 3). An den Grenzen des Erwachsenenalters lägen dann das Bildungssystem einerseits (als gesellschaftlicher Ort der Jugend) und das Rentensystem andererseits (als gesellschaftlicher Ort der Senioren). Diese strikte Dreiteilung des Lebenslaufs orientiert sich allerdings nicht nur vornehmlich an der männlichen Bevölkerung; angesichts der Bildungsbeteiligung von Erwachsenen und der Frühverrentung ansonsten aktiver Erwachsener wird bereits deutlich, dass das Bildungs- und Rentensystem nicht mehr als eindeutige Abgrenzungskriterien für das Erwachsenenalter fungieren kann.

Rechtliche Perspektive

Eine zweite Perspektive entwickelt einen Blick auf das Erwachsenenalter aus rechtlicher Perspektive. Die vom Rechtssystem der jeweiligen Gesellschaft festgelegten äußeren Rahmenbedingungen ermöglichen eine Abgrenzung des Erwachsenenalters vor allem von vorangegangenen Lebensabschnitten. Rechtlich beginnt der Lebensabschnitt als Erwachsener in Deutschland mit Vollendung des 18. Lebensjahres. Mit diesem Eintritt in das Erwachsenenalter werden eine Reihe von Rechten und Pflichten vergeben, die sehr deutlich den neuen Lebensabschnitt markieren. Zu den Rechten zählen die unbeschränkte Geschäftsfähigkeit, der uneingeschränkte Zugang zu verschiedenen Freizeitangeboten (Kino, Diskotheken u.a.) und zu legalisierten Drogen (Tabak, Alkohol). Auch das Recht, eine Ehe einzugehen, ist hier zu nennen. Zu den Pflichten gehören – bei Männern – z.B. die Wehrpflicht.

Viele andere Rechten und Pflichten, die mit der Volljährigkeit verknüpft sind, werden vom Gesetzgeber jedoch nicht an die Altersgrenze von 18 Jahren gebunden. So ist es z.B. in einigen Bundesländern möglich, dass bei Kommunalwahlen bereits 16jährige wählen. Auf der anderen Seite wird bei bestimmten Rechtsverstößen die volle Strafmündigkeit erst mit dem vollendeten 21. Lebensjahr erreicht, wobei den Jugendstrafgerichten weitgehende Entscheidungsfreiheit zukommt. Und als Extremfall des Hineinragens der Jugendphase in das Erwachsenenaltern kann hier das Kinder- und Jugendhilfegesetz genannt werden, das Leistungen in speziellen Fällen auch noch für 27jährige vorsieht.

Diese differenzierte Rechtslage in Bezug auf das formale Eintrittsalter in das Erwachsensein ist Ausdruck für die unscharfe Abgrenzung zwischen Jugend- und Erwachsenenalter. Dass auch beim Übergang zum Seniorenalter die rechtlichen Grenzen sehr differenziert sind, werden wir in Abschnitt 3.4 zeigen.

3.3.2 Zu einigen Aspekten des Erwachsenseins

Untersucht man das Leben von Erwachsenen vornehmlich als Frage des Erwachsenseins, ohne dieses völlig von der gesellschaftlichen Institutionalisierung des Erwachsenenalters abzulösen, so geht es um Aspekte der Lebenspraxis von Erwachsenen. Hierzu zählen wir u.a. die Biographisierung der eigenen Lebensgeschichte, die Vorbildfunktion für Jugendliche sowie die Bedeutung des Arbeitslebens.

Biographisierungsprozesse

Sozialisationstheoretisch betrachtet ist das Erwachsensein mit der Wahrnehmung verschiedener Rollen verbunden, so etwa als Staatsbürger/in, Partner/in, Berufstätige/r oder Elternteil. Insgesamt ist die Erwachsenenrolle durch eine – im Vergleich zu den Jugendlichen – verstärkte Übernahme von sozialer Verantwortung gekennzeichnet, die sich nicht zuletzt auf den Umgang mit der heranwachsenden Generation wie auch auf die Gesellschaft und ihren Wandel bezieht. *(Rollen der Erwachsenen)*

Doch sind die sozialen Rollen der Erwachsenen weder eindeutig festgelegt noch widerspruchsfrei. Am Ende des vergangenen Jahrhunderts erfuhren „die aus der Gleichzeitigkeit von Individualisierungs- und Standardisierungstendenzen im Lebenslauf herrührenden Spannungen, Ambivalenzen und Paradoxien der Erwachsenenrolle eine Steigerung, die ohne Beispiel zu sein scheint. Die quantitative Zunahme von Situationen im Erwachsenenalter, in denen an das Individuum die Erwartung gerichtet wird, biographisch folgenreiche Entscheidungen zu treffen, zwischen Optionen zu wählen, hat zu einem qualitativen Sprung – zu einer Enttraditionalisierung und zu einem Reflexiv-Werden dieser Phänomene – geführt" (Nittel 1999, S. 317).

Angesichts dieses Verlusts an selbstverständlichen Rollen und Orientierungen sowie angesichts der Notwendigkeit, über den eigenen Lebensweg verstärkt zu reflektieren und für seine Weiterführung eine eigenständige Lebensorientierung zu finden, gewinnt in der Wissensgesellschaft die Biographisierung des Erwachsenseins an Bedeutung. *(Biographisierung des Erwachsenseins)*

In dem Maße, in dem der Erwachsene nicht mehr als fertiger Mensch, sondern als einer angesehen wird, der auch noch in der Entwicklung begriffen ist, in dem Maße stehen auch seine erworbenen Orientierungen zur Disposition. Weil

Lernen sich auf die gesamte Lebensphase ausdehnt, kann auch der Erwerb von Orientierungen nicht zu einem bestimmten Zeitpunkt als abgeschlossen gelten. Orientierungen werden somit gleichsam wieder zum Objekt der Reflexion. Das ist ein zentrales Merkmal des Biographisierungsprozesses, den wir näher in Kapitel 4.2 ausführen werden.

Die Vorbildfunktion der Erwachsenen

Seit alters wird dem Erwachsenen die Funktion des Vorbildes gegenüber Heranwachsenden zugewiesen. Diese Zuschreibung hat ihren Kern in der über lange Zeit unstrittigen Auffassung, dass der Erwachsene etwas Fertiges, Abgeschlossenes sei. Der Erwachsene wurde unter dieser Charakterisierung als jemand dargestellt, der (all)wissend, vernünftig und erfahren ist, eben ein Vorbild, dem es nachzueifern galt. Diese Vorstellungen findet man bei vielen Autoren, u.a. auch bei J.-J. Rousseau (1712-1778) oder bei J.-G. Fichte (1762-1814).

Vorbild durch Wissen und gereifte Vernunft

Diesen Autoren ist gemein, dass sie einerseits die Vorbildrolle mit dem vorhandenen Wissen und der verfügbaren Lebenserfahrung der Erwachsenen in Verbindung bringen („Vorbild durch Wissen") und andererseits durch die gereifte Vernunft des Erwachsenen gegenüber den noch unsteten Charaktereigenschaften der Heranwachsenden („Vorbild durch gereifte Vernunft"). Diese Sichtweise („der Erwachsene als Vorbild gegenüber Heranwachsenden") kann als eine der zentralen Begründungen für die verschiedensten Theorien, Konzepte und Praktiken von Erziehung (siehe dazu Abschnitt 4.5) herangezogen werden. Wenn Erwachsene ihre Rolle selbst im Sinne des *vernünftigen Vorbildes* definieren, ist der Weg zu einer daran orientierten Erziehung von Heranwachsenden kurz. Die Geschichte der Erziehung der letzten Jahrhunderte bis zur Gegenwart lässt sich in diesem Sinne durchaus als eine Geschichte des Verhältnisses zwischen Erwachsenen und Heranwachsenden lesen.

Da indes mittlerweile Konsens darüber besteht, dass Erwachsene in lebenslange Bildungs-, Erziehungs- und Sozialisationsprozesse verwoben sind und selbst noch in Biographisierungsprozessen nach eigenen Lebensorientierungen suchen, ist ihre traditionelle Vorbildfunktion gegenüber Heranwachsenden inzwischen jedoch zusehends fraglich geworden ist. Dieser Umstand hat weit reichende Konsequenzen, berührt er doch die familiale Erziehung und Sozialisation wie auch die traditionellen Beziehungsstrukturen zwischen LehrerInnen und SchülerInnen. Ganz generell steht damit das Verhältnis zwischen der jüngeren und der älteren Generation in Frage (siehe hierzu Abschnitt 4.3).

Der Erwachsene aus der Perspektive der Jugend

Die Bezeichnung Erwachsener ist das Ergebnis einer Differenzwahrnehmung: Es handelt sich um die Differenz zwischen denjenigen, die entweder noch nicht erwachsen sind und diesen Lebensabschnitt antizipieren, und denjenigen, die sich formal oder individuell bereits in diesem Lebensabschnitt befinden und die Spezifik ihres Lebensabschnittes bewusst in Kontrast zu vorangegangenen Lebensabschnitten wahrnehmen und gegebenenfalls betonen.

Aus der Perspektive der Heranwachsenden werden Erwachsene im alltäglichen Leben in unterschiedlichen Situationen erlebt: als Eltern, als Männer, als Frauen, als Verwandte, als fremde Personen, als Berufstätige, als Passanten auf der Straße, als Beschäftigte in unterschiedlichen beruflichen Positionen, als Träger von Verantwortung in der Öffentlichkeit, als sozial etablierte Menschen oder auch als Menschen, die sich in sozialer Bedrängnis befinden – kurz: Erwachsene werden von Heranwachsenden in verschiedenen Rollen und in unterschiedlichen Funktionen erlebt. Diese Beobachtungen können die Perspektiven der Jugendlichen auf das Erwachsensein strukturieren, wobei die ihnen zugrunde liegenden Annahmen nicht selten auch durch Vorurteile besetzt sein mögen.

Erwachsene im Erleben von Jugendlichen

Im Rahmen einer größeren empirischen Studie hat Jürgen Zinnecker (1985) die wechselseitige Beurteilung von Jugendlichen und Erwachsenen in den 1980er Jahren herausgearbeitet. Die Ergebnisse dieser Studie sind gerade deshalb aufschlussreich, weil Erwachsenen und Jugendlichen die gleichen Fragen gestellt wurden.

Nach Fehlern in der Lebensführung bei Jugendlichen und Erwachsenen befragt, gaben die Jugendlichen an, Erwachsene seien häufig nur auf materielle Werte orientiert, wären gegenüber Jugendlichen intolerant, würden selbstzufrieden sein oder wären nur einseitig auf Leistung und Arbeit orientiert (vgl. Zinnecker 1985, S. 72f.). Zugleich werden Erwachsene von den Jugendlichen aber auch als Menschen gesehen, von denen sie etwas lernen können. Dazu zählt z.B. die Lebenserfahrung, die Kompetenz, mit Problemen umzugehen, und „die strategischen Fähigkeiten der Erwachsenen, Lebenskrisen zu bewältigen" (Zinnecker 1985, S. 76). Erwachsene meinen demgegenüber über sich selbst, sie würden zu wenig Zeit für Jugendliche aufwenden, seien zu nachgiebig und würden die Jugendlichen verwöhnen. Auch sehen Erwachsene sich selbst zu stark am Geldverdienen orientiert (vgl. Zinnecker 1985, S. 72.).

Schon diese empirischen Forschungsergebnisse weisen darauf hin, dass Jugendliche die Erwachsenen nicht mehr in feste Rollen eingezwängt, sondern sie gerade als Vorbild im Umgang mit schwierigen Lebenssituationen sehen. Auch in neueren empirischen Untersuchungen wie etwa der Shell-Studie 2000 (vgl. Jugendwerk der Deutschen Shell 2000, S. 211f.) wird gezeigt, dass die Eltern für Jugendliche einen hohen Stellenwert besitzen.

Erwachsene als Vorbild für den Umgang mit Krisen

Die Differenzwahrnehmung, auf der die Unterscheidung zwischen Erwachsenen und Heranwachsenden beruht, wird in der Wissensgesellschaft unsicherer. In dem Maße, wie auch die Selbst- und Weltverhältnisse von Erwachsenen nicht mehr als endgültig abgeschlossen gelten können, werden nun auch Gemeinsamkeiten zwischen ihnen und den Jugendlichen sichtbar. Diese Gemeinsamkeiten erstrecken sich vor allem auf die Suche nach Lebensorientierungen, die eben nicht mehr selbstverständlich sind. Wenn Erwachsene nicht mehr die vorgegebenen und berechenbaren Bahnen eines Erwachsenenlebens durchlaufen (wenn sie arbeitslos werden, sich scheiden lassen, ihre sexuellen Orientierungen ändern), wird schon für die Jugendlichen, die dies wahrnehmen, ihre Zukunft unsicher und reflexionsbedürftig. Dies gilt in besonderem Maße für den Zusammenhang der Arbeitswelt.

Der Erwachsene in der Arbeitswelt

Die Notwendigkeit, sich den ständigen Veränderungen der Arbeitswelt zu stellen, erfordert, wie bereits im Anschnitt 2.5 dieses Bandes herausgearbeitet wurde, ein geändertes Verständnis von Lern- und Bildungsaktivitäten im Erwachsenenalter. Aber nicht nur diese Zusammenhänge sind für das Erwachsensein bedeutsam. Da der Beruf für das Erwachsensein eine zentrale Rolle spielt und von Erwachsenen, soweit sie nicht mit der Betreuung von Kindern beschäftigt sind, Erwerbstätigkeit erwartet wird, mit deren Hilfe die materiellen, kulturellen und sozialen Ressourcen erschlossen werden können, ist das Finden und Verlieren einer Arbeitsstelle ein bedeutsames biographisches Ereignis.

Qualitative Studie zu Industrie-arbeiterInnen

Peter Alheit und Bettina Dausien (1985) haben in einer qualitativen Untersuchung „aus einem größeren Sample biographischer Interviews mit Industriearbeiterinnen und Industriearbeitern" (ebd., S. 13) vier Fälle als Arbeiterlebensgeschichten untersucht und in ihnen die „zentrale Funktion der Arbeitserfahrung für den biographischen Verlauf und für die Identität des Erzählers" herausgearbeitet (Alheit/Dausien 1985, Titelseite).

Die Autoren ermöglichen mit diesen biographischen Fallanalysen aufschlussreiche Erkenntnisse zum Verhältnis des Einzelnen zur Arbeit. Sie kommen zur Aussage, dass diese Beziehung „in biographischer Perspektive keine statische Beziehung" (Alheit/Dausien 1985, S. 14) ist. Arbeit und der Erwachsene, der sie ausübt, befinden sich in einem wechselseitigen Prozess der Beeinflussung (vgl. Alheit/Dausien 1985, S. 14).

Empirisches Beispiel: Zusammenhang von biographischer Identität und Arbeit

Dies soll an einem ausgewähltem Beispiel erläutert werden (vgl. zum Folgenden: Alheit/Dausien 1985, S. 139ff.): Willi Becker, ein von Alheit und Dausien befragter Industriefacharbeiter und Dreher, behauptet – wie Alheit/Dausien (1985, S. 137f.) zeigen – „in Auseinandersetzungen über fachliche Fragen ... seine Position gegenüber anderen, unabhängig von deren formaler Qualifikation und betrieblichen Position. Daß er dabei häufig recht behält, was sein Kompetenzbewußtsein wiederum stärkt, läßt sich mit mehreren Geschichten belegen". So erzählt der Interviewte, der aufgrund seiner Unabhängigkeit in die Kontrollabteilung seiner Firma befördert worden ist, von einem Konflikt mit einem Meister: Becker nimmt ein ihm vorgelegtes Werkstück aufgrund bestimmter Bearbeitungsfehler nicht ab und verhindert damit die angestrebte Serienproduktion. Er gerät dadurch mit dem Meister in einen Streit, wird von ihm beschimpft und setzt sich trotzdem letzen Endes mit seiner Abnahmeverweigerung durch. „Der Konflikt löst sich am nächsten Tag. Der Meister und Willi Becker werden zum Chef gerufen, wo Willi seine Verweigerung begründet, ohne dabei jedoch die heftigen Beschimpfungen des Meisters zu erwähnen, was diesem noch mehr geschadet hätte" (ebd., S. 140f.). Willi Becker erhält schließlich Recht und der Meister wird in eine andere Abteilung versetzt. Bei Willi Becker, so resümieren die AutorInnen, führen individuelle Arbeitserfahrungen zu einer Zunahme an Kompetenz, Selbstbewusstsein und „Handlungsautonomie" (ebd., S. 136), die für die gesamte Konstitution der Biographie der betreffenden Person maßgeblich sind und mit einer biographischen Identität zusammenhängen, die über die Arbeitstätigkeit hinausreicht.

Diese Untersuchung hat ihre Bedeutung aber nicht nur wegen ihres biographieanalytischen Zuschnitts, sie stellt auch eine aufschlussreiche Auseinandersetzung mit den theoretischen Erkenntnissen zur Bedeutung von Strukturveränderungen und -verwerfungen moderner Industriegesellschaften für die Biographien der in diesen Gesellschaften lebenden Menschen dar. Arbeit wird als zentraler Bestandteil des Lebens Erwachsener für die eigene Identitätsverortung sichtbar.

Doch gerade angesichts dieser Bedeutung der Arbeit kann der Eintritt von Arbeitslosigkeit folgenreich für die Biographie sein. Die Auswirkungen betreffen nicht nur den arbeitslosen Erwachsenen, sondern u.U. die gesamte familiale Beziehungsstruktur mit Ehepartner, Kindern und Eltern des/der Betroffenen. Das Problem der Arbeitslosigkeit ist in Anbetracht der gesellschaftlichen, vor allem der ökonomischen Entwicklungen der letzten Jahrzehnte zu einem zentralen Thema für Erwachsene geworden. Da die Tragweite dieses Problems tief greifende biographische Dimensionen besitzt, ist dieses Ereignis auch immer wieder Gegenstand qualitativer Untersuchungen.

Hervorgehoben werden soll hier die als klassisch zu bezeichnende Untersuchung von Marie Jahoda, Paul F. Lazarsfeld und Hans Zeisel mit dem Titel *Die Arbeitslosen von Marienthal* (Jahoda/Lazarsfeld/Zeisel 1975). Diese Studie stellt eine der ersten zusammenhängenden biographischen Analysen zu den Auswirkungen von Arbeitslosigkeit auf die Betroffenen dar. Forschungsmethodisch könnte man heute diese Studien als ethnographische Feldanalyse bezeichnen. Die AutorInnen haben vom Herbst 1931 bis zum Frühjahr 1932 mehrere Wochen in dem kleinen österreichischen Dorf Marienthal zugebracht, in dem nach der Schließung mehrerer Fabriken in Folge der Wirtschaftskrisen der 1920er und 1930er Jahre nahezu alle Erwerbsfähigen arbeitslos geworden waren.

Qualitative Studie zu den Folgen von Arbeitslosigkeit

Die Untersuchung zeichnet sich dadurch aus, dass die AutorInnen zunächst die örtlichen Lebensbedingungen, die Altersstruktur, die Wohnverhältnisse, die soziale Zusammensetzung, den Lebensstandard, die Unterstützungsleistungen der Arbeitslosen, den täglichen Speisezettel der Familien und das dafür zur Verfügung stehende Budget, die Geldeinteilung und den Gesundheitszustand der Menschen dokumentieren. In weiteren Schritten werden dann das soziale Leben beschrieben (Wahlverhalten, Nachbarschaftsunterstützung, Vereinsleben, aber auch Streitereien). Einen Beobachtungsschwerpunkt bilden die Veränderungen der Zeitwahrnehmung und -einteilung durch den Wegfall von Arbeit.

Dabei wird herausgearbeitet, dass es Unterschiede der Zeitwahrnehmung zwischen Männern und Frauen und den Kindern und Jugendlichen gibt: „Die Frauen wollen ... trotz der Mehrbelastung nicht nur aus materiellen Gründen wieder in die Fabrik zurück; die Fabrik hat ihren Lebensraum erweitert und ihnen soziale Kontaktmöglichkeiten gegeben, die sie jetzt entbehren. Ein Zeitzerfall aber, wie wir ihn bei den Männern gefunden haben, läßt sich bei den Frauen nicht nachweisen. Auf eine Veränderung im größeren Zeitrhythmus stoßen wir, wenn wir zum Schluß noch einmal den Ort als Ganzes ins Auge fassen. Sonn- und Feiertage haben viel von ihrer Bedeutung verloren; der Bibliothekar berichtet z.B., daß die Entlehnungen, die wie überall so auch in Marienthal an Sonn- und Feiertagen besonders stark waren, heute diese periodische Steigerung kaum mehr aufweisen (...) Nur von den Schulkindern geht noch ein größeres Festhalten an der Wocheneinteilung aus, das sich zum Teil auch auf die Familie überträgt" (Jahoda/Lazarsfeld/Zeisel 1975, S. 92).

Arbeitslosigkeit und Zeitwahrnehmung

Für ihre Untersuchung wandten die Forscher ein umfangreiches Methodensetting an. Neben den Beschreibungen der örtlichen Situation und der konkreten Wohnbedingungen einzelner Familien werden Dokumentenanalysen, Interviews und Expertenbefragungen vorgenommen. Diese Triangulation der Datenerhebungsmethoden erlaubt es, sich ein umfangsreiches Bild über die biographischen Konsequenzen von Arbeitslosigkeit zu machen, die die Forschenden differenziert herausarbeiten.

Unterschiedliche Verarbeitungsweisen von Arbeitslosigkeit

So zeigen sie, dass die Arbeitslosigkeit unterschiedlich wahrgenommen wird: „Im allgemeinen halten diejenigen, denen es früher besonders gut gegangen ist, entweder besonders lang oder besonders kurz stand. Bei denen, die besonders lange standhalten, lässt sich schwer unterscheiden, was auf Rechnung eines materiellen Vorsprungs, was auf Rechnung ihrer Elastizität kommt, weil fast immer beides zugleich vorhanden ist und auch schon in der Lebensgeschichte beides in Wechselwirkungen stand" (ebd., S. 110). Bei jenen, „denen es früher gutging und die heute besonders schlecht durchhalten" (ebd., S. 110), wird dies auf einen „großen Mangel an Elastizität" zurückgeführt. Diese Menschen seien die „Absturzexistenzen, die einfach den großen Unterschied von früher zu jetzt nicht erfassen und nicht ertragen können" (ebd., S. 110). Davon zu unterscheiden ist die Gruppe derer, „denen es früher besonders schlechtgegangen ist" und die heute zur Gruppe der Gebrochenen oder Resignierten gehören, die sich durch die Allgemeinheit des Elends trösten. Und bei jenen, die schon vor Eintritt in die Arbeitslosigkeit zu den Gebrochenen gehörten, sei „durch die Arbeitslosigkeit eine gewisse Entspannung eingetreten" (ebd.., S. 111), da sie sich nun nicht mehr im Lichte des Wohlergehen ihrer Dorfnachbarn sehen und beurteilen müssen.

Die Marienthaler Studie, obgleich bereits in den dreißiger Jahren des letzten Jahrhunderts entstanden, hat sowohl inhaltlich (Arbeitslosigkeit als Untersuchungsgegenstand) als auch forschungsmethodisch (Vielfalt der Erhebungsmethoden und Datenauswertung) weiterhin eine herausragende Bedeutung, weil sie ein Licht wirft auf Phänomene der Enttraditionalisierung erwachsenentypischer Rollen, wie sie – unter anderen Vorzeichen – auch heute zu beobachten sind.

Widersprüchliche Veränderungen für Erwachsene in der Wissensgesellschaft

Erwachsene werden, so lässt sich zusammenfassend sagen, in der Wissensgesellschaft mit widersprüchlichen Veränderungen konfrontiert: Einerseits nehmen sie weiterhin die gesellschaftliche Erwartung wahr, in Arbeit und Familie eine Vorbildfunktion für Kinder und Jugendliche einzunehmen, indem sie klare Lebensorientierungen verfolgen. Andererseits ist eine solche Klarheit und Stabilität der Selbst- und Weltverhältnisse auch für Erwachsene nicht immer möglich. Angesichts der gesellschaftlichen Pluralität, der Entwertung von altem Wissen und der ökonomischen Unsicherheit treten auch Erwachsene in Veränderungsprozesse ein.

3.4 Alte Menschen

Zur Definition des Begriffs „alte Menschen"

Wenn man über alte bzw. ältere Menschen im Zusammenhang mit erziehungswissenschaftlichen Fragestellungen spricht, muss zunächst geklärt werden, ab welchem Alter Menschen zu dieser Gruppe gerechnet werden können. Doch ist genau diese Frage sehr umstritten, so dass der Begriff „alte Menschen" nur schwer zu definieren ist. Schon wenn man zu den älteren und alten Menschen nur diejenigen zählt, die das Rentenalter erreicht haben und damit aus dem aktiven Erwerbsleben ausscheiden, zeigen sich die Schwierigkeiten einer trennscharfen Abgrenzung. Denn zwar beträgt das formale Renteneintrittsalter für Frauen und Männer gleichermaßen in Zukunft 65 Lebensjahre, doch aufgrund von Arbeitslosigkeit und Krankheit liegt das faktische Verrentungsalter bei 59,2 Jahren (vgl. Opitz 1998, S. 13).

Der Renteneintritt selbst, der als wichtiger Wendepunkt im dreigeteilten Lebenslauf (vgl. Kohli 1985, S. 3) zu sehen ist, gibt nur Auskunft über die gesellschaftliche Institutionalisierung des Alters. Ob jemand in seiner eigenen (biographischen) Perspektive alt ist, lässt sich so nicht festlegen. Denn das Altsein als subjektive Befindlichkeit kann schon vor Eintritt ins Rentenalter beginnen, es kann durch die Verrentung erst angestoßen werden oder erst viel später anfangen. Zudem ist zu beachten, dass viele Frauen nie verrentet werden und ihr Arbeitsleben als Hausfrau kein definitives Ende findet. Renteneintrittsalter und subjektive Befindlichkeit

In Anbetracht dieser Schwierigkeiten, eine genaue Abgrenzung für das Alter zu finden, hat sich in der Erziehungswissenschaft eine differenzierte Sprechweise entwickelt, um diesen Lebensabschnitt präziser zu beschreiben. „So werden zum Beispiel die 50-65jährigen als junge Alte, neue Alte oder ältere Erwachsene bezeichnet; 66-80jährige als alte Menschen oder als alte Erwachsene und über 81jährige als alte Alte oder als Hochbetagte" (Opitz 1998, S. 12; vgl. auch Clemens 2001, S. 489-511). Durchschnittlich gesehen liegt die Lebenserwartung für Frauen bei 83 Jahren und für Männer bei 79 Jahren und wird in Zukunft noch steigen (vgl. BMFSFJ 2002). Nach Erreichen des formalen Rentenalters haben alte Menschen also noch eine durchschnittliche Lebenserwartung von mehr als 15 bis 20 Jahren. Diesem Zeitraum entspricht in etwa auch die Lebensphase, die Kinder und Jugendliche durchlaufen, bis sie in das Erwachsenenalter eintreten. Wir haben es insofern heute mit einer eigenständigen Lebensphase „Alter" zu tun, die viele Menschen auch jenseits des aktiven Erwerbslebens sinnvoll gestalten möchten. Binnendifferenzen des Lebensabschnitts

In der Folge dieser Entwicklung zur sinnvollen Gestaltung des Alters ist auch das erziehungswissenschaftliche Interesse an diesem Lebensabschnitt in den letzten Jahren angestiegen, wie eine Vielzahl von Veröffentlichungen zeigt (vgl. u.a. Opitz 1998, Schweppe 1999, Clemens 2001). Wir möchten in diesem Abschnitt zunächst den Strukturwandel des Alters näher beleuchten (3.4.1), um dann den Zusammenhang von Alter und Biographie zu diskutieren (3.4.2) und schließlich auf die Perspektive der Sozialpädagogik und Altenbildung (3.4.3) sowie auf die Bedeutung der neuen Medien (3.4.4) einzugehen. Überblick über den Abschnitt

3.4.1 Zum Strukturwandel des Alters

Angesichts der Ausdehnung der Lebensphase Alter und des von vielen Menschen geäußerten Wunsches nach einem sinnvollen Lebensabend kann von einem Strukturwandel des Alters gesprochen werden, den H. Opitz durch folgende Merkmale charakterisiert sieht (vgl. Opitz 1998, S. 11ff.): Die absolute Anzahl Merkmale des Strukturwandels älterer Menschen steigt. Die relative Anzahl der älteren Menschen (gemeint ist damit, wie viel Prozent älterer Menschen über 60 Jahren auf 100 Personen zwischen 20 und 60 Jahren kommen) steigt. Die Lebenserwartung steigt. Die Altersphase dehnt sich aus, insofern immer mehr Menschen aus verschiedenen Gründen bereits vor Erreichen des regulären Rentenalters aus dem aktiven Berufsleben ausscheiden und somit der Beginn der Altersphase früher ansetzt. Das Alter wird entberuflicht, enden doch die meisten Berufstätigkeiten spätestens mit 65 Jahren. Alte Menschen leben zunehmend allein (1/3 aller Altenhaushalte sind Single-Haushalte), ob gewollt oder gezwungenermaßen. Die meisten alten Menschen sind Frauen (bei den über 60jährigen zu zwei Dritteln, bei den über 75jährigen zu drei Vierteln). Durch die Auflösung traditioneller Normen und Richtwerte ist jeder Mensch für seinen ‚Lebenswandel' und Lebensstil selbst verantwortlich" (Opitz 1998, S. 13f.).

Individualisierung und Singularisierung

Es kann also einerseits von einer *Individualisierung* des Älterwerdens gesprochen werden, andererseits ist dieser Strukturwandel auch von einer verstärkten *Singularisierung* geprägt. Individualisierung bedeutet eine Zunahme selbstbestimmten Gestaltens dieses Lebensabschnittes, der oftmals mit anderen annähernd gleichaltrigen Personen verbracht wird und während dessen gemeinsame Interessen verfolgt werden (Reisen, Wanderungen, Hobbys usw.). Singularisierung bedeutet demgegenüber, dass ältere Menschen aufgrund des Verlustes eines langjährigen Ehepartners zunehmend vereinsamen. Dieses Risiko trifft vor allem ältere Frauen. „Die Singularisierung älterer Frauen ist als neuzeitliches Phänomen nicht nur der im Vergleich zu Männern höheren Lebenserwartung geschuldet, sondern auch ein Kohorteneffekt, denn ein hoher Anteil der alleinlebenden älteren Frauen sind aufgrund der Kriegsverluste unter den Männern zur Witwe geworden oder ledig geblieben. Doch nimmt der Anteil alleinlebender Frauen mit zunehmenden Alter zu: Alleinsein, Frausein und Altsein werden zu Synonymen" (Kade 2000, S. 241).

Neue Anforderungen alter Menschen an die Gesellschaft

Aus diesem Strukturwandel des Alters resultieren Anforderungen an die Gesellschaft, wie sie in den vorangegangen Jahrhunderten, als die meisten Menschen noch bis zum Tode arbeiteten, noch völlig unbekannt waren. Das betrifft z.B. das Bildungsbedürfnis (Seniorenstudiengänge an Universitäten und Hochschulen), den Freizeitbereich (vor allem den Reisemarkt), die Werbebranche (Rentner als spezifische Zielgruppe), den Modesektor (spezielle Modeangebote für ältere Menschen), den Gesundheitssektor (Angebote zur Gesunderhaltung, Rehabilitation, Pflege usw.), aber auch den Multimediabereich (Rentner als Hightech-Videofilmer oder Fotografen und vor allem als Computer-Nutzer).

3.4.2 Alter und Biographie

Eigene Gestaltung des Alters

Der Strukturwandel des Alters macht es für den einzelnen Menschen möglich und bisweilen auch nötig, den Prozess des Alterns selbst zu gestalten. Mit dieser Selbstgestaltung des Alter(n)s ist häufig eine Biographisierung des eigenen Lebensablaufes verbunden. Menschen fortgeschrittenen Alters haben aufgrund ihres Erfahrungsreichtums die prinzipielle Möglichkeit, ihr bisheriges Leben zu reflektieren. Sie können ihr gegenwärtiges Handeln vor dem Hintergrund der eigenen Lebensgeschichte verstehen. Die Auseinandersetzung mit der eigenen Biographie ermöglicht das Erinnern und auch Neuinterpretieren vergangener Erfahrungen, es ermöglicht das Erkennen von Zusammenhängen und sich wiederholender Verhaltens- und Beziehungsmuster (vgl. Opitz 1998, S. 49).

Die Arbeit an der eigenen Biographie im Alter kann so als ein Konstruktionsprozess verstanden werden, der einerseits eine Bilanz des bisherigen Lebens darstellt und andererseits der Suche nach dem Sinn der noch bevorstehenden Lebensjahre dient. Untersuchungen sprechen in diesem Zusammenhang von der Konstruktion der sozialen Ordnung im Alter und meinen damit sowohl die individuelle Seite des Alters als auch dessen gesellschaftliche Dimension (vgl. Backes/Clemens/Schroeter 2001, S. 7ff.). Biographische Arbeit

Der Eintritt in das Renten- bzw. Pensionsalter bedeutet für viele alte Menschen einen radikalen Schnitt in der Selbstwahrnehmung der eigenen Biographie – die älteren Menschen werden sich des Alterns bewusst. Eckpunkte dieser biographischen Entwicklung können aber auch solche Ereignisse wie die Heirat eines Kindes, die Großelternschaft, die Krankheit oder gar der Tod von Angehörigen annähernd gleichen Alters sein (vgl. Gudjons/Pieper/Wagener 1992, S. 12).

Gerade Krankheit und Tod von Angehörigen rücken den Zeitfaktor im Leben in den Vordergrund. Ältere Menschen reflektieren nunmehr die Endlichkeit des eigenen Lebens, es wird ihnen zunehmend bewusst, dass sie im letzten Abschnitt ihres Lebens angekommen sind. „Diese Einsicht führt oft zu einem Lebensrückblick, in dem das Leben betrachtet wird mit allen seinen guten und schlechten Seiten, mit erfüllten Lebensträumen und unerfüllten Erwartungen. Oft werden dann noch (erfüllbare) Wünsche für den Lebensabend deutlich, von anderen Wünschen und Hoffnungen wird Abschied genommen" (Opitz 1998, S. 52). Biographie und Zeitlichkeit im Alter

Biographiearbeit im Alter kann also bedeuten, sich mit dem eigenen Leben auseinander zu setzen. Diese Auseinandersetzung muss nicht problemlos verlaufen. Häufig kann es zu Erscheinungen wie Angst oder Depression kommen, aber auch Selbsterhöhung, Selbstmitleid, Rechtfertigungen oder Verklärungen der eigenen Lebensführung sind oftmals festzustellen (vgl. Focke 1995).

Eine zentrale Voraussetzung der eigenen biographischen Arbeit im Alter ist die Fähigkeit zur Erinnerung. (Wir klammern hier Fälle von Altersdemenz bzw. von Alzheimer-Krankheit aus, obgleich die Wahrscheinlichkeit, von einer dieser Erkrankungen betroffen zu werden, in Anbetracht der gestiegenen Lebenserwartung eher steigt.) Die individuelle Erinnerung ist aber immer auch Teil kollektiver Erinnerungen und konstituiert sich in Bezug zu jeweils aktuellen Bedingungen der Gesellschaft (vgl. Halbwachs 1985). Erinnerungen älterer Menschen können daher nicht losgelöst von sozialen Bedingungen erschlossen werden. Dies lenkt das Augenmerk auf die Lebenswelt der älteren Menschen, innerhalb derer sie ihre Lebensgeschichte erinnern. Erinnerung

In ihrer biographieanalytischen Studie zu „Biographie und Alter(n) auf dem Lande" hat Cornelia Schweppe (2000) diesen Zusammenhang von biographischer Erinnerung und der „Lebenswelt Dorf" herausgearbeitet. In einem mittelhessischen Dorf führte sie mit 21 Personen, die zwischen 1910 und 1933 geboren wurden, narrative Interviews durch. Sie wertete diese Fälle in Anlehnung an das narrationsstrukturelle Analyseverfahren aus und entwickelte fünf Typen, die Aufschluss über den „Biographieverlauf, die Alterssituation samt ihren Sinn- Biographische Studie zum Altern auf dem Dorf und Handlungsorientierungen" und das Verhältnis zum Land geben (ebd., S. 127).

5 Typen biographischer Verläufe auf dem Dorf

In den Fällen des ersten Typus war festzustellen, dass sich die untersuchten Personen in ihren ersten Lebensjahrzehnten stark an der Gemeinschaft des Dorfes bzw. des Herkunftsmilieus orientierten. Als diese Gemeinschaft jedoch nach dem zweiten Weltkrieg für sie allmählich zerbrach, war dies den untersuchten Personen nicht Anlass, nunmehr eigene Lebensorientierungen zu suchen. Vielmehr hielten sie am Ideal der traditionellen dörflichen Gemeinschaft fest, sodass zum Zeitpunkt der Untersuchung das „unveränderte Ich ... der veränderten Gegenwart gegenüber" steht, „von der sich das Individuum immer mehr zurückzieht" (ebd., S. 176). Im zweiten Typus, in dem die alten Menschen ebenfalls mit dem historischen Wandel konfrontiert sind, gelingt es jedoch, die gewachsenen Sozialbeziehungen und die landwirtschaftliche Tätigkeit fortzusetzen, obgleich es dadurch zu „Spannungen, Dissonanzen und Problemen in der Lebensführung" kommt (ebd., S. 224). Im dritten Typus lässt sich zwar ebenfalls anfänglich eine Einbindung in die dörfliche Gemeinschaft und die ländlichen Familienverhältnisse feststellen, doch sind die befragten Personen hiermit unzufrieden gewesen. Sie erleben daher den Modernisierungsprozess „eher als tendenzielle Befreiung aus eingeschränkten Lebensverhältnissen". Allerdings werden sie nicht selbst initiativ und gestalten ihr Leben nach eigenem Gustus, sondern fügen sich in die „neu hergestellten Normalverhältnisse" ein (ebd., S. 264). Im vierten Typus ist die Unzufriedenheit mit den eng begrenzten Chancen und Möglichkeiten im Dorf den befragten Personen schon früh Anlass gewesen, nach eigenen biographischen Entwürfen zu suchen. Schweppe arbeitet hier zum einen beginnende biographische Wandlungsprozesse, in denen neue biographische Entwürfe gefunden werden, heraus. Zum anderen macht sie aber auch deutlich, wie schwer es im Beziehungsgeflecht des Dorfes ist, solche biographischen Entwürfe zu realisieren (vgl. ebd., S. 319ff.). Im Unterschied zu allen anderen Typen ist der fünfte Typus dadurch charakterisiert, dass hier das Alter „weitgehend unabhängig von den ländlichen Lebenszusammenhängen sowie deren Sinn- und Deutungsmustern gelebt" wird (ebd., S. 342). Dies mag auch damit zusammenhängen, dass die hier untersuchte Person nicht in die Dorfgemeinschaft hineingeboren wurde, sondern als Flüchtling zu ihr stieß.

Einbettung im Dorf versus Enttraditionalisierung

Die Studie von Cornelia Schweppe bietet einen Einblick in das Altern auf dem Lande. Zwei Ergebnisse sind dabei von besonderer Bedeutung: Alle befragten Personen sind von den historischen Veränderungen des Landlebens betroffen, doch führt dies nur bei einem Teil dieser alten Menschen dazu, die Enttraditionalisierung des Landlebens zum Anlass zu nehmen, eigene biographische Orientierungen zu entwerfen und zu realisieren. Dies hat sicherlich nicht nur mit dem Leben auf dem Lande, sondern auch mit ihrem Alter und der damit verbundenen Generationszugehörigkeit zu tun.

3.4.3 Alter aus der sozialpädagogischen Perspektive

In der Sozialpädagogik zeichnet sich in den letzten Jahren ab, dass auch hier das Thema „alte Menschen" zunehmend in das Blickfeld gerät. Dabei ist die Spannbreite der vorliegenden Arbeiten sehr groß und reicht von der Altenhilfe, über soziale Altenarbeit, Aspekte des Wohnens im Alter, Rehabilitation, kulturelle Aspekte, Pflege, Sterbebegleitung (hierzu: Schmitz-Scherzer 1992), Fragen der Demenz und des Suizids bis hin zu Lernen und Studieren im Rahmen von Altenbildung.

Hinsichtlich der Pflege ist die sozialpädagogische Altenarbeit gesetzlich institutionalisiert. So ist mit der Einführung des Pflegeversicherungsgesetzes (1994) die Bedeutung der Sozialen Arbeit für alte Menschen neu gestaltet worden. In gewisser Weise kann man davon sprechen, dass mit diesem Gesetz ein Prototyp für eine neue Dienstleistungskultur und Daseinsvorsorge im Rahmen des sozialstaatlichen Umbaus geschaffen worden ist (vgl. Rosendahl/Roth 2000, S. 313). Das Gesetz regelt in vielfältiger Weise den betroffenen Personenkreis, den Aufgabenumfang und -verteilung zwischen Bund, Land und Kommunen sowie die Leistungen, die Pflegebedürftige beziehen können. Das zentrales Grundprinzip der Pflegeversicherung ist dabei, dass die Pflegebedürftigen möglichst lange in ihrer häuslichen Umgebung bleiben können (vgl. Sozialgesetzbuch (SGB) Elftes Buch (XI), Soziale Pflegeversicherung, § 3).

Gesetzliche Regelung sozialpädagogischer Altenarbeit

Während die Altenpflege rechtlich kodifiziert und damit institutionalisiert ist, gibt es auch weniger formalisierte, offenere soziale Arenen, in denen sozialpädagogische Aspekte des Alters zu finden sind. „Alter geschieht inmitten sozialer Räume und Möglichkeiten, die im Hinblick auf Tätigkeiten, Beziehungen, Wohnformen, Lebensstile, Lebenssinn, Freizeitgestaltung, Familienbeziehungen nicht durch verbindliche und kollektiv gültige Muster festgelegt und standardisiert sind. Die einzelnen Lebensbereiche wie Wohnen, Freizeit, Beschäftigungen, soziale Netzwerke haben eine Vielfalt von Ausprägungen angenommen, die unterschiedlich kombinierbar zu sein scheinen. Lebensinhalte und -stile haben sich pluralisiert" (Schweppe 1999, S. 578).

Sozialpädagogische Arenen für alte Menschen

Folglich reichen die sozialpädagogisch relevanten Angebote für alte Menschen von der Einzelbetreuung allein Lebender (ein Aspekt, der in Anbetracht der Individualisierung und Singularisierung bei gleichzeitigem Zuwachs an alten Menschen in den nächsten Jahren an Bedeutung gewinnen wird), über diverse Seniorentreffpunkte in Wohnortnähe (Clubs, Kirchen, kommunale Begegnungszentren usw.), Wander-, Fahrrad- oder Reisegruppen älterer Menschen bis hin zu Selbsthilfegruppen für Menschen, die von bestimmten Krankheiten geprägt sind. Diese Angebote für alte Menschen werden nur zum Teil durch Sozialpädagogen begleitet oder betreut – zumal sich die Sozialpädagogik den Fragen des Lebens im Alter noch weitgehend verschließt (vgl. Schweppe 1999, S. 592). Zum Teil sind diese Angebote denn auch von alten Menschen selbst organisiert.

Gerade auch im Zusammenhang des Strukturwandels des Alters kommt nach Ansicht von Sylvia Kade der Selbstorganisation im Alter eine zunehmende Bedeutung zu. Sie untersucht in einer qualitativen Studie anhand von fünf verschiedenen Fällen, wie das Alter von den alten Menschen selbst organisiert wird. Dazu setzt sie teilnehmende Beobachtung, Experteninterviews und eine Dokumentenanalyse ein, wobei sie in der Auswertung der Daten der „Grounded Theory" von Glaser/Strauss (1969) folgt.

Qualitative Studie zur Selbstorganisation im Alter

Untersucht hat Kade erstens „ein Alten- und Pflegeheim", mit dem sie auch die Grenzen der Selbstorganisation aufzeigt, zweitens „die am Modell der Seniorengenossenschaften orientierte ‚Seniorenhilfe Dietzenbach', die als Modell für eine lokale Nachbarschaftshilfe im Gemeinwesen steht", drittens „Computerinitiativen", die „eine rasche Verbreitung unter den jungen Alten fanden", viertens „das als Serviceeinrichtung für Ältere und für Bürgerengagement aktive ‚Institut für Sozialarbeit', das ein breites Spektrum der offenen Altenarbeit entwickelt hat" (ebd., S. 58). Wir wählen für eine genauere Darstellung den fünften Fall aus, das Frankfurter „Erzählcafé".

<small>Empirisches Beispiel: Erzählcafé</small>

Im Erzählcafe werden monatlich einmal einer oder mehrere ErzählerInnen dazu eingeladen, mit einem Publikum von älteren Menschen über ein zuvor ausgewähltes Thema zu reden. Zu diesen Themen gehörten im Frankfurter „Erzählcafé" z.B. das „Kerbegeld für Zuckerstängel", das „Hickelspiel auf de Gass" (zit. n. ebd., S. 169) oder aber die Vorkriegskindheit rund um den Frankfurter Römerberg. „Die Selbstorganisation der Erzählungen im interaktiven Netz der ‚Römerbergkinder' ... bringt mehr zu Tage, als jedem Einzelnen von ihnen bekannt sein konnte, und mehr, als ihnen aktuell bewusst verfügbar ist" (ebd., S. 180). Hier vollzieht sich im Erzählcafé „eine neue Form der Traditionsbildung ..., deren Gegenstand die interaktive Reinszenierung eines geteilten Generationshorizonts durch Aushandlung und Reflexion ist, obwohl die Besucher einander fremd sind" (ebd., S. 156). Insofern lernt man im Erzählcafé gerade dort, wo die Erzählungen anderer alter Menschen „Erfahrungsdifferenzen" erzeugen, „die den eigenen Horizont erweitern und differenzieren" (ebd., S. 189).

Im Vergleich der unterschiedlichen von ihr untersuchten Fälle zieht Sylvia Kade folgendes Fazit: „Ein zentrales Ergebnis der Fallstudien war die strukturierende Bedeutung der durch Reflexion auf die eigenen Handlungspraxen herausgeforderten Lernprozesse im ‚reflexiven Milieu'" (ebd., S. 287). Dabei steht „selbstorganisiertes Lernen, soweit es auf individuelle Lernprozesse bezogen ist, ... im Dienste des Lernens als Selbstverwirklichung eigener Ziele: Es geht um die Suche nach einem eigenen Weg, um den Erwerb erweiterter Handlungsdispositionen und Optionen" (ebd., S. 357). Hier wird deutlich, dass gerade die neu entstehenden sozialen Arenen, die Kade „reflexive Milieus" nennt, für ältere Menschen ein zentraler Ort sind, um die eigenen Lern- und Bildungsprozesse selbst zu organisieren.

3.4.4 Die Bedeutung neuer Medien für SeniorInnen

Wie sich schon in der Studie von Sylvia Kade andeutete, erlangt die Alten- bzw. Seniorenarbeit unter dem Gesichtspunkt neuer Medien eine neue und erweiterte Bedeutung. Wenngleich auch im Internet die spezifischen sozialpädagogischen Seiten nach wie vor von Themenfeldern beherrscht werden, die vornehmlich die Zielgruppe Kinder und Jugendliche im Blick haben, sind in jüngster Zeit eine Reihe von Internetauftritten entstanden, die alte Menschen als ihre Zielgruppe entdeckt haben. Zu erwähnen sind hier u.a. der Dachverband für Seniorenarbeit (www.dachverband-fuer-seniorenarbeit.de) und der Internationale Bund (www.internationaler-bund.de).

<small>Selbst organisierte Nutzung neuer Medien</small>

Doch werden alten Menschen nicht nur neue Möglichkeiten im und per Internet angeboten, sie nutzen es auch selbst organisiert zur Kommunikation und Informationsbeschaffung. Dass es bislang nur wenig Online-Nutzer bei den

Über-Sechzigjährigen gibt (vgl. Doh 2003), mag damit zusammenhängen, dass für die SeniorInnen die neuen Informationstechnologien ein fremder technischer Erfahrungszusammenhang sind, den sie allenfalls am Ende ihres Berufslebens kennen gelernt haben. Dies wird sich aber mit dem Wandel der Zeit, wenn computererfahrene Menschen älter werden, ändern.

Heute schon ist zu beobachten, dass gerade ältere Menschen, die aus den Zwängen des Berufslebens herausgetreten sind, wieder einen forschenden und experimentell-spielerischen Zugang zu Neuem, z.B. zum Internet finden (vgl. Schäffer 2003). Um diesen Zugang zu erleichtern, gibt es Modellprojekte wie das „Senior-Info-Mobil", in dem eine „‚aufsuchende' Pädagogik und das spielerische Experimentieren als Annäherungsstrategien erfolgreich" waren (Stadelhofer 2002, S. 17). Auch die Hilfestellung durch Gleichaltrige, die durch ihre eigenen Kenntnisse andere SeniorInnen zur Internetbenutzung ermutigen können, hat sich in diesem Zusammenhang als günstig erwiesen.

Zugang zum Internet für alte Menschen

Ungewohnt für die SeniorInnen ist – so zumindest Stadelhofer/Carls (2002, S. 19) – die Vielfalt von widersprüchlichen Informationen, die das Internet bietet. „Die vielen älteren Menschen aus ihren Schulerfahrungen vertraute Erwartung an Bildung als Instanz zur Vermittlung feststehender Fakten wird – nach den Veränderungen im Bildungsverständnis in den vergangenen 30 Jahren – durch die realisierte oder unterstellte Verfügbarkeit beliebig vieler Quellen und unterschiedlicher Perspektiven weiter verunsichert" (ebd.). Eine Form, derartige Unsicherheiten zu überwinden, stellen „virtuelle Selbstlerngruppen" (ebd.) dar, in denen sich SeniorInnen mit Hilfe des Internet durch bestimmte Themengebiete (Geschichte, Heimat, Geschlechterverhältnisse o.ä.) arbeiten oder auch das Internet und seine Technik selbst zum Gegenstand ihrer Diskussionen machen. Doch gibt es auch SeniorInnen, die sich von derartigen pädagogischen und organisatorisch überformten Arrangements fernhalten und im Internet informelle Gruppen, Mailing-Listen und das Milieu technikbegeisterter älterer Menschen suchen (vgl. Nohl 2002 u. Projektgruppe Bildung im Internet 2005).

SeniorInnen im Internet

Alte Menschen und das Altern werden, so kann zusammenfassend festgestellt werden, in zunehmendem Maße von herausragendem Interesse für die gesamte Gesellschaft werden. Die Erziehungswissenschaft wird dieser neu in ihr Aufmerksamkeitsfeld getretenen Altersgruppe Rechnung tragen und diesbezüglich ihre theoretische Reflexion und empirische Forschung noch erweitern müssen. In der pädagogischen Praxis wird zu beachten sein, dass nicht nur fest institutionalisierte Betreuungsformen für alte Menschen von Bedeutung sind, sondern auch selbst organisierte soziale Arenen.

4. Erziehungswissenschaftlich relevante Grundstrukturen und -prozesse

Nachdem wir uns die „Adressaten" und Beteiligten am pädagogischen Handeln entlang der Altersstruktur angesehen haben, wollen wir nun zu einigen Grundstrukturen und Grundprozessen kommen, mit denen es die pädagogisch Professionellen zu tun haben. Zunächst geht es um das grundlegende Menschenbild, das jeder von uns im Kopf hat, wenn wir pädagogisch aktiv werden. Eine solche Subjekthypothese ist z.B. dann wirksam, wenn wir uns Gedanken machen, wie am besten gelernt werden kann. Im Hintergrund stehen dann bestimmte Annahmen, wie der Mensch *überhaupt* lernt. Und diese Annahmen sind abhängig von unserer Vorstellung, was der Mensch *überhaupt* ist und wie er Verhalten oder Wissen erwirbt. Solche Fragen werden im anthropologischen Diskurs (Kap. 4.1) in verschiedener Weise thematisiert. Dabei ist der Aufbau von Selbst- und Weltbildern zentral, denn solche Haltungen zu sich sowie zur sozialen und natürlichen Umwelt sind grundlegend für das Verhalten. Unter dem Stichwort der Biographie (Kap. 4.2) werden wir dem Aufbau solcher grundlegender Selbst- und Weltverhältnisse nachgehen. Menschen, die in eine Gesellschaft hineinwachsen, orientieren sich und ihr Handeln über viele Jahre an jenen, die schon länger in dieser Gesellschaft sind oder die in sie hineinwachsen. Das Bezugssystem der Generationenverhältnisse (Kap. 4.3) ist deshalb grundlegend, um pädagogische Arbeitsfelder und Aktivitäten verstehen zu können und um die Frage nach dem Erwerb von Verhalten und von Einstellungen aus gesellschaftlicher Sicht unter dem Stichwort Sozialisation (Kap. 4.4) thematisieren zu können. Der Boden ist dann bereitet, um jene Prozesse zu untersuchen, die traditionell enger mit der akademischen Disziplin der Erziehungswissenschaft assoziiert sind: Während Sozialisation einen Prozess beschreibt, der in den meisten Fällen relativ unabhängig von den Absichten der Beteiligten erfolgt, bezieht sich der Erziehungsbegriff (Kap. 4.5) auf ein relativ eng gefasstes Gebiet intentionalen Handelns. Schaut man auf menschliche Entwicklung überwiegend aus der Perspektive von Veränderungen, die gewollt oder auch nicht gewollt sein können, dann favorisiert man in den meisten Fällen eine Perspektive, die als Lernen (Kap. 4.6) bezeichnet wird. Von Hilfe und Beratung (Kap. 4.7) wird dann gesprochen, wenn Lernen und Bildung im weitesten Sinne „gestört", behindert oder zeitweise blockiert sind. Zusammenfassend kann gesagt werden, dass die Entwicklung des Menschen, der Aufbau seines Wissens und seiner grundlegenden Orientierungen

Überblick über das Kapitel

im Zentrum erziehungswissenschaftlichen Denkens, Handelns und Forschens stehen. Diese Perspektive wird nachhaltig durch den Bildungsbegriff (Kap. 4.8) zur Geltung gebracht.

4.1 Anthropologische Grundlagen

Vergleich zwischen Mensch und Tier

Anthropologische Fragestellungen beziehen sich hauptsächlich auf die Frage nach dem Wesen des Menschen, also darauf, was unter einem Menschen eigentlich zu verstehen ist. Eine solche Frage macht nur Sinn, wenn ein Vergleichsmaßstab zugrunde gelegt wird. Man kann sagen, dass in der klassischen Anthropologie das Tier ein solcher Vergleichspunkt war. Die Frage, was für den Menschen typisch ist, konnte verstanden werden, wenn man wusste, was für ein Tier typisch ist. Arnold Gehlen (1940) bezeichnet den Menschen beispielsweise als das „nicht festgestellte Tier". Da der Mensch instinktreduziert sei, müsse er als „Mängelwesen" gelten und bedürfe somit des Schutzes, der Erziehung und des Lernens.

Ein weiteres Beispiel für eine klassische Position, die davon ausgeht, dass das Verstehen des Menschen über ein Verständnis des Tieres erfolgt, finden wir in der so genannten Ethologie. Ein typischer Vertreter dieser Richtung ist Konrad Lorenz (1965; 1973), der bekannt geworden ist durch seine Beiträge zur menschlichen Aggression (vgl. Lorenz 1963). Seine Arbeiten sind durchweg so angelegt, dass sie von Beobachtungen in der Tierwelt ausgehen (beispielsweise Studien an Graugänsen) und dann die Resultate auf den Menschen übertragen. In gewisser Weise hat diese Art des Verstehens eine Plausibilität.

Kritik an der klassischen Anthropologie

Kritiker setzen jedoch gerade an dieser Stelle an. Sie zweifeln nämlich *zum einen* daran, dass eine solche Übertragung grundsätzlich möglich ist: Was für tierisches Verhalten gilt, muss nicht zwingend auch für menschliches gelten. *Zum anderen* konstatieren sie eine eigentümliche Geschichts- und Gesellschaftslosigkeit, also einen Mangel an Historizität und Gesellschaftlichkeit. Dieser Mangel besteht darin, dass Verhalten aus dem Wesen eines Lebewesens erklärt wird, unabhängig davon, unter welchen konkreten Zeit- und Gesellschaftsumständen und in welcher historischen Epoche es lebt.

Historische Anthropologie und Kulturanthropologie

Eine solche Kontext- und Geschichtslosigkeit ist insbesondere von der so genannten „Historischen Anthropologie", auch in Absetzung von einer rein philosophischen Anthropologie (vgl. Landmann 1982), kritisiert worden (vgl. Gebauer et al. 1989; Wulf 1997). Ihr zufolge könne man nicht mehr *den* Menschen, sondern nur noch *die* Menschen in ihrer kontextvariablen Vielfalt untersuchen; zugleich müsse sich die Anthropologie der Pluralität und Historizität ihrer eigenen Methoden bewusst werden. Ausgegangen wird also von der Annahme einer „doppelten Historizität" (Wulf 1994, S. 14f.), d.h. der Historizität der Methoden und Gegenstände der Anthropologie. Demgegenüber hat die Richtung der Kulturanthropologie insbesondere auf den kulturellen Aspekt des Menschseins aufmerksam gemacht und im hohen Maße für die kulturelle Vielfalt menschlicher Ausdrucksformen sensibilisiert (vgl. Ohe 1987).

Pädagogische Fragestellungen in der Anthropologie

Dieses kleine Szenario verdeutlicht bereits, dass anthropologische Denkfiguren in den Humanwissenschaften im weitesten Sinne Teil fast jeder Disziplin sind. Der Versuch, innerhalb dieser Vielfalt an Zugängen eine genuin pädagogische Anthropologie zu kreieren, ist immer wieder gemacht worden (vgl. Höltershinken 1976; Scheuerl 1982). Bei diesem Bemühen geht es auch heute nicht so sehr darum, bestimmte Forschungsgebiete für sich zu reklamieren, sondern darum, diese Diskurse der Humanwissenschaften unter pädagogischen Fragestellungen zu betrachten und sich mit solchen Fragestellungen auch produktiv an diesem Diskurs zu beteiligen.

Die Beantwortung der Frage, was unter dem Menschen zu verstehen ist, das ist eingangs bereits gesagt worden, ist gleichsam das grundlegende Koordinatensystem, in das wir dann die Behandlung von Fragen des Lernens, der Beratung oder der Bildung einbetten.

Besonders folgenreich ist aus unserer Sicht ein gewisser Paradigmenwechsel im anthropologischen Diskurs: Seit den 1970er Jahren hat sich nämlich der Referenzpunkt hinsichtlich der Frage, was der Mensch sei, geändert: Im Zentrum steht verstärkt der Unterschied zwischen Mensch und Maschine. Diese Diskurse beziehen Forschungsgebiete der Künstlichen Intelligenz (KI), der Robotertechnologie ebenso wie die moderne Genforschung mit ein. Diese neuen Debatten verändern viele Fragestellungen, die in der Erziehungswissenschaft behandelt werden. Aus diesem Grund werden wir uns im Folgenden darauf konzentrieren, einen Einblick in diese neue Diskurslandschaft zu vermitteln.

Vergleich zwischen Mensch und Maschine

4.1.1 Mensch-Maschine

Wie Käte Meyer-Drawe (1996; 1997) zeigt, haben Menschen immer schon die Maschinenmetapher verwendet, um ein Verständnis von sich selbst zu gewinnen: Der „Mensch als Maschine" gehört deshalb zu den ältesten Selbstbeschreibungsversuchen des Menschen. Die Herausforderung durch die Maschinen besteht darin, dass Maschinen den Menschen in spezifischen Belangen überlegen sind. Dass Autos schneller fahren als Menschen laufen können, dass Computer schneller als Menschen rechnen können, wird heute von jedem akzeptiert und ist für niemanden beunruhigend. Aber wo sind die Grenzen? Werden Maschinen irgendwann dem Menschen in (fast) allen Belangen überlegen sein? Wenn diese Frage ernsthaft mit „ja" beantwortet werden würde, würde diese Antwort nachhaltige Beunruhigung auslösen, denn dann wäre die Position des Menschen ernsthaft gefährdet – oder nicht?

Käte Meyer-Drawe (1996, S. 21) bezeichnet diese Möglichkeit als „kybernetische Kränkung" des Menschen und spielt damit auf die von Sigmund Freud bezeichneten drei Kränkungen des Menschen an: Kopernikus habe mit der Vorstellung gebrochen, dass die Erde der Mittelpunkt des Weltalls sei (kosmologische Kränkung); Darwin habe mit dem Dogma gebrochen, dass dem Menschen eine gewisse Schöpfungspräferenz zugestanden werden müsse (biologische Kränkung). Freud selbst schließlich breche mit der Vorstellung, dass das Bewusstsein den Menschen beherrsche (psychoanalytische Kränkung). Die kybernetische Kränkung wäre dann die vierte und würde den Menschen weiter entmachten, würde ihn einreihen in die Welt der Dinge und der Maschinen.

„Kybernetische Kränkung" des Menschen

Eine solche weitere Depotenzierung muss nicht unbedingt schlimm sein, sie könnte möglicherweise auch nur eine weitere Reduktion der Hybris des Menschen darstellen, die darin besteht, alles, vor allem auch die Natur, kontrollieren und steuern zu wollen. Doch das entscheidende Problem liegt darin, dass die Maschinen vom Menschen selbst hervorgebracht worden sind. Gewinnen sie ein Eigenleben und wenden sich möglicherweise gegen den Menschen? Oder wird die hervorgehobene Stellung des Menschen durch Maschinen nicht beeinträchtigt?

Leibe-Seele-Problem

Im Zentrum dieser Debatte steht die philosophisch nicht neue Frage des Leib-Seele-Problems, also die Frage, ob es etwas Immaterielles wie einen Geist oder eine Seele gibt, oder ob der Mensch ausschließlich stofflicher Natur und letztlich nichts weiter als eine Maschine ist.

Psychophysischer Monismus

Wenn man diese Dualität verneint, wenn man also die Auffassung vertritt, dass auch der Geist letztlich nichts anderes als etwas Stoffliches ist, dann ist von einer solchen monistischen Position aus die Frage, ob es möglich sei, menschengleiche Maschinen herzustellen, wesentlich einfacher mit „ja" zu beantworten. Schauen wir uns zunächst beispielhaft eine solche monistische Position an.

Position des Materialisten Julien Offray de La Mettrie

Ein klassisches Beispiel ist die Position des französischen Materialisten Julien Offray de La Mettrie (1709-1751). Sein Werk „Der Mensch als Maschine" erschien 1748: Es sei falsch, so argumentiert er, davon auszugehen, dass wir auf der einen Seite etwas Immaterielles, Geistiges hätten, nämlich Bewusstsein, und auf der anderen Seite die Außenwelt in Form von Materie, wie Rene Descartes (1596-1650) es noch mit seiner berühmten Unterscheidung von res cogitans und res extensa zum Ausdruck gebracht hatte. Vielmehr sei es so, dass das Bewusstsein in Form des Gehirns selbst auch nur Materie sei. Insofern gebe es keinen Geist. Anstelle zweier Substanzen, nämlich Materie und Geist, tritt bei La Mettrie die Annahme eines materialistischen Monokosmos. Es existiert nur eine Materie. Ihre Kenntnis reiche aus, alles zu erklären. Jede Theorie, die versucht, neben oder hinter der Materie noch ein selbständiges geistiges Prinzip zu suchen, ist Täuschung, Irrtum, Hirngespinst. Die Materie trägt das Prinzip des Geistes und der Seele in sich selbst. Das Denken ist eine natürliche Funktion des Körpers wie andere Funktionen, beispielsweise Atmen oder Stoffwechsel. Eine solche materialistische Position ist deshalb erfolgreich, weil sie letzten Endes alles, was mit dem Menschen zu tun hat, auf irgendwelche Substanzen im Körper oder im Gehirn zurückführen kann, die gemessen, gewogen und in ihrem Verhalten manipulierbar sind.

Deterministische Position

Monistische Positionen der Erklärung des Menschen sind häufig gekoppelt mit einer deterministischen Auffassung hinsichtlich seiner Handlungsfreiheit. Damit ist das grundlegende Problem gemeint, ob der Mensch überhaupt in Situationen sich frei zwischen Handlungsoptionen entscheiden kann oder ob er in seiner Entscheidung mehr oder weniger festgelegt ist. Deterministisch ist eine Position dann, wenn sie solche Willensfreiheit bestreitet und die Kausalität von Ereignissen in der Stofflichkeit von Prozessen sucht. Interessanterweise geht mit einer deterministischen Position auch die Abweisung von Verantwortung und Zurechnungsfähigkeit einher, denn wenn ich mich nicht entschieden habe, in der Weise zu handeln, in der ich gehandelt habe, sondern festgelegt war, genau so zu handeln, bin ich dann für mein Handeln verantwortlich? Diese Positionen werden bis in die Gegenwart vertreten und haben gerade durch die aktuelle Hirnforschung neue Bestätigung erfahren (vgl. Singer 2003; 2004).

Psychophysischer Dualismus

Die klassische Gegenposition zu einer monistischen wäre eine dualistische, also eine, die Immaterialität wie Seele, Geist, (Selbst)bewusstsein und Emotionalität akzeptiert. Eine solche Position würde die Gebundenheit solcher Phänomene an Stofflichkeit nicht leugnen, sie würde nur bestreiten, dass sie auf stoffliche Prozesse zu reduzieren seien. Willensfreiheit und Verantwortung sind mit dieser Position eng verknüpft. Bei Einnahme dieser Position ist dann die entscheidende Frage: Wenn Menschen intelligente Maschinen bauen, werden diese dann Eigenschaften wie Geist, Bewusstsein oder Selbstbewusstsein, schließlich sogar emotionale Reaktionen zeigen können? Im Folgenden skizzieren wir zunächst eine zentrale Ausgangskontroverse und rekonstruieren dann in diesem Diskursfeld eine skeptische Position.

Willensfreiheit und Stofflichkeit des Menschen

4.1.2 Die Zukunft des Menschen

Die Ausgangskontroverse: Ray Kurzweil und Hans Moravec

In seinem Buch „The Age of Spiritual Machines", das 1999 auch in Deutschland unter dem Titel: „Homo s@piens – Leben im 21. Jahrhundert. Was bleibt vom Menschen?" erschienen ist, gibt der KI-Forscher Ray Kurzweil (2001) einen detaillierten Ablaufplan der Entwicklung der künstlichen Intelligenz in den nächsten Jahrzehnten. Seine Prophezeiung zielt auf eine postbiologische Zukunft, den Auszug des Menschen aus seiner sterblichen, biologischen Hülle, um sich als Softwareexistenz nahezu beliebig reinkarnieren zu können. Das wäre kein Sieg der Computertechnologien, es wäre die Verschmelzung von Mensch und Maschine – ein evolutionärer Quantensprung, den Kurzweil für das Jahr 2099 vorsieht.

Postbiologische Zukunft des Menschen

Die Vision Kurzweils ist in dem Punkt der harmonischen Symbiose zwischen Mensch und Maschine durchaus vergleichbar mit dem, was Donna Haraway (1985) unter dem Begriff des *Cyborg* (Cyb = Cybernetic; Org = Organismus) populär diskutiert hat: Digitale, soziale, physikalische und biologische Welten verschränken sich – so argumentiert sie in ihrem „Manifesto for Cyborgs" – immer mehr, so dass der digitale Raum zum gleichrangigen Existenzmedium für den Menschen wird.

Cyborgs als Symbiose von Mensch und Maschine

Folgt man Haraway und Kurzweil, werden wir uns künftig als Cyborgs in komplexen Kommunikations- und Datenwelten des Internet bewegen. Wir sind aus dieser Perspektive also auf dem Weg, unsere menschliche Identität zu verändern, indem grundlegende Differenzen gleichsam neu durchdekliniert werden. Für Haraway ist es diese permanente Grenzerfahrung, die das Wesen des zukünftigen Menschen als Cyborg ausmacht. Kurzweil stimmt mit Haraway in dem Punkt der fruchtbaren Synthese von Mensch und Technik überein, er geht über sie jedoch insofern hinaus, als er als Fluchtpunkt der Technikentwicklung die

Möglichkeit sieht, dass der Mensch als reines immaterielles Wesen, nämlich als Software, existieren könnte.

Der Roboter-Experte und KI-Wissenschaftler Hans Moravec publizierte 1990 sein Buch „Mind Children", eine Techno-Utopie, in der er die Unsterblichkeit der Menschen mittels Mensch-Computer-Symbiose voraussagt. Acht Jahre später – in seinem Buch „Computer übernehmen die Macht" (1998) – ist die Weiterexistenz des Menschen nicht mehr vorgesehen. Er zeichnet ein eher düsteres Szenario, denn er meint nunmehr, die Menschen könnten mit der neu entstandenen Existenzform der maschinellen Intelligenz nicht mehr mithalten und würden unterliegen; das ist der entscheidende Unterschied zu dem Szenario von Kurzweil. Zusammenfassend kann man sagen, dass sich Moravec, was die Einschätzung der technischen Entwicklung in Form von Zukunftsszenarien angeht, nur in der Bewertung von Kurzweil unterscheidet. Der Unterschied liegt in dem Verhältnis zum Menschen. Während Kurzweil eine Position vertritt, die gelegentlich auch als Transhumanismus bezeichnet worden ist und eigentlich eine neue – positiv konnotierte – Entwicklung des Menschen bezeichnet, geht Moravec davon aus, dass diese Entwicklung auch das Ende des Menschen bedeute.

Einer der prominentesten Warner vor den Zukunftsvisionen von Kurzweil und Moravec ist der Mitbegründer und Chefwissenschaftler des amerikanischen Computer- und Software- Unternehmens Sun Microsystems Bill Joy. Er hegt keine Zweifel darüber, dass die Szenarien technischer Entwicklung, wie Kurzweil und Moravec sie beschreiben, richtig sind. Er warnt aber vor den Folgen dieser Entwicklung. Am 8. April 2000 veröffentlichte er in „Wired" einen kritischen Aufsatz mit dem Titel „Why the future doesn't need us". Joy teilt mit Moravec und Kurzweil die Einschätzung, dass der Menschheit in Kürze große Möglichkeiten und ungeahnte Dimensionen durch die neuen Forschungstechnologien zur Verfügung stehen werden. Für ihn besteht allerdings kein Zweifel daran, dass durch weitere Forschung und den Einsatz von Gen-, Nano- und Robotiktechnik (GNR-Technologie) der Mensch in seiner Existenz langfristig bedroht sei. Deshalb lautet seine Kernaussage: „Wir müssen auf die Entwicklung allzu gefährlicher Technologien verzichten und unserer Suche nach bestimmten Formen des Wissens Grenzen setzen" (Joy 2000).

Ein zentraler Vertreter und Vordenker der so genannten „Transhumanisten" (www.transhumanismus.de) ist Max More. Er ist Präsident des kalifornischen Extropy Instituts der Transhumanisten und führt eine Gruppe von radikalen Zukunftsoptimisten an, welche sich Extropianer nennen. Sie wollen die Evolution selbst in die Hand nehmen und sich nicht ihrem menschlichen Schicksal ergeben. Max More (1998; 2000) argumentiert als Verfechter postbiologischen Lebens gegen Bill Joys Aufruf. Er kritisiert die Position technischer Enthaltsamkeit im Wesentlichen mit zwei Argumenten: Erstens hält er sie für unpraktikabel, ein Verzicht würde in der Praxis zum Scheitern verurteilt sein, da dessen Konsequenz zu einem autoritären Kontrollstaat führe. Zweitens sei die Position aus ethischer Sicht verheerend, weil man beispielsweise Menschen die Technologien verweigern würde, die sie bräuchten, um von ihrer Krankheit zu genesen.

Die Entwicklung der GNR-Technologien sei nicht zu stoppen, eine Kontrolle gänzlich unmöglich. Im Gegenteil: die Forschung sollte gerade deshalb beschleunigt werden, um auf diese Weise die Entwicklung gestalten und steuern zu können. Anstatt sich an die pessimistischen Aussagen über die Apartheid von Mensch/Maschine und der düsteren Konsequenz der Auslöschung des Menschengeschlechts zu halten – wie Moravec sie vertritt –, hält er die Vision von Kurzweil für plausibel und auch für erstrebenswert. Hier komme es ja schließlich nicht zur Vernichtung der Menschheit, sondern zu einer Verschmelzung von Biologie und Technologie. Dabei gehe das Menschliche nicht verloren, sondern werde erweitert.

Skeptische Position: John R. Searle

John R. Searle, Professor of the Philosophy of Mind and Language an der University of California (Berkeley), ist in den sechziger und siebziger Jahren des vergangenen Jahrhunderts mit seinen Arbeiten über Sprachphilosophie, insbesondere über die Sprechakttheorie, bekannt geworden und in den achtziger Jahren durch seine Schriften zur Bewusstseinsphilosophie. Er hat sich als prominenter Kritiker der grundsätzlichen Annahme, Computer könnten Bewusstsein haben, profiliert (vgl. Searle 1986, 1993, 2001a).

In seiner Argumentation stützt er sich überwiegend auf das „Chinese Room"-Argument: Man stelle sich vor, eine andere Person ist in einem Zimmer eingesperrt, in dem sich viele Körbe mit chinesischen Schriftzeichen befinden. Die Person verfügt in dem Zimmer über ein Handbuch, in dem sie nachlesen kann, wie die Schriftzeichen miteinander zu kombinieren sind (das Programm). Nun bekommt die Person von draußen Zettel mit chinesischen Zeichen durch einen Schlitz in das Zimmer gereicht, die von den Menschen außerhalb des Zimmers *Fragen* genannt werden. Aus dem Handbuch ist auch ersichtlich, welche Zeichen die Person als passende Antwort wieder hinaus geben kann. Nur: Die Person im Zimmer weiß nicht, dass dies, was in das Zimmer hinein kommt, *Fragen* und das, was sie heraus gibt, die passenden *Antworten* darauf sind. Die Bedeutung der Schriftzeichen, mit denen sie hantiert, ist ihr völlig unbekannt, sie kennt nur die formalen Regeln der Syntax. Wenn die Programmierer ihre Arbeit gut gemacht haben, so scheint es für einen Außenstehenden, als säße im Zimmer ein echter Chinese. Die Person versteht scheinbar chinesische Fragen und reagiert mit richtigen chinesischen Antworten. Die Wahrheit jedoch ist: Die Person versteht kein Wort Chinesisch.

„Chinese Room"-Argument

Genauso verhalte es sich laut Searle mit einem Computer. Dieser arbeite nach formalen Regeln und errechne seine Daten, deren Bedeutung er jedoch nicht verstehe. Searles Einwand lautet also zusammengefasst, dass selbst bei einem enormen Anstieg der Rechengeschwindigkeit in den nächsten zwanzig Jahren Computer wie bisher nur mit den Daten rechnen können, die ihnen von Menschen vorgeben werden.

Mangelndes Sinnverstehen des Computers

Laut Searle basiert sein Gedankenexperiment auf zwei logischen Prinzipien: Das erste Prinzip lautet: Syntax ist nicht Semantik. Das Regelbefolgen impliziere nicht ein Verständnis der Regeln und nicht ein Verständnis der bedeutungstragenden Elemente der Regeln. Dem Computer fehle die Verbindung von den Zeichen zu ihrer Bedeutung. Das bedeutet Searles Aussage, ein Computer könne niemals die Regeln der Syntax transzendieren, um auf die Ebene der Semantik zu gelangen (vgl. Searle 2002).

Semantik versus Syntax

Simulation versus Duplikation — Das zweite Argument, welches das Gedankenexperiment des chinesischen Zimmers untermauern soll, lautet: Simulation ist nicht Duplikation, ein Gehirn zu simulieren sei nicht dasselbe, wie ein Gehirn zu sein. Insofern könnten Computer aufgrund ihrer Leistungssteigerung immer besser menschliche Gehirne simulieren und durchaus einzelne Funktionsbereiche des Gehirns in der Leistung übersteigen, aber daraus könne nicht geschlossen werden, dass sie Gehirne seien.

Damit gilt Searle als grundsätzlicher Kritiker der Positionen von Kurzweil und Movarec. Aus seiner Perspektive werde es keine bewusst denkenden Maschinen geben, weil es sie vom Grundsatz her nicht geben kann. Maschinen können nie Eigenschaften wie Geist, Bewusstsein oder Seele aufweisen (vgl. insbesondere Searle 2001b).

4.1.3 Zusammenfassung

Soweit die beiden Visionen von Kurzweil und Moravec sowie die skeptische Position von Searle. Die Verschmelzung von Mensch und Technik, von Biologie und Kybernetik, wird eine Fülle von Problemen mit sich bringen, die sich heute schon abzeichnen: von der Neukonzeptionierung des Personenbegriffs bis hin zu Fragen der Verantwortlichkeit. Diese Fragen werden auch bezogen auf die skizzierte Diskurslandschaft in der pädagogischen Anthropologie wesentliche Akzente setzen. Was als Identität des Menschen zu verstehen ist, wird abhängig werden von der Symbiose technischer und psychischer Systeme. Menschen wachsen in einer Umgebung auf, die in wachsendem Maße durchdrungen ist von neuen Informationstechnologien. Insofern werden elementare Alltagsroutinen und Handlungsvollzüge noch stärker wissensbasiert und durchdrungen von modernen Informationstechnologien (pervasive computing), als es heute schon der Fall ist.

Hybridstruktur von Mensch und Maschine — Diese sich abzeichnende Hybridstruktur von Mensch und Maschine verändert aber nicht nur die Art und Weise des Aufbaus von Wissen, sondern auch die grundlegenden Orientierungen des Menschen, beeinflussen also nachhaltig sein Verhältnis zu sich und zur Welt (vgl. Meyer-Drawe 1996, S. 28). Im nächsten Schritt schauen wir uns deshalb unter dem Stichwort „Biographie" an, wie Menschen generell solche Verhältnisse aufbauen.

4.2 Biographie

Zum Begriff — Eine Biographie ist die wissenschaftliche, literarische oder mündliche Darstellung der Lebensgeschichte von Menschen. „Bios" bedeutet, aus dem Griechischen stammend, Leben, aber auch Lebensform; „Graphe" bedeutet Schrift. Biographie ist also gleichsam die Schrift eines Lebens, individuell oder kollektiv. Biographieforschung ist dementsprechend die Entzifferung dieser Schrift eines Lebens.

Biographie in der Erziehungswissenschaft — In der Geschichte der Erziehungswissenschaft kann die Thematik der Biographie unter anderem auch als Autobiographie eine beachtliche Tradition aufweisen. Die Linie kann von Wilhelm Diltheys Überlegungen zur Biographie über die Arbeiten von Jürgen Henningsen (1962), Werner Loch (1979), Heinze/ Klusemann/Soeffner (1980), Baacke/Schulze (1979 und 1985) bis hin zur Konzeptionierung einer erziehungswissenschaftlichen Biographieforschung (Krüger/Marotzki 1999; Marotzki 1991; 1991a) gezogen werden.

Dabei ist es üblich geworden, den Begriff der Biographie von dem des Lebenslaufs zu unterscheiden: Unter dem Begriff des Lebenslaufs versteht man eher die objektiven, sozial-strukturell validen Fakten des Lebens (z.B. Geburtsdatum, Einschulung, Ausbildung, Heirat etc.), unter Biographie dagegen die mit Sinn und Bedeutung versehenen Erfahrungen. Unter Biographisierung wird dann jener Prozess der Bedeutungszuweisung und Sinnverleihung von Ereignissen im einzelnen Lebenslauf verstanden (vgl. Brose/Hildenbrand 1988, S. 21).

Biographie versus Lebenslauf

4.2.1 Doppelte Situierung des Menschen

Menschen situieren sich in doppelter Weise: Sie entwickeln ein Verhältnis zu sich (Selbstbezug) sowie zur materiellen und sozialen Welt (Weltbezug). Indem Menschen ein Verhältnis zu sich selbst entwickeln, entwickeln sie ein Selbstbild, eine Vorstellung davon, was sie sind, was sie können und was sie wollen. Andererseits nehmen Menschen gegenüber anderen, gegenüber Gruppen, Schichten und gegenüber der Gesellschaft eine Haltung ein. Sie übernehmen oftmals auch deren Erwartungen und Forderungen. Zum Beispiel übernehmen wir alle bis zu einem gewissen Grade die Erwartungen unserer Eltern und machen uns diese zu eigen. Wir sagen: bis zu einem gewissen Grade, denn wir können sie natürlich auch verändern oder auch ablehnen und gegen sie rebellieren. Wie auch immer wir uns gegenüber ihnen verhalten, wir entwickeln eine Haltung gegenüber dieser sozialen Umwelt im weitesten Sinne. Diese Haltung kann man als elementaren Weltbezug bezeichnen. Biographie ist als Konzept strukturell auf der Schnittstelle von Selbst- und Weltbezug angesiedelt.

Selbst- und Weltbezug des Menschen

4.2.2 Traditionen des Biographiekonzepts

Die Entwicklung des Biographiekonzeptes kann theoriegeschichtlich aus zwei umfangreicheren Traditionen heraus verstanden werden: *Zum einen* handelt es sich um eine Reaktualisierung geisteswissenschaftlich-hermeneutischer Traditionen, vor allem der Philosophie Wilhelm Diltheys und Edmund Husserls. *Zum anderen* handelt es sich um die sozialwissenschaftliche Entwicklungslinie des so genannten Qualitativen Paradigmas, die im weitesten Sinne in der Tradition Max Webers als Verstehende Soziologie bezeichnet werden kann und in die Linie der phänomenologischen-wissenssoziologischen Tradition einmündete.

Geistes- und sozialwissenschaftliche Entwicklungslinien

Geisteswissenschaftlich-hermeneutische Impulse

Ende der 1970er Jahre ist es im Zusammenhang mit der so genannten Alltagswende (vgl. Lenzen 1980) auch zu einer verstärkten Aufnahme der auf Wilhelm

Dilthey (1833-1911) zurückgehenden geisteswissenschaftlich-hermeneutischen Tradition gekommen (z.B. Scheuerl 1981; Uhle 1981). Es ist mit Recht immer wieder darauf hingewiesen worden, dass die Kategorie der Biographie in der pädagogischen Tradition recht früh auftaucht, aber erst mit Dilthey einen systematischen Stellenwert zugewiesen bekommt. Wenn sich heutige erziehungswissenschaftliche Biographieforschung auf die Dilthey-Linie in legitimierender Absicht bezieht, dann sind es vor allem zwei Perspektiven, die Aufmerksamkeit verlangen. Zum einen ist es die konzeptionelle Dimension; zum anderen die der empirischen Anschlussfähigkeit.

Konzeptionelle Dimension des Diltheyschen Ansatzes

Die konzeptionelle Dimension. Bei Dilthey liegt eine Auffassung des menschlichen Lebenslaufs vor, die auch heute noch von den meisten erziehungswissenschaftlichen BiographieforscherInnen implizit oder explizit geteilt wird. Im Folgenden stellen wir zwei Hauptgesichtspunkte, nämlich die Problematik der Zusammenhangsbildung und die der Sinnherstellung, überblicksartig dar.

Herstellung von Zusammenhängen

Für Dilthey ist Verstehen jener elementare Vorgang, in dem der einzelne Mensch zu einem Welt- und Selbstverhältnis findet. Eine der Grundoperationen dieses elementaren Vorgangs ist die Herstellung von Zusammenhängen mit dem Ziel der Ordnungsbildung. Ein einzelnes Ereignis kann nur verstanden werden, indem es in eine Ganzheit eingeordnet wird. Diese Ganzheit selbst kann nur aus den Einzelteilen verstanden werden.

Dieser traditionell so verstandene hermeneutische Zirkel (von dem der Philosoph Martin Heidegger gesagt hat, es komme nicht darauf an, wie man aus ihm herauskomme, sondern darauf, wie man sich in ihm bewege) ist auch für Dilthey grundlegend. Nur über eine so geartete Prozedur kann überhaupt Zusammenhang hergestellt werden. Ein solcher Prozess ist prinzipiell nicht abgeschlossen, sondern ein ständiges Wechselverhältnis des einzelnen Lebensereignisses mit dem ständig wieder neu zu antizipierenden Ganzen. Die Kategorie des Zusammenhanges ist insofern eine zentrale „Kategorie des Lebens", wie Dilthey es nennt: „Der Lebensverlauf besteht aus Teilen, besteht aus Erlebnissen, die in einem inneren Zusammenhang miteinander stehen. Jedes einzelne Erlebnis ist auf ein Selbst bezogen, dessen Teil es ist; es ist durch die Struktur mit anderen Teilen zu einem Zusammenhang verbunden. In allem Geistigen finden wir Zusammenhang: so ist Zusammenhang eine Kategorie, die aus dem Leben entspringt" (Dilthey 1968, S. 195).

Biographische Zusammenhangsbildung

Die Zusammenhangsbildung ist bei Dilthey also eine Leistung des Bewusstseins, das Beziehungen zwischen Teilen und einem Ganzen beständig herstellt und in neuen biographischen Situationen überprüft bzw. modifiziert. Leben als Strukturzusammenhang, wie Dilthey es formuliert, wird also mit Hilfe des hermeneutischen Topos des Ganzen und der Teile expliziert. Die Biographie ist somit ein vom Subjekt hervorgebrachtes Konstrukt, das als eine Einheit die Fülle von Erfahrungen und Ereignissen des gelebten Lebens zu einem Zusammenhang organisiert.

Biographisierung

Die Herstellung eines solchen Zusammenhanges der Erlebnisse und Erfahrungen erfolgt über Akte der Bedeutungszuschreibung. Bedeutung wird von der Gegenwart aus vergangenen Ereignissen verliehen. Die Erinnerungen, die jemand von seinem Leben noch aktualisieren kann, sind jene, die ihm bedeutungsvoll in einem Gesamtzusammenhang erscheinen, über die und durch die er sein

Leben strukturiert. Dieser Prozess der permanenten Zusammenhangsbildung stellt gleichsam die Grammatik von *Biographisierungsprozessen* dar.

Für Dilthey ist dieser Prozess der Bildung eines Strukturzusammenhanges Ausdruck eines synthetischen Vermögens des Menschen, das ihm ganz grundlegend, sozusagen in anthropologischer Hinsicht, zukomme. Nur wo solche vom Subjekt gestifteten Strukturzusammenhänge vorhanden sind, ist auch Entwicklung möglich (vgl. Dilthey 1982, S. 218), kann – und das ist der nächste Gesichtspunkt – Sinn hergestellt werden.

Sinn ist der Modus der Verknüpfung zwischen bedeutungsvollen Ereignissen. Diese Sinnhaftigkeit kann laut Dilthey nur individuell erzeugt werden. Die biographischen Sinnentwürfe des Menschen tragen die Signatur des Individuellen und sind nicht verallgemeinerbar, genauso wie Sinnkonstitution nach Dilthey prinzipiell eine individuelle ist. Individuelle biographische Verarbeitung ist in diesem Sinne individuelle Sinnarbeit. Zitieren wir noch einmal Dilthey mit einer berühmten, oft herangezogenen Stelle: „Jedes Leben hat einen eigenen Sinn. Er liegt in einem Bedeutungszusammenhang, in welchem jede erinnerbare Gegenwart einen Eigenwert besitzt, doch zugleich im Zusammenhang der Erinnerung eine Beziehung zu einem Sinn des Ganzen hat. Dieser Sinn des individuellen Daseins ist ganz singulär, dem Erkennen unauflösbar, und er repräsentiert doch in seiner Art, wie eine Monade von Leibnitz, das geschichtliche Universum" (Dilthey 1968, S. 199).

Biographische Sinnentwürfe

Die empirische Dimension. Das, was Menschen ausmacht, kann empirisch – so finden wir es bei Dilthey – nur über deren Manifestationen erschlossen werden. Unter menschlichen Manifestationen versteht er sowohl künstlerische Produktionen als auch jegliche Art ordnenden Tuns und Verhaltens in gesellschaftlich-sozialen Kontexten.

Empirische Dimension des Diltheyschen Ansatzes

Obgleich Dilthey in seinen eigenen Beispielen immer wieder bestimmten Formen von autobiographischen Dokumenten den Vorzug gegeben hat, muss festgehalten werden, dass alle möglichen Materialien als Manifestationen des Biographischen einer Analyse unterzogen werden können. Autobiographische Materialien im weitesten Sinne sind u.a. Memoiren, Lebenserinnerungen, Tagebücher, literarische Autobiographien und Briefe. Die Selbst- oder Autobiographie ist für Dilthey der direkteste und höchste Ausdruck einer Besinnung über das Leben, die vollkommenste Explikation der entstehenden Selbstauffassungen und Selbstdeutungen des Lebens (vgl. Dilthey 1968, S. 204). Wenn man sich diese Art der Manifestationen anschaut, wird man auf überwiegend literarische Autobiographien und historisch vorfindbare Selbstzeugnisse stoßen.

In der Tat haben Selbstthematisierungen und Selbstzeugnisse eine lange Tradition und geben vorzüglich Aufschlüsse über vergangene Lebenswelten (vgl. beispielsweise Hahn/Kapp 1987). Dabei kommen auch – von der Sache her gesehen – sozialstrukturelle Aspekte nicht zu kurz, denn Selbstthematisierungen setzen kulturelle Selbstthematisierungsmöglichkeiten voraus. Anders formuliert: Es muss soziale Institutionen, Konventionen und Interaktionsformen geben, die die Rückbesinnung auf das eigene Dasein gestatten und Formen solcher biographischen Reflexion fördern oder hemmen. Deshalb hat sich auch – durchaus in dieser Tradition – eine historische Biographieforschung etablieren können (vgl. Herrmann 1987), in der erforscht wird, wie in welchen Zeiten und Milieus Biographien konstruiert wurden (vgl. Cloer 1999).

Historische Biographieforschung

Sozialer Umbruch und Biographisierung

Wenn man von einer Geburt der pädagogischen Reflexion aus Situationen des sozialen Umbruchs sprechen kann (vgl. Tenorth 1984), dann kann man – gleichsam in Problemanalogie – für solche Zeiten auch von einer Tendenz erhöhter Biographisierung sprechen. Wenn Menschen verstärkt auf sich selbst zurückgeworfen sind, wenn ihr Orientierungswissen und ihre Wertorientierungen einer Herausforderung dergestalt unterliegen, dass geprüft wird, ob sie angesichts rasanter sozialstruktureller Veränderungen ebenfalls verändert werden müssen, oder – gleichsam kontrafaktisch – aufrechterhalten werden sollen, dann tritt notwendigerweise eine verstärkte Beschäftigung mit der eigenen Biographie ein. Dies ist in besonderem Maße in der Wissensgesellschaft der Fall, so dass einige AutorInnen auch von der „Ressource Biographie" sprechen (vgl. Kraul/ Marotzki 2002).

Die Theoriebestände geisteswissenschaftlich-hermeneutischer Tradition haben allerdings für eine Beschäftigung mit autobiographischen Dokumenten nur in begrenztem Maße wirken können. Die voluminöse vierbändige Geschichte der Autobiographie des Dilthey-Schülers Georg Misch (vgl. Misch 1949-1969) zeigt zum einen, dass die Biographie als eine zentrale Kategorie in Diltheys Werk angesiedelt ist, belegt aber auch die zu starke Einschränkung der empirischen Basis auf historische Dokumente. Das liegt sicherlich zum großen Teil daran, dass bei Dilthey zwar methodologische Impulse zu finden sind, aber keine ausgearbeiteten Methoden und Vorgehensweisen, die es erlauben würden, den Anschluss an empirische Forschung herzustellen. Deshalb ist sein philosophischer Rahmen des Lebenslaufs zwar inspirierend, ist aber methodisch durch andere Impulse weiterentwickelt worden. Dennoch kann sich Erziehungswissenschaft, wenn sie zentral mit der Kategorie der Biographie arbeitet, durchaus als in der geisteswissenschaftlich-hermeneutischen Tradition stehend begreifen.

Phänomenologisch-lebensweltliche Impulse

Ende der 1970er Jahre ist es im Zuge der Rezeption neuerer Theoriezusammenhänge – wie etwa Ethnotheorie, Ethnomethodologie (z.B. Parmentier 1983) und Symbolischer Interaktionismus (z.B. Brumlik 1983) – auch zu einer Reaktualisierung der durch den Soziologen Alfred Schütz (1899-1959) in die Sozialwissenschaften eingeführten phänomenologischen Tradition, die auf den Philosophen Edmund Husserl (1859-1938) zurückgeht, gekommen.

Alfred Schütz' phänomenologischer Ansatz

Mit dem Namen Alfred Schütz verbinden wir das Bemühen einer im Wesentlichen an Henri Bergson (1859-1941) und Edmund Husserl anschließenden Fundierung der Sozialwissenschaft über die Klärung der Sinnkonstitutionsprozesse in der Lebenswelt. In Schütz' Werk werden Fragen bearbeitet, die darauf zielen, wie die soziale Welt sinnhaft konstituiert wird und wie eine wissenschaftlich vertretbare Erschließung solcher Prozesse der Sinnsetzung möglich wäre. Sein Fragehorizont hat sich in der Auseinandersetzung mit den Soziologen Georg Simmel (1858-1918) und vor allem mit Max Weber (1864-1920) herausgebildet. Webers Redeweise von dem mit einer Handlung verbundenen Sinn zu klären und damit den Begriff subjektiven Sinns fremden Verhaltens konzeptionell zu spezifizieren, kann als ein zentrales Motiv des Schützschen Denkens angesehen werden.

Schütz geht es darum, die sinnhafte Orientierung sozialen Handelns zu klären und die daraus resultierenden Konsequenzen für eine Verstehende Soziologie zu thematisieren. Zur Kennzeichnung seiner pragmatischen Lebensweltheorie greift Schütz auf Eric Voegelins Begriff des Kosmion zurück, der dort die symbolische Selbstinterpretation einer Gesellschaft bezeichnet. Damit wird die Frage endgültig auf die Mechanismen ausgerichtet, durch welche der Mensch Sinn in die Welt hineinträgt und sie so zur Lebenswelt, zum Kosmion, macht (vgl. Srubar 1988, S. 250). Die verschiedenen Wirklichkeitsbereiche und ihre Ordnungen sind in einer Lebenswelt zu einem Kosmion verbunden. Die Annahme der Vielfältigkeit von Realitätsebenen hat Schütz in seiner „Theorie mannigfaltiger Wirklichkeiten" (Schütz 1945) ausgearbeitet. Dieser Theorie gemäß verarbeiten Gesellschaftsmitglieder die Komplexität des soziokulturellen Bedeutungsgefüges in der Weise, dass sie sie in finiten Sinnprovinzen organisieren. Zwischen diesen und dem sprachlichen Sichverhalten des Menschen sieht er enge Zusammenhänge, denn Sprache versteht er als gesellschaftliches Bedeutungssystem.

Sinnhafte Orientierung sozialen Handelns

Schütz hat die Frage der Kritik des Alltags ausgeklammert. Er hat den Alltag der Gewohnheiten zum Thema gemacht und sich dafür interessiert, wie Subjekte diese Gewohnheiten abwickeln. Ihn hat interessiert, was das Selbstverständliche des problemlos gelebten Alltags konstituiert. In diesem Sinne bildet eine phänomenologische Analyse der Sinnkonstitution gesellschaftlicher Erfahrungsverarbeitung den Kern seines Ansatzes. Zusammenfassend kann gesagt werden, (1) dass in der phänomenologisch-lebensweltlichen Tradition die Aufmerksamkeit auf eine Erschließung sozialer Prozesse der Sinnsetzung gerichtet und (2) dass die Organisation der Lebenswelt der Menschen zum Thema gemacht wird.

Wenn eingangs Biographie etwas emphatisch als Schrift des Lebens bezeichnet worden ist, dann kann abschließend gesagt werden, dass Biographieforschung ein ehrgeiziges Programm darstellt, diese Schrift des Lebens zu entziffern, wohl wissend, dass es nicht nur die biologische Ebene ist, die für den Menschen konstitutiv ist, sondern dass es vor allem die soziale Ebene der kulturell-symbolischen Entwürfe ist, die den Menschen zum Menschen macht. Eine so verstandene Biographieforschung vermag einen Blick für Vielgestaltigkeit, für Polymorphien und Differenzen subjektiver Lebensentwürfe zu vermitteln. Sie sensibilisiert dafür, dass der Mensch sozial konstituiert ist und zuallererst aus diesen sozialen Bezügen heraus verstanden werden kann. In die Fülle der biographieanalytischen Studien soll im letzten Schritt ein kleiner Einblick gegeben werden.

Biographieforschung als Entzifferung der Schrift des Lebens

4.2.3 Empirische Studien zur Biographie

Nähert man sich dem ausdifferenzierten Feld der Biographieforschung, so fällt zunächst die breite Palette empirischer Arbeiten auf. Von der klassischen Domäne der Oral History und ethnographischen Feldstudien weist die Forschungslandschaft Arbeiten zum Wandel von Erwerbsbiographien, zur Situation von Frauen bis hin zu Studien über abweichende „Karrieren" auf (vgl. überblicksartig Schulze 1991; 1992; 1995; 1999). Bei aller Eigenständigkeit und Differenziertheit der

Ansatz erziehungswissenschaftlicher Biographieforschung

einzelnen Forschungen kann doch eine Linie von Bühler (1921; 1934) und Bernfeld (1931) über Bertlein (1960) und Küppers (1964) bis hin zu Lebensweltanalysen gezogen werden, wie sie etwa von der Projektgruppe Jugendbüro und Hauptschularbeit (1975) sowie von der Projektgruppe Jugendbüro (1977) durchgeführt worden sind. Gemeinsam ist ihnen das Interesse an der Binnenperspektive der Jugendlichen, wie sie über Selbstzeugnisse und Interviews erschlossen werden können. Die meisten der Projekte und vorliegenden empirischen Studien erziehungswissenschaftlicher Biographieforschung stammen aus der historischen Erziehungs- und Sozialisationsforschung, der Kindheits- und Jugendforschung (einschließlich Studentenbiographien), Erwachsenenbildung, Medienpädagogik und Sozialpädagogik (vgl. Krüger 1995).

Narratives Interview

Viele dieser Studien bedienen sich bei der Erhebung und Auswertung biographischer Daten der Methode des narrativen Interviews, die von Fritz Schütze (1983a u. b) entwickelt wurde. Das narrative Interview zielt auf die Hervorlockung biographischer Stegreiferzählungen, in denen unterschiedliche Haltungen zur eigenen Lebensgeschichte rekonstruiert werden können.

Das narrative Interview ist auch für die zwei Studien inspirierend gewesen, die wir im Folgenden etwas ausführlicher darstellen. Diese Studien zeigen das Sensibilisierungspotential hinsichtlich der Polymorphien menschlicher Biographien, das durch die Biographieforschung eröffnet wird.

Biographische Analyse zu Bildung und Geschlecht

Für ihre Arbeit „Bildung und Geschlecht zwischen Moderne und Postmoderne" hat Heide von Felden (2003) narrative Interviews im Kontext des Weiterbildungsstudienganges „Frauenstudien" an der Universität Oldenburg durchgeführt. Sie interessiert sich dafür, wie sich die Frauen mit geschlechtstypischen und geschlechtsbedingten Zuschreibungen auseinander setzen, wie sie ihr Studium rezipieren und wie die Zusammenhänge zwischen Lern- und Bildungsprozessen aussehen. Sie kommt zu dem Resultat, dass das Studium für die Frauen in unterschiedlicher Weise Optionen eröffnet. Teils sind es gleichsam Therapieerwartungen. Das bedeutet, dass vom Studium eine grundlegende Neuorientierung erwartet wird, so dass dadurch die eigene als zerrüttet empfundene Biographie wieder in Ordnung gebracht werden kann. Häufig sind es Erwartungen, die sich auf persönliche Weiterentwicklungsmöglichkeiten richten. Und teils sind es Professionalisierungserwartungen. Das bedeutet, dass die universitären Angebote nur insofern Einfluss auf die Biographisierungsprozesse gewinnen, als durch das Studium das fachliche Selbstverständnis gefestigt werden soll.

Sehr eindrucksvoll wird von von Felden anhand des empirischen Materials die Dominanz synchroner Reflexionsformate der biographischen Arbeit herausgearbeitet, d.h. die Paradoxie der Veränderung des Selbstbildes bei gleichzeitiger Gewinnung gesellschaftlicher Anerkennung für dieses neue Selbstbild. Weiterhin wird die Art und Weise herausgearbeitet, wie die Frauen mit den geschlechtsspezifischen und -bedingten gesellschaftlichen Zuweisungen umgehen: sie annehmen, ablehnen oder verändern.

Qualitative Studie zu Bildungsbiographien

Auch Rudolf Egger (1995) beschäftigt sich in seiner empirischen Studie „Biographie und Bildungsrelevanz" mit Prozessstrukturen moderner Bildungsbiographien. Er bearbeitet die Frage, wie Menschen sich neu orientieren, wie sie Diskontinuitäten und Widersprüche in ihrem Lebensablauf identitätsmäßig verarbeiten. Er thematisiert auf diese Weise die Vielfalt von Biographisierungsformen und versucht, einige Muster herauszuarbeiten und exemplarisch zu analysieren.

Zu diesem Zweck hat er 20 narrative Interviews mit Menschen in österreichischen Erwachsenenbildungseinrichtungen geführt und narrationsstrukturell ausgewertet. Hinsichtlich der Frage, wie Menschen mit den durch Bildung sich eröffnenden neuen Optionen umgehen und wie sie diese neuen Möglichkeiten mit ihrer bisherigen biographischen Gesamtformung vereinbaren, unterscheidet er drei Elementarmuster:

Ein *Muster der Simultaneität* liegt dann vor, wenn die normative Kraft der Altersphasen ausdrücklich in Frage gestellt wird und die Informanten Kindheit, Jugend und Erwachsensein nicht als durchlebte Stufen empfinden, sondern gleichsam konstellativ bestimmte Elemente ihres Lebens diesen Stufen zuordnen, so dass diese Stufen aspekthaft auch jetzt noch in ihrem Leben präsent sind. Ein *Muster der Synchronisierung* liegt dann vor, wenn die Grundlogik der Biographisierung darin besteht, Berufliches und Privates in eine Beziehung zu bringen. Hier wird nicht die normative Kraft der Altersphasen in Frage gestellt, sondern die Energie richtet sich auf das Management der Synchronisation zweier elementarer Lebensbereiche. Ein *Muster der Pluralisierung* liegt dann vor, wenn kein linearer Fortschritt der eigenen Entwicklung im Leben gesehen wird, sondern eher eine Fülle verschiedener Möglichkeiten, die realisiert werden können oder nicht. Die biographische Reflexionshaltung besteht darin, sich zwar für bestimmte Optionen zu entscheiden, gleichzeitig aber dadurch eine flexible Entwicklung zu ermöglichen, die jederzeit wieder revidierbar ist.

[Randnotiz: Elementarmuster biographischer Gesamtforschung]

Sicher lassen sich noch weitere Muster dieser Art in modernen Biographien finden, Egger gelingt es aber mit seiner Studie, einen tiefen Einblick in die Polymorphie moderner Biographisierungsprozesse zu geben.

Wenn es in erziehungswissenschaftlicher Biographieforschung um die empirische Analyse von Mustern des Selbst- und Weltverhältnisses geht, dann geht es elementar um das In-der-Welt-sein des Menschen. Deshalb ist die Kategorie für pädagogischen Denken und Handeln zentral. Sie bildet „den Sinn- und Verweisungszusammenhang pädagogischen Argumentierens und Handelns, sei es in rekonstruktiver Vergewisserung, sei es in prognostisch legitimatorischer Absicht" (Herrmann 1987, S. 305). Ein weiterer elementarer Verweisungszusammenhang bildet das Generationenverhältnis, mit dem wir uns im nächsten Abschnitt beschäftigen wollen.

[Randnotiz: Pädagogische Relevanz der Biographieforschung]

4.3 Generation

Den pädagogischen Grundprozessen des Lernens, der Erziehung und der Bildung unterliegt neben den anthropologischen Grundlagen und der Biographie die Struktur der Generation, die schon früh in der Disziplin der Pädagogik thematisiert wurde. Bereits Friedrich Schleiermacher (1768-1834) weist darauf hin, dass ein „großer Teil der Tätigkeit der älteren Generation ... sich auf die jüngere" erstreckt, und fordert: „Es muß also eine Theorie geben, die von dem Verhältnisse der älteren Generation zur jüngeren ausgehend sich die Frage stellt: Was will

[Randnotiz: Generationenverhältnis]

denn eigentlich die ältere Generation mit der jüngeren? Wie wird die Tätigkeit dem Zweck, wie das Resultat der Tätigkeit entsprechen?" (Schleiermacher 1959, S. 38).

Generation als Thema der Erziehungswissenschaft

Diese Denkfigur, pädagogische Grundprozesse über das Verhältnis der Generationen zu thematisieren, findet sich auch im zwanzigsten Jahrhundert. So schreibt Herman Nohl: „Hinter allen historischen Gegensätzen in der Pädagogik, auch hiinter jenen überhistorischen, steht immer noch ein letzter pädagogischer Urgegensatz ...: der Gegensatz der Generationen, von Vater und Sohn, von Lehrer und Zögling" (Nohl 1918, S. 111). Am Ende des 20. Jahrhunderts gelangte die Generationenfrage zu hoher Popularität, die sich in zahlreichen Publikationen niederschlug (vgl. u.a. Neubauer 1992, Rauschenbach 1994, Lüscher/Schultheis 1993, Brumlik 1995, Leggewie 1995, Liebau 1997, Müller 1998, Mansel/Rosenthal/Tölke 1997, Krappmann/Lepenies 1997, Becker 1997, Liebau/Wulf 1998, Ecarius 1998, Hornstein 1999, Nohl 2000, Szydlik 2000, Bock 2000, Kramer/Helsper/Busse 2001, Ecarius 2002, Schäffer 2003).

Gesellschaftlicher Wandel und Generation

Ein Grund für diese Konjunktur der Generationenfrage ist sicherlich im beschleunigten gesellschaftlichen Wandel zu suchen, der seit den 1990er Jahren andauert: Dass die Gesellschaft sich schnell verändert, dass die ältere Generation nicht mehr in jedem Fall die jüngere in ‚ihre' Gesellschaft einführen kann, da sich eben diese Gesellschaft schon so sehr verändert hat, dass sie eher den Jüngeren zugänglich ist, bringt Gesellschaft- und Generationswandel in eine enge Verbindung. Schon wird provokativ die Frage gestellt, „Was will die jüngere mit der älteren Generation?" (Ecarius 1998). Und es wird dazu aufgefordert, „das Verhältnis der Generationen in unterschiedlichen pädagogischen Bezügen und Settings zu überdenken, wenn nicht gar zu einer Neubestimmung des Pädagogischen Anlauf zu nehmen" (Lange 1999, S. 77).

Doch die Konjunktur des Generationenbegriffs hat nicht unbedingt zu seiner theoretischen Klärung beigetragen. Die Diskussion resümierend stellt Walter Hornstein 1999 fest: „Eine moderne Theorie der Generationen oder der Generationenverhältnisse gibt es derzeit allerdings nicht, sondern eher Suchbewegungen, die sich um die Wiederaufnahme des Themas bemühen sowie in Kritik und Auseinandersetzung mit der Geschichte des Problems ... neue, den aktuellen Situationen entsprechende Fassungen des Themas suchen" (Hornstein 1999, S. 54).

Überblick über den Abschnitt

Wir möchten in diesem Abschnitt drei Thematisierungsformen von Generation vorstellen. Zunächst gehen wir auf das Generationenverhältnis im Wohlfahrtsstaat ein (4.3.1). Dann widmen wir uns zwei Generationenbegriffen, mit denen Schleiermachers Ausgangsfragestellung erneut thematisiert und differenziert werden kann: Als erstes behandeln wir einen Generationenbegriff, der die spezifische Weltanschauung einer jeden Generation hervorhebt (4.3.2), als zweites die Problematik der Familiengenerationen (4.3.3).

4.3.1 Generationenverhältnisse im Wohlfahrtsstaat

Ökonomische Solidarität zwischen den Generationen

Generationenverhältnisse unter dem Fokus des Wohlfahrtsstaats zu thematisieren ist so neu wie aktuell: Wenn unter dem Begriff der Generation „Wohlfahrtsgenerationen" (Kohli 1994, S. 114) verstanden werden, geht es um die Frage, wie es um die ökonomische Solidarität zwischen den Generationen steht. Martin Kohli und Marc Szydlik zeigen hier, dass es in Bezug auf diese Frage nicht genügt, lediglich die Diskussion um die Generationengerechtigkeit hinsichtlich der Rente zu führen. Vielmehr muss auch die Unterstützung zwischen den Generationen, die jenseits staatlicher Wohlfahrtssysteme geleistet wird, erforscht werden (vgl. Kohli et al. 1997).

Marc Szydlik (Szydlik 2000) widmet sich dabei dem Verhältnis erwachsener Kinder und deren Eltern. Es geht ihm um gegenseitige Hilfeleistungen, Unterstützungen während der Erwerbstätigkeit bzw. auch bei Arbeitslosigkeit, um den monetären Transfer zu Lebzeiten der Verwandten oder auch um differierende Entwicklungen in Ost- und Westdeutschland seit der Wiedervereinigung. Dabei kann er zeigen, dass selbst bei räumlicher Trennung in den meisten Fällen eine lebenslange „familiale Generationensolidarität" (ebd., S. 234) zu finden ist, die neben ökonomischen auch emotionale Bereiche umfasst.

Gleichwohl befürchtet Szydlik, dass dies angesichts des gesellschaftlichen Wandels sich ändern könnte: „Die Folgen der flexibilisierten Arbeitswelt, Arbeitslosigkeit, Angst vor Stellenverlust, gestiegene Anforderungen auf dem Arbeitsplatz und geographische Mobilität schwächen langfristig die Bindungen zwischen erwachsenen Kindern und Eltern. Zunehmende Scheidungen und Alleinerziehendquoten führen zu zunehmend brüchigen Generationenbeziehungen zum abwesenden Elternteil. Die Pluralisierung von Familienformen führt zu einer Pluralisierung von Generationenbeziehungen unter Erwachsenen. Mehr Kinderlosigkeit bedeutet auch, daß immer mehr Menschen keine familiale Beziehung zur nachwachsenden Generation erleben" (Szydlik 2000, S. 246).

Generationen als „Wohlfahrtsgenerationen" zu betrachten, impliziert eine Fokussierung des Zusammenhalts zwischen den Generationen, durch den erst die gesellschaftliche Solidarität und Wohlfahrt gewährleistet werden kann. Dieser Zusammenhalt zwischen den Wohlfahrtsgenerationen unterliegt in der heutigen Gesellschaft auch den pädagogischen Grundprozessen. Noch charakteristischer für diese Grundprozesse sind indes die beiden anderen Thematisierungsformen von Generation, die wir im Folgenden vorstellen möchten.

4.3.2 Generation als spezifische Weltanschauung

Möchte man Generation als den Kulminationspunkt einer spezifischen, nämlich für die Position einer Altersgruppe in der historischen Zeit charakteristischen Weltanschauung erörtern, so ist man auf die zentrale Arbeit zum „Problem der Generationen" von Karl Mannheim (1893-1947) verwiesen. Mannheim hat in diesem Aufsatz im Jahre 1928 eine Sichtweise auf die Generationenfrage entwickelt, die bis in die Gegenwart aufgegriffen und weiter diskutiert wird. — Mannheims Generationskonzept

Ausgangspunkt von Karl Mannheim ist der Begriff der „Generationslagerung", der das *Potential* von Erfahrungsmöglichkeiten in einem bestimmten „historisch-sozialen Raum" (Mannheim 1964, S. 542) bezeichnet, der durch die Zugehörigkeit zu demselben Geburtenjahrgang, d.h. zur selben Kohorte, charakterisiert ist. Bereits diese Lagerung beschränkt „Individuen auf einen bestimmten Spielraum möglichen Geschehens" und legt „damit eine spezifische Art des Er- — Generationslagerung, -zusammenhang und -einheit lebens und Denkens" nahe (ebd., S. 528). Während die Generationslagerung also durch potentielle Möglichkeiten gekennzeichnet ist und von außen, d.h. jenseits der Erfahrungswelt der Betroffenen, festgestellt werden kann, grenzt Mannheim hiervon zwei weitere Begriffe ab, mit denen er die konkrete „Partizipation an den gemeinsamen Schicksalen dieser historisch-sozialen Einheit" (ebd., S. 542), d.h. eine „Erlebnisparallelität" (Schäfers 1992, S. 104) bezeichnet: Der „Generationszusammenhang" umfasst alle, die am Schicksal einer Generation tatsächlich teilhaben; innerhalb eines „Generationszusammenhangs" lassen sich indes unterschiedliche Weisen, die generationsspezifischen Erlebnisse zu verarbeiten, identifizieren. Hier spricht Mannheim von verschiedenen „Generationseinheiten im Rahmen desselben Generationszusammenhanges" (1964, S. 544).

Sozialisatorische Funktion der Generation

Wo aus der bloßen Kohortenzugehörigkeit Partizipation an strukturidentischen Erfahrungen wird, erhält der Mannheimsche Generationsbegriff eine eminent erziehungswissenschaftliche Bedeutung. Denn laut Mannheim sind die „Grundintentionen und Gestaltungsprinzipien" der jeweiligen Generationseinheiten und -zusammenhänge „die in erster Linie sozialisierenden Faktoren im gesellschaftlich-historischen Geschehen" (ebd., S. 545). Während in Bezug auf den Einzelnen die Generation eine sozialisatorische Funktion hat, ergibt sich aus der Tatsache, dass immer wieder neue Generationen mit einem „neuen Zugang" heranwachsen, stets ein „neuartiger Ansatz bei der Aneignung, Verarbeitung und Fortbildung des Vorhandenen" (ebd., S. 531). Dieser transformative Charakter neuer Generationen kommt insbesondere in der lebenszyklischen Phase des Jugendalters zum Tragen, denn hier ist die Distanz zu den (generationell) eingespurten Lebensweisen der Erwachsenen am größten (vgl. Bohnsack/Schäffer 2002, S. 255).

Qualitative Studie zu generationsspezifischen Medienpraxiskulturen

Wie Karl Mannheims theoretische Perspektive auf die Generationenproblematik empirisch fruchtbar gemacht werden kann, lässt sich anhand der qualitativ-empirischen Untersuchung zu „generationsspezifischen Medienpraxiskulturen" zeigen, die Burkhard Schäffer (2003) vorgelegt hat. Schäffer führte mit mehreren Gruppen, die er aus drei unterschiedlichen Generationslagerungen auswählt (zwischen 1930 und 1940 Geborene, zwischen 1955 und 1965 Geborene sowie ca. 1985 Geborene) Gruppendiskussionen über das Handeln mit dem Computer durch.

Der Autor geht davon aus, dass die Angehörigen dieser drei Generationslagerungen in ihrer Jugend mit den damals jeweils aktuellen Technologien Erfahrungen gemacht und sich diese Handlungspraktiken als „generationsspezifische Medienpraxiskulturen" habitualisiert haben (vgl. ebd., S. 119f.). Diese Eingewöhnung in den Umgang mit den Technologien ihrer Jugendzeit wird gerade dann deutlich, wenn man die Generationslagerungen miteinander vergleicht. Für die älteren Jahrgänge ist das „Handeln mit dem Computer immer von einer grundlegenden Fremdheitsrelation zu dem Gerät bestimmt" (ebd., S. 191), wobei sich aber die berufstätigen mittleren Jahrgänge von den Senioren dadurch unterscheiden, dass sie jeder Begeisterung für das Spielen mit dem Computer fern stehen. Demgegenüber „hat das Handeln der Mitglieder der Seniorengruppe ... fast durchweg spielerischen Charakter" (ebd., S. 191), auch wenn sie diese Computerspiele in ihren Schilderungen „fast völlig ausblenden" (ebd., S. 192).

Schäffer zeigt hier, dass die Senioren und Erwachsenen mittleren Alters nicht nur das Potential von Generationen (im Sinne von Generationslagerungen) aufweisen, sondern zwei unterschiedliche „Generationszusammenhänge" mit charakteristischen Erfahrungshintergründen bilden. Die Fremdheit der älteren Jahrgänge gegenüber dem Computer erklärt Schäffer damit, dass diese Personen in ihrer Jugend eher mit analogen Technologien hantiert haben. Demgegenüber gehört bei den 1985 Geborenen der Computer zu den Selbstverständlichkeiten ihres Lebens, womit sich ein ganz anderes Potential an Erfahrungen abzeichnet. Dass dieses Potential sich nicht nur in konkreten Erfahrungen mit Medien niederschlägt (Generationszusammenhang), sondern diese Erfahrungen je nach Geschlecht und Bildungsmilieu unterschiedlich verarbeitet werden, rekonstruiert der Autor in einem detaillierten Vergleich zwischen Gymnasiasten und Hauptschülern sowie Mädchen und Jungen (vgl. ebd., S. 132ff.). Auf diese Weise arbeitet er die unterschiedlichen Medienpraxiskulturen im Sinne von Generationseinheiten heraus. Dass für die Reflexion der eigenen Generationszugehörigkeit dann auch der Vergleich mit den anderen Generationen notwendig ist, analysiert Schäffer im zweiten Teil seiner Untersuchung, auf den wir hier nicht näher eingehen können.

Vergleich zwischen Jugend, mittlerem und höherem Alter

Qualitativ-empirische Untersuchungen zu den unterschiedlichen Weltanschauungen, Erfahrungs- und Handlungszusammenhängen von Generationen sind deshalb für die Erziehungswissenschaft wichtig, weil in ihnen sowohl die Potentiale als auch die Grenzen der Lern- und Bildungsfähigkeit von Menschen aufgezeigt werden können. Denn dass z.B. viele Jüngere mit einer spielerischen Leichtigkeit mit dem Computer umgehen, während die mittleren Jahrgänge den Computer nur als Mittel zu beruflichen Zwecken sehen, ist u.a. in ihrer unterschiedlichen Generationszugehörigkeit begründet, die auch in pädagogischen Maßnahmen nicht aufgehoben, sondern nur bearbeitet werden kann.

Generationsspezifische Potentiale und Grenzen der Lern- und Bildungsfähigkeit

4.3.3 Familiengenerationen

Generationsspezifisch unterschiedliche Weltanschauungen, Erfahrungs- und Handlungszusammenhänge können auch innerhalb von Familien aufeinander treffen und die familialen Beziehungen dynamisieren. Doch ist der Begriff der Familiengeneration nicht mit den Weltanschauungsgenerationen im Sinne von Karl Mannheim zu verwechseln (vgl. Meister/Sander 1998, S. 185). Denn der Begriff der Familiengeneration bezieht sich auf das zunächst biologisch fundierte Verhältnis zwischen Eltern und Kindern (vgl. Ecarius 1998, S. 52), das sowohl für die Erziehung in der Familie (vgl. Ecarius 2002) als auch für die Sozialisation von Bedeutung ist.

Zum Begriff der Familiengeneration

Karin Bock (2000) hat in einer Drei-Generationen-Studie die politische Sozialisation von Drei-Generationen-Familien in Ostdeutschland mit qualitativen Methoden untersucht. Sie hat dazu in sechs Familien je ein narratives und ein Leitfaden-Interview mit je einem Mitglied jeder Familiengeneration geführt. Dabei ging es ihr um die in die Lebensgeschichten eingebetteten politischen Sozialisationsprozesse, um die alltäglichen intergenerativen Beziehungen und die familialen Lebenswelten (vgl. ebd., S. 188). Aus diesem vielfältigen

Qualitative Studie zur politischen Sozialisation in Drei-Generationen-Familien

Material rekonstruiert sie zwei Typen intergenerativer politischer Sozialisationsprozesse:

Diskontinuierlicher Typus der politischen Sozialisation

Im diskontinuierlichen Typus ist jede Generation mit ihren eigenen zeitgeschichtlichen Problemen beschäftigt und muss sich in ihrer Biographie mit diesen auseinandersetzen. So ist z.B. in der Familie Lau für den Großvater die Anpassung an die NS-Herrschaft kennzeichnend für die Jugendphase, während sein Sohn zunächst eine „kämpferische Haltung" in der DDR zeigt; dessen Sohn indes beschäftigt sich intensiv mit dem politischen Geschehen in der Vorwendezeit (ebd., S. 237ff.). In den Familien sind die intergenerationellen Beziehungen „stark von asymmetrischen Machtbalancen gekennzeichnet" (ebd., S. 344), so etwa dort, wo ein Angehöriger der Generation der um 1910 Geborenen seinen Kindern nicht nur seinen Beruf (Pfarrer), sondern mit ihm seine politische, antikommunistische Haltung aufzuzwingen versucht (vgl. ebd., S. 213ff.). Die familialen Lebenswelten und Gesprächsthemen sind eng mit dem gesellschaftlichen Diskurs der DDR verknüpft, von dessen politischer Ausrichtung sie sich abgrenzen.

Kontinuierlicher Typus der politischen Sozialisation

Im zweiten, dem kontinuierlichen Typus ist nicht die Gesellschaft, sondern die Familie und ihre Überlebensmöglichkeit angesichts der gesellschaftlichen Bedingungen das zentrale Familienthema (vgl. ebd., S. 346f.). Dem korrespondiert ein intergeneratives Beziehungsklima, das an Harmonie orientiert ist und die gesellschaftlichen Wandlungsprozesse nur insoweit berücksichtigt, als sie für die Familie eine Relevanz besitzen und dem intergenerationellen Beziehungsgeflecht nutzen können. Hier wird eine hohe Kontinuität über die Familiengenerationen hinweg möglich, zwischen denen ein „familialer Wissensbestand" (ebd., S. 346) tradiert wird. Diese Fokussierung auf die innerfamilialen Belange wird von Bock als Konstruktion eines „Gegensatzes zwischen öffentlicher und privater Sphäre" verstanden (ebd.), wobei der privaten Sphäre die uneingeschränkte Priorität zukommt.

Die Komplexität dieser politischen Sozialisationsprozesse (und ihrer Erforschung) ist allerdings größer als hier wiedergegeben werden kann; Bock identifiziert innerhalb der beiden Typen unterschiedliche Muster, in denen politische Sozialisationsprozesse lebensgeschichtlich erfahren werden. Zudem gelingt es ihr, nicht nur das intergenerationelle Geschehen innerhalb der sechs Familien zu rekonstruieren, sondern die Perspektive zu wechseln und Gemeinsamkeiten der einzelnen Generationen über die Familien hinweg zu untersuchen (vgl. ebd., S. 351ff.). Dabei zeigt sich das spezifische Schicksal dieser Generationenabfolge: „Jede der drei Generationen erlebt mindestens einmal den Zusammenbruch eines Gesellschaftssystems" und „das gemeinsame Erlebnis der letzten Jahre in der DDR, der gesellschaftliche Umbruch im Herbst 1989 und der Transformationsprozeß in Ostdeutschland verbindet die Generationenabfolge auf eine ganz spezifische Art und Weise" (ebd., S. 361).

Die Grundstruktur der Generation ist, wie wir in diesem Abschnitt zeigen wollten, vielschichtig: Sie lässt sich als Wohlfahrtsgeneration thematisieren, wenn es um Fragen der Solidarität zwischen den Generationen in einer Gesellschaft geht. Erziehungswissenschaftlich relevant aber sind vor allem die Weltanschauungsgenerationen und Familiengenerationen, in denen die Dynamik der pädagogischen Beziehung zwischen Älteren und Jüngeren unter zwei unterschiedlichen Gesichtspunkten gefasst werden. Dass diese pädagogische Beziehung in der Wissensgesellschaft nicht immer einen Vorsprung der Älteren vor den Jüngeren bedeutet, haben wir anhand des generationsspezifischen Zugangs zu neuen Informationstechnologien deutlich gemacht.

4.4 Sozialisation

Der Begriff der Sozialisation geht zurück auf den französischen Soziologen und Pädagogen Emile Durkheim (1859-1917), der damit den Vorgang der Vergesellschaftung des Menschen fasste, also jenen komplexen Vorgang, innerhalb dessen menschliche Persönlichkeit und gesellschaftliche Bedingungen sich wechselseitig beeinflussen. Durkheim gilt als einer der Begründer der akademischen Soziologie. Für die Erziehungswissenschaft ist er deshalb besonders wichtig, weil er als erster Sozialisation und Erziehung systematisch miteinander in Beziehung gebracht hat, indem er Erziehung als methodische Sozialisation und als wichtigstes Instrument der Normenverinnerlichung verstand (vgl. Durkheim 1972, S. 30).

Zum Begriff

Gegenüber Durkheim, der den Menschen vornehmlich als Mitglied der Gesellschaft betrachtete und das Ziel der Sozialisation auf die *Integration* in die Gesellschaft ausrichtete, wurde eingewendet, dass der Mensch und seine *Persönlichkeitsentwicklung* im Mittelpunkt sozialisationstheoretischer Aufmerksamkeit stehen solle. Dieser Gegenposition zufolge bedient sich der Mensch der Gesellschaft, um seine Identität zu entwickeln.

Gesellschaftsintegration versus Persönlichkeitsentwicklung

Moderne Definitionen der Sozialisation versuchen, diese beiden Gegenpositionen miteinander zu versöhnen. So bezeichne, um eine viel zitierte Definition heranzuziehen, Sozialisation „den Prozeß der Entstehung und Entwicklung der Persönlichkeit in wechselseitiger Abhängigkeit von der gesellschaftlich vermittelten sozialen und materiellen Umwelt. Vorrangig thematisch ist dabei..., wie sich der Mensch zu einem gesellschaftlich handlungsfähigen Subjekt bildet" (Geulen/Hurrelmann 1980, S. 51).

Definition von Sozialisation

An dieser Definition fällt Folgendes auf: Sozialisation meint einen andauernden *Prozess* und ist mithin immer nur in der Abfolge von sozialisatorischen Geschehnissen zu verstehen. Dieser Prozess setzt nicht bei der Persönlichkeit an, was voraussetzen würde, dass es diese schon gäbe. Vielmehr entstehen im Zuge der Sozialisation erst die Persönlichkeit und das Subjekt. Sozialisation ist schließlich der *Austausch* sowohl mit der *sozialen* als auch mit der *materiellen Umwelt*. Das heißt, dass wir auch durch die Dinge und Gegenstände unseres Lebens, unsere Spielzeuge, Kugelschreiber, Computer und Wohnungen sozialisiert werden – mithin durch die Technik, in der die Handlungen und Errungenschaften vorangegangener Zeiten aufbewahrt werden.

In der lesenswerten Einführung in die Sozialisationstheorie von Klaus-Jürgen Tillmann (2000) werden die Implikationen dieses Sozialisationsbegriffs von drei anderen Auffassungen abgegrenzt: Erstens von der *biologistischen Perspektive*, die mit „Reifung" und genetisch fixierten Anlagen argumentiert; zweitens von der *idealistischen Philosophie*, die Persönlichkeit als Produkt psychischer Entfaltung sieht und sie damit auf das Individuum verkürzt;

drittens von einer als bewusst und reflektiert verstandenen *Erziehung* (vgl. Tillmann 2000, S. 13ff.).

Selbst- und
Fremdsozialisation
Auch in der Wissensgesellschaft rankt die zentrale sozialisationstheoretische Fragestellung, wie schon bei Durkheim, um das *Verhältnis von Individuum und Gesellschaft* bzw. um die Gewichtung von „Selbstsozialisation" und „Fremdsozialisation", die in der Sozialisationsforschung kontrovers diskutiert wird (vgl. Zinnecker 2000 u. 2002; Bauer 2002; Hurrelmann 2002; Veith 2002; s. auch Fromme et al. 1999). Mit dem Begriff der „Selbstsozialisation" ist dabei keineswegs die Auffassung impliziert, ein isoliertes Individuum würde sich selbst sozialisieren. Vielmehr wird mit diesem Begriff dem „Eigensinn und der Eigenaktivität des Aktors" (Zinnecker 2002, S. 145) in der Sozialisation großes Gewicht beigemessen. Dass Kinder und Jugendliche durch von den Erwachsenen bereitgestellte Sozialisationsinstanzen (Familie, Schule, Beruf etc.) sozialisiert werden, tritt demgegenüber in den Hintergrund, wenn es auch nicht unberücksichtigt bleiben darf. Denn „die Individuen [sind; d.A.] als Informationen verarbeitende und handelnde Subjekte maßgeblich an diesem Prozeß [der Vergesellschaftung; d.A.] und damit aktiv an ihrer Entwicklung beteiligt" (Mansel et al. 1999, S. 10). Dies gilt insbesondere für die neuen Medien, in denen „die ‚autodidaktischen' Anteile der Subjekte und die Zurückhaltung bzw. Inkompetenz der sozialisierenden Agenten (Medienpädagogik) unübersehbar groß sind" (Zinnecker 2002, S. 146). So werden Computerspiele von Kindern gerade ohne Hilfe von Erwachsenen gelernt und gespielt (vgl. Fromme/Vollmer 1999, S. 223).

Überblick über den
Abschnitt
Wir möchten im Folgenden drei theoretische Ansätze vorstellen, die das Verhältnis von Individuum und Gesellschaft auf unterschiedlichen Ebenen analysieren und insofern einander ergänzen. Da „wir bisher nicht über eine umfassende und geschlossene Theorie der Sozialisation verfügen" (Geulen 2000, S. 131) und diese uns weder möglich noch erstrebenswert erscheint, möchten wir erwähnen, dass es neben den von uns ausgewählten viele weitere Sozialisationstheorien, u.a. jene der Psychoanalyse (s. dazu Helsper 1996), von Piaget oder aus materialistischer Perspektive, gibt. Wir beleuchten demgegenüber den Vorgang der Sozialisation mit der pragmatistischen *Interaktionstheorie* von George Herbert Mead (4.4.1), der *Rollentheorie*, wie sie im Anschluss an Mead vor allem von Erving Goffman und Lothar Krappmann entwickelt wurde (4.4.2), sowie mit der wissenssoziologischen *Milieutheorie* Karl Mannheims und Ralf Bohnsacks (4.4.3). Alle drei Ansätze berücksichtigen sowohl Elemente der Selbst- als auch der Fremdsozialisation, die voneinander nicht zu trennen sind. Im Anschluss an die Diskussion dieser Sozialisationstheorien stellen wir zwei empirische Studien zum Thema vor (4.4.4).

4.4.1 Interaktionstheorie

George Herbert
Meads
Interaktionstheorie
Wie sich die Identität des Einzelnen in der sozialen Interaktion konstituiert, in welcher Verbindung also Individuum und Sozialität stehen, ist eine zentrale Fragestellung im Werk von George Herbert Mead (1863-1931). Mead vertrat den philosophischen Ansatz des Pragmatismus, dessen sozialpsychologische Variante er maßgeblich ausarbeitete (vgl. Brumlik 1973 u. Joas 2000).

Um die Besonderheit sozialer Interaktion, der wechselseitigen Bezugnahme unter Menschen, zu verdeutlichen, ist es angeraten, zunächst einmal die menschliche *Bezugnahme auf Gegenstände* unter die Lupe zu nehmen. Menschen nehmen Gegenstände in der Art wahr, wie sie sie benutzen, wie sie mit ihnen handeln können. Dass wir einen Stuhl sehen (und kein Podest, keine einstufige Leiter oder ein Regal), rührt aus unseren Vorerfahrungen, die wir in der Behandlung von Stühlen gemacht haben: Wir haben uns meistens auf sie gesetzt. In der Wahrnehmung eines Gegenstandes, d.h. wenn wir durch einen Gegenstand gereizt werden, stellen wir uns diese Handlung bzw. Reaktion nur vor, wobei wir aus unseren Vorerfahrungen mit ähnlichen Handlungen mit ähnlichen Stühlen schöpfen (vgl. Mead 1987, S. 232). Bezugnahme auf Gegenstände

Auch in der *sozialen Interaktion* wird das Gegenüber, der andere Mensch, als ein Reiz zum Handeln wahrgenommen. Doch hier handelt der eine Mensch nicht nur *gegenüber*, sondern auch *mit* dem anderen. Auf einen ersten Reiz der ersten Person (im Folgenden „Ego" genannt) folgt eine Reaktion der zweiten Person („Alter" – der Andere – genannt). Hierauf reagiert wiederum *Ego*, woraufhin auch *Alter* sein Handeln der neuen Reaktion von *Ego*, die für ihn einen Handlungsreiz darstellt, anpasst (vgl. ebd., S. 219ff.). Als Beispiel mag hier die (scheinbar) einfache Interaktion zweier Menschen fungieren, die auf dem Bürgersteig aneinander vorbeigehen möchten. Die erste Andeutung einer Bewegung nach links stellt einen Reiz *Alters* für eine Reaktion *Egos* dar, selbst nach rechts auszuweichen; dies ist wiederum ein Reiz, auf den *Alter* damit reagiert, dass er nun noch deutlicher nach links ausweicht, was wiederum *Ego* dazu anregt, seine Bewegung nach rechts fortzusetzen usw. Soziale Interaktion

Dieses Beispiel steht zugleich für die ursprünglichste Form menschlicher Interaktion, die *Interaktion mit nichtsprachlichen Gebärden und Gesten*, wie sie auch im Tierreich zu finden ist (vgl. ebd., S. 210ff.). Schon auf dieser Ebene der Gesten ist das Handeln im Wesentlichen sozial, wie dies etwa im wechselseitigen Lächeln von Mutter und Neugeborenem deutlich wird. Je stabiler solche Interaktionsfolgen werden, je stabiler also die Reize und Reaktionen von Alter und Ego miteinander verknüpft sind, desto leichter wird es für die Interaktionspartner, ihr Gegenüber einzuschätzen und wahrzunehmen. Die Gebärden und Gesten des Gegenübers gewinnen Bedeutung und werden damit zu *signifikanten Gesten* (vgl. ebd., S. 228). Beispielsweise lernt das Neugeborene, dass das ursprünglich impulsive Lächeln in der Interaktion mit der Mutter eine spezifische Bedeutung gewonnen hat; und man erfährt in Ländern mit Rechtsverkehr, dass man die Gesten des entgegenkommenden Passanten als Hinweis darauf zu deuten hat, rechts an ihm vorbeizugehen. Gestenkonversation

Signifikante Gesten können unbewusst sein, wenn die Interaktion (wie etwa beim Aneinander-Vorbeigehen) habitualisiert ist (vgl. Mead 1987, S. 215). Erst dann, wenn die Interaktion nicht problemlos abläuft und man nicht weiß, wie man interagieren soll (z.B. in einem Land mit Linksverkehr), entsteht ein *Bewusstsein* für die eigenen Gesten und jene des Gegenübers (vgl. ebd., S. 219f.).

In Bezug auf die Möglichkeiten des Ich-Bewusstseins unterscheiden sich nonverbale Gebärden von den Lautgebärden der *Sprache*, wie Mead betont: „Während man nur unvollkommen den Wert des eigenen Gesichtsausdrucks oder der eigenen Körperhaltung für andere spürt, vernimmt man mit seinen Oh- Sprachliche Interaktion ren die eigene Lautgebärde in derselben Form, die sie für einen Mitmenschen besitzt" (ebd., S. 235). Dies bedeutet, dass man in sich selbst die Reaktion auslöst, die man bei den Mitmenschen hervorrufen kann. Nur die Sprache ermöglicht es damit, die Haltung der Mitmenschen in unser eigenes Handeln hineinzunehmen. „Wo die Reaktion der anderen Person hervorgerufen wird und zu einem Reiz für die Kontrolle der eigenen Handlung wird, tritt der Sinn der Handlung der anderen Person in der eigenen Erfahrung auf" (1991, S. 112f.). Auf diese Weise ermöglicht Sprache Denken.

Objektivierung der Identität im „me"

Wenn sich so in den fortlaufenden Interaktionen die sozialen Reize der Interaktionspartner mit den Reaktionen einer Person verknüpfen und eine stabile Verbindung zwischen Reizen und Reaktionen entsteht, derer sich die Person – insbesondere bei sprachlichen Gebärden – bewusst ist, so entsteht ein „me" (deutsch: „Mich") als die ‚soziale Seite' der Person. Im „me" wird die eigene Identität durch die Interaktionserfahrung mit anderen Menschen verobjektiviert und so erst dem Bewusstsein zugänglich gemacht (vgl. 1987, S. 238ff.). Da jeder Mensch ganz unterschiedliche Interaktionspartner haben kann, entstehen u.U. auch unterschiedliche „me"s. Beispielsweise kann das „me", das sich bei einem Kind in der Interaktion mit seinen Eltern herausgebildet hat, eher aus einem Gefühl der Geborgenheit bestehen, während es in der Schulklasse eher eines der Konkurrenz und in der Interaktion mit Lehrern eher eines der ständigen Verhandlung über Rechte und Pflichten sein mag. Es ist eine Leistung des Individuums, diese unterschiedlichen „me"s in seinem Handeln zu integrieren. In dieser Integration entsteht sein „Selbst".

Subjektivität des „I"

Das „me" ist stets rückwärtsgewandt, gründet es sich doch in der Reflexion vorangegangener Interaktionen. Mead unterscheidet es vom „I" („Ich"), das die aktuelle Reaktion auf einen sozialen Reiz darstellt und nicht reflektierbar ist: „Wir können uns keine Reaktion vergegenwärtigen, während wir reagieren" (1987, S. 239). Das „I" zählt als Instanz der vorbewussten, innovativen Spontaneität (vgl. Joas 1996, S. 202) zu den Fundamenten von Individualität und Subjektivität; es steht in einem steten Austausch mit dem relativ stabilen „me", welches dem Bewusstsein zugänglich ist.

Selbst des Menschen

Auch die dynamische Kombination von „I" und „me" (bzw. unterschiedlichen „me"s) gehört zum „Selbst" eines Menschen (Mead 1948, S. 144f.). Das „Selbst", als Begriff für Identität, hat also immer einen bewussten Anteil (das „me") und einen vorbewussten Anteil (das „I" der aktuellen Handlung). Das Selbst des Menschen entwickelt sich nun mit wachsender Fähigkeit zur Perspektiven- bzw. Einstellungsübernahme, d.h. mit wachsender Fähigkeit, die Gesten des Gegenübers zu antizipieren und unterschiedliche „me"s zu integrieren.

Rollen- und Gesellschaftsspiel

Mead unterscheidet hier anhand des Rollen- und Gesellschaftsspiels zwei Formen der Einstellungsübernahme: Während man im *Rollenspiel* so tut, als wäre man *eine* andere Person, und so nur eine einfache Einstellungsübernahme vollzieht, muss man im *Gesellschaftsspiel* die Einstellung *aller* Beteiligten übernehmen und die Beziehung der Einstellungen zueinander definieren (vgl. Mead 1948, S. 151). Die damit implizierte Komplexitätssteigerung der Einstellungsübernahme wird deutlich, wenn man sich beispielhaft den Unterschied zwischen Puppenspiel und „Monopoly" vergegenwärtigt.

Mead nennt die so organisierten, in eine Beziehung gebrachten und antizipierten Einstellungen aller am Gesellschaftsspiel bzw. am Spiel der Gesellschaft Beteiligten „generalisierter anderer" (ebd., S. 154); demgegenüber beruht das Rollenspiel lediglich auf der Einstellungsübernahme gegenüber dem einzelnen „signifikanten anderen".

Signifikanter und generalisierter anderer

Das Selbst entsteht also, fasst man zusammen, in der Interaktion zwischen Menschen. Sich des eigenen Selbst bewusst zu werden, setzt voraus, dass man nicht nur die Gesten der Interaktionspartner versteht, sondern auf deren Basis auch einen Zugriff auf die eigenen Gesten und Handlungen erhält. Dies ist vor allem in sprachlichen Gesten möglich. Doch nur ein Teil des eigenen Selbst ist – im Sinne des „me" – objektiviert und sichtbar; die aktuelle Handlung, die spontan vom „I" durchgeführt wird, bleibt dem Akteur immer verschlossen. Die Rollentheorie, die wir im Folgenden darstellen möchten, knüpft in ihren fortgeschrittenen Versionen an diese Komplementarität von „me" und „I" an.

4.4.2 Rollentheorie

Man spricht von einer sozialen „Rolle", wenn das „me" nicht nur auf der Interaktion mit einzelnen, konkreten Menschen basiert, sondern mit gesellschaftlich festgelegten Erwartungen und Regeln verknüpft und institutionell stabilisiert ist. Solche *(institutionell) festgelegten Erwartungen und Regeln* an das Verhalten einer Person finden sich in der Rolle des Studenten, der in der Universität den studentischen Gepflogenheiten entsprechend handeln soll, oder aber auch in der Rolle des Mannes, die von der Gesellschaft mehr oder weniger eindeutig definiert ist. Es geht hier um ein „Handeln zwischen Interaktionspartnern, die sich an Normen orientieren, welche unabhängig von einem gerade aktuellen Interaktionsprozeß bestehen". Rollen lassen sich insofern als „sozial definierte und institutionell abgesicherte Verhaltenserwartungen verstehen" (Krappmann 1978, S. 98).

Rollen als festgelegte Verhaltens- erwartungen

In bestimmten Ansätzen der Rollentheorie wird nun behauptet, Menschen würden ihre Rollen vollständig erfüllen – als Frau, als Student, als Vater, als Politiker, usw. Man ging sogar so weit, die vollständige Aus- und Erfüllung von Rollen als Garant gesellschaftlicher Stabilität zu betrachten, umgekehrt aber die Gesellschaft dort in Gefahr zu sehen, wo Menschen ihren Rollen nicht (vollständig) entsprechen (vgl. etwa Parsons 1976, S. 201ff.).

Erfüllen von Rollen

Dies ist nicht nur eine äußerst konservative Sichtweise, von der man sich heutzutage etwa mit dem Begriff der „Selbstsozialisation" abgrenzt (s.o.). Sie lässt sich auch nicht mit der oben geschilderten Interaktionstheorie von George Herbert Mead vereinbaren. Denn diese Ansätze der Rollentheorie übersehen, dass im Handeln niemals der Rolle (bzw. dem institutionell stabilisierten „me") gänzlich entsprochen wird; immer kommt es aufgrund der (subjektiven) Spontaneität des „I" zu ‚Abweichungen' von den Normen der Rolle. Es gibt also immer eine *Differenz* zwischen den *Handlungen* des Menschen und den gesellschaftlichen *Erwartungen*. Rollen bilden daher nur eine brüchige soziale Struktur. Ausgehend von diesem Unterschied zwischen Norm und Verhalten zeigt Lothar Krappmann (* 1936) (vgl. 1978, S. 97-173) mehrere Dimensionen des Verhält-

Differenz zwischen Handlungen und Rollenerwartungen

nisses von Subjekt und Rolle auf, von denen wir hier drei erwähnen möchten (vgl. ähnlich auch schon Habermas 1977, S. 125ff.):

Frustrationstoleranz

1. Es besteht meist keine Übereinstimmung zwischen *Rollenerwartungen*, also den Erwartungen der Institution an den einzelnen Menschen, und dessen eigenen *Bedürfnissen*. Rollenkonformes Handeln führt also nicht automatisch zur Bedürfnisbefriedigung. Diese Diskrepanz zwischen gesellschaftlicher Rolle und individuellen Bedürfnissen muss daher immer neu ausgehandelt werden. Dabei kann auf Seiten der Institution die Frage gestellt werden, inwieweit rollenkonformes Handeln erzwungen wird bzw. werden muss. Zum Beispiel erzwingt der Staat die Einschulung von 6jährigen Kindern und damit die Rolle des Schülers. Hier kann dann auch eine Kritik an der Repressivität staatlich auferlegter Rollen ansetzen. Auf Seiten des Subjekts geht es demgegenüber darum, ob „durch subjektive Rolleninterpretationen die Bedürfnisstrukturen der beteiligten Individuen dargestellt werden können und damit optimale Chancen der Bedürfnisbefriedigung bestehen" (Krappmann 1978, S. 124f.). Umgekehrt ist danach zu fragen, inwieweit das Subjekt im Sinne einer „Frustrationstoleranz" (Habermas 1977) der Ambivalenz der Rollen gewachsen ist: Handelt das Subjekt weiter, obwohl es dafür keine vollständige Belohnung und Bedürfnisbefriedigung erhält? Der studentische Besuch von Seminaren ist häufig ein beredtes Beispiel für die Rollenambivalenz der Studierenden und ihre in langjähriger Schulerfahrung eingeübte Frustrationstoleranz.

Ambiguitätstoleranz

2. Auch wenn Rollen gesellschaftlich definiert sind, müssen sie dennoch von den Interaktionspartnern jeweils interpretiert werden. Da diese *Rolleninterpretationen* von Mensch zu Mensch unterschiedlich ausfallen, müssen sich die Interaktionspartner zunächst untereinander abstimmen. Zudem werden Menschen mit durchaus unterschiedlichen Rollen konfrontiert. Die Fähigkeit, unterschiedliche Rollen(-interpretationen) miteinander zu verbinden, wird „Ambiguitätstoleranz" genannt. „Das Individuum ist gezwungen, sich ständig damit auseinanderzusetzen, daß Erwartungen und Bedürfnisse sich nicht decken und daß zwischen persönlichen Erfahrungen und den für sie zur Verfügung stehenden allgemeinen Kategorien eine Lücke klafft" (Krappmann 1978, S. 167). Diese Lücke interpretativ zu füllen, ermöglicht erst die biographische Kontinuität und damit die Selbstpräsentation des Subjekts als einzigartiges Individuum. In der konkreten Interaktion muss also immer erst ausgehandelt werden, wie z.B. die Rolle als Frau, als Arbeiter oder als Studentin zu verstehen ist; dies ist Voraussetzung dafür, in der Übernahme von Rollen Individuum bleiben (oder werden) zu können – z.B. als emanzipierte Frau, pflichtbewusster Arbeiter oder fleißiger Student. Um solcherlei Unklarheiten der Rolleninterpretation zu ertragen und dennoch handlungsfähig zu bleiben, benötigt man „Ambiguitätstoleranz".

Rollendistanz

3. Würden Rollen vollständig erfüllt, so müsste man von einer Übereinstimmung zwischen *gesellschaftlichen* und *individuellen Normen* ausgehen; dies ist jedoch nicht der Fall (vgl. Krappmann 1978, S. 133ff.). Menschen erfüllen Rollen, obwohl sie sich nicht gänzlich mit deren Erwartungen identifizieren. Und sie erfüllen Rollen bisweilen nicht gänzlich, obwohl sie dies könnten oder dürften. Erving Goffman (1911-1982) hat dies mit dem Begriff der „Rollendistanz" bezeichnet (vgl. 1961, S. 120ff.). „Rollendistanz" ist geradezu notwendig, damit soziale Strukturen und Situationen nicht gefährdet werden. Beispielsweise

fördert es das Gelingen einer Prüfungssituation, wenn eine Professorin nicht nur als solche handelt, sondern ‚Mensch bleibt'. Hinzu kommt, dass es die Rollendistanz dem Menschen ermöglicht, die eigene Identität zu wahren, obwohl er in einer Rolle scheitert (vgl. ebd., S. 131). Um im Beispiel zu bleiben: Auch wenn der Student durch die Prüfung fällt, ist er als Mensch noch nicht gescheitert.

Frustrationstoleranz, Ambiguitätstoleranz und *Rollendistanz* setzen voraus, dass der Mensch sich zu einem Subjekt entwickelt hat, dass er ein *stabiles Selbst* hat, mit dem er sich von den gesellschaftlichen Rollen unterscheidet. Ein solches Selbst entsteht, wie oben mit George Herbert Mead gezeigt, in der Interaktion mit anderen Menschen. Soziale Rollen stabilisieren solche Interaktionsprozesse und liegen auf der Ebene expliziter und bewusster sozialer Einbindungen des Menschen in gesellschaftliche Institutionen. Rollen stellen sozusagen die institutionelle Organisation gesellschaftlich stabilisierter „me"s im Sinne von Mead dar.

4.4.3 Milieutheorie

Sozialisation findet nicht nur in Interaktionssituationen und in Auseinandersetzung mit institutionellen Rollenerwartungen statt, sie vollzieht sich auch in der *kollektiven Einbindung* des Individuums in ein *Milieu*. Diese Einbindung liegt auf der Ebene des impliziten und vorbewussten Wissens; sie korrespondiert insofern mit Meads Modell des „I" (s.o.). In einem Milieu lebt man, ohne notwendiger Weise dies zu wissen, zu explizieren oder dies zu wollen. Denn die Zugehörigkeit des Individuums zu einem Milieu gründet in sozialisationsgeschichtlichen Gemeinsamkeiten, die es mit anderen Angehörigen dieses Milieus teilt; solchen Gemeinsamkeiten des *Habitus* (vgl. Elias 1988, S. 312ff u. Bourdieu 1974) kann man sich nicht willentlich entziehen.

Karl Mannheim (1893-1947), auf dessen – später von Ralf Bohnsack (1989 u. 1998) für die moderne Erziehungs- und Sozialwissenschaft fruchtbar gemachte – Wissenssoziologie wir unsere Ausführungen zur Milieutheorie maßgeblich stützen, unterstreicht den *kollektiven Charakter* milieuspezifischen Wissens. Jenes ist als „Kollektivvorstellung" zum einen nicht vom Einzelnen herzustellen; zum anderen ist es „zunächst nicht etwas zu Denkendes, sondern ein durch verschiedene Individuen in ihrem Zusammenspiel zu Vollziehendes" (Mannheim 1980, S. 232). Solches milieuspezifisches Wissen findet sich in kleinen Gruppen und deren „Insider-Jargon" wie auch z.B. in regionalkulturellen Gepflogenheiten etwa des Essens.

Karl Mannheims Milieutheorie

In der Sozialisation wachsen Menschen in derartige Milieus hinein. Sie bilden den Raum eigener, reflexiv zumeist nicht zugänglicher *Selbstverständlichkeiten*, die die Menschen zusammenbinden. Um ein Beispiel aus einer eigenen Untersuchung heranzuziehen (vgl. Nohl 2001): In den Milieus von Migranten, etwa denjenigen von Jugendlichen türkischer Herkunft, mit Haupt- oder Realschulabschluss, existieren ganz selbstverständliche Vorstellungen über das Verhalten in der Öffentlichkeit. Diese Kollektivvorstellungen haben nur in ihrem Milieu Geltung und können nur von dessen Angehörigen unmittelbar verstanden werden. Wo diese Jugendlichen auf ihrem Milieu fremde Menschen treffen,

Milieuspezifische Selbstverständlichkeiten

müssen diese Kollektivvorstellungen erst erklärt und expliziert werden, oder es kommt zu Unverständnis.

Mehrdimensionalität von Milieus

Die Milieus, in denen wir leben, sind stets *mehrdimensional*, d.h. sie konstituieren sich immer in der Überlagerung und Überlappung unterschiedlicher Erfahrungsdimensionen (vgl. Bohnsack/Nohl 1998; siehe auch Alheit/Mühlberg 1990). Dies wird bereits am genannten Beispiel der Jugendlichen deutlich, deren Milieus eben nicht nur adoleszenzspezifisch, sondern auch durch die Dimensionen der Migration und, wie angedeutet, der Bildung geprägt sind.

Entstehung neuer Milieus

In der modernen Gesellschaft kann nun nicht mehr davon ausgegangen werden, dass Milieus ungebrochen weiter existieren. Kaum ein Mensch wird mehr in ein vollständig tradiertes Milieu einsozialisiert. Denn die Milieus, etwa diejenigen der Migrantenjugendlichen, haben Risse bekommen, die zum einen sozialisatorische *Freiheitspotentiale* gewähren, zum anderen *Risiken* zeitigen. Diese „Desintegration" tradierter Milieus kann bedeuten, dass die Menschen nunmehr auf sich selbst verwiesen sind und als mehr oder weniger isolierte Individuen leben (müssen). Der Zerfall tradierter Milieus und die Desintegration können aber auch eine gemeinsame oder zumindest *gleichartige Erfahrung* sein, auf deren Basis Menschen *neue Milieus* bilden können (vgl. Bohnsack 1998, siehe dazu auch Abschnitt 3.2.3).

Virtualität von Milieus und das Internet

Gerade wenn man Milieus als Räume gleichartiger – und nicht notwendigerweise gemeinsamer – Erfahrung fasst, lassen sie sich als virtuelle Räume begreifen, die nicht unbedingt durch konkrete Realgruppen repräsentiert werden müssen. Besonders deutlich wird dieser virtuelle Charakter von Milieus in den virtuellen communities (vgl. Marotzki 2001), vor allem aber in den informellen Freundeskreisen im Internet. In Chats und Mailinglisten sondieren Internetuser gleichartige Erfahrungen, auf deren Basis neue, virtuelle Milieus entstehen können (vgl. Nohl 2002; Projektgruppe Bildung im Internet 2005).

4.4.4 Empirische Analysen der Sozialisation

Damit sind wir schon bei den empirischen Analysen zu Sozialisationsvorgängen angelangt. Wir möchten hier auf zwei uns interessant erscheinende Studien eingehen: auf Untersuchungen zur Entstehung der Geschlechterdifferenz in Kindheit und Jugend und zu Sozialisationsphänomenen im Internet.

Qualitative Studie zur Geschlechterdifferenz in der Kindheit

Wie in Schulklassen geschlechtsspezifische Rollen entstehen, steht im Mittelpunkt der Untersuchung von Breidenstein/Kelle (1998). In einer mehrjährigen Ethnographie zweier Schulklassen der Bielefelder Laborschule gelang es ihnen, die situative „Praxis der Unterscheidung zwischen Mädchen und Jungen" (ebd., S. 16) in ihrer Überlappung mit der Cliquenbildung und der Sortierung von Klassenkameraden nach Beliebtheit zu rekonstruieren und zudem eine altersspezifische Entwicklung nachzuzeichnen.

Hinsichtlich der Unterscheidung von Geschlechtern zeigen die Forschenden, dass die Geschlechtszugehörigkeit zum einen als implizite „Hintergrunderwartung" (ebd., S. 37) auftreten kann, wenn es zum Beispiel um die Sitzordnung im Klassenraum geht (vgl. ebd., S. 44); andererseits kann sie explizit thematisiert werden, so z.B., um in Pausenspielen klare Gruppen aufzuteilen (etwa Mädchen gegen Jungen) (vgl. ebd., S. 39ff.). Dabei wirkt sich die Geschlechterklassifikation „als Differenz zweier unterschiedlicher Formen, sich auf andere Kinder zu beziehen, aus" (ebd., S. 59): Die Angehörigen des anderen Geschlechtes sind im allgemeinen Fremde, während die GeschlechtsgenossInnen immer vertraute Personen mit Namen sind. Ganz markant dokumentiert sich dies in folgender Beobachtung zur Zimmerverteilung während einer Klassenfahrt: „Jasmin meldet sich, sie möchte mit Tanja und ‚mit Jungen' auf ein Zimmer" (ebd., S. 46).

Dass diese stereotype Wahrnehmung des anderen Geschlechts mit zunehmendem Alter abnimmt, wird deutlich, wenn man die sozialen Beliebtheitsskalen in der Klasse betrachtet. Werden im 4. und 5. Schuljahr Einschätzungen der Beliebtheit noch unmittelbar auf Angehörige des eigenen Geschlechtes beschränkt, differenzieren die Sechstklässler zwar zwischen den Geschlechtern, können aber sehr wohl den beliebtesten Jungen und das beliebteste Mädchen nennen (ebd., S. 98ff.). *Altersunterschiede in der Geschlechterkonstruktion*

Dies wird dann noch durch die in der sechsten Klassen beginnende Cliquenbildung kompliziert: Stellte im 4. und 5. Schuljahr die Klasse noch den übergreifenden Rahmen dar, innerhalb dessen sich gleichgeschlechtliche Zweierbeziehungen und lockere Spielgruppen zusammenfanden, so wurden letztere in der 6. Klasse durch feste Cliquen abgelöst, die nun wichtiger als der Klassenverband wurden. Nicht nur das Beliebtheitsranking, sondern auch der Bezug zum anderen Geschlecht veränderte sich damit. Waren zuvor, wenn man von „den" Jungen oder „den" Mädchen sprach, noch alle männlichen oder weiblichen Mitglieder der Klasse gemeint, geht es in der sechsten Klasse nun um die Mitglieder spezifischer Mädchen- oder Jungencliquen (vgl. ebd., S. 133ff.). Hier wird deutlich, dass in der Sozialisation zunächst die Unterscheidung von Jungen und Mädchen gelernt wird, die dann aber ihre allseitige Relevanz verliert und vom Bezug auf die Cliquen relativiert wird.

Auch die Sozialbeziehungen und Sozialisation im Internet, unserem letzten Thema, sind durch derartige Cliquen- und Gemeinschaftsbildungen gekennzeichnet. Die Kommunikation im Internet zeichnet sich, so weisen mehrere Studien nach, durch eine Kombination erhöhter Hilfsbereitschaft und niedrigerer Hemmschwellen aus (vgl. dazu Marotzki 2000, S. 239f.). Dies verweist auf die Frage, ob Menschen im Internet auf andere Weise interagieren, oder, noch radikaler gefragt, ob es Menschen sind, die im Internet interagieren, oder nicht vielmehr das Internet in besonderem Maße durch das gemeinsame Handeln von Mensch und Maschine (vgl. Latour 2000) strukturiert wird. Mit dieser Perspektive auf die verschwimmenden Grenzen zwischen Mensch und Maschine (vgl. auch Schäffer 2003; Nohl 2002; Nohl/Ortlepp 2004) greifen wir die eingangs dieses Kapitels angedeutete Frage nach dem Sozialisationsgeschehen im Umgang mit der materiellen Umwelt erneut auf. Eine der wenigen empirisch-qualitativen Studien zu den Sozialbeziehungen im Internet hat Debatin (1998) mit seiner „Analyse einer öffentlichen Gruppenkonversation im Chat-Room" vorgelegt. *Sozialbeziehungen im Internet*

Ziel dieser Studie von Debatin war es, die „Sozialbeziehungen der Teilnehmer [an den Chats; d.A.] zu verstehen und zu analysieren" (ebd., S. 2). In dem beobachteten Chatroom eines Internetproviders treffen sich neben vielen nur zufällig ‚Vorbeischauenden' vor allem eine größere Anzahl von Stammgästen, die so genannten „Regulars" (ebd., S. 4). Die Kommunikation im Chatroom ist the- *Qualitative Studie zur Chatroom-Konversation* matisch nicht fixiert; damit zeichnet sie sich durch gleich zwei Kommunikationsschwierigkeiten aus: Weder ist das Thema genau festgelegt, noch wird – wie Debatin herausarbeitet – immer ganz klar, welche Äußerung sich auf welche vorangegangene Meinungsbekundung bezieht. Denn im Chatroom finden sich – jenseits der expliziten Kommunikation – nur sehr wenige Kontextmarkierer, „da die referentiellen Mittel für Zeigehandlungen ... und der Demonstration weitgehend fehlen und da ein gemeinsam geteilter Wahrnehmungsraum nur auf dem Bildschirm in Form von Textfenstern existiert" (ebd., S. 15). Die Interaktion ist also – wenn wir noch einmal George Herbert Meads Interaktionstheorie heranziehen (s.o.) – auf die sprachlich signifikanten Symbole verwiesen und entbehrt der vielfältigen nonverbalen Gesten. Deren hohe Bedeutung im ‚realen Leben' wird ja gerade dann deutlich, wenn sie fehlen. Gleichwohl stellt Debatin fest, dass die Chatteilnehmer sich in ihren Diskussionen „sehr präzise aufeinander beziehen" (ebd., S. 15), und macht dafür die expliziten Bezugnahmen auf Personennamen oder Themen verantwortlich.

<small>Soziales Gedächtnis im Chatroom</small>

Ein wichtiger Kontext für den Chatroom ist das soziale Gedächtnis, d.h. das Wissen der „Regulars" um früher behandelte Themen, um die Namen der regelmäßigen Teilnehmer und um die üblichen Umgangsformen. Dieses soziale Gedächtnis bildet das Ferment der Gemeinschaftsbildung im Internet, das die „Newbies", d.h. die nur zufällig ‚Vorbeischauenden', ausschließt und die Teilnehmenden ihre Internetfreunde solchen Freunden im ‚realen Leben' gleichsetzen lässt (vgl. ebd., S. 9). In den Chats wird z.B. der „Tod" eines Teilnehmers diskutiert, d.h. das plötzliche Verschwinden eines Namens auf dem Bildschirm. „Obwohl sich alle der Inszenierung der Tode bewußt sind, beharren sie auf der Authentizität ihrer Gefühle und verwenden dies als Argument dafür, daß sie der Tod eines Regulars sehr wohl betreffen würde" (ebd., S. 9). Gerade dieser „Tod" im Internet zeigt die von Debatin rekonstruierte „Kombination von Anonymität und Intimität" (ebd., S. 4) sehr deutlich: Denn der „Tod" erfolgt meist dann, wenn sich Chatteilnehmer emotional zu sehr in bestimmte (Liebes-) Beziehungen im Internet involviert haben und sich aus diesen wieder herausziehen, ohne irgendwelche Sanktionen befürchten zu müssen.

<small>Materielle und maschinelle Dimension der Sozialisation</small>

Die Forschung zur Internetsozialisation rückt die materielle und maschinelle Dimension des Sozialisationsgeschehens, die ansonsten oft vernachlässigt wird, wieder in das Augenmerk der Erziehungswissenschaft. Denn nicht nur die IT-Technologie, selbst in solch einfachen Dingen wie einem Löffel oder einem Topf „sind Erfahrungen und Zwecke früherer Generationen ‚vergegenständlicht', die von der jeweils nachfolgenden Generation [u.a. sozialisatorisch; d.A.] neu angeeignet werden müssen" (Fromme 2002, S. 8). Neben den grundlagentheoretischen Ansätzen in der Sozialisationstheorie, die wir hier anhand der Interaktions-, Rollen- und Milieutheorie exemplarisch gezeigt haben, und den vielfältigen qualitativen Studien zur Sozialisation, wird es daher eines theoretischen Ansatzes bedürfen, der die technische Seite der Sozialisation fasst und qualitativ-empirische Studien hierzu zu strukturieren vermag.

4.5 Erziehung

Erziehung ist zweifellos einer der wichtigsten Grundbegriffe der Pädagogik, denn immerhin heißt ihr akademisches Fach „Erziehungswissenschaft". Dennoch konstatiert Jürgen Oelkers (1991, S. 13), dass der Begriff Erziehung „aus dem heutigen Sprachgebrauch der Pädagogik (und der Erziehungswissenschaft) fast verschwunden ist". *(Erziehung in der Erziehungswissenschaft und im öffentlichen Diskurs)*

Auf der anderen Seite hat der Erziehungsbegriff im öffentlichen Diskurs einen zentralen Platz beibehalten, wenn auch in negativer Weise: Es wird in der Regel das Fehlen von Erziehung beklagt und – vor allem in der so genannten Ratgeberliteratur – „Mut zur Erziehung" eingefordert.

Innerhalb des Faches Erziehungswissenschaft gibt es gleichwohl eine Fülle von Bestimmungen dessen, wie Erziehung verstanden werden kann: „Assimilierung der jüngeren Generation an die ältere" (Willmann 1873/1971), „Vermittlung der Mündigkeit an Unmündige" (Ritzel 1973), „Aufforderung zur Selbsttätigkeit" (Benner 1987), Lernhilfe (Giesecke 1987), Hilfe zur Lebensbewältigung (Thiersch 1994) oder – um ein letztes Beispiel zu nennen: „Eingreifen von Menschen in den Prozess des Werdens der Person" (Lassahn 1983, S. 8). Man sieht, dass die meisten Definitionen eher eine allgemeine Beschreibung dessen abgeben, wie der Erziehungsbegriff zu fassen wäre (vgl. in historischer Perspektive: Tenorth 1988).

Geht man davon aus, dass es eine endliche Zahl von Kernkategorien des Faches Erziehungswissenschaft gibt, beispielsweise die, die wir in dem vorliegenden Band in diesem Kapitel behandeln, dann erwächst daraus die Notwendigkeit, den Begriff der Erziehung trennscharf von anderen Kernkategorien zu unterscheiden. Schauen wir uns deshalb zunächst an, nach welcher Logik der Erziehungsbegriff thematisiert werden kann.

4.5.1 Logik der Thematisierung

Versteht man unter Erziehung allgemein die Einwirkung des Erziehers auf den Zögling, dann lässt sie sich im Hinblick auf den Grad der Einwirkung thematisieren.

Erziehung als spezielle Form direkter Einwirkung

Auf einer Skala abgebildet, kann auf der einen Seite eine Auffassung von Erziehung angeordnet werden, die ganz auf direkte Einwirkung setzt. Klassische lerntheoretische Konzepte, wie die des klassischen oder des operanten Konditionierens (siehe Kapitel 4.6), wären hierfür Beispiele, die ihre Vorläufer einerseits in der Psychologie und andererseits in der utilitaristischen Pädagogik des 18. Jahrhunderts haben. Erziehung wird hier als ein herstellendes Machen analog zur handwerklichen Produktion eines Gegenstandes verstanden. *(Erziehung als direkte Einwirkung)*

Es handelt sich um eine reine Instruktionspädagogik, d.h. um eine Pädagogik, die auf der Basis von Befehl und Gehorsam „funktioniert". Es wird davon *(Instruktionspädagogik)* ausgegangen, dass Erzieher die zu Erziehenden formen und von daher deren Verhalten kontrollieren. Im Kern geht es bei einem solchen Erziehungsprogramm, das „affirmative Pädagogik" genannt wird, um eine gesellschaftliche Ortszuweisung. Der Einzelne wird in den Dienst der Gesellschaft genommen. Im Interesse der Gesellschaft – so formulierte es der Aufklärer Villaume – kann Gehorsam statt Vernunft, kann mechanische Fertigkeit statt Einsicht, kann Alltagszufriedenheit statt verunsicherndem Wissen gefordert sein.

Erziehung als Sich-Entwickeln

Rousseaus Ansatz   Auf der anderen Seite unserer gedachten Skala kann eine Auffassung von Erziehung angesiedelt werden, die möglichst ganz auf die Einwirkung des Erziehers auf den Zögling verzichtet. Der Erziehungsroman von Jean Jaques Rousseau (1712-1778), „Emile" (1762/1970), wäre dafür ein Beispiel (vgl. Oelkers 2001, S. 39ff.). Der von Goethe als „Naturevangelium der Erziehung" bezeichnete Roman beschreibt eine Erziehungsauffassung, indem die Entwicklung des Zöglings Emile rekonstruiert wird. Die Kindheit wird gleichsam noch als ein Naturzustand gesehen, in dem das Kind ganz in der Welt der Dinge lebt. Der Erzieher verzichtet weitgehend auf Einwirkungen auf das Kind und beschränkt sich darauf, schädliche Einwirkungen der Umwelt zu verhindern (negative Erziehung) und hier und da geschickt Dinge und Umweltreize für das Kind zu arrangieren. Erfahrungen soll das Kind direkt im Umgang mit den Dingen selbst sammeln. Diese Position hat in der Folge auf die Richtungen der Reformpädagogik (vgl. Oelkers 1989) wie auch für die so genannte Antipädagogik (vgl. Schoenebeck 1989) nachhaltige Wirkungen entfaltet.

4.5.2 Warum erziehen?

Zur Notwendigkeit des Erziehens   Nachdem wir uns eine gängige Thematisierungslogik angeschaut haben, ergibt sich die Frage, warum überhaupt erzogen werden muss? Die Erziehungssituation ist mit der Geburt eines Kindes gegeben. Die Eltern haben zunächst die Verantwortung für das Kind. Sie müssen es pflegen, ernähren und Gefahren abwenden. Sie sind für alle Bereiche der kindlichen Existenz verantwortlich. In diesem Sinne kann man sagen, dass die Allzuständigkeit der Eltern eine Totalverantwortung für das Kind beinhaltet, die im Laufe des Aufwachsens des Kindes immer mehr verringert wird und immer mehr Verantwortung dem Kind für sein eigenes Leben übertragen wird. Dafür gibt es verschiedene Topoi, die Begründungsfiguren für die systematische Frage darstellen, warum überhaupt erzogen werden muss.

Übergang zu einer mündigen Person

Erziehung zur Mündigkeit   Zum einen kann nach Immanuel Kant (1803/1988) gesagt werden, dass es darum gehe, dem Kind als „Weltbürger" zu ermöglichen, einen Zustand zu erreichen, der es ihm erlaubt, als Person zu leben. Erziehung heißt in dieser Perspektive auch lernen, den Regeln des Gemeinwesens zu folgen. Das muss nicht gleich als

Erziehung zur einseitigen Anpassung kritisiert werden, denn der Mensch kann nach Kant später seinen *eigenen* Regeln nur dann folgen, wenn er gelernt hat, überhaupt Regeln zu folgen. In diesem Sinne ist Erziehung nötig, um heranwachsenden Menschen die Möglichkeit zu eröffnen, sich als Person zu entwickeln. Dieser Prozess ist klassischerweise immer wieder als Übergang von der Unmündigkeit zu Mündigkeit charakterisiert worden (vgl. Groothoff 1967; Ritzel 1973; Menck 1998).

Eine Kritik an dieser Begründungsfigur für Erziehung verweist darauf, dass unterstellt werde, dass erst mit Erreichen der Mündigkeit der Mensch ein „richtiger" Mensch werde (vgl. Lenzen 1999, S. 166). Lenzen vermutet hier eine geheime anthropologische Normativität: „Die anthropologische Voraussetzung hat demnach einen normativen Kern, der darin besteht, daß ein Mensch nur ab einem bestimmten Zustand, nämlich dem der Mündigkeit, sich als Mensch auszeichnet" (Lenzen 1999, S. 166). Lenzen hält einen solchen Erziehungsbegriff nicht für haltbar, weil aus einer philosophischen Rekonstruktion menschlicher Freiheit keine verbindlichen Normen für erzieherisches Handeln gewonnen werden könnten. Auch der Begriff der Mündigkeit ist für ihn nicht haltbar, weil er zu starke teleologische Implikationen beinhalte. Im Zeitalter des lebenslangen Lernens sei die Annahme eines solchen Endpunktes, an dem Mündigkeit erreicht werde, nicht mehr sinnvoll. Obwohl Lenzens Kritik einsichtig ist, ist zu konstatieren, dass die Frage, warum erzogen werden muss, am häufigsten mit dieser Argumentationsfigur begründet worden ist.

Kritik der Erziehung zur Mündigkeit

Machtausgleich

Eltern haben aufgrund ihrer Allzuständigkeit und ihrer Totalverantwortung auch zunächst eine uneingeschränkte Macht gegenüber dem Kind. Diese wird durch Erziehung langsam ausgeglichen. Prange (2000, S. 181) schreibt, „daß wir das Kind erziehen und damit das Gefälle der Macht aufheben, so daß das Kind Schritt für Schritt seiner selbst mächtig wird".

Viele erziehungswissenschaftliche Arbeiten haben den Machtaspekt zum Analysezentrum genommen, um Erziehung zu thematisieren, allerdings in negativer Weise. Das bedeutet, sie haben auf den damit verbundenen Machtmissbrauch hingewiesen. Katharina Rutschky (1988) hat unter dem Titel „Schwarze Pädagogik" eine umfangreiche Quellensammlung für einen so verstandenen Machtmissbrauch, der unter dem Namen Erziehung firmiert, vorgelegt und gefordert, dass eine Perspektive der Geschichte der Erziehung auch eine Geschichte der Erzogenen entwickelt werden müsste (vgl. Rutschky 1983). Unter dem Stichwort der Kritischen Erziehungswissenschaft (vgl. Keckeisen 1983) hat sich in den sechziger und siebziger Jahren des letzten Jahrhunderts eine Programmatik entwickelt, die diesen Aspekt von Herrschaft und Macht systematisch der Analyse zuführte (vgl. Mollenhauer 1968).

Macht in der Erziehung

139

Begründung im Generationenverhältnis

<small>Erziehung der jüngeren durch die ältere Generation</small>
Eine weitere klassische Begründung für die Frage, warum Erziehung sein soll, geht auf Friedrich Schleiermachers „Vorlesungen aus dem Jahre 1826" zurück (vgl. Schleiermacher 1826/1983). Dort heißt es gleich zu Beginn: „Es muß also eine Theorie geben, die von dem Verhältnis der älteren Generation zur jüngeren sich die Frage stellt: Was will denn eigentlich die ältere Generation mit der jüngeren? (...) Auf dieser Grundlage des Verhältnisses der älteren zur jüngeren Generation, was der einen in Beziehung auf die andere obliegt, bauen wir alles, was in das Gebiet dieser Theorie fällt" (Schleiermacher 1826/1983, S. 9). Die ältere Generation muss der jüngeren Wissen und Erfahrung weitergeben, um zu verhindern, „daß jede Generation von vorn anfangen müßte und etwas tun, was vorher schon getan wäre" (Schleiermacher 1826/1983, S. 11). Schleiermacher sieht Erziehung als asymmetrische Relation, die in dem Maße symmetrisch wird, indem das einseitige Einwirken der älteren auf die jüngere Generation in eine gleichberechtigte Interaktion beider überführt wird: „In dem Maße, als dieses Zusammenwirken zunimmt, nimmt die Einwirkung der älteren Generation auf die jüngere ab, und wird am Ende gleich Null. Dann hat die Erziehung aufgehört" (Schleiermacher 1826/1983, S. 12). Als Ziel sieht er auf individueller Ebene die Mündigkeit des einzelnen Menschen („Wenn der Mensch mündig wird, dann hört die pädagogische Einwirkung auf" [Schleiermacher 1826/1983, S. 15]), auf kollektiver Ebene die Mitwirkung und die Teilhabe am kulturellen Ganzen („Wenn die jüngere Generation, auf selbständige Weise zur Erfüllung der sittlichen Aufgabe mitwirkend, der älteren Generation gleich steht; es gibt dann bloß ein Zusammenwirken beider" [Schleiermacher 1826/1983, S. 15]).

Soweit exemplarisch drei Muster, die erkennen lassen, wie die Notwendigkeit, dass erzogen werden muss, begründet werden kann. Deutlich ist dabei geworden: im Unterschied zu Lernen und zu Bildung hat Erziehung lebensgeschichtlich ein Ende, das in der Regel mit dem Jugendalter zusammenfällt.

4.5.3 Die Grundstruktur von Erziehung

Die Grundstruktur von Erziehung kann am einfachsten systematisch entfaltet werden durch die Bearbeitung der Fragen danach, wer wen durch welche Mittel für welches Ziel erzieht.

<small>Erziehende</small>
Beginnen wir mit der Frage: Wer soll erziehen? Wenn man den Beginn der Erziehungsnotwendigkeit mit der Geburt eines Kindes setzt, sind zunächst die Eltern diejenigen, die ihre Kinder zu erziehen haben, weil ihnen – wie oben erläutert worden ist – zunächst die allumfassende existentielle Fürsorge obliegt. Dann ist es das pädagogische Personal, das in den nachfolgenden Institutionen tätig ist: Hort, Kindergarten und Schule. Haus-, Hort-, Kindergarten- und Schulerziehung sind jene institutionalisierten gesellschaftlichen Teilbereiche, in denen Professionelle zu finden sind, die im Umgang mit Kindern diese erziehen (siehe dazu Kapitel 2).

<small>Wissen der Erziehenden</small>
Das Umgehen mit dem Kind und das Erziehen fallen in der Hauserziehung noch zusammen. Das Erziehungswissen ist hier sozusagen noch implizites Wis-

sen. Für Prange (2000), der eine enge Beziehung zwischen Lernen und Erziehung sieht, ist bereits in der elterlichen Beziehung zum Kind die elementare Verflechtung von Erziehung und Lernen augenfällig: „Was sie [die Eltern – d.A.] tun, ist intentional, und es ist erzieherisch dadurch, daß es in das Lernen eingreift, dieses formt, bestimmt, selektiv steuert usw." (Prange 2000, S. 170). Erst in den genannten außerfamiliären Bereichen wird das Wissen über Erziehung explizit (propositional), so dass eine Professionalisierung stattfinden kann. Das kann auch daran abgelesen werden, dass es keine formale Ausbildung für Eltern gibt, wohl aber eine für ErzieherInnen und LehrerInnen.

Die Frage „Wer soll erzogen werden?" ist klar zu beantworten: Kinder. In den frühen Lebensjahren besteht eine größere Erziehungsnotwendigkeit, in den Jahren der späten Kindheit oder der Pubertät nimmt die Erziehungsnotwendigkeit ab. Erziehung ist lebensgeschichtlich begrenzt. Insofern ist es auch richtig, von „Umwelterziehung" in der Schule zu sprechen, aber nicht mehr von „Erwachsenenerziehung", sondern von Erwachsenenbildung. Weil für die Erziehung das Kind der eigentliche Gegenstand ist, ist es für Prange auch nicht zu entschuldigen, wenn die Pädagogik das Kind aus den Augen verliere. Er wirft der Pädagogik eine gewisse „Kindvergessenheit" vor (vgl. Prange 2000, S. 154f.). *Erzogene*

Die Frage „Wie soll erzogen werden?" lenkt den Blick auf die Mittel. Egal, welche Mittel gewählt werden, grundsätzlich besteht das Problem, dass wir nicht wissen können, ob die Intentionen, also das, was ich mit dem Mitteleinsatz beabsichtige, auch wirklich realisiert werden. Es besteht also eine grundlegende Ungewissheit über den Erfolg der je gewählten Mittel. Zur pädagogischen Professionalität gehört also die Einsicht in die prinzipielle Grenze dessen, was sicher gewusst werden kann. Traditionell gehören in diesen Zusammenhang die so genannten Erziehungsstile (z.B. autoritär, kooperativ, laisser-faire) (vgl. Weber 1970; Mansel 1996). *Erziehungsmittel*

Die Frage „Welche Absichten und Ziele werden durch Erziehung verfolgt?" muss zweigeteilt beantwortet werden. Zunächst zu den Absichten (Intentionen). Für den Erziehungsbegriff ist grundlegend, dass es überhaupt erzieherische Absichten gibt; genauer: Unter erzieherischen Handlungen werden nur solche Handlungen verstanden, denen eine Absicht (Intention) zugrunde liegt. So heißt es beispielsweise bei Luhmann: „Erziehung ist, und darin liegt der Unterschied zu Sozialisation, intentionalisiertes und auf Intentionen zurechenbares Handeln" (Luhmann 1984, S. 330). Aus dieser Perspektive ergibt sich dann auch ein klarer Unterschied zur Sozialisation. Hier gibt es viele Prozesse der Beeinflussung, denen keine explizite Absicht zugrunde liegt. Bestimmte Filme haben beispielsweise eine sozialisatorische Funktion. Aber man wird nicht sagen können, dass ihnen eine erzieherische Funktion zugrunde liegt. Andererseits kann es natürlich Filme mit expliziter Erziehungsabsicht geben (z.B. Propagandafilme). *Erziehungsabsichten*

Anders sieht es aus, wenn man mit guten Gründen von der *Absicht* Abstand nimmt und die erzieherische *Wirkung* ins Zentrum der Frage stellt, ob eine Handlung als erzieherisch angesehen werden kann. Das hat zunächst einmal den Vorteil, dass – empirisch gesehen – Wirkungen leichter festgestellt werden können als Absichten (vgl. Heid 1994, S. 54f.). Es können dann auch Handlungen als erzieherisch angesehen werden, denen keine explizite erzieherische Intention zugrunde liegt. Wenn aber eine Wirkung eingetreten ist, die als erzieherisch be- *Erziehungswirkungen* zeichnet wird, ist es nicht eindeutig möglich, von dieser kausal auf die Handlungen zurückzuschließen, die diese Wirkungen hervorgebracht haben könnten. Heid schlägt dementsprechend einen pragmatisch orientierten Erziehungsbegriff hoher Plausibilität vor, der gewährleistet, dass „erzieherisch erfolglose, hinsichtlich ihres Erfolgs unkalkulierbare und auch solche Handlungen aus der Begriffsbestimmung ausgeschlossen werden, denen gar keine erzieherische Absicht zugrunde liegt. Es verbleiben dann nur noch solche Handlungen, die eine erzieherische Absicht verfolgen und im Sinne dieser Absicht erfolgreich sind. ... Aber auch diese Konzeption einer Bestimmung von Erziehung hat Mängel. Sie schließt nicht aus, daß Absicht und Erfolg zufällig einander entsprechen und daß in diesem Sinne offen bleibt, ob der Erfolg auch tatsächlich von jener Handlung ‚verursacht' worden ist, die diesen Erfolg bezweckte. Das mit der absichtsgeleiteten Handlung (lediglich) korrelierende und als ‚Erfolg' bewertete Ereignis kann auch aus ganz anderen Gründen eingetreten sein" (Heid 1994, S. 57).

Intentionalität als notwendige Bedingung von Erziehung

Unabhängig davon, wie man Absicht und Wirkung miteinander verbindet, um soziale Handlungen als erzieherische zu erkennen, bleibt doch der Grundsachverhalt, dass Intentionalität eine notwendige, wenn auch keine hinreichende Bedingung einer Handlung darstellt, die als erzieherisch angesehen werden kann. Die Absicht bezieht sich auf ein Ziel, das durch die Handlung erreicht werden soll. Auf diese Weise soll Erziehung ein rationales, planbares und verantwortbares Handeln sein.

Erziehungszwecke und Werte

Der *Erziehungszweck* („wozu soll erzogen werden?") beinhaltet in der Regel eine ethische Dimension. Die Erziehenden haben nämlich Wertorientierungen und moralische Überzeugungen davon, was gut und was böse, was erstrebenswert und was nicht erstrebenswert ist. Das Problem besteht in erziehungstheoretischer und -praktischer Hinsicht nicht so sehr darin, dass Erziehende Wertorientierungen haben, die sie umsetzen wollen, also beispielsweise ihren Kindern *weitergeben, sondern wie das geschieht.* „Wer die Gefahr der Indoktrination vermeiden will, der muß seine erzieherische Praxis von Anbeginn so organisieren, daß der Adressat erzieherischen Handelns befähigt wird, den unvermeidbaren erzieherischen Vorgriff auf die Selbstbestimmung des Zu- oder Sich-Erziehenden einer kritischen Prüfung zu unterziehen. Der Adressat erzieherischen Handelns muß Gelegenheit erhalten, jene Urteilskraft zu entwickeln, die er benötigt, um den erwähnten Vorgriff – aus eigener Überzeugung und mit verallgemeinerbaren Argumenten – zu ratifizieren oder zu revidieren" (Heid 1994, S. 66).

Universelle und kulturabhängige Erziehungsnormen

Die Frage, ob die individuell verschiedenen Wertorientierungen wirklich so verschieden sind oder ob es nicht möglich ist, sich auf allgemeine, kulturunabhängige ethische Normen, die sozusagen charakteristisch für die *condition humaine* sind, zu einigen, wollen wir ich hier bewusst offen lassen. Es sind in der Geschichte der Erziehungswissenschaft immer wieder allgemeine, universelle Ziele für Erziehung genannt worden. Einige tauchen in den oben beschriebenen Argumentationsfiguren für die Notwendigkeit von Erziehung auf. Einige davon beanspruchen, universell zu sein, d.h. für die ganze Menschheit zu gelten, einige beanspruchen Geltung nur für westlich orientierte Industrie- bzw. Wissensgesellschaften. Diese bis heute kontroverse Debatte soll hier nicht rekonstruiert werden, sondern mit einer Anmerkung zu einem wesentlichen Aspekt von Erziehung abgeschlossen werden, nämlich mit der immer wieder konstatierten Eigenschaft der Sprachlichkeit erzieherischer Handlungen.

4.5.4 Sprachlichkeit erzieherischer Handlungen

Um die Charakterisierung akzeptieren zu können, dass erzieherische Handlungen nicht nur, aber doch überwiegend sprachliche Handlungen sind, muss man nicht unbedingt ein Konstruktivist sein, der soziale Wirklichkeit als durch Sprache hervorgebracht sieht. Wenn der Aspekt der Sprache bzw. der Kommunikation erzieherischer Handlungen stärker akzentuiert wird (vgl. Schaller 1987; Kade 2004), dann kann Erziehung auch als Einführung in sprachlich vermittelte, kulturell imprägnierte Formen der Bedeutungsverwendung verstanden werden. Diese Formulierung soll durchaus Aspekte der Nacherschaffung, aber auch der Neuerschaffung von Kultur beinhalten. Wenn Klaus Prange das Zeigen als elementare Operation der Erziehung begreift (vgl. Prange 2000, S. 215ff.), dann ist das nicht nur als Aufforderung zur Nachahmung zu verstehen, sondern durchaus auch im Bennerschen Sinne als Aufforderung zur Selbsttätigkeit (vgl. Benner 1987, S. 108ff.).

Sprache in der Erziehung

Erziehung hat also durchaus im Sinne von Bruner (2003) an dem Aushandeln und an der Neuerschaffung von Kultur teil. Bruner wendet sich mit dieser Auffassung gegen ein Verständnis von Erziehung, „das den Prozeß von Erziehung betrachtet als Übertragung von Wissen und Werten von denen, die mehr wissen, zu denen, die weniger oder gewissermaßen mit geringerem Sachverstand wissen." Einer solchen Auffassung gemäß ist die „jüngere Generation ... nicht nur mangelhaft ausgestattet mit Kenntnissen über die Welt, die ihnen mitgeteilt werden müssen, ihr ‚mangele' es auch an Werten" (Bruner 2003, S. 488). Mit dieser Kritik will Bruner die Elemente des Aushandelns und Teilhabens in Erziehungsprozessen stärker betonen. Die Sprache der Erziehung müsse eine Einladung zur Reflexion und zur Hervorbringung von Kultur sein.

Aushandlungsprozesse in der Erziehung

So wichtig diese Betonung des sprachlichen Aspektes erzieherischen Handelns auch ist, sie verdeckt nicht das grundlegende Problem, dass wir erst in vielen Fällen im Nachhinein entscheiden können, ob eine Handlung als erzieherische angesehen werden kann oder nicht. Dieses muss nicht zwingend ein Nachteil sein. Für die Forschung ergibt sich ein reichhaltiges Feld, sich rekonstruktiv dem Bereich erzieherischer Handlungen zu nähern.

4.5.5 Empirische Arbeiten

Von Werner Loch ist in systematisch bedeutsamen Schriften auf den Zusammenhang von Erziehung und Lebenslauf hingewiesen worden (vgl. Loch 1979; 1999), woran auch Prange (2000) ausdrücklich erinnert. Wir diskutieren im Folgenden aus dem Bereich der empirischen Forschung eine Studie als Beleg dafür, wie Erziehung positiv im Sinne gelungener Erziehung, und eine Studie als Beleg dafür, wie Erziehung negativ im Sinne misslungener Erziehung rekonstruiert wird.

Qualitative Studie zu Erziehung in der DDR

Zunächst zu der Rekonstruktion von positiv erfahrenen Erziehungsprozessen: Ilona Schneider (1998) widmet sich in ihrer Arbeit den Spannungen zwischen dem weltanschaulichen Erziehungsanspruch des DDR-Staates auf der einen Seite und christlichen Weltanschauungen in der DDR auf der anderen Seite. Die ihrer qualitativ orientierten Studie zugrundeliegende Frage bezieht sich darauf, wie Kinder aus christlichen Familien in der DDR in den 1980er Jahren diesen weltanschaulichen Gegensatz erfahren haben, wie sie damit umgegangen sind und wie sie ihn verarbeitet haben. Schneider hat zu Beginn der 1990er Jahre Kinder zwischen 12 und 16 Jahren interviewt, die also die Schule der DDR in den 1980er Jahren aus eigener Erfahrung kannten. Uns geht es im Folgenden – jenseits des weltanschaulichen Gegensatzes – vor allem um allgemeine Fragen der Erziehung.

Positive Erziehungserfahrungen

Fast alle Jugendlichen erinnern sich positiv an ihre eigene Erziehung, so dass sich Schneider (1998, S. 340) fragt: „Welche Eigenschaften qualifizieren also elterliches Verhalten als erzieherisch in dem Sinne, daß es von den Heranwachsenden als angenehm empfunden wird (emotionaler Aspekt) und diese für sich daraus positive Lebensperspektiven ableiten (rationaler Aspekt)?" Sie kommt zu dem Resultat, dass Eltern für Kinder eine „natürliche Autorität" darstellen würden, die von den Kindern akzeptiert werde, „wenn sich diese um ihrer selbst willen angenommen und auch ernstgenommen fühlen" (Schneider 1998, S. 341). Eltern werden auf diese Weise zu bedeutungsvollen Personen.

Hilfe und Kontrolle als erzieherische Strategien

Schneider arbeitet zwei erzieherische Handlungsstrategien heraus, die sie als „Hilfe" (Fördern) und „Einhaltung" (Kontrolle) bezeichnet. Es handelt sich um die zwei grundlegenden Prozessstrukturen von Erziehung, die immer wieder beschrieben worden sind: Bei Schleiermacher heißen sie unterstützende und gegenwirkende Tätigkeit, bei Theodor Litt (1927/1960) „Wachsenlassen" und „Führen". Die „gegenwirkenden", kontrollierenden oder auch sanktionierenden Handlungen der Eltern stellen für die Kinder – so Schneider – dann kein Problem dar, wenn sie sich in einem funktionierenden familiären Umfeld befinden, in dem die Alltagsorganisation zuverlässig geregelt ist und in dem eine Atmosphäre der Annahme existiert. „Organisation und Atmosphäre sind grundlegende Erziehungsfaktoren" (Schneider 1998, S. 344).

Dass Erziehung lebensgeschichtlich ein Ende hat, bedeutet für Schneider, dass die balancierende Leistung zwischen Bindung und Öffnen dynamisch ist: „Stehen anfänglich das Umsorgen, Gestalten, Anleiten, Fordern, Kontrollieren und Sanktionieren im Vordergrund, so werden diese Aktivitäten mit zunehmendem Alter des Kindes modifiziert und geöffnet zugunsten eines Diskutierens, Beratens, Stimulierens, Tolerierens und Akzeptierens" (Schneider 1998, S. 344).

Qualitative Studie zu Erziehung im Spiegel von Autobiographien

Während Schneider also positiv empfundene Erziehungsprozesse rekonstruiert, die es den Jugendlichen erlaubte, die Wirkung der konträren Weltanschauungen des DDR-Regimes und des Christentums zu balancieren, rekonstruiert Wilfried Lippitz (1991) Erziehungsprozesse, die aus der Sicht der Erzogenen eher als misslungen gezeichnet werden müssen. Er wählt drei literarische Autobiographien aus einen hochbürgerlichen, einem bildungsbürgerlichen und einem ländlichen Unterschichtmilieu aus. Alle drei Fälle zeigen, dass die Kraft des Milieus gebrochen ist und eine gewisse Eigensinnigkeit der Subjekte in Rechnung zu stellen ist. „Die hier gewählten Autobiographien vermitteln (...) den Eindruck, daß die Internalisierung sozusagen ‚schief und schlecht sitzt'. Sie tilgt die Widerständigkeit der Subjekte nicht. Auf die Länge der Zeit gesehen wendet sich der Heranwachsende sogar prinzipiell gegen sie und versucht im Ringen um die eigene Identität generell Abstand zu ihr zu gewinnen" (Lippitz 1991, S. 333).

Dieses Resultat seiner Untersuchung soll aus Platzgründen am ersten Fall der Studie illustriert werden, der literarischen Autobiographie von Fritz Zorn: Mars (1987). Die erfolgreiche Erziehung seiner eigenen Kindheit, also die Integration in ein großbürgerliches Milieu, ist aus der Sicht von Zorn gerade das Problem. Frei von ökonomischen Zwängen wird das Leben in der Familie ästhetisch stilisiert. Inhalte werden zugunsten von Formen verdrängt; also wichtig ist nicht, was gesprochen wird, sondern wie über etwas gesprochen wird. „Er wird daran gewöhnt, seine Wünsche, Begierden, sexuellen Regungen, Meinungen, kurz das ganze sinnlich-leibliche und geistige Konfliktpotential eines sich entwickelnden Kindes, als innerfamiliär nicht diskursfähig zu betrachten. Der familiäre Diskurs ist auf unverbrüchliche Harmonie ausgelegt" (Lippitz 1991, S. 321). Das Resultat ist eine soziale Distanz, die ihn u.a. auch von den Gleichaltrigen entfernt. In der Folge wird Fritz Zorn depressiv.

<small>Negative Erziehungserfahrungen</small>

Der Begriff der Erziehung ist innerhalb des Faches Erziehungswissenschaft in Misskredit geraten. Dies hat sicherlich vielfältige Gründe. Zum einen ist mit Erziehung, fasst man es als intentionales Einwirken einer Person auf eine andere mit dem Ziel, eine nachhaltige Verhaltens- und/oder Einstellungsänderung herbei zu führen, auch Umerziehung assoziiert; also jener Sachverhalt, der bereits bei Schleiermacher unter dem Stichwort der „Allmacht der Erziehung" diskutiert wird.

<small>Gründe für die Diskreditierung des Erziehungsbegriffs</small>

Damit hängt zusammen, dass der Erziehungsbegriff durch die umfangreiche Debatte um „Schwarze Pädagogik" (Rutschy 1988) unter Verdacht geraten ist, den Einzelnen nicht in die Gesellschaft einzuführen, sondern ihn durchaus im Sinne einer affirmativen Erziehung, an die jeweilige Gesellschaft anzupassen. Es wird also ein genereller Ideologie- und Herrschaftsverdacht geltend gemacht (vgl. Mollenhauer 1966, S. 159ff.).

Drittens ist mit Erziehung oft Moralerziehung assoziiert und damit das Vorurteil des ewig moralisierenden Pädagogen aufgerufen. „Es war die Anpassung an die Sprache der Moralisierung, die den Erziehungsbegriff wenn nicht ruiniert, so doch unansehnlich gemacht hat" (Oelkers 1991, S. 15).

Der Erziehungsbegriff mit den hier skizzierten Konturen ist sicherlich nicht zu verabschieden, sondern durchaus im Sinne eines rationalen, planbaren und verantwortbaren Handlungskonzeptes aufrechtzuerhalten: „So richtig und wichtig es ist, naive Machbarkeitsvorstellungen zu verabschieden, so wichtig ist es andererseits, sich um die Vervollständigung und Verbesserung jenes Wissens zu kümmern, das darüber informiert, mit welcher Wahrscheinlichkeit bestimmte erzieherische Handlungen beabsichtigte und auch unbeabsichtigte ‚erzieherische Effekte' zur Folge haben. Dann erst wird Erziehung zu einem planbaren und auch verantwortbaren Handeln" (Heid 1994, S. 64).

<small>Notwendigkeit des Erziehungsbegriffs</small>

4.6 Lernen

Lernen im öffentlichen Diskurs und in der Erziehungswissenschaft

Im öffentlichen Diskurs spielt der Begriff des Lernens im Zusammenhang mit Wissenserwerb und dem Erwerb von Fähigkeiten und Qualifikationen ohne Zweifel eine prominente Rolle. Ob man an Berufsausbildung denkt, an Schulabschlüsse, neue Informationstechnologien oder an Veränderungen am Arbeitsplatz; immer ist es plausibel anzunehmen, dass diese Bereiche etwas mit Lernen zu tun haben. Wir haben in dieser Einführung bereits an mehreren Stellen darauf hingewiesen, dass in der Öffentlichkeit seit Jahren deutlich zu sein scheint, dass Lernen nicht mit dem Durchlaufen entsprechender Institutionen (z.B. der Schule) identisch ist (formelles Lernen), sondern dass Lernen auch außerhalb solcher Institutionen stattfindet (informelles Lernen) und sich über das ganze Leben erstreckt (lebenslanges oder lebensbegleitendes Lernen). Auch innerhalb des Faches Erziehungswissenschaft spielt der Lernbegriff eine zentrale Rolle und ist von einigen Autoren sogar ins Zentrum einer systematischen Erziehungswissenschaft oder auch ins Zentrum pädagogischer Kernaktivitäten gestellt worden, so dass eine intensive Beschäftigung mit dem Lernbegriff unausweichlich ist.

Überblick über den Abschnitt

Wir werden im Folgenden das Spektrum dessen, was Lernen genannt werden kann, anhand dreier Theorie- und Konzeptgruppen vorstellen (4.6.1-4.6.3), dann auf Lernen im Rahmen gesellschaftlicher Aufgaben (4.6.4) und schließlich neuer Informationstechnologien (4.6.5) einzugehen.

4.6.1 Klassische verhaltenstheoretisch ausgerichtete Theorien und Modelle

Lernen als Mechanik von Reiz und Reaktion

Am Ende des 19. Jahrhunderts entwickelten sich verschiedene Schulen der Psychologie, die mit unterschiedlichen Person-Umwelt-Modellen arbeiteten, u.a. der so genannte Behaviorismus. J.P. Pawlow (1849-1936), ein russischer Psychologe, wirkte in Leningrad; B.F. Skinner (1904-1990), ein amerikanischer Psychologe, lehrte überwiegend an der Harvard University. Ihr Verständnis von Lernen beruht darauf, es als Mechanik von „stimulus" und „response" (Reiz und Reaktion) zu sehen. Zum Beispiel lernt der Hund, mit dem Pawlow einige seiner Experimente machte, das Ertönen des Summers als Ankündigung von Futter, das gleichzeitig mit dem Summer wahrzunehmen ist, zu erkennen (stimulus) und hierauf mit erhöhtem Speichelfluss zu reagieren (response).

Verhaltenskonditionierung

Eine solche Mechanik von Reiz und Reaktion ist für die Behavioristen die Grundlage, um Verhalten zu kontrollieren oder zu konditionieren, wie wir sagen. Lernen funktioniert dann so, dass wir erwünschtes Verhalten bestätigen und bekräftigen, also verstärken, und unerwünschtes Verhalten abschwächen oder korrigieren. Die Aufeinanderfolge bestimmter Reaktionen können wir dann als Verhaltensmuster verstehen. Verhaltensmuster können über Verstärkung aufgebaut werden (Verstärkungslernen).

Diese Reiz-Reaktions-Optik erklärt immer noch auf plausible Weise einen bestimmten Teil menschlichen Lernens. Weder genetische Einflüsse noch Reifungsprozesse sind aus dieser Perspektive entscheidend. Vielmehr kann gelernt –

und hier müsste man sagen: trainiert – werden, dass man auf einen bestimmten Impuls der Umwelt sich auch anders verhalten kann. In Therapien, die diesem verhaltenstheoretischen Modell folgen, kann man z.B. lernen, auf den Reiz „startendes Flugzeug" mit anderen Verhaltensweisen als mit Flugangst zu reagieren. Es handelt sich dann um regelrechte Trainingsprogramme, die das gewünschte Verhalten hervorbringen sollen. Verhaltensweisen können also trainiert werden. Nach Skinner ist der Mensch grundsätzlich aktivitätsbereit, sein operantes Verhalten hat zunächst den Charakter von Versuch und Irrtum. Positive Verstärkungen (Erfolg, Lob, positive Sanktionen) oder negative Verstärkungen (Misserfolg, Strafe, Tadel, negative Sanktionen) entscheiden und steuern den Erwerb von Verhaltensweisen.

Diese klassische Position des Behaviorismus hat auch etwas Befreiendes: Man kann Verhalten erlernen. Einen Teil der Vielfalt pädagogischer Interaktionen, z.B. zwischen Eltern und Kindern, kann man durchaus als solche Reiz-Reaktions-Verbindungen interpretieren und sie sich insofern verstehend erschließen: Erwünschtes wird belohnt; Nichterwünschtes wird getadelt bzw. korrigiert. Hier muss nicht viel erklärt werden; hier geht es darum, in routinemäßige Abläufe und Rituale einzuüben, z.B. in das „Guten Morgen"-Sagen. Desweiteren wird man im Sport und im Training erfolgreich auf diese Theorie zurückgreifen können; überall dort, wo Verhaltensmuster aufgebaut werden, die dann quasi routinehaft abgerufen werden können, z.B. beim Boxen. Ein bestimmter Bereich menschlichen Verhaltens kann also tatsächlich durch diese Gruppe der lern- und verhaltenstheoretischen Positionen erklärt werden. Es gibt jedoch auch klare Grenzen und Einschränkungen des Leistungsbereichs dieser Ansätze, die auf eine anthropologische Dimension verweisen:

Potentiale des Lernens als Verhaltenstraining

(1) Es fällt ein gewisser mechanistischer Charakter auf, der menschliches Lernen im höchsten Maße vereinfacht und in die Nähe von Abrichtungssituationen bringt.

(2) Dass innerpsychische Vorgänge keine Rolle spielen sollen, dass sie als unerforschbare „black box" fungieren sollen, wie Skinner sagt, vermag für komplexe Lernprozesse nicht zu überzeugen. Ein solcher komplexer Lernprozess liegt z.B. vor, wenn ein Mensch lernen muss, nun weiterzuleben, obwohl sein Partner und sein Kind bei einem Autounfall infolge seines Verschuldens ums Leben gekommen ist. In solchen Fällen zu sagen: Innerpsychische Vorgänge spielen keine Rolle, es komme für die Person lediglich darauf an, die Routinen der Alltagsorganisation umzustrukturieren und einige Verhaltensmuster umzutrainieren, klingt zynisch.

(3) Schließlich wird die Umweltseite zu stark mechanistisch auf impulsgebende Instanzen reduziert. Der Mensch ist nicht nur eine Reaktionsinstanz auf Umweltimpulse; er ist eben nicht determiniert durch Umweltfaktoren; er kann sich zu ihnen auf unterschiedliche Weise verhalten.

Grenzen des verhaltenstheoretischen Ansatzes

Die letztgenannte Kritik am Behaviorismus wurde schon sehr früh, im Jahre 1893, von dem Pädagogen John Dewey geäußert und mit einem eigenen – konstruktivistischen – Modell des Lernens verknüpft. Im behavioristischen Handlungsmodell liegen – so Dewey (1963) – Stimulus und Reaktion als voneinander getrennte Einheiten vor, deren Zusammenhang und Zusammenspiel letztendlich

Konstruktivistische Kritik des Behaviorismus

nicht erklärt werden könne. So sei schon nicht klar, wie etwas überhaupt zu einem Reiz werden könne, ohne dass diesem bereits eine Handlung bzw. Koordination vorausgeht. Noch mehr: der Reiz selbst sei eine Handlung.

Dewey gibt hierfür das Beispiel eines Kindes, das lernt, die Flamme einer Kerze nicht zu berühren. Hier ist nicht die Flamme der Reiz, sondern das Sehen des Kindes, und dieses ist auch nur dann ein Reiz für das Nicht-Anfassen, wenn das Kind die Flamme als etwas erkennt, das bei Berührung weh tut (vgl. 1963, S. 254f.). Was die Behavioristen lediglich als Reiz deklariert haben, ist also eine hochkomplexe Angelegenheit. Der Reiz umfasst Wahrnehmung und Handlung; und er beruht auf vorangegangenen Erfahrungen, in denen etwa das Kind etwas als Flamme zu erkennen gelernt hat. Der Reiz ist mithin gar kein Reiz, sondern ein Moment, der entweder Reiz oder aber auch Reaktion sein kann (nämlich zu jenem Zeitpunkt, in dem das Kind erst noch lernt, den Reiz „Flamme" zu erkennen).

Reiz und Reaktion als Funktion eines Handlungszusammenhanges

Reiz und Reaktion bezeichnen also keine voneinander isolierte Entitäten (wie Futter und Speichelfluss beim Pawlowschen Hund), sondern Funktionen innerhalb eines Handlungszusammenhangs. Je nach dem, welche Sequenz der Handlung nun im Mittelpunkt der Aufmerksamkeit liegt, lassen sich die Funktionen des Reizes und der Reaktion zuordnen. Man sieht hier also, dass Reiz und Reaktion „nur Unterscheidungen einer flexiblen Funktion bedeuten, nicht aber einer fixierten Existenz; dass ein und dasselbe Vorkommnis eine oder beide Rollen spielen kann, je nach dem Wechsel des Interesses" (1963, S. 259).

Es handelt sich beim Behaviorismus also um einen relativ engen Ansatz, der allenfalls in sehr speziellen Ausschnitten menschlichen Lernens Erklärungserfolge zu erzielen vermag. Gemessen an komplexen Lernsituationen sind wir nicht gut gerüstet, wenn wir diesen Ansatz ausschließlich favorisieren. Deshalb stellen wir im Folgenden konstruktivistische Theorien des Lernens vor, zu denen sowohl der pragmatistische Konstruktivismus von John Dewey als auch radikalkonstruktivistische Ansätze gehören.

4.6.2 Konstruktivistisch ausgerichtete Lerntheorien und Modelle

In der Lerntheorie des pragmatistischen Konstruktivismus (vgl. dazu: Nohl 2004) wird die Handlung selbst in den Vordergrund der Betrachtung gestellt. Innerhalb der Handlung kommt Reiz und Reaktion nur eine Funktion für die Aufrechterhaltung oder Rekonstitution der Koordination zu (vgl. Dewey 1963, S. 255). Entsprechend geht Dewey statt von einem Handlungsbogen von einem Handlungskreis aus.

Geschlossene und unterbrochene Handlungskreisen

Wie aber kommt es überhaupt zum Lernen, wenn der Kreislauf geschlossen ist, also Reize und Reaktionen so weit ineinander integriert sind, dass sie ineinander verschwimmen? Deweys Argumentationen gehen hier noch einen Schritt weiter; er unterscheidet systematisch zwischen geschlossenen und unterbrochenen Handlungskreisen. Wo der Handlungskreis besonders gut koordiniert ist und sich ohne Hindernisse vollziehen kann – wie etwa bei instinktiven Handlungen, aber auch in Handlungsroutinen –, sind weder der Reiz als Reiz noch die Reaktion als Reaktion bewusst: „Hier gibt es einfach eine kontinuierlich angeordnete Sequenz der Akte, alle ineinander und in der Ordnung ihrer Sequenz eingepasst, um ein bestimmtes objektives Ende zu erreichen [...] Das Ziel ist gut in die Mittel verwoben." (1963, S. 261). In diesem Fall einer Handlungsroutine sind Ziele und Mittel des Handelns vollkommen integriert, ineinander verschmolzen. Nur in Bezug auf dieses Handlungsziel lassen sich aber Reize und Reaktionen zuordnen.

Dewey unterscheidet die geschlossenen von unterbrochenen Handlungskreisen, in denen es bewusste Reize und Reaktionen gibt. Auch in diesem Fall ist der bewusste Reiz nicht einfach gegeben; so etwa im Beispiel des Kindes, das die Flamme sowohl mit gutem Essen, als auch mit Spielen und mit Verbrennungen verbindet. Hier gilt: „Hier ist nun nicht nur die Reaktion unklar, sondern auch der Stimulus. Der eine ist nur unklar, insofern es der andere auch ist." (1963, S. 263, i.O. k.) Es gilt nun, den richtigen Reiz zu entdecken. Damit wird aber der Reiz das Ziel der Handlung. Und sobald der richtige Reiz gefunden ist, kann die Handlung weiter laufen. Der Handlung ist also kein Reiz vorgegeben, sondern die Handlung besteht dort, wo sie unterbrochen wurde, aus der Suche nach neuen Reizen. Die Suche nach neuen Reizen, die neue Handlungsmöglichkeiten erschließen, stellt letztendlich einen Konstruktionsprozess dar. Die Reize, die neue Handlungsmöglichkeiten bieten, werden konstruiert. In diesem Konstruktionsprozess lernen Menschen. Dewey hat dies in vielen pädagogischen Publikationen weiter ausgearbeitet, z.B. in dem für LehrerInnen geschriebenen Buch „Wie wir denken" (Dewey 2002).

Lernen in unterbrochenen Handlungskreisen

Noch radikaler ist der Konstruktivismus bei den chilenischen Biologen Humberto Maturana und Francesco Varela gefasst. Sie gehen in einem ihrer Hauptwerke, *Der Baum der Erkenntnis* (1987), im Rahmen moderner Hirnforschung zunächst davon aus, dass Lebewesen ihre Grenze selbst bestimmen; sie konstituieren sich als verschieden vom umliegenden Milieu (Umgebung). Dadurch, dass Einheiten ihre eigene Grenze erzeugen, erzeugen sie sich selbst und bilden ein System, das sich durch eine gewisse Geschlossenheit auszeichnet. Das kann eine Zelle sein, das kann ein subhumaner Organismus sein, das kann ein Mensch sein, das kann eine Familie oder auch eine Nation sein. Wir nennen solche Betrachtungsweisen eine systemische Betrachtungsweise. Es ist nicht entscheidend, wie groß das System ist, sondern entscheidend sind die Funktionsmechanismen der betrachteten Einheit.

Systemischer Ansatz

Die jeweilige Umgebung, das Milieu, weist eine eigene Dynamik auf, die jedoch nicht konditionierend und prägend, sondern lediglich auslösend wirkt. Sie ist für das Lebewesen eine Quelle von Störungen. Demzufolge kann die Umgebung oder ein System auf ein anderes nicht in der Weise Einfluss nehmen, dass dieses in der gewünschten Weise reagiert. Jeder Reiz, der auf ein System wirkt, ist für dieses eine Störung, die entsprechend der systemimmanenten Regelmäßigkeiten bzw. Gesetze verarbeitet wird. Was für eine Zelle beispielsweise toxisch ist, kann durchaus für eine andere Zelle nicht toxisch sein. Es hängt von der Beschaffenheit der Zelle ab, ob für sie eine Substanz toxisch ist oder nicht, und nicht von der Substanz selbst. Auch in der Stressforschung finden wir diese Beobachtung: Eine Situation, die für einen Mensch Stress bedeutet, muss für einen anderen noch lange nicht stressend sein.

Bis zu diesem Punkt ist zunächst einmal klar, dass das System auf die Veränderung der Umgebung träge reagiert, d.h. zunächst bestrebt ist, den bisherigen Zustand zu erhalten. Somit kann also nicht sicher prognostiziert werden, wie bei-

Trägheit von Systemen gegenübe Umweltreizen

spielsweise Menschen auf Umweltreize reagieren. Die Palette der Reaktionsmöglichkeiten hat zwei Extreme: Sie können die Veränderungen in der Umwelt aktiv bekämpfen, um zu verhindern, dass sie sich selbst ändern müssen, sie können sich zweitens an veränderte Verhältnisse anpassen, um die sich dann ergebenden Chancen zu nutzen (Mitnahmeeffekt). Sie können drittens auch versuchen, den Impulsen aus dem Weg zu gehen. Viele weitere Reaktionsmöglichkeiten sind denkbar.

Subjektabhängigkeit von Wissensstrukturen

Jedes Lernen ist also von der Organisation und der Struktur des Lernenden abhängig, Wissensstrukturen sind subjektabhängig. Es kann in dieser Perspektive nur subjektabhängiges, relatives Wissen geben. Erfahrung sowie Empirie sind im konstruktivistischen Rahmen an unsere (kognitive) Konstruktivität gebunden und nicht an eine objektive Struktur der Wirklichkeit. Bei Maturana heißt es unzweideutig; „Objektive Erkenntnis gibt es nicht" (Maturana 1972, S. 310). Informationen werden nicht passiv aufgenommen, sondern – bedingt durch die Art und Weise, wie unser Gehirn funktioniert – vom Lerner konstruiert und auf diese Weise Wissen erzeugt.

Diese Annahmen stehen in einem Gegensatz zu allen Formen instruktiven, behavioristischen Lernens, indem sie die konstitutive Rolle des Lerners betonen. Lernen wird aus dieser Perspektive als Selbststeuerungsprozess gesehen. Schauen wir uns einige Bedingungen solcher Lernprozesse näher an.

Selbststeuerung des Lernens

Die seit einigen Jahren verstärkt geführte Debatte um den Sinn und Unsinn des selbstgesteuerten Lernens in der Erziehungswissenschaft (Terhart 1989) geht zunächst davon aus, dass Lernen grundsätzlich immer selbstgesteuerte Anteile aufweist, die Frage ist nur in welchem Maße. Wie einleitend zu diesem konstruktivistischen lerntheoretischen Paradigma ausgeführt wurde, betonen diese Konzepte des Lernens und des Lehrens sehr stark die Eigenaktivität des Lerners. Selbststeuerung des Lernens ist allerdings ein voraussetzungsreicher Prozess. Das selbstgesteuerte Lernen muss selbst gelernt werden. Das ist eine zentrale Bedeutungsfacette des Schlagwortes vom „Lernen des Lernens". Fragt man nach den Fähigkeiten, die jemand erwerben muss, um selbstgesteuert zu lernen, dann werden immer wieder an erster Stelle die so genannten metakognitiven Fähigkeiten genannt (vgl. Flavell 1983; Weinert/Kluwe 1983). Etwas vereinfacht kann man sagen, dass Metakognition das Wissen um die eigene, individuell verschiedene kognitive Struktur bezeichnet.

Reflexivität des Lerners

Ein zentrales metakognitives Element bezieht sich auf die grundlegende Reflexivität, d.h. die Fähigkeit, zu sich selbst auf Distanz zu gehen und sich gleichsam mit den Augen eines Fremden zu beobachten, um auf diese Weise die eigenen Wege des Lernens, des Suchens und des Problembeschreibens kennen zu lernen. Ein anderes metakognitives Element, das entwickelt sein muss, um die eigenen Lernprozesse selbst zu steuern, ist das nach Bandura (1997) so genannte Element der *Selbstwirksamkeit*. Damit ist das Vertrauen in die eigenen Fähigkeiten gemeint, die Selbsteinschätzung, dass ich es unter bestimmten Bedingungen schaffen kann, dass ich also etwas bewirken kann.

Flexibilität des Lernens

Diese selbstbezogenen Kognitionen steuern, strukturieren und kontrollieren die eigenen Lernprozesse und machen im Wesentlichen das aus, was unter dem Begriff der *Flexibilität* des Lernens thematisiert wird. Denn eine hohe Flexibilität erlaubt es dem einzelnen, sich wechselnden Situationen mit unterschiedlichen

Anforderungen anzupassen. Eine hohe Flexibilität steigert die Orientierungsfähigkeit, was gerade in den elektronischen Datennetzen, vor allem in Internet, zentral wird (siehe unten). „Lost in Cyberspace" bezeichnet eine Orientierungslosigkeit, die sich aus einer gewissen kognitiven Überlast ergibt, nämlich daraus, dass die Anzahl der Wahl- und Anschlussmöglichkeiten so übermächtig groß ist, dass man nicht mehr sicher sein kann, dass die getroffenen Wahlentscheidungen angesichts der ansonsten auch noch möglichen Optionen wirklich richtig sind. Flexibilität würde sich in diesem Fall daran zeigen, ob es gelingt, auf einer Metaebene Selektions- und damit Gewissheitskriterien zu entwickeln.

Zusammenfassend kann gesagt werden, dass behavioristisches Lernen auf der einen Seite und konstruktionsorientiertes, selbstgesteuertes Lernen auf der anderen Seite zwei entgegengesetzte Pole auf einer Skala bezeichnen, auf der verschiedene andere Formen des Lernens mit anderen „Mischungsverhältnissen" von Passivität und Aktivität des Lerners angesiedelt sein können. Unabhängig von einer solchen Sichtweise auf Lernprozesse gibt es andere Thematisierungsweisen von Lernen, die im nächsten Schritt skizziert werden sollen.

4.6.3 Situations-, lebenslauf- und biographieorientierte Theorien und Modelle

An die konstruktivistischen Lerntheorien kann unmittelbar der so genannte situative Ansatz anknüpfen, wenngleich hier nun nicht mehr so sehr das Subjekt, sondern die Situation im Zentrum der Betrachtung steht (vgl. Gerstenmaier/ Mandl 1995). Wissen und Wissenserwerb werden in der situativen Perspektive nicht dem Individuum, sondern überindividuellen Strukturen zugerechnet. Wurde zunächst noch Wissen – im Anschluss an den Pragmatisten John Dewey – als in die Handlung eingelassene Relation zwischen Person und Situation begriffen (vgl. Clancey 1993), ging man später dazu über, Denken als einen „Aspekt der sozialen Praxis" zu deuten und die Identität des „Individuums als Lernender und Denkender" mit dessen „Teilnahme an den Praktiken von Gemeinschaften" zu erklären (Greeno et al. 1997, S. 97). In das Zentrum der Aufmerksamkeit rücken damit kollektive Lernmilieus, innerhalb derer sich individuelle „habits of mind" (ebd., S. 98) erst bilden können (vgl. auch Greeno et al. 1998; Lave/Wenger 1991).

Situativer Ansatz

Doch lässt sich Lernen nicht nur als situatives und milieuspezifisches Phänomen thematisieren, sondern auch innerhalb der individuellen Lebenszusammenhänge des einzelnen Menschen. Zunächst einmal ist aus entwicklungspsychologischer Perspektive schon sehr früh darauf aufmerksam gemacht worden, dass die Bewältigung unterschiedlicher Situationstypen im Verlaufe des Lebens als Folge von Entwicklungsaufgaben beschrieben werden kann (Havighurst 1974), die lernend bewältigt werden. Ein wesentliches Resultat dieser Forschung ist, dass das Lernen von neuen Situationsbewältigungsformen nicht gleichmäßig oder beliebig voranschreitet, sondern in Stufen, die in einer bestimmten, unumkehrbaren Entwicklungslogik aufeinander folgen und die jeweils ein neues Lernniveau bezeichnen, das weiterreichende Verhaltensmöglichkeiten eröffnet (vgl. Piaget 1974).

Entwicklungsaufgaben im Lebenslauf

Blickt man auf das Erwachsenenalter, kommt noch eine andere Form längerfristiger Lernprozesse in den Blick: die Gestaltung einer individuellen Biogra-

Biographischer Ansatz

phie, denn die Bewältigung neuer Situationen erfolgt in einem ständigen Abgleich mit alten, in früheren Jahren erworbenen Mustern. Im Unterschied zum reinen Erlernen von neuen Situationsbewältigungsmustern kommt beim biographischen Lernen noch der Erwerb von Erfahrungen und die Herstellung eines Sinnzusammenhanges hinzu.

Lebenslauf, Biographie und Biographisierung

Wir haben in dieser Einführung schon in dem Abschnitt zu „Biographie" auf den Unterschied von Lebenslauf und Biographie hingewiesen: Unter dem Begriff des *Lebenslaufs* versteht man eher die objektiven, sozial-strukturellen Fakten des Lebens (z.B. Geburtsdatum, Einschulung, Lehre, Heirat etc.), unter *Biographie* dagegen die mit Sinn und Bedeutung versehenen Fakten. Unter *Biographisierung* wird dann jener Prozess der Bedeutungszuweisung und Sinnverleihung von Ereignissen im einzelnen Lebenslauf verstanden.

Bedeutungszuschreibung und Lernen

Aus dieser Perspektive hat der Prozess der Bedeutungszuweisung und Sinnverleihung viel mit Lernen zu tun. Das sieht man spätestens dann, wenn wir aufgrund bestimmter Erfahrungen im Leben bestimmten Dingen, Personen oder Ereignissen nicht mehr diese oder jene Bedeutung in unserem Lebenszusammenhang zuweisen, sondern eine neue und andere. Wenn wir beispielsweise von einer Person enttäuscht sind, haben wir, aus dieser Perspektive gesehen, biographisch gelernt, denn wir verändern die Bedeutungszuschreibung dieser Person. Das bedeutet innerhalb des Ensembles der Personen, die uns wichtig sind, erhält diese Person gleichsam einen anderen Ort.

Mit der Veränderung von Bedeutungs- und Sinnzusammenhängen werden wir uns noch genauer befassen, wenn wir im nächsten Kapitel über Beratung und Hilfe sprechen werden. Während ein Studium von Lernprozessen, das eher an den Entwicklungsstufen des Menschen orientiert ist, mehr auf für alle Menschen verallgemeinerbare Erkenntnisse ausgerichtet ist, also auf generelle Verhaltens- und Denkstrukturen zielt, ist das Studium von Lernprozessen, das sich stärker an der Biographie der Menschen orientiert, auf Einsichten auf der Ebene des Individuellen eingestellt, auf die Struktur einer individuellen Lebensgeschichte oder auf typische Lebensverläufe in einem besonderen sozialen Milieu oder einer besonderen historischen Situation (vgl. Schulze 1997).

Biographische Studie zu Lernen und Habitus

Den Zusammenhang von Lernen, Biographie und Milieu beleuchtet Heidrun Herzberg in ihrer Arbeit zu „Biographie und Lernhabitus", die auf einer empirischen „Studie im Rostocker Werftarbeitermilieu" (so der Untertitel) basiert (Herzberg 2004). Die Autorin erforscht hier, „wie bestimmte habituelle Muster, die die biographischen Lern- und Bildungsprozesse der Einzelnen prägen, tradiert werden und sich über die Generationenschwelle unter dem Einfluss des Rostocker Werftarbeitermilieus, aber auch im gesellschaftlichen Transformationsprozess verändern" (2004, S. 13).

Die empirische Untersuchung basiert auf narrativen Interviews, die nach der Forschungsstrategie der Grounded Theory (Glaser/Strauss 1969) und mit der Erzählanalyse von Fritz Schütze (1983a u. b) ausgewertet wurden. Die Forscherin kann hier zum einen auf die lebensgeschichtlichen Erzählungen von ArbeiterInnen der Geburtsjahrgänge 1922-1936 zurückgreifen. Zum anderen führte sie narrative Interviews mit zehn Kindern dieser WerftarbeiterInnen, die allesamt zwischen 1954 und 1964 geboren wurden. Zwei kontrastierende Fallkonfigurationen (Eltern-Kind-Konstellationen) sollen im Folgenden näher dargestellt werden.

Die erste intergenerationelle Fallkonfiguration arbeitet Heidrun Herzberg aus den narrativen Interviews mit Franz Richter und seinem Sohn Andreas heraus. Vater Richter habe, nachdem er mit seiner Familie aus der Heimat vertrieben worden war, zwar eine Lehre als Maschinenschlosser auf der Rostocker Werft begonnen, diese aber abbrechen müssen, um den Lebensunterhalt für die Familie zu verdienen. Mit der begonnenen Ausbildung als Maschinenschlosser sei er – so die Autorin – „im sozialen Status der Vorgeneration" (2004, S. 101) verblieben (sein Vater war Dreher von Beruf.). Dies zeige sich auch daran, dass er eine spätere Ausbildung zum Industriekaufmann nach eigenen Aussagen mit einer „Facharbeiter-Prüfung" (2004, S. 102) abgeschlossen habe. Schon in dieser Interpretation zeigen sich die Vorteile einer Forschung, die zwischen formalen Abschlüssen und dem Lernhabitus zu unterscheiden vermag: Wie Herzberg im Weiteren zeigt, qualifiziert Franz Richter sich zwar zum Industrieökonom weiter, doch beruht dies nicht auf einer Bildungsaspiration, sondern dient der Anpassung an die Erwartungen, die andere in ihn setzen. Einen zentralen Hintergrund dieses Mangels an Bildungsaspiration rekonstruiert die Forscherin in dem impliziten Streben von Franz Richter nach der Integration in das Werftarbeitermilieu, das in gewisser Weise das verlorene Milieu der Heimat ersetze (2004, S. 112). Auch nach der Wende, als die Werft geschlossen wird, setzt sich dieser Lernhabitus fort. Herzberg fasst ihn anhand der von ihr empirisch herausgearbeiteten zentralen Kategorien zusammen: „keine Bildungsaspirationen, Gemeinschaftsorientierung, Wertschätzung praktischer Arbeit und Skepsis gegenüber theoretischem Wissen, keine (lern)biographische Reflexivität" (2004, S. 118).

Persistenz des Lernhabitus in der ersten Fallkonfiguration

Der Sohn, Andreas Richter, wächst in das Werftarbeitermilieu hinein; ihm wurden von Haus aus offenbar keine Bildungsaspirationen mitgegeben. Als Dreher arbeitet er in der Werkzeugmacherei, deren „wunderbares Kollektiv" (Zitat Richter) durch „familiär organisierte Beziehungen" (2004, S. 126) strukturiert ist. Dieses Milieu reicht weit über die Arbeitsstelle hinaus und wird auch für private Hilfeleistungen mobilisiert. Gegenüber dem ihm von außen angetragenen Ansinnen, sich zum Meister zu qualifizieren, bleibt er resistent; er schätzt die Bedeutung seines praktischen Wissens hoch ein und lehnt es – dem Vater ähnlich – ab, eine auf theoretischem Wissen beruhende Leitungsfunktion einzunehmen. Dieses „Facharbeiterwissen und -können" wird für Andreas Richter in den unsicheren Zeiten der Wende zur „Ressource" (2004, S. 135), die er bewusst einsetzt. Es gelingt ihm so, zu den wenigen in der Werkzeugmacherei verbleibenden Arbeitern zu gehören. An dieser Stelle identifiziert die Autorin erste Ansätze einer selbstreflexiven Haltung. Letztlich kommt Herzberg jedoch zu dem Schluss, dass in dieser Fallkonfiguration der Lernhabitus weitgehend von der älteren zur jüngeren Generation tradiert wurde. Zwar habe sich der Vater Richter „funktional" vom Milieu der Facharbeiter gelöst, aber eben nicht „habituell" (2004, S. 142). Dies ist dann für den Lernhabitus des Sohnes entscheidend, der am Facharbeiter-Habitus des Vaters, nicht aber an dessen (weit höherer) formaler Ausbildung orientiert ist.

Bewahrender Lernhabitus

In der zweiten Fallkonfiguration, die die Autorin rekonstruiert, zeichnet sich ebenfalls die Persistenz des Lernhabitus ab, wenngleich dieser unter einem ganz anderen Vorzeichen steht. Heidrun Herzberg zieht hier die narrativen Interviews mit beiden Elternteilen wie auch jenes mit der Tochter zur Analyse heran. Der

Zweite Fallkonfiguration

Vater, Georg Schwarz, hat bereits in seinem Elternhaus einen Lernhabitus erworben, der „nicht nur Aspirationen in Bezug auf Bildung und Qualifikation" umfasst, sondern auch „biographische Reflexion" (2004, S. 217) ermöglichte. Georg Schwarz absolviert nach einer Maschinenschlosser-Lehre ein Ingenieursstudium und besucht danach die Volkshochschule. War ihm das Studium noch von außen angetragen worden, so identifiziert Herzberg eine Veränderung seiner Haltung in dem Moment, als er seine Kenntnisse in Mathematik in eigenständiger Entscheidung versucht, seine Schwächen in Mathematik in einem VHS-Kurs auszugleichen. Hier lasse sich „der Beginn eines eigenen biographischen Plans in Bezug auf Bildung und Qualifikation erkennen" (2004, S. 222f.), Herr Schwarz schreite „seinen familiär erworbenen Lernhabitus, in dem Bildungsaspirationen angelegt waren, im Hinblick auf bestimmte Dimensionen aus" – gemeint ist: er überschreitet partiell die Grenzen seines Lernhabitus (2004, S. 223).

Auch Frau Schwarz wird schon von Seiten ihrer Herkunftsfamilie ein Habitus weitergegeben, in dem Lernen „als zentrale biographische Verarbeitungsstrategie" (2004, S. 236) gilt. Sie lernt in der Werft den Beruf der technischen Zeichnerin und absolviert später ein Abendstudium zum Schiffsbauingenieur. Gerade für diese Zeit, in der sie zudem noch ihr Kind versorgen musste, identifiziert Herzberg die Fähigkeit, „sich Hilfestellung und geeignete Rahmenbedingungen" (2004, S. 240) für diese Lernprozesse zu suchen. Die Forscherin fasst diesen Lernhabitus mit den Kategorien „Bildungsaspirationen, Lernen als zentrale biographische Verarbeitungsstrategie, Bildung als Wertorientierung und (lern-)biographische Reflexivität" (2004, S. 246f.) zusammen. Dieser Lernhabitus, der gleichermaßen für beide Elternteile gilt, ist demjenigen in der ersten Fallkonstellation geradezu diametral entgegengesetzt.

Entwicklungsorientierter Lernhabitus

Der Tochter, Brigitte Herwig-Rath, haben die Eltern diesen Lernhabitus weitergegeben. „Durch die Teilnahme an der alltäglichen Praxis der Eltern entwickelt Brigitte Herwig-Rath die Fähigkeit, sich mangelndes Potential selbst zu erarbeiten, d.h. sie lernt zu lernen." (2004, S. 247) Auf Betreiben der Mutter macht die Tochter dann auch eine „Berufsausbildung mit Abitur" (2004, S. 250) und studiert anschließend „konstruktiven Ingenieurbau" (2004, S. 252). Sie übt in ihrer freien Zeit mit dem Vater jene Fächer, die ihr schwer fallen. Die Forscherin bezeichnet diesen Werdegang jedoch nicht als „Bildungsaufstiegsgeschichte", sondern als „Entwicklungsgeschichte", innerhalb derer Herwig-Rath versucht habe, ihre „Handlungsspielräume" zu erweitern (2004, S. 257). Diese Ausdehnung der Spielräume lässt sich dann auch an der Berufskarriere der Tochter festmachen, die sie zunächst über eine – für sie unbefriedigende – Anstellung in einem DDR-Unternehmen und eine sie ebenso wenig auslastende Stelle in Westdeutschland bis hin zu einem Arbeitsplatz führt, an dem sie sich in einem Architektenteam anerkannt und gebraucht fühlt. Dieses „entwicklungsorientierte Lernhabitusmuster" (2004, S. 270) macht Heidrun Herzberg dann auch in Herwig-Raths Privatleben fest, in dem sie sich von ihrem Mann trennt, mit ihren Kindern in das Elternhaus eines neuen Freundes im Westen zieht und schließlich mit diesem neuen Lebenspartner zusammen einen eigenen Haushalt gründet.

Intergenerationelle Persistenz des Lernhabitus

Heidrun Herzberg zeigt in ihrer empirischen Analyse, dass (und wie) der Lernhabitus von Generation zu Generation weitergegeben wird und insofern weitgehend persistent bleibt. Diese These ist gerade deshalb überzeugend, weil die Forscherin zwei kontrastierende Lernhabitusmuster (das „bewahrende" und das „entwicklungsorientierte") in ihrer jeweiligen Persistenz untersucht hat. Hinsichtlich des entwicklungsorientierten Lernhabitus macht Herzberg allerdings eine Einschränkung: Da die jüngere Generation auf eine zeitgeschichtliche Gesellschaftskonstellation (die Wendezeit) getroffen sei, in der sie ihre Möglichkeiten voll entfalten und sogar erweitern konnte, habe sich der entwicklungsorientierte Lernhabitus hier modernisieren können. Demgegenüber seien vor der Wende im Rostocker Werftarbeitermilieu mit seiner egalitären Stimmung derartige Modernisierungsprozesse „blockiert" gewesen (2004, S. 305).

Schon in diesen Überlegungen zur Verbindung von Lernhabitus und gesellschaftlichen Konstellationen deutet sich an, dass Lernen auch mit gesellschaftlichen Problematiken zu tun hat. In diesem Sinne lassen sich auch Versuche verzeichnen, das Lernen im Rahmen gesellschaftlicher Aufgaben zu beschreiben.

4.6.4 Lernen im Rahmen gesellschaftlicher Aufgaben: Der Club of Rome

Der Club of Rome hat in einer Fülle von Studien (z.B. Club of Rome 1973, 1979, 1992) eine globale Problemlage beschrieben, deren Lösung immer dringlicher wird, wenn wir auf diesem Planeten überleben wollen. Dazu gehören Probleme, die sich beispielsweise auf den Energie- und Nahrungsmittelsektor, auf das Gebiet des Bevölkerungszuwachses, auf das Verhältnis des Nordens zum Süden, auf das Verhältnis zur Natur bzw. zum Klima unseres Planeten beziehen. Folgt man diesen Überlegungen, dann ist eine globale Betrachtungsweise gefordert, die der großen, komplexen und wechselseitigen Verflochtenheit der Nationen Rechnung zu tragen in der Lage ist. Das komplizierte Geflecht von Problemen politischer, wirtschaftlicher, sozialer, kultureller, psychologischer, technologischer und ökologischer Art wird immer dichter. Die wechselseitigen Abhängigkeiten offenbaren eine Dynamik, die nur über Modelle netzwerkartiger Szenarien beschrieben werden kann. Das internationale Beziehungsgeflecht ist seismographischer und anfälliger geworden. Die Steigerung dieser globalen Problemlagen in den letzten zehn Jahren ist bekannt; bekannt ist auch, dass wir weit davon entfernt sind, Lösungen für sie zu haben. Es entsteht eine „Diskrepanz zwischen der zunehmenden Komplexität aller Verhältnisse und unserer Fähigkeit, ihr wirksam zu begegnen" (Club of Rome 1979, S. 25). Diesen Sachverhalt bezeichnen die Autoren als menschliches Dilemma. Sie fordern ein radikales Durchdenken unserer Art und Weise zu lernen.

Globale Probleme und Lernen

In bildungstheoretischer Tradition ist diese Art des Fragens vertraut. Helmut Peukert etwa bringt die Neuzeit und die etablierten Formen des Lernens in einen direkten Zusammenhang: „Die umfassende Krise, in die das Projekt der Neuzeit hineingeführt hat, zwingt dazu zu fragen, welchen Anteil die bisherige Form des Lernens und der systemisch organisierten Bildung an der Entstehung dieser Krise hat. (...) Die Zukunft unserer Gesellschaft hinge dann ab von einer neuen Weise des Lernens und von dem darin neu entstehenden Bewußtsein, sie wäre in einem elementaren Sinne abhängig von Bildung." (Peukert 1984, S. 129)

Bildungstheoretische Fragestellung

Verhältnis von Bildung und Lernen

Die Frage, wie sich Menschen verhalten, wie sie lernen, welches Verhältnis sie zu sich selbst, zu anderen und zur Natur entwickeln, zielt auf die Frage des Verhältnisses von Lernen und Bildung. Die Pädagogik hat diese Domäne nicht für sich gepachtet; sie ist dafür aber bis zu einem gewissen Grade mitverantwortlich. In der Rolle des Pädagogen konzentriert sich eine gewisse Erwartungshaltung, die unterschiedlich ausgelegt werden kann. Der Club of Rome glaubt, dass künftig die Bedeutung der Pädagogik für die Lösung der globalen Problemlage steigen werde. Er stellt – ähnlich wie der Erziehungswissenschaftler Heinz-Joachim Heydorn (1980) – hohe Erwartungen an den Lehrer: „Die Rolle des Lehrers, dem die künftige Entwicklung des Kindes anvertraut ist, ist eine der vornehmsten in der ganzen Gesellschaft." (Club of Rome 1992, S. 179) Vom Beruf des Lehrers hänge die Zukunft ab. Die Erziehung solle den Menschen bewusst und entschieden in einen permanenten, lebenslangen Prozess einführen:

> „Die Rolle der Erziehung ist noch viel lebenswichtiger als wir meinen. Aber viel Nachforschen, viel Arbeit wird aufgewendet werden müssen, um das Erziehungskonzept ganz neu zu durchdenken. Es muß offen werden für die Dimensionen der heraufdämmernden Zeit, damit die Erzieher von heute und morgen die gewaltige Größe und den Adel ihrer Aufgabe entdecken können: eine neue Zivilisation ins Leben zu rufen, in Einheit und Mannigfaltigkeit." (Club of Rome 1992, S. 181)

Gefahr der Überforderung der Pädagogik

Natürlich kann hier die Kritik einsetzen und solchen Aussagen vorhalten, dass hier zum wiederholten Male den PädagogInnen die Aufgabe aufgebürdet werde, den neuen Menschen und das neue Zeitalter zu erschaffen. An einer solchen Aufgabe könne die Pädagogik nur in grandioser Weise scheitern. Wir glauben, dass eine solche Kritik berechtigt ist, weil eine solche Position eine unglaubliche Überforderung einer wissenschaftlichen Disziplin wie auch eines Berufsstandes darstellen würde. Andererseits kann aus einer solchen Kritik jedoch nicht folgen, dass die Erziehung der nachfolgenden Generationen vollständig unabhängig von der Reflexion gesellschaftlicher Problemlagen erfolgen kann. Wie man sich dreht und wendet, man kommt aus der grundlegenden gesellschaftlichen Bezogenheit pädagogischer Aufgabenfelder nicht heraus. Menschen, die in einer Gemeinschaft aufwachsen, können sich eben auch nicht aus der Verantwortung für sich, für andere wie auch für die Welt herauszuwinden. Die entscheidende Frage lautet also, wie angesichts des menschlichen Dilemmas ein vernünftiges Verhältnis von Lern- und Bildungsprozessen angenommen werden kann.

4.6.5 Lernen mit neuen Informationstechnologien

Veränderungen im Lernen durch Computereinsatz

Solange es Computer gibt, hat man versucht, sie für die Verbesserung von Lernen einzusetzen. Bei aller Euphorie ist auch von Befürwortern immer wieder eingestanden worden, dass Lernen durch den Einsatz von Computern zwar anders, dass aber nicht vollständig klar sei, ob es dadurch wirklich besser werde. Michael Dertouzos darf sicherlich zu denjenigen gezählt werden, die die Möglichkeiten der neuen Informationstechnologien anpreisen und optimistisch in die digitale Zukunft schauen, wie sein Buch „What will be. How the new world of information will change our lives" (vgl. Dertouzos 1997) zeigt. Aber auch er ist skeptisch: „It is unclear whether computer and communications technologies help the learning process in a fundamental way. We have certainly discovered exciting ways of using information technology in learning. But we must be conservative when it comes to the education of our children. It is simply not enough – and may be damaging – to gaze with wonder at a novel technological approach and declare it educationally effective just because it is existing." (Dertouzos 1997, S. 175f.)

Diese Einschätzung spielt auf die Versprechungen an, die Seymour Papert in seinen Schriften 1982, 1994 und 1996 propagiert hat. Technologie alleine – so kann die Pointe von Dertouzos verstanden werden – gewährt noch nicht eine Verbesserung des Lernprozesses. Papert hat bezeichnenderweise seine Visionen eines anderen Lernens in seinen frühen Schriften am Beispiel der Schule entwickelt und in seinem Buch „The Connected Family. Bridging the Digital Generation Lap" (1996) am Beispiel der Familie. Der Grund dafür liegt darin, dass Lernen sich infolge der neuen Informationstechnologien nur noch – so Papert – zu einem geringen Teil in der Schule abspielen werde; das meiste werde außerschulisch durch neue Informationstechnologien gelernt. Für ihn könnte die Familie ein solcher neuer Lernort werden. Diese Tendenz wird dann noch verstärkt, wenn Schule ihre traditionelle Orientierung auf die Buch- und Textkultur beibehält, wofür es ja durchaus Argumente gäbe. Schule hätte in diesem Fall ein nahezu existentielles Problem, wenn das, was fürs Leben, für Arbeit und Freizeit benötigt wird, nicht mehr in ihr gelernt werden würde.

Konsens besteht darüber, dass die neuen technischen Ressourcen für ein auf der Basis der Selbständigkeit operierendes Lernen ausgeschöpft werden sollen. Dissens besteht darüber, welches die Schlussfolgerungen sein sollen, die aus dem Sachverhalt, dass neue Informationstechnologien das Lernen in der traditionellen Institution Schule verändern, gezogen werden müssen. Das Spektrum möglicher Folgerungen reicht am Beispiel der Schule von deren Abschaffung und einem Just-in-time-learning in dezentralen internetbasierten Lernstationen (Perelman 1992) bis zu der These, dass sich prinzipiell gar nichts zu verändern brauche, weil in Schulen immer schon Medien eingesetzt worden seien und Schule gleichsam ein Gegengewicht zur ubiquitären medialen Präsenz zu bilden habe (von Hentig 1996; 1998; Healy 1998). *Nutzung neuer technischer Ressourcen*

Vielleicht liegt die Wahrheit – so meinen viele – wieder einmal in der Mitte. Schule wird den Status des herausgehobenen Ortes von Lernen verlieren, so dass sich dadurch der soziale Stellenwert des Lernens verändert. Schule gerät unter Legitimationsdruck und muss sehen, dass sie nicht nur ein Ort für schulsozialarbeiterische Aktivitäten wird und das Lernen und der Aufbau von Qualifikationen immer mehr an außerschulischen Orten stattfindet. Die enge Verbindung von Lernen und Unterricht gerät also damit in die Krise. Dieser auf die Schule zukommende Legitimationsdruck hat u.a. dazu geführt, dass in den letzten Jahren erhebliche Anstrengungen unternommen worden sind, um schulische Lernprozesse an die Möglichkeiten heranzuführen, die sich durch das Internet eröffnen. *Veränderungen der Funktion von Schule*

Die Bertelsmann-Stiftung und die Initiative „Schulen ans Netz" des Bundesministeriums für Bildung, Wissenschaft, Forschung und Technologie sind zwei Beispiele für bildungspolitische Akteure, die versuchen, zwischen alten Hierarchien und neuen Anforderungen einer sich abzeichnenden Wissensgesellschaft zu moderieren, um den Lernort Schule grundsätzlich anders zu gestalten *Internetbezogene Neugestaltung der Schule* (vgl. Münstersche Erklärung: http://www.uni-giessen.de/fb03/vinci/labore/gen/muenster.htm [12.09.98]). Die im Jahre 1996 begründete Initiative des Bundesministeriums (vgl.: http://www.san-ev.de [12.09.98]) verfolgt das Ziel, eine Initialzündung dafür zu geben, dass durch den Einsatz vernetzter Computer im schulischen Unterricht moderne handlungsorientierte Konzepte entwickelt werden können, die SchülerInnen mehr Raum für projektorientierte Eigenaktivität geben und dadurch den Aufbau von Schlüsselqualifikationen, wie beispielsweise Medienkompetenz, fördern sollen. Diese Ziele bewegen sich auf der Linie, die die Bildungskommission Nordrhein-Westfalen bereits 1995 formuliert hat:

> „Der Einfluß der Medien auf die Bildung von Kindern und Jugendlichen soll zum Anlaß genommen werden, die inhaltlichen Zielsetzungen schulischen Lernens gründlich zu überprüfen und die Chancen einer Entlastung der Schule von überflüssiger Informationsvermittlung zu nutzen. Lehrplanrevisionen, welche die Lernmöglichkeiten von elektronischen Medien nicht entschieden einbeziehen, sind kaum geeignet, das Lernen in der Schule neu und wirksam weiterzuentwickeln helfen." (Bildungskommission 1995, S. 138; vgl. allgemein: Schnoor 1998)

Internetbasierte Projekte in der Schule

Der „Deutsche Bildungsserver", das offene „Deutsche Schulnetz", das „Schulweb", die Bildungsserver der einzelnen Bundesländer sowie zahlreiche andere Online-Angebote engagierter PädagogInnen unterstützen die Schulen bei ihren Aktivitäten. Internetbasierte Projekte finden zunehmend in die Schule Eingang und bereichern unterrichtliches Lernen dadurch. Dadurch verändert sich aber auch die Art und Weise, wie gelernt wird. Wir wollen hier stellvertretend nur zwei Aspekte nennen: (a) Die Informationsarbeit korreliert mit Individualisierung und Problemorientierung von Lernprozessen und (b) neue Kommunikations- und Partizipationsräume werden eröffnet.

Individualisierung und Problemorientierung von Lernprozessen

(a) Lernen mit Hypertextmedien – das ist die Grundstruktur des Internet –, die nicht linear verknüpfte Informationen bieten, verlangt einen aktiven Lerner, und zwar im Blick darauf, wie und in welcher Reihenfolge er Zugang zu den Informationen bekommt und wie er schließlich aus den Informationen Wissen erzeugt. Es entstehen individuell aufgebaute Wissensnetze. Eigenaktivität, Eigeninitiative und Eigenverantwortung bilden eine zentrale Triade selbstgesteuerter Lernprozesse (vgl. Gabriel 1997, S. 153ff.), die mit Instruktionslernen nichts mehr zu tun haben, sondern eher Forschungsprozessen gleichen. Das Internet wird in dieser Perspektive als globale elektronische Bibliothek gesehen, in der Informationen gesucht, zusammengestellt und präsentiert werden können. Internetbasierte Projekte führen zu einer starken Problemorientierung des Lernprozesses und zu einer Individualisierung von Lernwegen. Hypermediale Lernumgebungen lassen die individuellen Voraussetzungen auf Seiten des Schülers und sein Lernprofil besser zur Geltung kommen. Während sich im herkömmlichen Unterricht eine Lehrperson auf eine Vielzahl von Schülern und Schülerinnen bezieht und ein Schulbuch für alle einer Jahrgangsstufe gedacht ist, so ist es beim Einsatz von Hypermedien, in die Wissens- und Expertensysteme integriert sind, gleichsam so, als ob sich eine Vielzahl von Lehrpersonen dem Lernenden zuwenden. Natürlich macht das nicht den Lehrer überflüssig; aber er bekommt eine andere Funktion, wie es heute immer wieder mit dem Begriff des Coachs ausgedrückt wird (Rollenveränderung beim Lehrer und beim Lernenden).

(b) Die Schulen erhalten die Möglichkeit, mit anderen Schulen und Institutionen (Universitäten und Bibliotheken) im In- und Ausland synchron und asynchron zu kommunizieren und zu kooperieren. Neben dem Effekt, dass dadurch Englisch als allgemeine internationale Verkehrssprache gefestigt wird, werden gleichzeitig interkulturelle Bildungseffekte erzielt. Weil im Zuge dieses telekooperativen Arbeitens die Projektorientierung stärker im Zentrum steht als bei herkömmlichem Unterricht, ergeben sich stärkere interdisziplinäre Lerneffekte. Das bedeutet, dass das fächerübergreifende Denken gefördert wird. In dieser Perspektive wird das Internet stärker als Kommunikations- und Partizipationsraum gesehen.

Neue Kommunikations- und Partizipationsräume

Die Hauptanwendungsgebiete virtueller Lernräume im Bereich der Schule sehen wir derzeit – wie ausgeführt – in einer dosierten Handhabung internetbasierter Projekte. Schule wird nicht darum herumkommen, große Anteile des Lernens in virtuelle Räume zu verlegen.

4.7 Hilfe und Beratung

4.7.1 Hilfe

Der klassische Hilfebegriff in der Sozialen Arbeit

Der Begriff der Hilfe wird in einer sehr allgemeinen Form zur Bezeichnung des Gegenstandsbereiches der sozialen Arbeit und der Sozialpädagogik verwendet. Zunächst muss angemerkt werden, dass der Begriff der Hilfe auf verschiedenen Ebenen angesiedelt ist: auf der Ebene der individuellen Einzelfall*hilfe* (Mikroebene), auf der Ebene staatlicher Leistungen, beispielsweise wenn von Sozial*hilfe* gesprochen wird (Mesoebene), oder auch auf der Ebene politischer Programme, wenn etwa von Entwicklungs*hilfe* gesprochen wird (Makroebene). Eine andere Sortierung nimmt Zinnecker (1997) vor. Er unterscheidet grundlegend fünf Hilfebereiche: (1) körperbezogenes System, (2) kognitives Wissenssystem, (3) Werte- und Normensystem, (4) psychisches System und (5) das System materieller Subsistenz (vgl. Zinnecker 1997, S. 205). Die dominanten Diskurse im Feld der klassischen Erziehungswissenschaft würden sich auf den zweiten (Lernen/Lehren) und den dritten Bereich (Erziehung) beziehen. Daneben habe sich in der letzten Zeit jedoch ein elaborierter Diskurs der sozialen Hilfe etabliert, der sich in der Differenz Klient/Betreuer entfalte. „Innerhalb der Erziehungswissenschaft äußert sich dies in einer Kräfteverschiebung zwischen Allgemeiner Erziehungswissenschaft (pädagogischer Diskurs), Schulpädagogik (didaktischer Diskurs) und Sozialpädagogik (Diskurs der sozialen Hilfe) zugunsten letzterer." (Zinnecker 1997, S. 207) Unabhängig von der Frage, ob Zinnecker die Lage der erziehungswissenschaftlichen Diskurse zutreffend beschreibt oder nicht, belegt dieses Zitat aber immerhin doch die relative Dominanz des Hilfebegriffs in systematischer Perspektive.

Zum Begriff

Im Folgenden wollen wir Hilfe im engeren Sinne auf der Ebene psychosozialer Hilfe im Kontext der sozialen Arbeit bzw. der Sozialpädagogik betrachten.

Psychosoziale Hilfe im sozialpädagogischen Kontext

Psychosoziale Hilfe verstehen wir also als eine durchgängige Dimension sozialpädagogischen Handelns. Dabei konzentrieren wir uns auf die professionelle Hilfe (im Unterschied zur ehrenamtlichen). Unter professioneller Hilfe versteht man die Tätigkeiten von beruflichem Personal, das eigens dafür ausgebildet und qualifiziert ist (z.B. Sozialpädagogen oder Berater). Historisch gesehen hat es Hilfe schon immer gegeben, beispielsweise im Zusammenhang der Armen- oder der Jugendfürsorge (vgl. Gängler 2001); aber erst seit dem 20. Jahrhundert gibt es eine systematische, verrechtlichte, verberuflichte und institutionalisierte professionelle Form der Hilfe. In einem ausdifferenzierten sozialstaatlichen Hilfesystem bekommt man Hilfe nicht als Almosen, sondern dann, wenn ein rechtlich kodifizierter Anspruch auf Hilfeleistung besteht. Der Hilfeakt ist also eine sozialstaatlich gewährte und sozialbürokratisch eingebundene Leistung.

Hilfe nach den Maßgaben des Kinder- und Jugendhilfegesetzes

Um einen ersten Überblick über das sozialstaatliche Hilfesystem zu erhalten, kann exemplarisch auf das Gebiet der Kinder- und Jugendhilfe verwiesen werden. Im achten Buch des Sozialgesetzbuches finden wir die gesetzlichen Grundlagen der Kinder- und Jugendhilfe (KJHG). Wir finden dort Aufgaben, Leistungen und Institutionen der Jugendhilfe detailliert geregelt. Leistungen der Jugendhilfe sollen möglichst früh angeboten werden: „Vorbeugen ist besser als Heilen". Die Achtung der Autonomie der Familie ist notwendigerweise eine der Grundprinzipien einer sozialpädagogischen Arbeit, die vermehrte Selbsthilfe anstrebt. Sie gründet auf einem Menschenbild, das von dem Wunsch nach Selbstbestimmung ausgeht, der auch besteht, wenn es die augenblicklichen Lebensumstände wenig davon erkennen lassen. Autonomie kann man als den Wunsch, die aktive Bereitschaft und die Möglichkeit bezeichnen, Verantwortung für das eigene Leben zu übernehmen.

Dadurch, dass im KJHG ambulante und teilstationäre Hilfen gleichrangig benannt werden, wird der präventive Charakter des Gesetzes deutlich. Eingriffe in die Familie treten demgegenüber in den Hintergrund, die Autonomie der Familie wird gestärkt, ihre eigenständigen Möglichkeiten, das Leben aus eigenen Kräften zu gestalten, werden aktiviert.

Hilfe und Selbsthilfe

Hilfeleistungen sozialer Arenen

In der Einleitung zum zweiten Kapitel dieses Einführungsbandes haben wir den Prozess der Deinstitutionalisierung pädagogischer Aktivitäten beschrieben. Darunter haben wir verstanden, dass die Bedeutung informeller Lernräume, gemessen an den institutionellen, zunimmt. Das gilt auch und vor allem für das Gebiet der Sozialpädagogik. Neben einem sehr stark verregelten formellen System staatlicher Hilfeleistungen hat sich nämlich ein Netz von Hilfe ausgebildet, das hochgradig eine „Arenastruktur" ausgebildet hat und insofern eine eigene soziale Welt darstellt. Die Hilfeleistungen, die hier erbracht werden, haben überwiegend informellen Charakter und verstehen sich in der Regel als der reinen Fachhilfe entgegengesetzt. Es ist eine Bewegung, die sich gegen eine gewisse fachliche Expertokratie abgrenzt. Wir demonstrieren diese Arenastruktur am Beispiel von Selbsthilfegruppen im Internet.

Arenen der Hilfeleistung im Internet

Auf der Internetseite „Das Psychiatrienetz" (www.psychiatrie.de) werden über 30 Mailinglisten angeboten, die überwiegend Selbsthilfecharakter haben.

Biographisierungsprozesse finden hier in Form von „harter" biographischer Arbeit statt. In der Mailingliste „Pychose-Erfahrung" (http://de.groups.yahoo.com/group/Psychose-Erfahrung) tauschen sich Menschen mit Psychose-Erfahrungen aus und versuchen, über biographische Arbeit Alltagsroutinen aufzubauen.

Eine Analyse solcher Listen zeigt, wie die TeilnehmerInnen in hohem Maße das dazu benötigte Fachwissen über die Entstehung von Psychosen, über deren Phänomenologie, über Therapien und andere Hilfestellungen der Krankheitsbewältigung aufarbeiten, bereit stellen und immer wieder kommunizieren. Dabei zeigt sich, dass die Teilnehmer/innen immer wieder zwischen konkurrierenden Wissensbeständen vergleichen und mit dem Sachverhalt leben müssen, dass das wissenschaftliche Feld der Psychosen umstritten ist und es verschiedene und durchaus umstrittene Ansätze gibt. Eine eindeutige Hilfestellung aus der Wissenschaft können sie nicht erwarten. Das verunsichert, öffnet aber auch den Weg für eigene Aktivitäten und Artikulationen. Letztlich geht es um einen Vergleich eigener Erfahrungen und Erfahrungen anderer Betroffener mit professionellen Wissensbeständen. Die Ergebnisse neuer wissenschaftlicher Untersuchungen sowie neue Bücher zu dem Themenbereich Psychose werden in der Regel unverzüglich rezipiert und diskutiert, neue Initiativen werden vorgestellt und wohlwollend, teilweise auch kritisch begleitet. So arbeitet beispielsweise die Bayerische-Anti-STigma-Aktion BASTA als Teil des weltweiten Programms der World Psychiatric Association gegen die Diskriminierung psychisch kranker Menschen zusammen mit Psychiatrie-Erfahrenen, Angehörigen, Ärzten, Pflegekräften, Sozialarbeiter, Journalisten anderen Aktionsgruppen in Deutschland an verschiedenen Projekten, die alle unter dem Motto stehen „Stoppt die Diskriminierung psychisch kranker Menschen" (vgl. http://www.openthedoors.de/).

Kommunikation unter Psychose-Betroffenen im Internet

Zusammenfassend kann gesagt werden, dass Selbsthilfegruppen heute über ein professionelles Wissensmanagement verfügen und einen elaborierten Lernort darstellen. Die mit der These der Pädagogisierung der Lebenswelt oftmals verknüpfte Vorstellung der einseitigen Überformung der Betroffenen durch die Experten, die zu einer ehrfürchtigen Übernahme dieser Wissensbestände führt, lässt sich in Selbsthilfegruppen nicht nachweisen. Vielmehr finden wir eine Arena kritischer Auseinandersetzung und Deliberation, in der sehr differenziert Wissen geprüft, verändert und szenarienartig arrangiert wird. Diese Tendenz der Professionalisierung in informellen wie auch in formellen Hilfe-Bereichen wird in den letzten Jahren auch in mehreren empirischen Studien zum Gegenstand gemacht.

Selbsthilfegruppen

Empirische Studien

Werner Thole und Ernst-Uwe Küster-Schapf leisten beispielsweise in ihrer Arbeit „Sozialpädagogische Profis" (1997) einen Beitrag zu der seit einigen Jahren geführten Debatte um pädagogische Professionalität. Im Mittelpunkt ihrer empirischen Untersuchung steht die Rekonstruktion von biographischen Verläufen der in der außerschulischen Kinder- und Jugendarbeit hauptberuflich Tätigen. Die empirische Grundlage bilden narrativ-biographische Interviews sowie Erhebungs- und Feldprotokolle. Diese werden hinsichtlich der Zusammenhänge von Biographie, Hochschulsozialisation und beruflicher Sozialisation ausgewertet.

Biographische Analyse zu Professionellen in der Kinder- und Jugendarbeit

Weiterhin interessieren berufsorientierte, routinisierte Deutungsmuster, Handlungspläne, professionelle Wissensformen und habituelle Berufsprofile der Mitarbeiter/innen.

Typen des professionellen Habitus: MacherInnen und Netzwerkorientierte

Thole und Küster-Schapfl kommen u.a. zu dem Ergebnis, dass aus biographischer Perspektive die Interviewten unterschiedlichen „Habitusformationen" zugeordnet werden können. Sie unterscheiden fünf Typen (die „Dienstleistenden", die „pragmatischen Idealisten", „Emigrierten", die „MacherInnen" und die „Netzwerkorientierten"), von denen hier die letzten beiden kurz vorgestellt werden sollen: Die „MacherInnen" betonen ihre eigene Aktivität sehr deutlich. So wird ein Informant mit den Worten zitiert: „Für mich hier heißt das, dass ich versuche, die Leute, die zu mir kommen, hier die Kinder und die Jugendlichen, dass ich denen es ermögliche, dass sie ihre Sozialisationsdefizite bei mir zum Teil aufarbeiten können ... Dass sie wirklich eigenständig und eigenverantwortlich leben können und daß sie ihre Kinder erziehen können." (Thole/Küster-Schapf 1997, S. 98). Bei den „Netzwerkorientierten" handelt es sich um Personen, die sich vor und während des Studiums in Kontakt mit anderen befanden, um gleiche Interessen zu teilen. „Prägend für diese Zeit ist ein ‚Kreis von Leuten', den sie (die Befragten; d.A.) als ein sehr enges Feld von gemeinsam studieren, befreundet sein, Freizeit verbringen und eben auch zusammen [...] arbeiten" (Thole/Küster-Schapfl 1997, S. 110) bezeichnen. Im Mittelpunkt stehen hier also soziale Kontakte zwischen den (angehenden) Sozialpädagogen, um sich gegenseitig mit Erfahrungen in der täglichen Arbeit zu bereichern bzw. auch zu ergänzen.

Zusammengefasst kann festgehalten werden, dass die qualitative Studie einen aufschlussreichen Einblick in Professionalisierungsprozesse aus biographischer Perspektive ermöglicht und dabei das Zusammenwirken verschiedener Faktoren (Eigenverantwortung, absolviertes Studium, berufliche Praxis) aufzeigt, das das habituelle Credo der in der Kinder- und Jugendarbeit Tätigen bestimmt.

4.7.2 Beratung

Formen der Beratung

Beratung kann als eine zentrale Art psychosozialer Hilfeleistung verstanden werden. Unter institutionellem Aspekt kann man sagen, dass die Ursprünge in der Familienberatung liegen. Noch vor vierzig Jahren gab es als sozialpädagogische Einrichtungen fast nur die Erziehungsberatungsstellen, die zumeist von Familien aufgesucht wurden, deren Kinder an schulisch erkennbar gewordenen Lernschwierigkeiten litten. Heute verfügt jede Stadt mit mehr als 100.000 Einwohner über ein differenziertes Netz solcher Einrichtungen, die ihre Hilfe für ein breites Spektrum von Lebensproblemen anbieten; sie sind mal mehr, mal weniger spezialisiert und nennen sich beispielsweise: Erziehungsberatung, Krisenberatung, Ehe- und Partnerschaftsberatung, Lebensberatung, Familienberatung, Drogenberatung, Jugendberatung u.ä. Häufig beraten sie ihre Klienten nicht nur, sondern sind auch in der Lage, mehr oder weniger anspruchsvolle ‚Therapien' durchzuführen, je nachdem, welche Berufsgruppen mit welchen Ausbildungen in einer solchen Einrichtung tätig sind (Ärzte, Sozialpädagogen, Psychologen,

Sozialarbeiter). Sozialpädagogische Beratung als Tätigkeit gibt es allerdings auch außerhalb dieser Einrichtungen im Zusammenhang von Ämtern (Jugendamt, Arbeitsamt, Sozialamt).

Man kann sich die kategoriale Logik des Beratungsbegriffs vor Augen führen, wenn man psychosoziale Beratung mit dem schulischen Lernen vergleicht. Schulen formulieren ihre pädagogischen Handlungsziele als typisierte Lernerwartungen relativ unabhängig von dem je einzelnen Individuum. Die Beratungsstellen hingegen versuchen, von der ganz individuellen Problematik der Ratsuchenden auszugehen; Schulen fassen ihre Klientel in Gruppen zusammen, die nach überindividuellen Kriterien gebildet werden: nach Lernfortschritt, Alter u.ä. Schließlich ist für den Beratungsvorgang mit wenigen Ausnahmen wesentlich, dass die Klienten die Beratungsstelle aus eigenem Antrieb aufsuchen und nicht dazu genötigt oder verpflichtet sind. Ob jemand ‚beratungsbedürftig' ist, definiert diese/r selbst.

Individuumsbezug der Beratung

Wir erwähnten oben bereits das Kinder- und Jugendhilfegesetz (KJHG), das Eltern bei ihren Erziehungsaufgaben unterstützt und jungen Menschen das Hineinwachsen in die Gesellschaft erleichtert. In diesem Gesetz wird zunächst der Klientenkreis der Beratungsstellen definiert: Kinder, Jugendliche, Eltern und andere Erziehungsberechtigte. Das KJHG verpflichtet die Jugendämter, bedarfsgerecht neben teilstationärer auch ambulante Erziehungshilfen anzubieten, Beratungsaufgaben wahrzunehmen und Kinder, Jugendliche und Eltern in ihrem gewohnten Umfeld zu unterstützen und zu begleiten. „Ambulant" bezeichnet die bewegliche Hilfe und bezieht sich auf die Betreuung in der Familie durch Personen der Jugendhilfe, die von außen beratend und unterstützend tätig werden. Hiermit ist die Gesamtheit von Hilfen gemeint, die unter Aufrechterhaltung der Lebensgemeinschaft Familie geleistet werden.

Beratung im Kinder- und Jugendhilfegesetz

Werfen wir einen exemplarischen Blick auf die Familienberatung: „Erziehungsberatungsstellen und andere Beratungsdienste und -einrichtungen sollen Kinder, Jugendliche und andere Erziehungsberechtigte bei der Klärung und Bewältigung individueller und familienbezogener Probleme und der zugrundeliegenden Faktoren, bei der Lösung von Erziehungsfragen sowie bei Trennung und Scheidung unterstützen. Dabei sollen Fachkräfte verschiedener Fachrichtungen zusammenwirken, die mit unterschiedlichen methodischen Ansätzen vertraut sind." (KJHG, §28)

Familienberatung

Zu solchen multidisziplinären Teams gehören Psychologen, Sozialarbeiter, Therapeuten und Pädagogen. Ratsuchende suchen die Familienberatungsstellen aufgrund verschiedenster Probleme auf: emotionale Probleme (z.B. Ängste, Einsamkeit, Depressionen), soziale Verhaltensauffälligkeiten (z.B. Kontaktschwierigkeiten, Aggressivität, Geschwisterrivalität), Probleme im Schul- und Leistungsbereich (z.B. Leistungsversagen, Schulschwänzen, Teilleistungsstörungen), Schwierigkeiten in der familiären Interaktion (z.B. Gesprächsverweigerung, körperliche Züchtigung, Ablösung vom Elternhaus) sowie psychosomatische Auffälligkeiten (z.B. Einnässen, Einkoten, Ess- und Sprachstörungen (vgl. Hundsalz 1995, S. 15). Trennung und Scheidung sind nach den Ergebnissen einer Erhebung der Bundeskonferenz für Erziehungsberatung für fast 30 Prozent der in den alten Bundesländern vorgestellten Kinder und Jugendlichen Ursache für Schwierigkeiten (vgl. Cremer 1996, S. 146).

Typische Ratsuchende: traditionelle Klientel und Modernisierungsverlierer

Qualitative Studien verweisen auf Gründe, die hinter den akuten Problemen liegen, und ermittelten zwei Typen von Ratsuchenden: die traditionelle Klientel auf der einen und die „Modernisierungsverlierer" auf der anderen Seite. Problemlagen wie Arbeitslosigkeit, Armut und Wohnungsnot, von denen insbesondere alleinerziehende Frauen betroffen sind, treffen im Zuge der Modernisierung der gesellschaftlichen Verhältnisse, wie sie schon an anderer Stelle beschrieben wurde, ungebremst auf Kinder und können zu einer Erosion familiärer Zusammenhänge beitragen. Kurz-Adam (1995) führt die Anlässe für Beratung differenziert nach Problemlagen bei Kindern und Jugendlichen sowie bei den Familien auf. Bei den beratenen Kindern wird nach vier Problemtypen differenziert: psychische Störungen mit 36 Prozent, Aggression des Kindes und allgemeine Erziehungsfragen der Eltern mit 29 Prozent, Leistungsschwierigkeiten mit 20 Prozent und Leistungsprobleme, Aufmerksamkeitsprobleme, Familienschwierigkeiten als Kombination mehrerer Problemstellungen mit 9 Prozent.

Die größte Herausforderung für die institutionelle Beratung ist nach wie vor, bestimmte Hilfeempfänger nicht auszugrenzen, das heißt, die Angebote niedrigschwellig und gemeinwesenorientiert zu gestalten.

Entgrenzungsthese

Standardhilfeangebote für Probleme in Normalbiographien

Wie in dem Abschnitt über sozialpädagogische Arbeit (Kap. 2.4) dargelegt wurde, hat die Expansion sozialer Dienstleistungsberufe und damit verbunden die Tendenz zur Entgrenzung des Feldes sozialer Arbeit (vgl. Merten/Olk 1996) mit Modernisierungsprozessen in dieser Gesellschaft zu tun. Der Charakter sozialpädagogischer Nachfragestruktur, Krisenangebote für Gefährdete zu machen, verändert sich in die Richtung, Standardhilfeangebote für die Bewältigung von Problemen für Normalbiographien zu machen. Das bedeutet, dass sozialarbeiterische Dienstleistungen, die für Krisen und Notsituationen reserviert und konzipiert waren, immer mehr zu alltäglichen Unterstützungsleistungen werden. In dem Maße, in dem die Pluralisierungs- und Individualisierungstendenzen zunehmen, in dem sich die tragenden Fundamente der Normalitätsvorstellungen ändern, in dem Muster der Lebensplanung und -führung sich lebensweltlich spezifizieren, stehen einzelne Menschen unter einem zunehmenden Druck. Im weitesten Sinne kann man sagen, dass es im Beratungsprozess um die Anbahnung von Lern- und Bildungsprozessen geht. Die Bearbeitung von Lernblockaden und Einschränkungen im menschlichen Bildungsprozess gilt traditionell als pädagogische Kernaktivität. Was in der pädagogischen Beratung verstärkt thematisch wird, ist, dass Lern- und Bildungsprozesse in lebensgeschichtlichen Kontexten gesehen werden. Insofern kann zu Recht gesagt werden, dass Pädagogen und Sozialarbeiter heute als Spezialisten für menschliche Biographien in hochkomplexen Gesellschaften gelten können.

Empirische Studien

Sandra Tiefel leistet mit ihrer Arbeit „Beratung und Reflexion" (2004) einen Betrag dazu, Beratung als Modus professionellen Handelns auf der Basis von Modernisierungs- und Professionstheorien zu untersuchen. Im Kern entwickelt Tiefel eine gegenstandsbezogene Theorie professionellen Beratungshandelns am Beispiel der Erziehungsberatung. Sie nimmt dabei explizit den Trend auf, dass Beratung als ausschließliche Krisenintervention in Notlagen ergänzt wird durch ein facettenreiches Angebot der Unterstützung von alltäglicher Lebensführung und -planung. Qualitative Studie zu professionellem Beratungshandeln und Reflexion

Tiefels Fragestellung ist zunächst offen gehalten: Wie reagieren BeraterInnen im Arbeitsfeld Erziehungsberatung auf Modernisierungsprozesse? Anhand von narrativen Interviews zu Bildungs- und Berufsbiographien der BeraterInnen sowie von halbstrukturierten Leitfadeninterviews zum Arbeitsfeld Erziehungsberatung arbeitet sie als Schlüsselkategorie für die Professionalität der BeraterInnen den Begriff der „Reflexion" heraus.

In vier Fallportraits präsentiert sie dann die Varianz der beraterischen Reflexionsweisen im Sample und unterscheidet vier Funktionen professioneller Reflexion: stabilisierende, entwicklungsfördernde, balancierende Reflexion und Metareflexion. Im Anschluss hieran diskutiert sie diese Reflexionsprofile in Hinblick auf drei verschiedene Aspekte: Reflexionsauslöser, Reflexionsfokus und Reflexionswissen.

Hinsichtlich der Reflexionsauslöser konstatiert Tiefel, dass Reflexionsprozesse biographisch ausgelöst werden können. Biographisch induzierte Reflexionsauslöser haben Konsequenzen für das Beratungshandeln. Stabilisierende und entwicklungsfördernde Reflexionsweisen würden demnach für den Erhalt und den Aufbau von Routinen und Gewohnheiten sprechen. Mit der balancierenden Reflexion und der Metareflexion sei die zweite professionelle Herausforderung, nämlich die Generierung des Neuen, zu bearbeiten. Reflexionsauslöser

Hinsichtlich des Reflexionsfokus sei dann ein gezielter Wechsel von Wahrnehmungsperspektiven als Voraussetzung für professionelles Fallverstehen anzusehen. Anhand der Referenzfälle hat Tiefel vier unterschiedliche Reflexionsfoki rekonstruiert, die durch die spezielle Kombination der Wahrnehmungsperspektiven Selbst, Nahbereich, Institution und Gesellschaft näher charakterisiert werden können. Für jeden Reflexionsfokus gestaltet sich die Balance zwischen Stabilität und Innovation unterschiedlich. Insgesamt ermöglicht die vorgenommene Differenzierung der Reflexionsfoki den BeraterInnen einen zielgerichteten Einsatz von Reflexionen zur Herstellung von Stabilität oder zur Ermöglichung von Innovation auf der Basis der Berücksichtigung von eigenen Wahrnehmungspräferenzen und der Analyse der Einstellungen und Beziehungsmuster von Interaktionspartnern. Diese Bewusstmachung kann damit als zentrale Kompetenz zum professionellen Fallverstehen definiert werden. Reflexionsfoki

Desweiteren zollt Tiefel dem Reflexionswissen hohe Aufmerksamkeit, also der möglichen Differenzierung der Wissenszugänge als Grundlage professioneller Regelanwendung. Die Arbeit von Tiefel zeigt, wie die Konsequenzen gesellschaftlicher Entwicklungsprozesse sich auf die Ebene pädagogischen Handelns auswirken. Sie entwickelt in plausibler Weise die Position, dass eine angemesse- Reflexionswissen ne Reaktion darauf in der Entwicklung von unterschiedlich gestuften Reflexionsmustern liegt.

Steigerung von Reflexivität

Letztlich geht es also um die Steigerung von Reflexivität im beruflichen Handeln. Eine derartige Steigerung von Reflexivität ist allerdings nicht nur bei Professionellen, sondern auch bei den „Adressaten" der Pädagogik im Kontext der neueren gesellschaftlichen Entwicklung geboten. Dies wird im nächsten Abschnitt unter dem Begriff der Bildung behandelt.

4.8 Bildung

4.8.1 Das klassische Muster: Wilhelm von Humboldt

Bildung als Entfaltung der Kräfte des Menschen

Folgt man Wilhelm von Humboldt (1767-1835), dann bedeutet eine bildende Entwicklung des Menschen, dass er seine Kräfte in möglichst optimaler Weise entfaltet. Humboldt folgt in dieser Perspektive den klassischen Denkannahmen des Deutschen Idealismus, die im Kern darin bestehen, dass sich *erstens* eine solche Entwicklung in tätiger Auseinandersetzung mit der natürlichen, sozialen und gesellschaftlichen Umwelt vollzieht. Dieser so genannte Subjekt-Objekt-Dualismus ist ein zentrales Denkmotiv, eine Wechselwirkung, wie Humboldt es nennt, zwischen Mensch und Welt:

> „Der Mensch kann wohl vielleicht in einzelnen Fällen und Perioden seines Lebens, nie aber im Ganzen Stoff genug sammeln. Je mehr Stoff er in Form, je mehr Mannigfaltigkeit in Einheit verwandelt, desto reicher, lebendiger, kraftvoller, fruchtbarer ist er. Eine solche Mannigfaltigkeit aber gibt ihm der Einfluss vielfältiger Verhältnisse. Je mehr er sich demselben öffnet, desto mehr neue Seiten werden in ihm angespielt, desto reger muß seine innere Tätigkeit sein, dieselben einzeln auszubilden und zusammen zu einem Ganzen zu verbinden." (Humboldt 1796/1980, S. 346)

Manifestationen der Bildung

Die *zweite* Denkannahme des Deutschen Idealismus besteht darin, dass der Mensch in der Art und Weise seiner tätigen Auseinandersetzung mit der Welt gleichsam Spuren hinterlässt. Es sind Manifestationen, die im weitesten Sinne das darstellen, was er schafft. In solchen Manifestationen drückt sich der menschliche Geist aus, es sind „verschiedene Offenbarwerdung(en – d.A.) der menschlichen Geisteskraft" (Humboldt 1830-1835/1980, S. 383).

Diese klassische Subjekt-Objekt-Dialektik liegt der Entwicklung des Menschen, bei Humboldt als Entwicklung des menschlichen Geistes bezeichnet, zugrunde: Indem der Mensch sich mit seiner natürlichen, sozialen und kulturellen Umwelt auseinandersetzt und auf Grund seiner wirkenden Gestaltung der Verhältnisse Spuren hinterlässt, setzt er sich zu sich selbst und zur Umwelt in ein reflektiertes Verhältnis. Man sieht an dieser Stelle des Selbst- und Weltbezuges die Gemeinsamkeiten, die zwischen der Biographie (vgl. Kap. 4.2) und dem Bildungsgedanken bestehen. Es handelt sich um eine ähnliche Grundstruktur.

Bedeutung der Sprache für Bildung

Entscheidend ist für Humboldt, dass diese Entwicklung des menschlichen Geistes ganz wesentlich über Sprache erfolgt, denn Sprache ist eine auf einen bestimmten Zweck gerichtete Geistesarbeit (Humboldt 1796/1980, S. 389). Heute würden wir von der Ausgestaltung und der Entwicklung von Reflexionsmustern sprechen. Nur über die Sprache könne der Mensch ein (reflektiertes) Verhältnis zu sich und zur Welt entwickeln. Der Grad dieser Reflexivität ist in Humboldts Sicht also sehr stark an die Entwicklung der Sprache gebunden: „Der Mensch lebt mit den Gegenständen (...) so, wie die Sprache sie ihm zuführt." (Humboldt 1830-1835/1980, S. 434) Mit der Hervorhebung der Sprachlichkeit des orientierenden Bemühens des Menschen folgen wir einer Humboldt-Rezeption, wie sie in den letzten Jahren u.a. von Hans-Christoph Koller (vgl. 1997; 1999) vorgelegt worden ist. Diese zeichnet sich dadurch aus, die sprachphilosophischen Arbeiten des späten Humboldt, also jene der 1820er Jahre, stärker in das Zentrum der Aufmerksamkeit zu rücken.

Aus heutiger Sicht sind bei der Herausarbeitung des grundlegenden Strukturmusters des Bildungsbegriffs bei Humboldt nicht alle Implikationen zu übernehmen, insbesondere einige, die der Zeit des Deutschen Idealismus geschuldet sind. Im Kern gehört dazu der Fortschrittsoptimismus, also die Annahme des Fortschreitens der Weltgeschichte zum Besseren. Ganz im Sinne des Deutschen Idealismus scheint Humboldt eine implizite Entwicklungslogik der Menschheit anzunehmen, also die Annahme des Fortschreitens der Weltgeschichte zum Besseren, so dass auf diese Weise eine Vervollkommnung des Menschengeschlechtes erreicht wird. „Wo immer der Mensch auftritt, wirkt er menschlich, verbindet sich gesellig, macht Einrichtungen, gibt sich Gesetze. ... Diese Vermenschlichung können wir in steigenden Fortschritten wahrnehmen, ja es liegt teils in ihrer Natur selbst, teils in dem Umfange, zu welchem sie schon gediehen ist, dass ihre weitere Vervollkommnung kaum wesentlich gestört werden kann." (Humboldt 1830-1835/1980, S. 387f.) Obwohl wir heute diese optimistische Annahme der Entwicklung der Menschheit nicht teilen, kann aber das grundlegende bildungstheoretische Reflexionsformat, nämlich die sprachlich organisierte Selbst- und Weltreferenz des Menschen, übernommen und weiter entwickelt werden.

Fortschrittsoptimismus des Deutschen Idealismus

In der Geschichte des Bildungsbegriffs ist dieser strukturale Ansatz nur bedingt weiterverfolgt worden. Vielmehr zeigt sich eine große Variationsbreite von Bedeutungen des Begriffes Bildung. Hier ist nicht der Ort, diese vielschichtige Traditionslinie nachzuzeichnen (vgl. Dohmen 1964; Rauhut/Schaarschmidt 1965). Wir wollen nur darauf hinweisen, dass neben einer eher strukturalen und formalen Auffassung von Bildung, wie wir sie im Sinne von Welt- und Selbstreferenz verstehen, sehr häufig auch eine ethische Dimension geltend gemacht wird. Bildung ist nämlich immer wieder in Zusammenhang mit Verantwortungsbereitschaft gebracht worden.

Strukturale und ethische Dimension von Bildung

Erich Weniger beispielsweise erklärt Verantwortungsbereitschaft geradezu zum entscheidenden Kriterium für Bildung, wenn er sagt: „Bildung ist der Zustand, in dem man Verantwortung übernehmen kann" (Weniger 1958, 138). Wolfgang Klafki hat 1962 in seiner dritten Studie: „Engagement und Reflexionen im Bildungsprozeß" (in: Klafki 1975) das Problem der Verantwortung in Bezug auf den Bildungsprozess erörtert. Er fragt nach pädagogischen Bedingungen für eine Erziehung zur Verantwortungsbereitschaft in der Gegenwart. Klafki kommt zu dem Resultat, dass die Schule Erziehung zur Verantwortung Ernst nehmen und aus einem relativ geschlossenen Schonraum herauskommen und sich gesellschaftlicher Wirklichkeit öffnen müsse. Sie habe Engagement und Reflexion zu integrieren.

Wegen seiner grundlegenden Akzentuierung des Begründungspotentials beispielsweise für Lernprozesse, das in einem Bildungskonzept liegt, gegen wir im Folgenden auf die bildungstheoretische Position Wolfgang Klafkis näher ein.

4.8.2 Das bildungstheoretische Begründungspotential

Bildung als zentrale erziehungswissenschaftliche Kategorie

1985 veröffentlichte Wolfgang Klafki seine „Neuen Studien zur Bildungstheorie und Didaktik". In seiner ersten Studie (Konturen eines neuen Allgemeinbildungskonzepts) begründet er zunächst, dass der Bildungsbegriff als zentrale pädagogische Kategorie deshalb unverzichtbar sei, weil er es erlaube, Lernaktivitäten begründbar und verantwortbar zu machen. Der Bildungsbegriff sei eine übergeordnete Orientierungs- und Beurteilungskategorie für alle pädagogischen Einzelmaßnahmen. Diese Position ist auch heute noch weit verbreitet, wenn beispielsweise gesagt wird, dass Bildung die zentrale erziehungswissenschaftliche Kategorie sei, von der aus alle anderen sich begründen würden. Klafki schließt in seinem Verständnis von Bildung an die Tradition philosophisch-pädagogischer Klassik an. Hier sei die Zentralidee der Aufklärung aufgehoben, so dass die gegenwärtige Aufgabe darin bestehe, „die Denkansätze jener großen Epoche der Geschichte des pädagogisch-philosophisch-politischen Denkens produktiv-kritisch aufzunehmen und sie auf die historisch zweifellos tiefgreifend veränderten Verhältnisse unserer Gegenwart und auf Entwicklungsmöglichkeiten in die Zukunft hinein zu durchdenken" (Klafki 1975, S. 16).

Allgemeinbildung

Bildung ist für Klafki immer auch Allgemeinbildung, die drei Bedeutungsmomente enthalte: Allgemein beziehe sich zunächst auf den grundsätzlichen Anspruch aller Menschen auf Bildung; Allgemeinbildung sei Bildung für alle. Allgemein ziele die Bildung zweitens auf die Gesamtheit menschlicher Entfaltungs- und Selbstbestimmungsmöglichkeiten, sofern sie mit denen anderer Menschen vereinbar seien; Allgemeinbildung sei viel- und allseitig.

„Bildung bzw. Allgemeinbildung bedeutet, in der hier angesprochenen Perspektive, ein geschichtlich-vermitteltes Bewußtsein von zentralen Problemen der gemeinsamen Gegenwart und der voraussehbaren Zukunft gewonnen zu haben, Einsicht in die Mitverantwortlichkeit aller angesichts solcher Probleme und Bereitschaft, sich ihnen zu stellen und am Bemühen um ihre Bewältigung teilzuhaben. Ich bin der Meinung, daß sich über solche Zentralprobleme, so genannte Schlüsselprobleme unserer Gegenwart und der vor uns liegenden Zukunft, auf der Ebene der Gestalter von Richtlinien, Lehrplänen, Curricular, aber auch auf der Ebene des konkreten Unterrichts unter Mitbestimmung von Eltern und Schülern, bei offener Diskussion ein jeweils hinreichender Konsens herstellen lassen müßte, eine Übereinstimmung die freilich immer wieder – gemäß sich wandelnden historischen Verhältnissen – zur Diskussion gestellt und neu gewonnen werden muß. Wohlgemerkt: Ich unterstelle nicht die Erreichbarkeit eines völligen Konsenses über die Lösungen solcher Schlüsselprobleme unserer Zeit und auch nicht über die Wege zur etwaigen Lösungen. Ich unterstelle nur die Möglichkeit, hinsichtlich der Problemstellungen zu einer hinreichenden Übereinstimmung zu kommen." (Klafki 1975, S. 20f.)

Klafki führt eine umfangreiche Liste von Schlüsselproblemen unserer Zeit an, von denen im Unterricht exemplarisch einige durchgearbeitet werden müssten, um Kritik- und Argumentationsfähigkeit sowie Empathie aufzubauen. Ein zeitgemäßes Allgemeinbildungskonzept ist nach Klafki – um Missverständnissen vorzubeugen – natürlich nicht nur durch das Konzept der gesellschaftlichen Schlüsselprobleme gekennzeichnet. Selbstverständlich handelt es sich nicht um die einzige Möglichkeit, Lernbereiche, Lernangebote und Lernanforderungen zu begründen, aber es ist eine zentrale Form, die die Einbettung schulischer Lernprozesse in gesellschaftliche Problembereiche gewährleistet. *Bildung und gesellschaftliche Schlüsselprobleme*

Deutlich ist geworden, dass für Klafki Lernen innerhalb von Bildungsprozessen angesiedelt ist. Generell bedeutet das, dass ein Verständnis dessen, was Lernen bedeutet, sich nicht zwingend innerhalb der Domäne traditioneller psychologischer Lerntheorien bewegen muss. In bildungstheoretischer Tradition ist diese Position etwa bereits bei Schaller und Schäfer (1968) nachweisbar. Sie vertreten die These, dass menschliches Verhalten über traditionelle Lerntheorien nicht hinreichend verstehbar ist (vgl. Schaller/Schäfer 1968, 14f.). Die Autoren gestehen zu, dass Lernen als Verhaltensänderung, als Erwerb von Können und Wissen pädagogisch zentral sei und nicht außer Acht gelassen werden dürfe. Es sei aber nicht hinreichend: *Übergreifender Rahmen der Bildung*

„Lernen wird der Bildungstheorie Mittel für ihren Zweck, und von ihren Kriterien her wird sich nicht immer als optimal erweisen, was die Lerntheorie unter ihren Kriterien als das erfolgreichste Lernverfahren herausgestellt hat." (Schaller/Schäfer 1968, S. 15)

Schaller und Schäfer verfolgen hier zusammen mit Klafki eine Position, die derjenigen ähnlich ist, wie wir sie in diesem Einführungsbuch vertreten: Erziehungswissenschaft als Disziplin und Pädagogik als Profession offenbaren auf der Basis des Bildungsbegriffes ihre Bedeutung für die Wissensgesellschaft. Denn Bildung hat, so wie sie in der Erziehungswissenschaft und Pädagogik gesehen wird, als Aufbau von Selbst- und Welthaltungen jene orientierende Funktion, die in der Wissensgesellschaft immer stärker gefordert wird. *Bildung als erziehungswissenschaftliche Antwort auf Fragen der Gesellschaft*

4.8.3 Die orientierende Funktion der Bildung

Wenn der Bildungsbegriff in der Tradition der Erziehungswissenschaft immer wieder als Begründungspotential für pädagogisches Planen und Handeln angesehen worden ist, dann bedeutet das, dass dieser Kategorie eine hohe orientierende Funktion beigemessen worden ist und weiterhin beigemessen wird. Der Bildungsbegriff konzentriert sich somit auf das den Menschen orientierende Potential. Die Entwicklung von Selbst- und Weltreferenzen durch die Ausbildung entsprechender sprachlich vermittelter Reflexionsmuster bildet den Kern. Insofern sind einerseits empirisch angelegte biographieanalytische Untersuchungen anschließbar, die die Selbstreferenzen der Menschen beschreiben, als auch zeitdiagnostische Untersuchungen, die beschreiben, welches Verhältnis Menschen zu ihrer Umwelt, zu ihrem Milieu, zu ihrer Kultur oder zu anderen Kulturen eingehen. In jedem Fall geht es um die grundlegende Frage, wie Orientierung in *Bildung in ihrer orientierenden Funktion für Wissensgesellschaften* hochkomplexen Gesellschaften möglich ist, und das bedeutet heute: wie Orientierung in der Wissensgesellschaft möglich ist.

Verfügungs- und Orientierungswissen

Jürgen Mittelstraß hat seit den neunzehnhundertsiebziger Jahren immer wieder den Sachverhalt reflektiert, dass in modernen Gesellschaften der Abstand zwischen einem Verfügungswissen (Faktenwissen) und einem Orientierungswissen gewachsen ist. „Verfügungswissen ist ein Wissen um Ursachen, Wirkungen und Mittel; es ist das Wissen, das Wissenschaft und Technik unter gegebenen Zwecken zur Verfügung stellen. Orientierungswissen ist ein Wissen um gerechtfertigte Zwecke und Ziele" (Mittelstraß 2002, S. 164). Über Verfügungswissen eigne sich der Mensch die Dinge der Welt an und über Orientierungswissen trete er in ein reflektiertes Verhältnis zu ihnen. Moderne Gesellschaften seien stark in der Akkumulation von Verfügungswissen und schwach in der Ausbildung von Orientierungswissen.

Bereits Wolf Lepenies (1978) hat materialreich die Dynamisierung der Zeitdimension, die mit Beginn der bürgerlichen Gesellschaft einsetzt, dargelegt. Naturwissenschaft und Technik als Paradigma eines Könnens verselbständigen sich immer mehr gegenüber der Sphäre eines Sollens. Was technisch und moralisch nötig ist, lässt sich immer weniger vereinbaren. Mittelstraß schreibt dazu schon 1982: „Worauf es ja ankäme, wäre, das, was wir können und wissen, unter begründete Zwecke zu bringen, dabei Folgen nicht nur ‚technisch', sondern auch ‚moralisch' zu beurteilen; und eben dies gelingt der Industriegesellschaft zunehmend weniger." (Mittelstrass 1982, S. 4f.)

Bildung als Orientierungskompetenz

Für Erziehungswissenschaft und Pädagogik ist deshalb die Klärung des Verhältnisses von Faktenwissen und Orientierungswissen in hochkomplexen Gesellschaften unseres Erachtens zu einer zentralen Aufgabe geworden. Insbesondere ist es die Bildungstheorie, die sich mit der Frage nach dem orientierenden Wert von Wissen beschäftigt. Denn die Frage, ob Wissen eine orientierende Funktion hat, ist identisch mit der Frage, ob es eine bildende Funktion hat. „Je reicher wir an Information und Wissen sind, desto ärmer scheinen wir an Orientierungskompetenz zu werden. Für diese Kompetenz stand einmal der Begriff der Bildung." (Mittelstraß 2002, S. 154) Insofern kann gesagt werden, dass der Bildungsbegriff im klassischen wie im modernen Sinne den der Orientierung einschließt.

Bildungsprozesse sind vor diesem Hintergrund immer weniger als Entwicklung des Einzelnen auf ein bestimmtes Ziel hin anzusehen, sondern lassen sich vielmehr über Transformationen der Welt- und Selbstreferenzen in lebensgeschichtlichen Horizonten verstehen. Bildungsprozesse sind dabei zentral an die Herstellung von Bestimmtheit und die Ermöglichung von Unbestimmtheit gebunden. Dieser zentrale Gedanke sei abschließend noch ausgeführt, weil er auf die Frage, wie Orientierung in hochkomplexen Gesellschaften möglich ist, reagiert.

Verhältnis von Bestimmtheit und Unbestimmtheit

In dieser Perspektive wird Bildung nicht länger als Überführung von Unbestimmtheit in Bestimmtheit gedacht. Daraus folgt natürlich nicht, dass auf die Herstellung von Bestimmtheit verzichtet werden soll. Auf den Aufbau eines notwendigen Faktenwissens, das Bestimmtheit erzeugt, will und darf niemand verzichten. Doch allein damit ist es eben nicht getan. Vielmehr kommt es darauf an, dass die Herstellung von Bestimmtheit Unbestimmtheitsbereiche ermöglichen und damit auch eröffnen muss (vgl. Helsper u.a. 2003). Anders gesagt: Unbestimmtheiten müssen einen Ort, besser: mehrere Orte in unserem Denken erhalten; dann und nur dann wird tentative, experimentelle, umspielende, erprobende, innovative, Kategorien erfindende, kreative Erfahrungsverarbeitung möglich.

Menschliche Entwicklung und Starrheit der Strukturen von Lern- und Bildungsprozessen schließen einander aus. Flexibilität wird aber nicht durch Maximierung von Bestimmtheit erreicht. Nur wenn Bestimmtheits- und Unbestimmtheitsbereiche ein dialektisches Verhältnis eingehen, gewinnen solche Strukturen an Flexibilität, dann weisen sie den gewünschten offenen, experimentellen und suchenden Charakter auf.

Vielleicht könnte man es auch so formulieren: Bildung lebt vom Spiel mit den Unbestimmtheiten. Sie eröffnet den Zugang zu Vieldeutigkeiten und Polymorphien. Werden solche Zugänge durch Bestimmtheitsfelder kultiviert, wird Bildung unterlaufen. Wird Bildung einseitig als Positivierung von Bestimmtheit, also z.B. als Positivierung faktischen Wissens, angelegt und werden somit Zonen der Unbestimmtheit eliminiert, wird Bildung ausgehöhlt, letzten Endes blockiert. Bildung im Modus der Bestimmtheit ist tendentiell gefährdete Bildung als Ausdruck identitätstheoretischen Denkens. Bildung im Sinne von Unbestimmtheit ist sich erfüllende Bildung als Ausdruck differenztheoretischen Denkens.

Spiel mit Unbestimmtheiten

Am Beispiel der dialektischen Figur der Routine mag dieser Sachverhalt etwas näher erläutert werden. Routinen sind insofern lebensnotwendig, als sie wiederkehrende alltägliche Problemlösungen umstandslos ermöglichen. Sie sind nötig, um das erforderliche Ausmaß an Versuch und Irrtum bei der Lösung eines Problems zu reduzieren. Sie stellen verhaltensstabilisierende Prämissen dar, deren Vorteil gerade darin besteht, dass sie nicht ständig in die Reflexion hinein genommen werden müssen. Andererseits entfalten sie jedoch ein rigides Steuerungspotential, lähmen gerade das manchmal nötige Loslassen dieser verhaltensstabilisierenden Prämissen. Sie legen das Subjekt dann auf einen Lernmodus fest, blockieren somit Prozesse des Umlernens und der Bildung.

Dialektik der Routine

Aber die Lockerung von Routinen erzeugt Unbestimmtheiten, manchmal auch Chaos, die beide – psychoanalytisch gesehen – Angst erzeugen. Die Dialektik von Bestimmtheit und Unbestimmtheit, die die Matrix des Bildungsbegriffs darstellt, ist auch insofern eine Dialektik von Ordnung und Unordnung. Sie reagiert auf die permanente Frage: Wie viel Chaos braucht der Mensch, um leben zu können? Je stärker Bildung die Herstellung von Bestimmtheit betont, je mehr also Unbestimmtheit in die Latenz abgedrängt wird, desto schwieriger wird es, eingefahrene Routinen aufzugeben. Ein solches Bildungsverständnis baut rigide Strukturen des status quo und damit Angstpotentiale auf. Denn Angst resultiert oft aus einer übergroßen Fixierung auf Bestimmtheiten, die nicht losgelassen werden können, weil nichts an diese Stelle treten kann, das in ähnlich bestimmter Weise rigide Orientierungsleistungen zu erbringen vermag. Unbestimmtheitsbereiche (das Chaos, das Nichts, das Negative) müssen dann oft zwanghaft abgewehrt werden. Es ist bekannt, dass solche Abwehrstrukturen, werden sie über längere Zeit Aufrecht erhalten, nicht selten in starre Züge des Charakters umschlagen.

Für Bildungsprozesse käme es also darauf an, in jeder Bestimmtheitsfestlegung sich des Unbestimmtheitskontextes zu versichern, d.h. in möglichen anderen Bestimmtheitsfestlegungen zu spiegeln, sodass von einem pluralen Zusam-

Notwendigkeit von Unbestimmtheit in der Bestimmtheit

menspiel gesprochen werden könnte. Je stärker die Komplexität moderner Gesellschaften steigt, desto stärker ist ein Lernen gefordert, das sich in einen Bildungsprozess eingebettet weiß, der auf der Befähigung zur tentativen Wirklichkeitsauslegung beruht.

Erziehungswissenschaft und Pädagogik benötigen daher Bereiche der Welt- und Selbstauslegung, die Differenzerfahrungen und einen innovativen, Kategorien erfindenden, kreativen Umgang mit der Welt und dem eigenen Selbst ermöglichen. Nur so sind Reflexivität und Flexibilität zu erlangen.

5. Erziehungswissenschaftliche Forschung

In der Wissensgesellschaft ist das Erlernen von Forschungsmethoden innerhalb des erziehungswissenschaftlichen Studiums notwendiger denn je. Denn nicht nur das auf empirischer Forschung basierende (erziehungs)wissenschaftliche Wissen gewinnt an Bedeutung. Auch ist es gerade für pädagogisch Tätige sehr wichtig, sich einen forschenden Zugang zu den Wissenswelten ihres Klientels zu erarbeiten. Selbst diejenigen AbsolventInnen erziehungswissenschaftlicher Studiengänge, die in ihrem Berufsleben nicht selbst forschen werden, sind oft mit empirischen Untersuchungen konfrontiert (vgl. Lüders 2002, S. 138ff.), sei es, dass sie mit aktuellen Statistiken zu ihrem Arbeitsfeld kompetent und kritisch umgehen müssen oder sei es, dass sie sich die Eigenlogik der fremden Milieus ihrer Klienten erschließen möchten (vgl. Friebertshäuser 2002, S. 149). „Forschungsneugier" (Lüders 2002, S. 137) ist der pädagogischen Praxis in der Wissensgesellschaft in jedem Fall förderlich.

<small>Zunehmende Bedeutung des Forschens</small>

Gleichwohl war die Erziehungswissenschaft lange Zeit eine philosophisch arbeitende Disziplin, in der über Erziehung und Bildung vornehmlich theoretisch diskutiert wurde. Zwar hatte sie einen Bezug zur pädagogischen Praxis – viele große PädagogInnen hatten auch praktisch-pädagogische Interessen –, doch ging es ihr weniger um eine empirische Erforschung dieser Praxis, sondern um deren Verbesserung durch die philosophisch orientierte Erziehungswissenschaft, die sich erst allmählich als Fach etablierte.

<small>Pädagogik als philosophisch arbeitende Disziplin</small>

Schon Anfang der 1960er Jahre sollte sich dies im deutschen Sprachraum mit der von dem Göttinger Erziehungswissenschaftler Heinrich Roth ausgerufenen „realistischen Wendung" maßgeblich ändern. Roth griff die in den anderen sozialwissenschaftlichen Disziplinen mittlerweile entwickelten empirischen Forschungsmethoden auf und forderte, die *pädagogische Theorie* durch die *empirische Erforschung* der „Erziehungswirklichkeit" zu ergänzen, nämlich „überall dort, wo das Ereignis Erziehung und Bildung, wo die Fakten selbst zu erreichen sind, diese auch selbst aufzuspüren, d.h. wissenschaftliche Feldforschung zu betreiben" (Roth 1961, S. 484).

<small>Empirische Wende in der Erziehungswissenschaft</small>

Eine derartige empirische Forschung soll, so Roth, die pädagogische Theorie nicht ablösen, sondern sie verbessern, „denn jede Theorie bleibt steril, die nicht Forschung anregt, nicht Forschungskategorien und Forschungsmethoden, nicht Untersuchungs- und Denkmodelle für die Forschung entwickelt; und sie bleibt vage, solange sie sich nicht durch Forschung sichert" (ebd., S. 485). Umgekehrt, so ist hinzuzufügen, lässt sich die empirische Forschung verbessern, wenn sie

<small>Reflexives Verhältnis von Theorie und Empirie</small>

theoretisch gefestigt ist. Diese Wechselseitigkeit, d.h. dieses *reflexive Verhältnis von Theorie und Empirie* ist Kennzeichen und Aufgabe erziehungswissenschaftlicher Forschung (vgl. auch Tenorth 1997).

Überblick über das Kapitel

Im Unterschied zu anderen einführenden Darstellungen (so in Lenzen 2000 und bei Krüger 1999, S. 177ff.), die von vorneherein die verschiedenen Paradigmen der empirischen Forschung separat behandeln, möchten wir im Folgenden zunächst übergreifende und grundlegende Gemeinsamkeiten empirischer Forschung aufzeigen, um auf deren Basis auch die paradigmatischen Unterschiede zwischen quantitativen und qualitativen Ansätzen herauszuarbeiten (5.1). Sodann konturieren wir quantitative und qualitative Ansätze innerhalb der Erziehungswissenschaft (5.2), zeigen kurz Erhebungs- und Auswertungsmethoden der von uns favorisierten qualitativen Forschung auf (5.3), um schließlich einige Überlegungen dazu anzustellen, wie man das Forschen am besten studieren kann (5.4).[4]

5.1 Grundlagen und unterschiedliche Ansätze der empirischen Forschung

Auch wenn in der Pädagogik selbst bereits erste Ideen entwickelt worden waren, wie man die ‚Erziehungswirklichkeit' zu erforschen habe – so bei Wilhelm Dilthey, dem Begründer der geisteswissenschaftlichen Pädagogik (s.u.) –, haben sich in der Erziehungswissenschaft heute doch vornehmlich jene empirischen Ansätze durchgesetzt, wie sie zunächst in den anderen Sozialwissenschaften entwickelt wurden. Wir nehmen daher auf diese immer wieder Bezug.

Empirische Ansätze

Empirische Ansätze finden sich schon in der Wende vom 19. zum 20. Jahrhundert, als zum Beispiel größere statistische Untersuchungen wie auch biographieanalytische Studien entstanden. Wir möchten hier jedoch Gemeinsamkeiten und Unterschiede in der empirischen Forschung unter Bezug auf ein wesentlich später entstandenes Werk, Karl Poppers „Logik der Forschung" (1966), diskutieren. Auch wenn dieses für die qualitative Forschung nicht maßgeblich geworden ist, lassen sich in seiner Rezeption die wesentlichen Gemeinsamkeiten und Unterschiede zwischen quantitativen und qualitativen Ansätzen deutlich machen.

Kriterium der Nachprüfung durch Erfahrung

Was zeichnet empirisches Wissen vom Alltagswissen und von nicht-empirischem wissenschaftlichen Wissen aus? Nach Karl Popper lässt sich „nur ein solches System [des Wissens; d.A.] als empirisch anerkennen, das einer *Nachprüfung* durch die ‚Erfahrung' fähig ist" (Popper 1966, S. 15). Andere Wissenssysteme, z.B. solche der Mathematik oder Logik, aber auch Glaubenssysteme und mythische Vorstellungen, lassen sich nicht durch Erfahrung nachprüfen.

Protokollsatz

Was aber ist wissenschaftlich relevante Erfahrung? Popper geht davon aus – und dem sind fast alle empirisch Forschenden gefolgt –, dass reine „Wahrnehmungserlebnisse" (etwa die Empfindung einer gelben Farbe) erst dann wissenschaftlich relevant werden, wenn sie sprachlich formuliert vorliegen. Erst an-

---

4   Für eine knappe Einführung in die von uns nicht thematisierten historiographischen Methoden siehe Tenorth/Lüders 2000.

hand eines „Protokollsatzes" (z.B.: das vierjährige Kind malt mit gelber Farbe) lässt sich ein Wissenssystem bzw. eine Theorie (z.B. vierjährige Kinder bevorzugen gelbe Farbtöne) nachprüfen (vgl. Popper 1966, S. 17f. u. 60ff.). Dies schließt visuelle Materialien wie Beobachtung und Bilder als Gegenstand wissenschaftlicher Forschung nicht aus, setzt aber voraus, dass auch diese sprachlich-textuell erfasst werden (vgl. Bohnsack 2003, S. 155ff.).

Empirische Forschung hat es also immer mit dem Verhältnis von theoretischen Sätzen und empirischen Protokollsätzen zu tun. Es gibt aber verschiedene Möglichkeiten, dieses Verhältnis von Theorie und Empirie auszubuchstabieren. Dies markiert einen der Punkte, an denen sich die quantitativen von den qualitativen Ansätzen der empirischen Forschung unterscheiden. *Quantitative versus qualitative Ansätze*

In der quantitativen Forschung wird betont, dass theoretische Aussagen niemals als empirisch endgültig bewiesen, als verifiziert gelten können. Zum Beispiel kann der theoretische Satz, alle vierjährigen Kinder bevorzugten gelbe Farbtöne, niemals als endgültig wahr gelten, denn in der weiteren Forschung könnte jederzeit etwa ein kleines Mädchen auftauchen, das lieber mit grünen Farben malt. Durch eine solche empirische Erfahrung wäre der theoretische Satz falsifiziert. Theoretische Sätze können daher nur an der empirischen Erfahrung „bewährt" werden (vgl. Popper 1966, S. 8), sofern die empirische Erfahrung den theoretischen Sätzen entspricht. Ziel empirischer Forschung müsse es daher sein, möglichst solche theoretischen Sätze zu formulieren, die sich an der empirischen Erfahrung bewähren lassen. Sofern sie falsiziert werden, müssen die theoretischen Sätze verworfen oder zumindest modifiziert werden. Zum Beispiel könnte der Satz, alle Kinder bevorzugten die Farbe gelb, in den Satz, männliche Kinder bevorzugen Gelb, umgewandelt werden. *Bewährung theoretischer Aussagen an der Empirie*

In einem empfehlenswerten Lehrbuch zu den quantitativen Ansätzen der empirischen Forschung heißt es: „Theorien, die sich bei empirischen Tests teilweise bewähren oder teilweise falsifiziert werden, sind so umzuformulieren, daß ihr ‚Wahrheitsgehalt' (...) nicht verlorengeht und ihr ‚Falschheitsgehalt' (...) eliminiert wird. Bewährte Aussagen wiederum sind ‚gehaltserweiternd' umzuformulieren und erneut empirisch zu überprüfen" (Kromrey 1998, S. 41). Hier konzentriert sich die empirische Forschung also auf die empirische Überprüfung von Hypothesen und Theorien. Aus diesem Grund werden quantitative Ansätze der Forschung bisweilen auch als hypothesenüberprüfende Verfahren bezeichnet. Die Empirie fließt hier in die Formulierung und Umformulierung der Theorien nicht unmittelbar ein. *Hypothesenüberprüfung in quantitativen Ansätzen*

Demgegenüber heißt es in einer grundlegenden Schrift des qualitativen Ansatzes der empirischen Forschung: „Wir beschäftigen uns ... mit dem Unterfangen, wie die *Entdeckung von Theorien aus den* [empirischen; d.A.] *Daten heraus* – systematisch erhoben und analysiert in der Sozialforschung – verbessert werden kann" (Glaser/Strauss 1969, S. 1; Hervorhebung im Original). Die empirisch gegründete Entdeckung neuer Theorien sollte allerdings nicht so verstanden werden, dass ein völlig theoriefreier Zugang zu den empirischen Daten möglich wäre. Vielmehr liegt der Akzent darauf – wie es in einem empfehlenswerten Lehrbuch heißt –, „dass der gesamte Forschungsprozess an der Theoriegenerierung orientiert sein soll, nicht an der Theorieüberprüfung. Dies u.a. deshalb, weil eine überholte, eine ungeeignete Theorie nur durch eine alternative, an demsel- *Entdeckung neuer Theorien in qualitativen Ansätzen* ben Gegenstand entwickelte oder generierte Theorie überwunden werden kann, nicht aber durch Falsifikation. Wissenschaftlicher Fortschritt ist nur durch Theoriegenerierung möglich" (Bohnsack 2003, S. 28). Dieser qualitative Ansatz wird daher auch als hypothesengenerierende Forschung bezeichnet.

Standardisierung des Übergangs von Wahrnehmung zu Protokoll

Beschäftigen wir uns zunächst mit dem quantitativen Ansatz, bis wir zu einem zweiten Punkt gelangen, an dem er sich von dem qualitativen Ansatz unterscheidet. Die Überprüfung einer theoretischen Aussage macht es nötig, deren Verbindung mit der empirischen ‚Realität' möglichst eng zu knüpfen. Dies beginnt bei dem Übergang von der „Wahrnehmungsempfindung" zum „Protokollsatz" (Popper). Dieser Übergang lässt sich niemals objektiv, jedoch zumindest intersubjektiv nachvollziehbar gestalten: „Wenn andere Forscher an der Richtigkeit der Protokollsätze zweifeln, müssen sie in der Lage sein, den Vorgang genau zu replizieren. ... Das ganze Vorgehen muß gut dokumentiert, jede Entscheidung muß explizit gemacht und begründet werden" (Kromrey 1998, S. 47). Die quantitativen Verfahren versuchen, intersubjektive Nachvollziehbarkeit und Kritikfähigkeit dadurch zu erreichen, dass sie die Erhebungsmethoden weitgehend standardisieren.

Beispiel: PISA-Studie

Beispielsweise wurden in der PISA-Studie, einer quantitativen Untersuchung zum Leistungsstand von SchülerInnen, u.a. die „Voraussetzungen selbstregulierten Lernens" (Artelt/Demmrich/Baumert 2001, S. 273ff.) untersucht. Vorab der eigenen empirischen Untersuchung unterschied man hier zwischen drei Lernstrategien: Elaborations-, Wiederholungs- und Kontrollstrategien. Den SchülerInnen wurden je vier Aussagesätze pro Strategie vorgelegt, zu denen sie auf einer vierstufigen Skala äußern konnten, ob er auf ihr Lernverhalten zuträfe. Damit konnten die SchülerInnen etwa auf den vorgegebenen Aussagesatz „Wenn ich lerne, versuche ich alles auswendig zu lernen, was drankommen könnte" mit den vorgegebenen Antworten „fast nie (1)", „manchmal (2)", „oft (3)" und „fast immer (4)" antworten (zit. n. ebd., S. 274). Deutlich wird hier – neben der Entwicklung von Hypothesen (dass es nämlich drei Lernstrategien gäbe) vorab der empirischen Forschung – die Standardisierung von Fragen und Antworten, wobei letztere unmittelbar in eine Quantifizierung und statistische Auswertung überführbar sind (daher die Zahlen vor den Antworten). Intersubjektiv nachvollziehbar und kritikfähig sind diese Daten, da ihre Erhebung – soweit es in der Erhebungssituation keine Abweichung vom Instrumentarium gibt – offengelegt werden kann.

Kommunikation zwischen Forschenden und Erforschten

Die Standardisierung der empirischen Erhebung und damit die Herstellung möglichst großer Zuverlässigkeit und intersubjektiver Überprüfbarkeit des Übergangs von Wahrnehmung zu Protokollsatz ist der zweite Punkt, an dem sich der quantitative von dem qualitativen Ansatz unterscheidet. Im Zentrum steht dabei die Beziehung bzw. Kommunikation zwischen Forschenden und Erforschten.

Standardisierung der Forschungskommunikation in quantitativen Ansätzen

In der quantitativen Forschung wird die Forschungskommunikation durch die Standardisierung weitgehend eingeschränkt. Der/die Forschende kann nur die im Fragenkatalog vorgegebenen Fragen stellen (und sollte dabei immer dieselbe Formulierung verwenden) und die erforschte Person kann nur aus vorgegebenen Antwortmöglichkeiten eine auswählen (bzw. wird ihre frei gegebene Antwort später einer dieser Antwortmöglichkeiten zugeordnet, d.h. codiert).

Von Seiten der qualitativen Sozialforschung ist demgegenüber kritisch ange- *Kommunikations-*
fragt worden, „ob sich Beobachter und Beobachteter, Interviewer und Befragter *und*
überhaupt so ohne weiteres verstehen, zumal sie häufig unterschiedlichen sozia- *Verstehensprobleme*
len Welten, unterschiedlichen Subkulturen oder Milieus angehören, unterschiedlich sozialisiert sind und somit in unterschiedlichen Sprachen reden" (Bohnsack
2003, S. 18). Dieses Problem, dass sich Forschende und Erforschte nicht unbedingt verstehen, schlägt sich u.a. in der Indexikalität des Sprechens nieder (vgl.
Garfinkel 1973): Die Sprache, die man im Alltag gebraucht, erhält häufig erst im
Verweis auf gemeinsame Erfahrungs- und Wissensbestände ihren Sinn. Ohne
diesen Kontext ist sie sinnlos bzw. mehrdeutig. Zum Beispiel hat das Wort
„Schein" viele Bedeutungen, im Erfahrungszusammenhang der Universität aber
vor allem eine (als Zertifikat über Studienleistungen).

In Bezug auf die Sinnproblematik zeigt sich hier ein deutlicher Unterschied *Sinnproblematik in*
zwischen Natur- und Sozialwissenschaften. Während die Tatsachen und Ereig- *Sozialwissenschaften*
nisse in der Natur zwar für die Forschenden, nicht aber für die erforschte Natur
sinnhaft etwas bedeuten, ist der Gegenstand der Sozialwissenschaft, d.h. die
„Sozialwelt, ... nicht ihrem Wesen nach ungegliedert. Sie hat eine besondere
Sinn- und Relevanzstruktur für die in ihr lebenden, denkenden und handelnden
Menschen" (Schütz 1971, S. 6). An diese Konstruktionen der untersuchten Menschen müssen die sinnverstehenden Konstruktionen der Forschenden – als „Konstruktionen zweiten Grades" – anschließen (ebd., S. 7).

Die empirische Forschung kann sich daher nicht damit begnügen, herauszu- *Interpretation von*
finden, dass jemand ein Wort wie z.B. „Schein" benutzt, sie muss auch dessen *Sinngehalten*
Sinngehalt verstehen. In dieser Hinsicht kann die qualitative Forschung an das
Ansinnen der geisteswissenschaftlichen Pädagogik und ihres Begründers, Wilhelm Dilthey, dem es vornehmlich um das „Sinnverstehen" ging, anknüpfen
(vgl. Dilthey 1968; dazu: Marotzki 1999). Doch geht die qualitative Forschung
über die geisteswissenschaftliche Methode hinaus, insofern sie „die Regeln und
Schritte hermeneutischer Sinnauslegung weiter präzisiert und die strengen Maß-
stäbe der intersubjektiven Nachvollziehbarkeit und Prüfbarkeit noch stärker berücksichtigt" (Krüger 1999, S. 187). Insbesondere glaubt die qualitative Forschung den Sinngehalt von Äußerungen nicht unmittelbar (im Sinne eines Nach-
empfindens) zu verstehen, sondern problematisiert das Verstehen und interpretiert die Äußerungen als Dokument einer (fremden) Ordnung bzw. Regelhaftig-
keit, die sich aus dem Kontext der Äußerung ergibt.

Während die quantitative Forschung durch die Standardisierung der For- *Indexikalität und*
schungskommunikation diesen Kontext der Äußerungen von befragten Personen *Kontext*
systematisch ignoriert, ist die qualitative Forschung gegenüber der Indexikalität
dieser Äußerungen, die erst im Kontext ihren Sinn gewinnen, sensibel. Sie versucht, die Andersartigkeit bzw. Fremdheit der Äußerungen empirisch zu rekonstruieren. Aus diesem Grunde spricht man auch von standardisierter, quantitativer Forschung versus rekonstruktiver, qualitativer Forschung. Die Rekonstruktion des Kontexts wird unter den Stichworten der „Offenheit" (Hoffman-Riem
1980) und des „methodisch kontrollierten Fremdverstehens" (vgl. Schütze/Mei-
nefeld/Springer 1973) diskutiert.

Qualitative Methoden zeichnen sich – im Sinne der „Offenheit" – dadurch *Offenheit in*
aus, dass die Forschenden die Äußerungen der Erforschten möglichst wenig *qualitativen Ansätze*

standardisieren bzw. strukturieren und so den Erforschten die Gelegenheit geben, ihr Verständnis der Forscherfragen und ihr eigenes Relevanzsystem (den Kontext ihrer Äußerungen) darzulegen. Methodische Kontrolle heißt dann, möglichen Kritikern und Kritikerinnen Einblick in den Interpretationsprozess von den (beispielhaft ausgewählten) Interview- oder Beobachtungsprotokollausschnitten über die einzelnen Interpretationsschritte bis hin zur formulierten Hypothese bzw. Theorie zu geben. Auf diese Weise wird nicht nur die Angemessenheit der Interpretation intersubjektiv nachprüfbar, sondern auch die Unterschiedlichkeit der Relevanzrahmen von Forschenden einerseits und Erforschten andererseits.

5.2 Erziehungswissenschaft zwischen quantitativer und qualitativer Forschung

Paradigmatische und praktische Unterschiede zwischen quantitativen und qualitativen Methoden

Die qualitativen und quantitativen Ansätze in der empirischen Forschung lassen sich auf zwei Weisen deutlich unterscheiden. Im vorangegangenen Abschnitt haben wir Unterschiede zwischen quantitativen und qualitativen Methoden aufgeführt, die auf zentrale Unterschiede zwischen den beiden Ansätzen zurückzuführen sind. Hier kann man dann davon sprechen, dass quantitative und qualitative Methoden unterschiedlichen „Paradigmen" im Sinne von einsozialisierten, in der Wissenschaftscommunity verankerten Wegen, wissenschaftliche Probleme zu lösen (vgl. Kuhn 1973), angehören. Diese paradigmatischen Unterschiede gilt es insbesondere dort zu beachten, wo in der Forschung qualitative und quantitative Ansätze kombiniert werden (vgl. Krüger 1999, S. 241). In diesem Abschnitt aber stellen wir quantitative und qualitative Ansätze erziehungswissenschaftlicher Forschung so dar, dass sie einander ergänzen und komplementär erscheinen. Anerkanntermaßen lässt sich – ohne die paradigmatischen Unterschiede zu ignorieren – feststellen, dass die quantitativen Verfahren einen ganz anderen Beitrag zur erziehungswissenschaftlichen Forschung leisten als die qualitativen Verfahren.

Unterschiedliche Forschungsschwerpunkte und -beiträge

Dies wird deutlich, wenn man sich das breite Spektrum empirischer Forschung in der Erziehungswissenschaft anschaut, zu dem die Schul- und Lehr-Lernforschung ebenso gehören wie die Forschung in der Erwachsenenbildung, Berufs- und Sozialpädagogik, die Geschlechter-, Migrations- und Jugendforschung sowie die erziehungswissenschaftliche Medienforschung und andere mehr. Wir möchten die Unterschiede hinsichtlich der Forschungsleistungen am Beispiel der quantitativen und qualitativen Bildungsforschung (vgl. Tippelt 2002) deutlich machen.

Beispiel PISA-Studie: Unterschiede in Basiskompetenzen

Ein prominentes Beispiel für die standardisierte, quantitativ orientierte Forschung (vgl. Seel 2002 u. Eckert 2002) ist die bereits erwähnte PISA-Studie (vgl. Deutsches PISA-Konsortium 2001). Ziel dieser Untersuchung war es, den Leistungsstand von 15jährigen Schülern und Schülerinnen in 32 Ländern repräsentativ zu testen. Dazu wurde mit einer ausgefeilten Methodik den ProbandInnen eine Kombination aus Fragen und Testaufgaben vorgelegt, in denen es um die Bereiche Leseverständnis, Mathematik und Naturwissenschaft geht. Um die

Vergleichbarkeit zwischen den 32 Ländern zu erreichen, folgte der Kern dieser Fragen und Testaufgaben einem Standard, der mit dem Konzept der „Literacy" begründet wurde. Auf diese Weise konnte diese internationale Studie der OECD nicht nur zeigen, wie die Basiskompetenzen in jedem einzelnen Land aussehen (wie sie sich z.B. nach Schultyp oder Region unterscheiden), sondern vor allem Unterschiede zwischen den einzelnen Ländern empirisch herausarbeiten. Ungeklärt musste allerdings die Frage bleiben, woher diese zum Teil erheblichen Unterschiede in den Basiskompetenzen rühren. Denn dass die Leistungen der SchülerInnen gemessen wurden, bedeutet in der PISA-Studie nicht, dass fehlende oder gelungene Leistungen ausschließlich den SchülerInnen zugeschrieben würden.

Den sich aus solchen Untersuchungen wie der PISA-Studie ergebenden Fragen nach den schulischen Zusammenhängen, in denen gute oder schlechte Leistungen entstehen, lässt sich mit solchen qualitativen Analysen nachgehen wie derjenigen von Werner Helsper und MitarbeiterInnen (vgl. Helsper et al. 2001, Böhme 2000, Kramer 2002). Hier wird das, was in der PISA-Studie als Standard vorausgesetzt wird (vgl. Felden 2003), zunächst empirisch analysiert. In der Analyse der Schulkultur von drei Gymnasien etwa zeigen Helsper et al. (2001, S. 595ff.), dass hier nicht nur unterschiedliche Leistungsanforderungen zu finden sind, sondern dass diese von jedem Gymnasium noch mit einem spezifischen „imaginären Entwurf eines idealen Schülerhabitus" (ebd., S. 595) und Erwartungen an die allgemeine Lebensführung der SchülerInnen verwoben sind. Was einen erfolgreichen Schüler ausmacht, wird also in jeder Schule anders definiert, wobei diese Definitionen keineswegs offen liegen, sondern eher hintergründig und implizit sind. Doch beschränkt sich diese Untersuchung nicht alleine auf die Analyse schulischer Erwartungen an einen erfolgreichen Schüler, sondern bezieht auch die Biographien der SchülerInnen ein. Hier geht es dann darum, wie Schülerbiographie und Schulkultur (mit ihren impliziten Erwartungen an eine ‚gute' Schülerbiographie) zueinander passen (vgl. Kramer 2002) und wie selbst noch „oppositionelle" Schüler ihren Platz in der Schule finden (vgl. Böhme 2000).

So gesehen, analysieren die dargestellten quantitativen und qualitativen Untersuchungen *eine* Problematik aus *unterschiedlichen* Blickrichtungen. Während die quantitative Studie weitgehende internationale Vergleichbarkeit durch Standardisierung ihres Leistungsbegriffs („Literacy") erzielt, rekonstruiert die qualitative Studie den schulischen Kontext von Leistung (implizite Erwartungen an die SchülerInnen) sowie deren schülerbiographischen Zusammenhang. Eine weitergehende Vergleichbarkeit müsste bei einem solchermaßen kontextualisierten Leistungsbegriff dann erst aus der empirischen Analyse heraus hergestellt werden.

Beispiel Schulkulturforschung: Hintergründe von Kompetenzunterschieden

Unterschiedliche Perspektiven qualitativer und quantitativer Forschung

5.3 Erhebungs- und Auswertungsverfahren qualitativer Forschung

Da unser Einführungsbuch eher dem Paradigma qualitativer Methoden verpflichtet ist, möchten wir in diesem Abschnitt einige relevante Erhebungs- und Auswertungsmethoden nennen, die auch in den von uns in den vorangegangenen Kapiteln erörterten qualitativen Studien zum Tragen kommen.

Qualitative Forschung zu Mikro-, Meso- und Makrobereichen

Wenngleich die qualitative Bildungsforschung in der Erziehungswissenschaft mit der Rekonstruktion von individuellen Biographien begonnen hat (vgl. Baacke/Schulze 1979), ist sie mittlerweile breit ausdifferenziert worden (vgl. Krüger/Marotzki 1999). Es können hier Forschungen zum Mikrobereich (z.B. Biographien) von mesostruktureller Forschung (zu kollektiven Phänomenen wie Gruppen und Milieus) und von makrostrukturellen Untersuchungen (etwa zu pädagogischen Institutionen) unterschieden werden (vgl. Garz/Blömer 2002).

Die Methoden der qualitativen Bildungs- und Sozialforschung lassen sich in zwei Bereiche aufteilen: in die Erhebungs- und in die Auswertungsverfahren. Unter Erhebungsverfahren verstehen wir Methoden, mit denen Daten gesammelt werden. Auswertungsverfahren sind Methoden der Interpretation von Daten.

Qualitative Erhebungsmethoden

Zu den *Erhebungsmethoden* gehört das *narrative Interview* (vgl. Schütze 1983a), das als Verfahren zur Erhebung von individuellen Biographien für die Erziehungswissenschaft sehr wichtig geworden ist (vgl. etwa Riemann 1987; Marotzki 1990; Krüger/Ecarius/Grunert/Michelmann 1994; Koller 1999; Nohl 2004) und in vielen Abwandlungen für die Forschung fruchtbar gemacht wurde. Zu nennen sind auch die *ethnographischen Verfahren* (vgl. Marotzki 1998 u. Lüders 2000), mit denen – großenteils mit der teilnehmenden Beobachtung – Einzelne, Gruppen oder Institutionen beobachtet werden können. Hierzu gehört auch die *Online-Ethnographie* (vgl. Marotzki 2003), in der es um die Beobachtung und Rekonstruktion des Lebens im Internet geht. Das *Gruppendiskussionsverfahren* (vgl. Bohnsack 1989; Loos/Schäffer 2001) hat sich in der Erforschung von kollektiven Phänomenen wie etwa Jugendcliquen (vgl. Bohnsack 1989; Nohl 2001) bewährt. Mit *nichtreaktiven Verfahren* ‚natürliche' Daten zu erheben, zählt ebenso zu bevorzugten Erhebungsformen in der Erziehungswissenschaft (vgl. etwa Böhme 2000; Helsper et al. 2001).

Qualitative Auswertungsverfahren

Innerhalb der *Auswertungsverfahren* sollten jene Ansätze hervorgehoben werden, die sich nicht auf eine inhaltliche Zusammenfassung des Datenmaterials beschränken, sondern auch die Frage in Angriff nehmen, wie Diskurse und Handlungen entstehen, wie sie vollzogen werden (vgl. Marotzki 1995, S. 118). Von Bedeutung ist hier zunächst die *Grounded Theory* (der empiriegegründeten Theoriebildung) nach Glaser/Strauss (1969), die sich der Entdeckung neuer Theorien auf der Basis von qualitativen Daten verschreibt (vgl. auch Strauss 1991). Zentral ist auch das *narrationsstrukturelle Verfahren* nach Schütze (1983b), mit dem nicht nur narrative Interviews, sondern auch anderweitig erhobene Daten ausgewertet werden können. Auch die *objektive Hermeneutik* (vgl. Oevermann 2000; Reichertz 1997) und die *dokumentarische Methode* (vgl. Bohnsack 2003 u. Bohnsack/Nentwig-Gesemann/Nohl 2001) gehören zu den Verfahren, mit denen verschiedene Formen von Daten ausgewertet werden können. Eine besondere Herausforderung für die qualitative Bildungsforschung stellen dabei solche Daten dar, die nicht textuell, sondern visueller Natur sind. Die *Bildinterpretation* (vgl. Mollenhauer 1997; Parmentier/Rittelsmeyer 2001; Bohnsack 2003, S. 155f.) ist daher noch nicht so weit entwickelt, wie es der Bedeutung des Bildhaften für Bildung entspricht.

Entwicklung von Hypothesen und Theorien

Der qualitativen Bildungs- und Sozialforschung geht es nicht nur um die Interpretation empirischer Daten, sondern anschließend auch um die Generierung von Hypothesen und Theorien. Zwei Wege, die bisweilen auch kombiniert werden, lassen sich hier analytisch unterscheiden: Einerseits wird die Genauigkeit und Tiefgründigkeit der Interpretation als Bedingung und Garant dafür angesehen, aus der Einzelfallanalyse heraus auf dem Fall unterliegende allgemeine Strukturen zu schließen (vgl. Oevermann 2000; Schütze 1991, S. 207). Andererseits wird der Weg der komparativen Analyse (vgl. Nohl 2003) beschritten, in der Fälle miteinander verglichen und fallübergreifende Strukturen als Typiken oder Theorien herausgearbeitet werden (Glaser/Strauss 1969; Bohnsack 2003, S. 141ff.). Die so gewonnenen Hypothesen, Theorien und Typen erhalten ihre Generalisierbarkeit nicht – wie in den quantitativen Verfahren – über eine durch große Fallzahl hergestellte Repräsentativität. Vielmehr lassen sie sich insofern und insoweit generalisieren, als die strukturellen Grenzen ihrer Reichweite anhand von empirischen Fällen deutlich gemacht werden können (vgl. Bohnsack 2003, S. 182ff.).

5.4 Wie lernt man forschen?

Einführungstexte in die empirische Forschung wie der vorliegende oder auch ganze Bücher, in denen ein Überblick über Methodologie und Methoden empirischer Forschung gegeben wird (vgl. z.B. König/Zedler 1995; Lamnek 1995; Hitzler/Honer 1997; Friebertshäuser/Prengel 1997; Kromrey 1998; Krüger/Marotzki 1999; Wellenreuther 2000; Flick/Kardorff/Steinke 2001; Flick 2003; Bohnsack 2003; Bohnsack/Marotzki/Meuser 2003), erleichtern zwar den ersten Zugang zur empirischen Forschung, ersetzen aber nicht die praktische Ausbildung in der Anwendung quantitativer und qualitativer Methoden.

In der Einleitung zu einem Forschungsseminar erläutert der Sozialforscher Pierre Bourdieu die Notwendigkeit praktischer Ausbildung mit den folgenden Worten: Es gibt „keine andere Art und Weise ..., sich die Grundprinzipien einer Praxis anzueignen – die wissenschaftliche Praxis macht da keine Ausnahme –, als sie Seite an Seite mit einer Art Betreuer oder Trainer zu praktizieren, der durch sein Verhalten ein Beispiel gibt und *aus der Situation heraus* Regeln formuliert, die direkt *auf den besonderen Fall* zugeschnitten sind" (Bourdieu 1996, S. 255). Ergebnis dieser praktischen Einübung in empirische Methoden ist dann weniger ein theoretisches denn ein praktisches Wissen, das eng mit der Einsozialisation in einen „wissenschaftlichen Habitus" (ebd., S. 256) bzw. in einen „Forschungshabitus" (Krüger et al. 2002, S. 450) verknüpft ist.

Notwendigkeit praktischer Methodenausbildung

Aus diesem Grund haben sich in der Lehre empirischer Methoden nach einer ersten Einführung insbesondere solche Lehrveranstaltungen als günstig erwiesen, in denen die Studierenden gemeinsam an einem Thema forschen (im Rahmen sog. „Lehrforschungsprojekte") bzw. in denen jede/r Studierende an seinem eigenen Projekt (z.B. für eine Abschlussarbeit) forschen kann (im Rahmen sog. „Forschungswerkstätten", vgl. Reim/Riemann 1997).

Praktische Forschung in der Lehre

Die Relevanz einer praktischen Methodenausbildung lässt sich auch empirisch zeigen. Befragungen von NachwuchswissenschaftlerInnen in der Erziehungswissenschaft haben ergeben, dass diese nicht nur „das Erlernen von Forschungsmethoden", sondern auch „die Mitarbeit in Forschungsprojekten sehr positiv bewerten" (Krüger et al. 2002, S. 446). Da aber die Methodenausbildung im

Relevanz praktischer Methodenausbildung für die Profession

Fach Erziehungswissenschaft bislang an vielen Universitäten von der Quantität und Qualität her zu Wünschen übrig lässt (vgl. Krüger 2000, S. 329), müsste sie vor allem in der grundständigen Hochschullehre (Magister, Diplom und Bachelor) verbessert werden. Denn es gibt zwar sehr überzeugende Angebote, um postgraduierte Forschende in empirischen Methoden weiterzubilden.[5] Doch können diese eine grundständige Ausbildung in (erziehungswissenschaftlichen) empirischen Forschungsmethoden nicht ersetzen.

Eine solche grundständige Methodenausbildung ist aus zwei Gründen wichtig. Zum einen sind in der Wissensgesellschaft auch die pädagogisch Tätigen mit empirischem Wissen konfrontiert. Zum anderen gibt es hier einen hohen Bedarf an erziehungswissenschaftlich Forschenden: Immerhin 3.102 Personen sind im Jahre 2002 hauptberuflich an einer wissenschaftlichen Hochschule tätig gewesen, wobei über 2000 von ihnen dem wissenschaftlichen Nachwuchs zuzurechnen sind (vgl. Krüger/Schmidt/Siebholz/Weishaupt 2004, S. 65). Rund 1000 weitere Stellen für den Nachwuchs gibt es in Drittmittelprojekten (vgl. Kraul/Schulzeck/Weishaupt 2004, S. 95) und außeruniversitären wissenschaftlichen Forschungsinstituten (vgl. Krüger 2000, S. 329). Zudem werden insbesondere in den Subdisziplinen Allgemeine Pädagogik, Schul- und Sozialpädagogik immer wieder Professuren ausgeschrieben (vgl. ebd., S. 83). Die Erziehungswissenschaft ist – wie jede andere Wissenschaft auch – nicht nur eine Disziplin, die mit ihren AbsolventInnen den Bedarf auf dem Arbeitsmarkt befriedigt. Sie ist selbst auch darauf angewiesen, zur wissenschaftlichen Reflexion und Erforschung der pädagogischen Handlungsfelder Personal für die Universitäten, Fachhochschulen und Forschungsinstitute zu rekrutieren.

---

5   Neben einigen privaten Angeboten ist hier insbesondere auf das Graduiertenzentrum für Qualitative Bildungs-, Beratungs- und Sozialforschung (GBBS) in Halle und Magdeburg und auf den jährlich stattfindenden Bundesweiten Workshop Qualitative Sozialforschung in Magdeburg zu verweisen.

6. Literaturverzeichnis

Allgemeine Einführungen:

Benner, D.: Hauptströmungen der Erziehungswissenschaft. Stuttgart 2004.
Gudjons, H.: Pädagogisches Grundwissen. Bad Heilbrunn 2003.
Lenzen, D. (Hrsg.): Erziehungswissenschaft. Ein Grundkurs. Reinbek bei Hamburg. 1994.
Koller, H.-Ch.: Grundbegriffe, Theorien und Methoden der Erziehungswissenschaft. Stuttgart 2004.
Krüger, H.-H./Helsper, W. (Hrsg.): Einführung in die Grundbegriffe und Grundfragen der Erziehungswissenschaft. 5. durchgesehene Auflage. Opladen 2002.

Literatur zu Kapitel 1

Zitierte Literatur:

Aufenanger, St.: Aufgaben der Erziehungswissenschaft in der Wissensgesellschaft. In: Herzig, B. (Hrsg.): Medien machen Schule. Bad Heilbrunn 2001.
Deutscher Bundestag: Schlussbericht der Enquete-Kommission Globalisierung der Weltwirtschaft – Herausforderungen und Antworten. Drucksache 14/9200. Berlin. 2002.
European Commisson – Joint Research Centre, Institut for Prospective Technological Studies: The IPTS Futures Project, Synthesis Report, Seville 2000.
Flitner, W.: Das Selbstverständnis der Erziehungswissenschaft in der Gegenwart. In: Gesammelte Schriften Bd. 3. S. 310-349. Paderborn u.a. [1957/1966] 1989.
Harney, K./Krüger, H.-H. (Hrsg.): Einführung in die Geschichte der Erziehungswissenschaft und der Erziehungswirklichkeit. Opladen 1997.
Höhne, Th.: Pädagogik der Wissensgesellschaft. Bielefeld 2003.
Homfeldt, H.G.; Schulze-Krüdener, J. (Hrsg.): Wissen und Nichtwissen. Herausforderungen für Soziale Arbeit in der Wissensgesellschaft. Weinheim und München 2000.
Killius, N.; Kluge, J.; Reisch, L. (Hrsg.): Die Zukunft der Bildung. Frankfurt a.M. 2002.
Krüger, H.-H.: Einführung in Theorien und Methoden der Erziehungswissenschaft. Opladen 1997.
Marotzki, W.: Entwurf einer strukturalen Bildungstheorie. Biographietheoretische Auslegung von Bildungsprozessen in hochkomplexen Gesellschaften. Weinheim 1990.
Nohl, A.-M.: Bildung und Spontaneität. Empirische Rekonstruktionen und pragmatistische Reflexionen zu Phasen von Wandlungsprozessen in unterschiedlichen Lebensaltern. Habilitationsschrift an der Universität Magdeburg. Manuskript. Magdeburg 2004.
Nolda, S.: Vom Verschwinden des Wissens in der Erwachsenenbildung. In: Zeitschrift für Pädagogik 1/2001. S. 101-120.
Pongs, A. (Hrsg.): In welcher Gesellschaft leben wir eigentlich? Bd. 1. München 1999.
Stehr, N.: Arbeit, Eigentum und Wissen. Zur Theorie von Informationsgesellschaften. Frankfurt a.M. 1994.
Stroß, A.M.: Die „Wissensgesellschaft" als bildungspolitische Norm? In: Sozialwissenschaftliche Literatur Rundschau 42. 2001. S. 84-100.

Willke, H.: Die Wissensgesellschaft. In: Pongs, A. (Hrsg.): In welcher Gesellschaft leben wir eigentlich? Bd. 1. München 1999. S. 259-280.

Literatur zu Kapitel 2

Einführungen:

Krüger, H.-H./Rauschenbach, Th. (Hrsg.): Einführung in die Arbeitsfelder des Bildungs- und Sozialwesens. Opladen 2000.
Otto, H.-W./Rauschenbach, Th./Vogel, P. (Hrsg.): Erziehungswissenschaft: Arbeitsmarkt und Beruf. Opladen 2002.
Fried, L./Dippelhofer-Stiem, B./Honig, M.-S.: Einführung in die Pädagogik der frühen Kindheit. Weinheim u. München 2003.
Kipper, H./Meyer, H./Topsch, W.: Einführung in die Schulpädagogik. Berlin 2002.
Wittpoth, J.: Einführung in die Erwachsenenbildung. Opladen 2003.
Auernheimer, G.: Einführung in die interkulturelle Pädagogik. Darmstadt 2003.

Handbücher:

Helsper, W./Böhme, J. (Hrsg.): Handbuch der Schulforschung. Wiesbaden 2004.
Otto, H.-U./Thiersch, H. (Hrsg.): Handbuch Sozialarbeit/Sozialpädagogik. 2. völlig überarbeitete Auflage. Neuwied, 2001.
Tippelt, R. (Hrsg.): Handbuch Erwachsenenbildung, Weiterbildung. Opladen 1999.

Zeitschriften:

Deutsche Schule
Zeitschrift für Sozialpädagogik
Neue Praxis
Literatur- und Forschungsreport Weiterbildung
Tertium Comparationis. Journal für internationale Bildungsforschung.

Zitierte Literatur:

Akkent, M./Franger, G.: Das Kopftuch – Başörtü. Frankfurt a.M. 1987.
Akpinar, Ü./Zimmer, J.: Von wo kommst'n du? Interkulturelle Erziehung im Kindergarten. 4 Bde. München 1984ff.
Apitzsch, U.: Biographieforschung und interkulturelle Pädagogik. In: Krüger, H.-H./Marotzki, W. (Hrsg.): Handbuch erziehungswissenschaftliche Biographieforschung. Opladen 1999, S. 471-486.
Apitzsch, U.: Interkulturelle Arbeit: Migranten, Einwanderungsgesellschaft, interkulturelle Pädagogik. In: Krüger, H.-H./Rauschenbach, Th. (Hrsg.): Einführung in die Arbeitsfelder des Bildungs- und Sozialwesens. Opladen 2000, S. 285-300.
Apitzsch, U.: Migration und Erwachsenenbildung. In: Kiesel, D./Messerschmidt, A. (Hrsg.): Pädagogische Grenzüberschreitungen. Frankfurt a.M. 1997, S. 61-80.
Arnold, R./Müller, H.-J.: Berufsbildung: Betriebliche Berufsausbildung, berufliche Schulen, Weiterbildung. In: Krüger/Rauschenbach (Hrsg.): Einführung in die Arbeitsfelder der Erziehungswissenschaft. Opladen 1995. S. 61-89.
Audehm, K./Zirfas, J.: Familie als ritueller Lebensraum. In: Wulf, C./Althans, B./Audehm, K./Bausch, C./Göhlich, M./Sting, S./Tervooren, A./Wagner-Willi, M./Zirfas, J.: Das Soziale als Ritual – Zur performativen Bildung von Gemeinschaften. Opladen 2001, S. 37-116.
Auernheimer, G. (Hrsg.): Interkulturelle Kompetenz und pädagogische Professionalität. Opladen 2002.
Auernheimer, G.: Einführung in die interkulturelle Pädagogik. Darmstadt 2003.

Axmacher, D.: Der Widerstand gegen Bildung. Zur Rekonstruktion einer verdrängten Welt des Wissens. Weinheim 1990.

Baacke, D.: „Medienkompetenz": theoretisch erschließend und praktisch folgenreich. In: Medien + Erziehung 43. Jg., 1999, H. 1, S. 7-12.

Bango, J.: Sozialarbeitswissenschaft heute. Wissen, Bezugswissenschaften und Grundbegriffe. Stuttgart 2001.

Barthelms, J.: Mediengebrauch in den Familien. In: Zacharias, W. (Hrsg.): Interaktiv – Medienökologie zwischen Sinnenreich und Cyberspace. München 2000, S. 100-119.

Bauer, K.-O.: Pädagogisches Handlungsrepertoire und professionelles Selbst von Lehrerinnen und Lehrern. In: Zeitschrift für Pädagogik 44 (1998) H. 3, S. 343-359.

Baumert, J./Klieme, E./Neubrand, M./Prenzel, M./Schiefele, U./Schneider, W./Stanat, P./Tillmann, K.-J./Weiß, M. (Hrsg.): PISA 2000. Basiskompetenzen von Schülerinnen und Schülern im internationalen Vergleich. Opladen 2001.

Baumert, J./Schümer, G.: Familiäre Lebensverhältnisse, Bildungsbeteiligung und Kompetenzerwerb. In: Deutsches PISA-Konsortium (Hrsg.): PISA 2000. Basiskompetenzen von Schülern und Schülerinnen im internationalen Vergleich. Opladen 2001, S. 323-407.

Beck, U.: Risikogesellschaft. Auf dem Weg in eine andere Moderne. Frankfurt a.M. 1986.

Beck-Gernsheim, E.: Was kommt nach der Familie? Einblicke in neue Lebensformen. München 1998.

Bender-Szymanski, D.: Wie lernen Lehrer von Migrantenkindern? Eine Prozeßanalyse interkulturellen Lernens bei deutschen StudienrefendarInnen in multikulturellen Schulen. In: Zeitschrift für Soziologie der Erziehung und Sozialisation. 19 (1999), H. 1, S. 52-71.

Blossfeld, H.-P./Timm, A.: Der Einfluss des Bildungssystems auf den Heiratsmarkt. In: Kölner Zeitschrift für Soziologie und Sozialpsychologie 49 (1997), H. 3, S. 440-476.

Böhnisch, L./Münchmeier, R. (Hrsg.): Wozu Jugendarbeit? Orientierungen für Ausbildung, Fortbildung und Praxis. Weinheim und München 1999.

Böhnisch, L.: Sozialpädagogik der Lebensalter. Weinheim und München 1997.

Bohnsack, R./Nohl, A.-M.: Adoleszenz und Migration – Empirische Zugänge einer praxeologisch fundierten Wissenssoziologie. In: Bohnsack, R./Marotzki, W. (Hrsg.): Biographieforschung und Kulturanalyse. Opladen Budrich 1998, S. 260-282.

Bohnsack, R./Nohl, A.-M.: Ethnisierung und Differenzerfahrung: Fremdheiten der Identität und des Habitus. In: Zeitschrift für qualitative Bildungs-, Beratungs- und Sozialforschung 2. (2001), H. 1, S. 15-36.

Bohrhardt, R.: Familienstruktur und Bildungserfolg. In: Zeitschrift für Erziehungswissenschaft. 3 (2000), H. 2, S. 189-207.

Bolder, A./Hendrich, W.: Fremde Bildungswelten. alternative Strategien lebenslangen Lernens. Opladen 2000.

Bommes, M./Radtke, F.-O.: Institutionalisierte Diskriminierung von Migrantenkindern. In: Zeitschrift für Pädagogik 39 (1993), H. 3, S. 483-497.

Bommes, M.: Die Beobachtung von Kultur. Die Festschreibung von Ethnizität in der bundesdeutschen Migrationsforschung mit qualitativen Methoden. In: Klingemann, C./Neumann, M./Rehberg, K.-S./Srubar, I./Stölting, E. (Hrsg.): Jahrbuch für Soziologiegeschichte 1994. Opladen 1996, S. 205-226.

Böttcher, I./Plath, M./Weishaupt, H.: Gestaltung einer neuen Schulstruktur. Zur inneren Entwicklung von Regelschulen und Gymnasien in Thüringen. Münster, New York, München, Berlin 1999.

Breidenstein, G./Helsper, W./Kötters-König, C. (Hrsg.): Die Lehrerbildung der Zukunft – eine Streitschrift. Opladen 2002.

Breidenstein, G./Kelle, H.: Geschlechteralltag in der Schulklasse. Ethnographische Studien zur Gleichaltrigenkultur. Weinheim, München 1998.

Bukow, W.-D./Llaryora, R.: Mitbürger aus der Fremde – Soziogenese ethnischer Minderheiten. Opladen 1988.

Bundesministerium für Familie, Senioren, Frauen und Jugend (Hrsg.): Leistungen und Grenzen von Heimerziehung. Ergebnisse einer Evaluationsstudie stationärer und teilstationärer Erziehungshilfen. Projektleiter: Hans Thiersch. Stuttgart 1998.

Burkart, G./Kohli, M.: Liebe, Ehe, Elternschaft. Die Zukunft der Familie. München 1992.
Burkart, G.: Zum Strukturwandel der Familie – Mythen und Fakten. In: Aus Politik und Zeitgeschichte. B 52-53. 1995, S. 3-15.
Bürmann, I.: Bildung als intermediäres Geschehen – Winnicotts Theorie des Übergangsbereichs in bildungstheoretischer Sicht. In: Neue Sammlung, 40. Jg., H. 4, 2000, S. 555-581.
Cohen, P.: Verbotene Spiele. Theorie und Praxis antirassistischer Erziehung. Hamburg 1994.
Colberg-Schrader, H.: Kindergarten – auch ein (H)Ort für Schulkinder? In: Krappmann, L./ Peukert, U. (Hrsg.): Altersgemischte Gruppen in Kindertagesstätten. Freiburg 1995, S. 59-73.
Combe, A./Helsper, W. (Hrsg.): Pädagogische Professionalität. Untersuchungen zum Typus pädagogischen Handelns. Frankfurt am Main 1996.
Conrad, S./Becker, P./Wolf, B.: Diskussion. In: Wolf, B./Becker, P./Conrad, S. (Hrsg.): Der Situationsansatz in der Evaluation. Landau 1999, S. 276-282.
Conrad, S.: Theoretische Einführung. In: Wolf, B./Becker, P./Conrad, S. (Hrsg.): Der Situationsansatz in der Evaluation. Landau 1999, S. 3-13.
Deutscher Bildungsrat: Strukturplan für das Bildungswesen. Stuttgart 1971.
Dewe, B./Ferchhoff, W./Scherr, A./Stüwe, G.: Sozialpädagogik, Sozialarbeitswissenschaft, Soziale Arbeit? Die Frage nach der disziplinären und professionellen Identität. In: Puhl, R. (Hrsg.): Sozialarbeitswissenschaft. Neue Chancen für theoriegeleitete Soziale Arbeit. Weinheim und München, 1996, S. 111-137.
Diefenbach, H.: Stichwort: Familienstruktur und Bildung. In: Zeitschrift für Erziehungswissenschaft. 3, (2000), H. 2, S. 169-187.
Diehm, I./Radtke, F.-O.: Erziehung und Migration: eine Einführung. Stuttgart/Berlin: Kohlhammer 1999.
Dirim, I.: „Var mi lan Marmelade?" Türkisch-deutscher Sprachkontakt in einer Grundschulklasse. Münster/New York 1998.
Dirks, U./Hansmann, W. (Hrsg.): Reflexive Lehrerbildung. Fallstudien und Konzepte im Kontext berufsspezifischer Kernprobleme. (Studien zur Schul- und Bildungsforschung) Weinheim 1999.
Dittrich, G./Dörfler, M./Schneider, K.: Wenn Kinder in Konflikt geraten. Eine Beobachtungsstudie in Kindertagesstätten. Neuwied 2001.
Dresselhaus, G.: Das deutsche Bildungssystem zwischen Tradition und Fortschritt – Analyse eines Sonderweges. Münster 1997.
Ecarius, J.: Familienerziehung im historischen Wandel. Eine qualitative Studie über Erziehung und Erziehungserfahrungen von drei Generationen. Opladen 2002.
Erning, G.: Geschichte der öffentlichen Kleinkindererziehung von den Anfängen bis zum Kaiserreich. In: Ders./Neumann, K./Reyer, J. (Hrsg.): Geschichte des Kindergartens. Bd. 1. Freiburg i.B. 1987, S. 13-41.
Essed, P./Mullard, C.: Antirassistische Erziehung. Felsberg 1991.
Essinger, H./Kula, O.B. (Hrsg.): Länder und Kulturen der Migranten. Hohengehren 1988.
Essinger, H./Pommerin, G.: Interkulturelles Lernen – Auf dem Weg zur antirassistischen Erziehung. In: Essinger, H./Ucar, A. (Hrsg.): Erziehung: Interkulturell – Politisch – Antirassistisch. Felsberg 1993, S. 78-83.
Fachhochschule Emden: Einführung in die Rechnernutzung in der Sozialarbeit. Internet: http://sowe.fho-emden.de/VA-Material/Morgenstern/EDV-Pflicht.htm, 13.06.2003.
Fend, H.: Theorie der Schule. München, Wien, Baltimore 1980.
Frey, S.: Mehrsprachigkeit im Klassenzimmer. In: Gogolin, I./Neumann, U. (Hrsg.): Großstadt-Grundschule. Eine Fallstudie über sprachliche und kulturelle Pluralität als Bedingung der Grundschularbeit. Münster u. New York 1997, S. 148-175.
Gerris, J.R.M./Grundmann, M.: Reziprozität, Qualität von Familienbeziehungen und die intergenerationelle Transmission von Beziehungskompetenz. In: Zeitschrift für Sozialisationsforschung und Erziehungssoziologie. 22 (2002), H. 1, S. 3-24.
Gerstacker, R./Zimmer, J.: Der Situationsansatz in der Vorschulerziehung. In: Dollase, R. (Hrsg.): Handbuch der Früh- und Vorschulpädagogik. Bd. 2. Düsseldorf 1978, S. 189-205.
Giesecke, H.: Jugendarbeit und Jugendbildung. In: Mickel, W.M./Zitzlaff, D. (Hrsg.): Handbuch zur politischen Bildung. Bonn: Bundeszentrale für politische Bildung 1988, S. 458-461.

Gloger-Tippelt, G.: Kindheit und Bildung. In: Tippelt, R. (Hrsg.): Handbuch Bildungsforschung. Opladen 2002, S. 477-494.
Gogolin, I./Neumann, U. (Hrsg.): Großstadt-Grundschule. Eine Fallstudie über sprachliche und kulturelle Pluralität als Bedingung der Grundschularbeit. Münster u. New York 1997.
Gogolin, I./Neumann, U./Reuter, L. (Hrsg.): Schulbildung für Kinder aus Minderheiten in Deutschland 1989-1999. Münster/New York 2001.
Gogolin, I./Neumann, U./Reuter, L.: Schulbildung für Minderheiten – Eine Bestandsaufnahme. In: Zeitschrift für Pädagogik, 44 (1998), H.5, S. 663-678.
Gogolin, I.: „Arrangements" als Hindernis & Potential für Veränderung der schulischen sprachlichen Bildung. In: Dies./Neumann, U. (Hrsg.): Großstadt-Grundschule. Eine Fallstudie über sprachliche und kulturelle Pluralität als Bedingung der Grundschularbeit. Münster u. New York 1997c, S. 311-344.
Gogolin, I.: Der monolinguale Habitus der multilingualen Schule. Münster u. New York 1994.
Gogolin, I.: Die Lehrerschaft der Faberschule. In: Dies./Neumann, U. (Hrsg.): Großstadt-Grundschule. Eine Fallstudie über sprachliche und kulturelle Pluralität als Bedingung der Grundschularbeit. Münster u. New York 1997b, S. 79-102.
Gogolin, I.: Einführung in die Fallstudie „Großstadt-Grundschule". In: Dies./Neumann, U. (Hrsg.): Großstadt-Grundschule. Eine Fallstudie über sprachliche und kulturelle Pluralität als Bedingung der Grundschularbeit. Münster u. New York 1997a, S. 1-46.
Gogolin, I.: Minderheiten, Migration und Forschung. In: Dies./Nauck, B. (Hrsg.): Migration, gesellschaftliche Differenzierung und Bildung. Opladen 2000, S. 15-35.
Göhlich, M.: Reggiopädagogik. Frankfurt a.M. 1995.
Gomolla, M./Radtke, F.-O.: Institutionelle Diskriminierung. Die Herstellung ethnischer Differenz in der Schule. Opladen 2002.
Gomolla, M./Radtke, F.-O.: Mechanismen institutionalisierter Diskriminierung in der Schule. In: Gomolla, M./Nauck, B. (Hrsg.): Migration, gesellschaftliche Differenzierung und Bildung. Opladen 2000, S. 321-324.
Griese, H.M.: Kritisch-exemplarische Überlegungen zur Situation und Funktion der Ausländerforschung und einer verstehenden Ausländerpädagogik. In: Ders. (Hrsg.): Der gläserne Fremde. Bilanz und Kritik der Gastarbeiterforschung und der Ausländerpädagogik. Opladen 1984, S. 42-58.
Grossmann, W.: Zur Geschichte der Vorschulpädagogik. In: Dollase, R. (Hrsg.): Handbuch der Früh- und Vorschulpädagogik. Bd. 1. Düsseldorf 1978, S. 19-39.
Grundmann, M./Huinink, J./Krappmann, L.: Familie und Bildung. Empirische Ergebnisse und Überlegungen zur Frage der Beziehung von Bildungsbeteiligung, Familienentwicklung und Sozialisation. In: Peter Büchner u.a. (Hrsg.): Kindliche Lebenswelten, Bildung, innerfamiliale Beziehungen. München 1994, S. 41-105.
Grundmann, M.: Sozialökologie und kindliche Erfahrungswelten. Argumente für eine altersgemischte Kinderbetreuung. In: Krappmann, L./Peukert, U. (Hrsg.): Altersgemischte Gruppen in Kindertagesstätten. Freiburg 1995, S. 12-33.
Hamann, B.: Familie und Familienerziehung in Deutschland. Donauwörth 2000.
Hamburger, F./Seus, L./Wolter, O.: Über die Unmöglichkeit, Politik durch Pädagogik zu ersetzen. Reflexionen nach einer Untersuchung ‚Bedingungen und Verfestigungsprozesse der Delinquenz bei ausländischen Jugendlichen'. In: Griese, H.M. (Hrsg.): Der gläserne Fremde. Bilanz und Kritik der Gastarbeiterforschung und der Ausländerpädagogik. Opladen 1984, S. 32-42.
Hamburger, F.: Erziehung in der Einwanderungsgesellschaft. In: Griese, H.M. (Hrsg.): Der gläserne Fremde. Bilanz und Kritik der Gastarbeiterforschung und der Ausländerpädagogik. Opladen 1984, S. 59-70.
Hamburger, F.: Von der Gastarbeiterbetreuung zur Reflexiven Interkulturalität. In: IZA (Zeitschrift für Migration und Sozialarbeit), H. 3-4, 1999, S. 33-38.
Hansen, R./Hornberg, S.: Migration und Qualifikation. In: Rolff, H.G./Bauer, K.O./Klemm, K./Pfeiffer, H. (Hrsg.): Jahrbuch der Schulentwicklung. Bd. 9. Weinheim u. München 1996, S. 339-376.

Hansmann, W.: Beispiele für Paradoxien des Lehrerhandelns und professionelle Balanceakte (Musik). In: Dirks, U./Hansmann, W. (Hrsg.): Reflexive Lehrerbildung. Fallstudien und Konzepte im Kontext berufsspezifischer Kernprobleme. (Studien zur Schul- und Bildungsforschung) Weinheim 1999, S. 43-67.

Hansmann, W.: Musikalische Sinnwelten und professionelles LehrerInnenhandeln. Eine biographie-analytische Untersuchung. Essen 2001.

Harney, K.: Betrieb. In: Krüger/Helsper (Hrsg.): Einführung in die Grundbegriffe und Grundfragen der Erziehungswissenschaft. 5. durchgesehene Auflage. Opladen 2002, S. 187-194.

Hellmich, A./Teigeler, P. (Hrsg.): Montessori-, Freinet-, Waldorfpädagogik. Weinheim u. Basel 1995.

Helsper, W./Böhme, J./Kramer, R.-T./Lingkost, A.: Schulkultur und Schulmythos. Rekonstruktion zur Schulkultur I. Opladen 2001.

Helsper, W.: Antinomien des Lehrerhandelns in modernisierten pädagogischen Kulturen: Paradoxe Verwendungsweisen von Autonomie und Selbstverantwortlichkeit. In: Combe, A./Helsper, W. (Hrsg.): Pädagogische Professionalität. Untersuchungen zum Typus pädagogischen Handelns. Frankfurt am Main 1996, S. 521-570.

Helsper, W.: Antinomien des Lehrerhandelns und die Bedeutung der Fallrekonstruktion – Überlegungen zu einer Professionalisierung im Rahmen der universitären Lehrerausbildung. In: Cloer, E./Klika, D./Kunert, H. (Hrsg.): Welche Lehrer braucht das Land? Weinheim und München 2000.

Helsper, W.: Lehrerprofessionalität als antinomische Handlungsstruktur. In: Kraul, M./Marotzki, W./Schweppe, C. (Hrsg.) Biographie und Profession. Bad Heilbrunn/Obb. 2002, S. 64-102.

Helsper, W.: Schülerpartizipation und Schulkultur – Bestimmungen im Horizont schulischer Anerkennungsverhältnisse. In: Böhme, J./Kramer, R. T. (Hrsg.) Partizipation in der Schule. 2001, S. 37-49.

Herrmann, U.: Familie und Elternhaus. In: Lenzen, D. (Hrsg.): Erziehungswissenschaft. Ein Grundkurs. Reinbek 2000, S. 186-204.

Herrmann, U.: Historische Bildungsforschung und Sozialgeschichte der Bildung. Weinheim 1991.

Hoff, G. R.: Multicultural Education in Germany: Historical Development and Current Status. In: Banks, J. A./McGee Banks, C. A. (Hrsg.): Handbook of Research on Multicultural Education. New York 1995, S. 821-838.

Hofgesang, B.: Familienhilfe, sozialpädagogische In: Otto, H.-U./Thiersch, H. (Hrsg.): Handbuch Sozialarbeit/Sozialpädagogik. 2. völlig überarbeitete Auflage. Neuwied, 2001, S. 529-539.

Hohmann, M.: Interkulturelle Erziehung – eine Chance für Europa? In: Ders./Reich, H. H. (Hrsg.): Ein Europa für Mehrheiten und Minderheiten. Diskussionen um interkulturelle Erziehung. Münster, New York 1989, S. 1-32.

Höffer-Mehlmer, M.: Elternratgeber – Zur Geschichte eines Genres. Baltmannsweiler 2003.

Höltershinken, D./Hoffmann, H./Prüfer, G.: Kindergarten und Kindergärtnerin in der DDR. Bd. 1 u. 2. Neuwied 1997.

Jörissen, B.: Virtually different – interkulturelle Erfahrungsräume im Internet. In: Wulf, Chr./Merkel, Chr. (Hrsg.): Globalisierung als Herausforderung für Erziehung. Münster u. New York 2002, S. 308-338.

Kade, J./Nittel, D.: Erwachsenenbildung/Weiterbildung. In: Krüger/Helsper (Hrsg.): Einführung in die Grundbegriffe und Grundfragen der Erziehungswissenschaft. 5. durchgesehene Auflage. Opladen 2002, S. 195-206.

Kade, J./Seitter, W.: Lebenslanges Lernen – Mögliche Bildungswelten. Erwachsenenbildung, Biographie und Alltag. Opladen 1996.

Kalpaka, A./Räthzel, N. (Hrsg.): Die Schwierigkeit, nicht rassistisch zu sein. Leer 1990.

Kaufmann, F.-X.: Zukunft der Familie in Deutschland. München 1995.

Keil-Slawik, R./Kerres, M. (Hrsg.): Wirkungen und Wirksamkeit Neuer Medien in der Bildung. Münster 2003.

Kinder- und Jugendhilfegesetz (KJHG): 10. Auflage. Bonn 2000.

Kleifgen, B./Züchner, I.: Das Ende der Bescheidenheit. Zur aktuellen Arbeitsmarktsituation der Diplom-PädagogInnen. In: Krüger, H.-H./Rauschenbach, T., u.a.: Diplom-Pädagogen in Deutschland. Survey 2001. Weinheim u. München 2003, S. 71-89.

Krafeld, F. J.: Cliquenorientierte Jugendarbeit: Grundlagen und Handlungsansätze. Weinheim und München 1992.

Krappmann, L./Oswald, H.: Alltag der Schulkinder. Beobachtungen und Analysen von Interaktionen und Sozialbeziehungen. Weinheim, München 1995.

Kreppner, K.: Eltern-Kind-Beziehung: Forschungsbefunde. In: Das Online-Familienhandbuch. Internet: www.familienhandbuch.de/cmain/f_Fachbeitrag/a_Familienforschung/s_301, 15.07.2002.

Kreppner, K.: Familiale Sozialisation. In: Nave-Herz, R./Markefka, M. (Hg): Handbuch der Familien- und Jugendforschung. Bd. 1: Familienforschung. Neuwied. 1989, S. 289-309.

Krüger-Potratz, M.: „Dem Volk eine andere Muttersprache geben" – Zur Diskussion über Zweisprachigkeit und Erziehung in der Geschichte der Volksschule. In: Zeitschrift für Pädagogik 40 (1994), H. 1, S. 81-96.

Krüger-Potratz, M.: Stichwort: Erziehungswissenschaft und kulturelle Differenz. In: Zeitschrift für Erziehungswissenschaft 2 (1999), H. 2, S. 149-165.

Krummheuer, G./Naujok, N.: Grundlagen und Beispiele Interpretativer Unterrichtsforschung. Opladen 1999.

Lanfranchi, A.: Immigranten und Schule. Transformationsprozesse in traditionalen Familienwelten als Voraussetzung für schulisches Überleben von Immigrantenkindern. Opladen 1995.

Lauterbach, W./Lange, A./Wuest-Rudin, D.: Familien in prekären Einkommenslagen. In: Zeitschrift für Erziehungswissenschaft 2 (1999), H. 3, S. 361-383.

Leenen, W.R./Grosch, H./Kreidt, U.: Bildungsverständnis, Platzierungsverhalten und Generationenkonflikt in türkischen Migrantenfamilien. In: Zeitschrift für Pädagogik. 36. Jg., Nr. 5, 1990, S. 753-771.

Lenz, K./Böhnisch, L.: Zugänge zu Familien – ein Grundlagentext. In: Böhnisch, L./Lenz, K. (Hrsg.): Familien. Weinheim u. München 1999, S. 9-63.

Lüders, Ch./Kade, J./Hornstein, W.: Entgrenzung des Pädagogischen. In: Krüger/Helsper (Hrsg.) Einführung in die Grundbegriffe und Grundfragen der Erziehungswissenschaft. Opladen 1995, S. 207-216.

Lutz, H./Wenning, N. (Hrsg.): Unterschiedlich verschieden – Differenz in der Erziehungswissenschaft. Opladen 2001.

Marotzki, W./Nohl. A.-M./Ortlepp, W. (2003): Bildungstheoretisch orientierte Internetarbeit am Beispiel der universitären Lehre. Internet: http://www.medienpaed.com/03-1/, 18.08.2003.

Marotzki, W.: Jugendliche Kompetenz und erwachsene Inkompetenz? Verkehrt sich das Wissengefälle zwischen Jugendlichen und Erwachsenen. In: Kramer, R.-T./Helsper, W./ Busse, S. (Hrsg.): Pädagogische Generationsbeziehungen. Opladen 2001, S. 293-304.

Marotzki, W.: Neue kulturelle Vergewisserungen: Bildungsperspektiven des Internet. In: Sandbothe, M./Marotzki, W. (Hrsg.): Subjektivität und Öffentlichkeit. Kulturwissenschaftliche Grundlagenprobleme virtueller Welten. Köln 2000, S. 236-258.

Marotzki, W.: Vertrauen und Kontrolle. Eine diskursanalytische Untersuchung einer Newsgroup im Internet, erscheint in: Ders./Wigger, L. (Hg.): Erziehungsdiskurse. in Vorbereitung 2005.

Meister, D. M.: Einflüsse Neuer Medien auf die Weiterbildung. Rahmenbedingungen, System- und Feldadaptation sowie Anforderungen und Potentiale. Habilitationsschrift. Bielefeld (Manuskript) 2003.

Miller, D./Slater, D.: The Internet. An Ethnographic Approach. Oxford/New York 2000.

Mitterauer, M.: Entwicklungstrends der Familie in der europäischen Neuzeit. In. Nave-Herz, R./Markefka, M. (Hrsg.): Handbuch der Familien- und Jugendforschung. Bd. 1: Familienforschung. Neuwied. 1989, S. 179-194.

Münchmeier, R.: Krise als Chance. Sozialpädagogik auf der Suche nach Zukunft. In: Rauschenbach, Th./Gängler, H. (Hrsg.): Soziale Arbeit und Erziehung in der Risikogesellschaft. Neuwied 1992, S. 133-146.

Nauck, B./Alamdar-Niemann, M.: Migrationsbedingter Wandel in türkischen Familien und seine Auswirkungen auf Eltern-Kind-Beziehungen und Erziehungsverhalten. In: Arbeitskreis Neue Erziehung (Hrsg.): Erziehung – Sprache – Migration. Gutachten zur Situation türkischer Familien. Berlin 1999, S. 1-35.

Nauck, B./Diefenbach, H./Petri, K.: Intergenerationale Transmission von kulturellem Kapital unter Migrationsbedingungen: Zum Bildungserfolg von Kindern und Jugendlichen aus Migrantenfamilien in Deutschland. In: Zeitschrift für Pädagogik 44 (1998) H. 5, 1998, S. 701-722.

Nave-Herz, R.: Familie heute – Wandel der Familienstrukturen und Folgen für die Erziehung. Darmstadt 2002.

Nentwig-Gesemann, I.: Krippenerziehung in der DDR. Opladen 1999.

Neumann, K.: Geschichte der öffentlichen Kleinkindererziehung von 1945 bis in die Gegenwart. In: Erning, G./Neumann, K./Reyer, J. (Hrsg.): Geschichte des Kindergartens. Bd. 1. Freiburg i.B. 1987, S. 83-115.

Neumann, K.: Zur Restitution und Rekonstruktion des Bildungsbegriffs – Modellentwicklungen in der Pädagogik der frühen Kindheit. In: Neue Sammlung 39 (1999), H. 2, 1999, S. 227-241.

Neumann, U./Popp, U.: Die Elternschaft der Faberschule. In: Gogolin, I./Neumann, U. (Hrsg.): Großstadt-Grundschule. Eine Fallstudie über sprachliche und kulturelle Pluralität als Bedingung der Grundschularbeit. Münster u. New York 1997, S. 47-78.

Nieke, W.: Interkulturelle Erziehung und Bildung. Wertorientierungen im Alltag. Opladen 2000.

Niemeyer, Ch.: Klassiker der Sozialpädagogik. Einführung in die Theoriegeschichte einer Wissenschaft. Weinheim und München 1998.

Nohl, A.-M.: Migration und Differenzerfahrung. Junge Einheimische und Migranten im rekonstruktiven Milieuvergleich. Opladen 2001.

Otto, H.-U./Kutscher, N./Cleppien, G.: Die digitale Bildungskluft als Herausforderung für die Pädagogik. Zugangsformen und Nutzungsqualität sozialstrukturell benachteiligter Gruppen im Internet. In: Forum Jugendarbeit International, IJAB e.V., Bonn, 2003, S. 262-283.

Otto, H.-U./Kutscher, N./Klein, A./Iske, S.: Soziale Ungleichheit im virtuellen Raum: Wie nutzen Jugendliche das Internet? Expertise für das Bundesministerium für Familie, Frauen, Senioren und Jugendliche. Internet: http://www.bmfsfj.de/RedaktionBMFSFJ/Abteilung5/ Pdf-Anlagen/jugend-internet -kurzfassung,property=pdf.pdf, 05.03.2004.

Peukert, U.: Der demokratische Gesellschaftsvertrag und das Verhältnis zur nächsten Generation – Zur kulturellen Neubestimmung und zur gesellschaftlichen Sicherung frühkindlicher Bildungsprozesse. In: Neue Sammlung 37 (1997), H. 2, S. 277-293.

Peukert, U.: Neue Medien und die Logik frühkindlicher Bildungsprozesse. In: Zeitschrift für Pädagogik, 46 (2000), H. 2, S. 295-309.

Peukert, U.: Sinnvolle Alternative oder Notbehelf? Pädagogische Überlegungen zu altersgemischten Gruppen in Kindertagesstätten. In: Krappmann, L./Peukert, U. (Hrsg.): Altersgemischte Gruppen in Kindertagesstätten. Freiburg 1995, S. 74-89.

Poseck, O.: Sozialarbeit Online. Neuwied 2001.

Prengel, A.: Pädagogik der Vielfalt. Verschiedenheit und Gleichberechtigung in Interkultureller, Feministischer und Integrativer Pädagogik. Opladen 1995.

Puhl, R./Burmeister, J./Löcherbach, P.: Keine Profession ohne Gegenstand. Was ist der Kern Sozialer Arbeit? In: Puhl (Hrsg.): Sozialarbeitswissenschaft. Neue Chancen für theoriegeleitete Soziale Arbeit. Weinheim und München 1996, S. 167-186.

Rabe-Kleberg, U.: Kinder auf dem Weg in die Wissensgesellschaft begleiten. In: Stadtschulamt Frankfurt/Main (Hrsg.): Bildungsauftrag der Kindertageseinrichtungen: Kinder auf dem Weg in die Wissensgesellschaft. Frankfurt 2001, 17-24.

Rabe-Kleberg, U.: Öffentliche Kindererziehung: Kinderkrippe, Kindergarten, Hort. In: Krüger, H.-H./Rauschenbach, Th. (Hrsg.): Einführung in die Arbeitsfelder des Bildungs- und Sozialwesens. Opladen 2000, S. 93-109.

Radtke, F.-O.: Die Rolle der Pädagogik in der westdeutschen Migrations- und Minderheitenforschung. In: Soziale Welt 42 (1991), H. 1, S. 93-108.

Radtke, F.-O.: Interkulturelle Erziehung – Über die Gefahren des pädagogisch halbierten Anti-Rassismus. In: Zeitschrift für Pädagogik 41 (1995), H. 6, S. 853-864.

Reich, H. H.: Interkulturelle Pädagogik – eine Zwischenbilanz. In: Zeitschrift für Pädagogik 40 (1994), H. 1, S. 9-27.
Reuband, K.-H.: Aushandeln statt Gehorsam? Erziehungsziele und Erziehungspraktiken in den alten und neuen Bundesländern im Wandel. In: Böhnisch, L./Lenz, K. (Hrsg.): Familien. Weinheim u. München 1999, S. 129-153.
Reyer, J.: Geschichte der öffentlichen Kleinkindererziehung im deutschen Kaiserreich, in der Weimarer Republik und in der Zeit des Nationalsozialismus. In: Erning, G./Neumann, K./Reyer, J. (Hrsg.): Geschichte des Kindergartens. Bd. 1. Freiburg i.B. 1987, S. 43-81.
Rifkin, J.: Das Ende der Arbeit und ihre Zukunft. Frankfurt a.M. 2001.
Scarbath, H./Straub, V. (Hrsg.): Die heimlichen Miterzieher. Hamburg 1986.
Schäfer, G.E.: Bildungsprozesse im Kindesalter – Selbstbildung, Erfahrung und Lernen in der frühen Kindheit. Weinheim u. München 1995.
Schäfer, J.: Geschichte der Vorschulerziehung. Frankfurt a.M. 1987.
Schäffer, B.: Generation – Medien – Bildung. Medienpraxiskulturen im Generationenvergleich. Opladen 2003.
Schefold, W: Jugendarbeit. In: Deutscher Verein für öffentliche und private Fürsorge (Hrsg.): Fachlexikon der sozialen Arbeit. Stuttgart, Köln, 2002, 5. Auflage, S. 508-510.
Scherr, A.: Die Konstruktion von Fremdheit in sozialen Prozessen – Überlegungen zur Kritik und Weiterentwicklung interkultureller Pädagogik. In: Neue Praxis 28 (1998), H. 1, S. 49-58.
Schmidt, H.-G.: Situationsansatz im Kindergarten und Medienerziehung. In: Aufenanger, S. (Hrsg.): Neue Medien – Neue Pädagogik? Bonn 1991, S. 170-183.
Schütze, Y.: Familie. In: Krüger, H.-H./Helsper, W. (Hrsg.): Einführung in Grundbegriffe und Grundfragen der Erziehungswissenschaft. Opladen 1996, S. 157-166.
Schwarzer, R. (Hrsg.): Mulimedia und Telelearning. Lernen im Cyberspace. Frankfurt a.M./New York 1998.
Sieder, R.: Sozialgeschichte der Familie. Frankfurt a.M. 1987.
Six, U./Frey, Chr./Gimmler, R.: Medienerziehung im Kindergarten. Opladen 1998.
Stahlmann, G.: „Informationsgesellschaft" und Soziale Arbeit. Einige essayistische Bemerkungen. Kurzfassung veröffentlicht in: Blätter der Wohlfahrtspflege 1999, Heft 9/10, S.185-193. Langfassung in: Internet: http://www.fh-fulda.de/fb/sw/projekte/swin/texte/ingesell.htm, 13.06.2003.
Statistisches Bundesamt: Allgemeinbildende Schulen. Fachserie 11, R 1, Schuljahr 1999/2000. Wiesbaden 2000.
Statistisches Bundesamt: Bildung, Wissenschaft und Kultur: Ausländische Schüler/innen, Allgemein bildende Schulen. 2002b. Internet: www.destatis.de/basis/d/biwiku/schultab9.htm, 31.07.2002.
Statistisches Bundesamt: Bildung, Wissenschaft und Kultur: Schüler/innen, Allgemein bildende Schulen. 2002a. Internet: www.destatis.de/basis/d/biwiku/schultab5.htm, 31.07.2002.
Statistisches Bundesamt: Ende 1998 über 3,1 Millionen Kinderbetreuungsplätze. Pressemitteilung vom 19.12.2000. Internet: www.destatis.de/presse/deutsch/pm2000/p4560082.htm, 23.07.2002.
Statistisches Bundesamt: Statistik Soziale Sicherung. Internet: www.destatis.de/basis/d/solei/soleitab4.htm, 23.07.2002.
Strauss, A.: Continual Permutations of Action. New York 1993.
Tenorth, H.-E.: Schulische Einrichtungen. In: Lenzen, D. (Hrsg.): Erziehungswissenschaft. Ein Grundkurs. Reinbek 2000, S. 427-446.
Terhart, E. (Hrsg.): Perspektiven der Lehrerbildung in Deutschland. Abschlussbericht der von der Kultusministerkonferenz eingesetzten Kommission. Weinheim, Basel 2000.
Terhart, E.: Reform der Lehrerbildung: Chancen und Risiken. In: Gogolin, I./Tippelt, R. (Hrsg.): Innovation durch Bildung. Beiträge zum 18. Kongress der Deutschen Gesellschaft für Erziehungswissenschaft. Opladen 2003, 163-180.
Thiersch, H.: Lebensweltorientierte Soziale Arbeit. Aufgaben der Praxis im sozialen Wandel. Weinheim und München 1997.
Thiersch, H.: Sozialpädagogik in Widersprüchen? In: Otto, H.-U./Rauschenbach/Th./Vogel/P. (Hrsg.): Erziehungswissenschaft: Professionalität und Kompetenz. Opladen 2002, S. 209-222.

Tietgens, H.: Erwachsenenbildung: Volkshochschulen, Verbände, Initiativen, Bildungsstätten. In: Krüger/Rauschenbach (Hrsg.): Einführung in die Arbeitsfelder der Erziehungswissenschaft. Opladen 1995, S. 125-140.
Tietze, W. (Hrsg.): Wie gut sind unsere Kindergärten? Neuwied 1998.
Tietze, W./Roßbach, H.-G./Roitsch, K.: Betreuungsangebote für Kinder im vorschulischen Alter. Stuttgart/Berlin 1993.
Tietze, W./Roßbach, H.-G.: Die Betreuung von Kindern im vorschulischen Alter. In: Zeitschrift für Pädagogik 37 (1991), H. 4, S. 555-579.
Tietze, W.: Institutionelle Betreuung von Kindern. In: Krüger, H.-H./Grunert, C. (Hrsg.): Handbuch Kindheits- und Jugendforschung. Opladen 2002, S. 497-517.
Völkel, P.: Leben und Lernen in altersgemischten Gruppen. In: Krappmann, L./Peukert, U. (Hrsg.): Altersgemischte Gruppen in Kindertagesstätten. Freiburg 1995, S. 34-58.
Wagner, M./Franzmann, G./Stauder, J.: Neue Befunde zur Pluralität der Lebensformen. In: Zeitschrift für Familienforschung 13 (2001), H. 3, S. 52-73.
Wall, R.: Zum Wandel der Familienstrukturen im Europa der Neuzeit. In: Ehmer, J./Hareven, T.K./Wall, R. (Hrsg.): Historische Familienforschung. Frankfurt a.M. u. New York. 1997, 255-282.
Weiß, A.: Rassismus wider Willen. Opladen 2001.
Wenning, N.: Vereinheitlichung und Differenzierung. Zu den „wirklichen" gesellschaftlichen Funktionen des Bildungswesens im Umgang mit Gleichheit und Verschiedenheit. Opladen 1999.
Wild, E.: Familiale und schulische Bedingungen der Lernmotivation von Schülern. In: Zeitschrift für Pädagogik 47 (2001), H. 4, S. 481-497.
Willke, G.: Die Zukunft unserer Arbeit. Frankfurt a.M./New York 1999.
Willke, H.: Die Wissensgesellschaft. In: Pongs, A. (Hrsg.) In welcher Gesellschaft leben wir eigentlich? Bd. 1. München 1999, S. 259-280.
Willke, H.: Wissensarbeit. In: Organisationsentwicklung H. 3/1997. S. 5-18.
Winkler, M.: Die Gesellschaft der Moderne und ihre Sozialpädagogik. In: Thiersch, H./Grunwald, K. (Hrsg.): Zeitdiagnose Soziale Arbeit. Weinheim und München 1995, S. 155-183.
Wirth, H.: Wer heiratet wen? In: Zeitschrift für Soziologie 25 (1996), H. 5, S. 371-394.
Wittenberg, J./Poguntke-Rauer, M./Ragg, M.: Chancen und Risiken des Internets für die Soziale Arbeit. Methodenbericht zu einer Expertenbefragung via WWW: Fragebogen – Datenerhebung – Häufigkeitsauszählung. Stand 10.08.2000. Internet: http://www.uni-muenster.de/Erziehungswissenschaft/umfrage/methodenbericht/index.htm, 13.06.2003.
Wittpoth, J./Schäffer, B.: Umkehrung des Expertentums? Medien, Kompetenz, Generation. In: Faulstich, P. u.a. (Hrsg.): Enttraditionalisierung der Erwachsenenbildung. Frankfurt a.M. 1997, S. 159-167.
Wittpoth, J.: Rahmungen und Spielräume des Selbst. Frankfurt a.M. 1994.
Wolf, B./Becker, P./Conrad, S.: Ergebniszusammenfassung. In: Dies. (Hrsg.): Der Situationsansatz in der Evaluation. Landau 1999, S. 271-275.
Woog, A.: Soziale Arbeit in Familien. Theoretische und empirische Ansätze zur Entwicklung einer pädagogischen Handlungslehre. Weinheim und München 1998.
Wulf, C.: Der Andere. In: Ders./Hess, R. (Hrsg.): Grenzgänge. Frankfurt a.M. u. New York 1999, S. 13-37.
Wulf, C.: Erziehungswissenschaft in einem globalisierten Horizont. In: Otto, H.-U./Rauschenbach, Th./Vogel, P. (Hrsg.): Erziehungswissenschaft. Politik und Gesellschaft. Opladen 2002, S. 87-95.
Youniss, J.: Soziale Konstruktion und psychische Entwicklung. Frankfurt a.M. 1994.
Zimmer, J.: Der Situationsansatz als Bezugsrahmen der Kindergartenreform. In: Ders. (Hrsg.): Enzyklopädie Erziehungswissenschaft. Bd. 6: Erziehung in früher Kindheit. Stuttgart 1985, S. 21-38.
Zimmer, J.: Vom Aufbruch und Abbruch. Über einige Desiderata der westdeutschen Kindergartenreform und des Situationsansatzes. In: Neue Sammlung 35 (1995), H. 4, S. 3-38.
Zimmermann, P./Spangler, G.: Jenseits des Klassenzimmers. Der Einfluss der Familie auf Intelligenz, Motivation, Emotion und Leistung im Kontext der Schule. In: Zeitschrift für Pädagogik 47 (2001), H. 4, S. 461-479.

Zurawski, N.: Virtuelle Ethnizität. Studien zu Identität, Kultur und Internet. Frankfurt a.M. u.a. 2000.

Literatur zu Kapitel 3

Einführungen:

Böhnisch, L.: Sozialpädagogik der Lebensalter. Weinheim u. München 2001.

Handbücher:

Krüger, H.-H./Grunert, C. (Hrsg.): Handbuch Kindheits- und Jugendforschung. Opladen 2002
Becker, S./Veelken, L./Wallraven, K P. (Hrsg.): Handbuch Altenbildung. Theorien und Konzepte für Gegenwart und Zukunft. Opladen 2000.

Zeitschriften:

Zeitschrift für Soziologie der Erziehung und Sozialisation

Zitierte Literatur:

Alheit, P./Dausien, B.: Arbeitsleben. Eine qualitative Untersuchung von Arbeiterlebensgeschichten. Frankfurt am Main, New York 1985.
Ariès, P.: Geschichte der Kindheit. München 1990.
Baacke, D./Sander, U./Vollbrecht, R.: Spielräume biographischer Selbstkonstruktion – Vier Lebenslinien Jugendlicher. Opladen 1994.
Baacke, D/Sander, U.: Biographieforschung und pädagogische Jugendforschung. In: Krüger, H.-H./Marotzki, W. (Hrsg.): Handbuch erziehungswissenschaftliche Biographieforschung. Opladen 1999, S. 244-257.
Backes, G. M./Clemens, W./Schroeter, K. R. (Hrsg.): Einleitung in: Zur Konstruktion sozialer Ordnungen des Alter(n)s. Opladen 2001.
Behnken, I./Bois-Reymond, M. du/Zinnecker, J.: Stadtgeschichte als Kindheitsgeschichte. Lebensräume von Großstadtkindern in Deutschland und Holland um 1900. Opladen 1989.
Behnken, I./Zinnecker, J. (Hrsg.): Kinder – Kindheit – Lebensgeschichte. Ein Handbuch. Seelze/Velber 2001.
Bohnsack, R./Loos, P./Schäffer, B./Städtler, K./Wild, B.: Die Suche nach Gemeinsamkeit und die Gewalt der Gruppe – Hooligans, Musikgruppen und andere Jugendcliquen. Opladen 1995.
Bohnsack, R./Nohl, A.-M.: Jugendkulturen und Aktionismus – Eine rekonstruktive empirische Analyse am Beispiel des Breakdance. In: Zinnecker, J./Merkens, H. (Hrsg.): Jahrbuch Jugendforschung. Folge 1. Opladen 2001, S. 17-37.
Bohnsack, R.: Generation, Milieu und Geschlecht. Ergebnisse aus Gruppendiskussionen mit Jugendlichen. Opladen 1989.
Breitenbach, E.: Mädchenfreundschaften in der Adoleszenz – Eine fallrekonstruktive Untersuchung von Gleichaltrigengruppen. Opladen 2000.
Bühl, A. (Hrsg.): Cyberkids. Empirische Untersuchungen zur Wirkung von Bildschirmspielen. Münster 2000.
Bühler, C.: Das Seelenleben des Jugendlichen. Stuttgart [1921] 1967.
Bühler, C.: Jugendtagebuch und Lebenslauf – Zwei Mädchentagebücher mit einer Einleitung. Jena 1932.
Bühler, C.: Zwei Knabentagebücher. Jena 1925.
Bundesministerium für Familien, Senioren, Frauen und Jugend (Hrsg.): Vierter Altenbericht der Bundesregierung, Pressemitteilung, 17.04.2002.
Clemens, W.: Stichwort: Alter. In: Zeitschrift für Erziehungswissenschaft 4 (2001), H. 4, S. 489-511.
Combe, A./Helsper, W. (Hrsg.): Hermeneutische Jugendforschung. Opladen 1991.

Dachverband für Seniorenarbeit: Internet: www.dachverband-fuer-seniorenarbeit.de, 20.02.2004.
Damon, W.: Die soziale Welt des Kindes. Frankfurt a.M. 1990.
Dewey, J.: Democracy and Education. In: Jo Ann Boydston (Hrsg.): John Dewey – The Middle Works, 1899-1924, Vol. 9: 1916, Carbondale 1985, S. 1-370.
Doh, M.: Flash Eurobarometer 135: Internetnutzung älterer Menschen in Europa (11.2002). Internet: http://www.digitale-chancen.de/content/stories/index.cfm/key.1120/secid.14/secid 2.21, 25.06.2003.
Dornes, M.: Der kompetente Säugling. Die präverbale Entwicklung des Menschen. Frankfurt a.M. 1997.
Erikson, E. H.: Jugend und Krise – Die Psychodynamik im sozialen Wandel. Stuttgart 1970.
Fend, H.: Sozialgeschichte des Aufwachsens. Bedingungen des Aufwachsens und Jugendgestalten im zwanzigsten Jahrhundert. Frankfurt a.M. 1988.
Focke, W. (Hrsg.): Unterwegs zu neuen Räumen. Die Veränderungen des Selbstbildes im Alter. Düsseldorf 1995.
Fromme, J./Meder, N./Vollmer, N.: Computerspiele in der Kinderkultur. Opladen 2000.
Fromme, J.: Mediensozialisation und Medienpädagogik: Zum Verhältnis von informellem und organisiertem Lernen mit Computer und Internet. In: Spektrum Freizeit 24 (2002), H. 1, S. 70-83.
Fuchs, W.: Jugendliche Statuspassage oder individualisierte Jugendbiographie. In: Soziale Welt 34 (1983), H. 3, S. 341-371.
Fuchs-Heinritz, W./Krüger, H.-H.: Feste Fahrpläne durch die Jugendphase? Jugendbiographien heute. (unter Mitarbeit von J. Ecarius u. H.-J. von Wensierski) Opladen 1991.
Gaffer, Y.: Aktionismus in der Adoleszenz. Theoretische und empirische Analyse am Beispiel von Breakdance-Gruppen. Berlin 2001.
Glaser, B. G./Strauss, A.: The Discovery of Grounded Theory. Chicago 1969.
Grunert, C./Krüger, H.-H.: Biographieforschung und pädagogische Kindheitsforschung. In: Krüger, H.-H./Marotzki, W. (Hrsg.): Handbuch erziehungswissenschaftliche Biographieforschung. Opladen 1999, S. 227-242.
Gudjons, H./Pieper, M./Wagener, B. (Hrsg.): Einleitung in: Auf meinen Spuren. Das Entdecken der eigenen Lebensgeschichte. Hamburg 1992.
Halbwachs, M.: Das kollektive Gedächtnis. Frankfurt am Main 1985.
Heinzel, F. (Hrsg.): Methoden der Kindheitsforschung. Weinheim u. München 2000a.
Heinzel, F.: Kinder in Gruppendiskussionen und Kreisgesprächen. In: Dies. (Hrsg.): Methoden der Kindheitsforschung. Weinheim u. München 2000b, S. 117-130.
Honig, M.-S./Lange, A./Leu, H.R. (Hrsg.): Aus der Perspektive von Kindern? Zur Methodologie der Kindheitsforschung. Weinheim u. München 1999a.
Honig, M.-S./Lange, A./Leu, H.R.: Eigenart und Fremdheit. Kindheitsforschung und das Problem der Differenz von Kindern und Erwachsenen. In: Dies. (Hrsg.): Aus der Perspektive von Kindern? Zur Methodologie der Kindheitsforschung. Weinheim u. München 1999b, S. 9-32.
Honig, M.-S.: Entwurf einer Theorie der Kindheit. Frankfurt a.M. 1999.
Internationaler Bund (IB): Internet: www.internationaler-bund.de, 20.02.2004.
Jahoda, M./Lazarsfeld, P.F./Zeisel, H.: Die Arbeitslosen von Marienthal. Frankfurt am Main 1975.
Jugendwerk der Deutschen Shell (Hrsg.): Jugend 2000. Opladen 2000.
Jugendwerk der Deutschen Shell (Hrsg.): Jugend '92: Lebenslagen, Orientierungen und Entwicklungsperspektiven im vereinigten Deutschland. Opladen 1992 (3 Bände).
Jugendwerk der Deutschen Shell (Hrsg.): Jugend '97: Zukunftsperspektiven, gesellschaftliches Engagement, politische Orientierung. Opladen 1997 (2 Bände).
Kade, S.: Lernen im Alltag. In: Becker, S./Veelken, L./Wallraven, K P. (Hrsg.): Handbuch Altenbildung. Theorien und Konzepte für Gegenwart und Zukunft. Opladen 2000, S. 241.
Kade, S.: Selbstorganisiertes Alter. Bielefeld 2001.
Kelle, H./Breidenstein, G.: Kinder als Akteure: Ethnographische Ansätze in der Kindheitsforschung. In: Zeitschrift für Sozialisationsforschung und Erziehungssoziologie 16 (1996), H. 1, S. 47-67.

Kohli, M.: Die Institutionalisierung des Lebenslaufs. In: Kölner Zeitschrift für Soziologie und Sozialpsychologie 37 (1985), S. 1-29.

Kohli, M.: The Problems of Generations: Family, Economy, Politics. Budapest 1996.

Krappmann, L./Oswald, H.: Alltag der Schulkinder – Beobachtungen und Analysen von Interaktionen und Sozialbeziehungen. Weinheim u. München 1995.

Krüger, H.-H./Ecarius, J./Grunert, C./Michelmann, D.: Kinderbiographien: Verselbständigungsschritte und Lebensentwürfe. In: Bois-Reymond, M. du/Büchner, P./Krüger, H.-H./Ecarius, J./Fuhs, B. (Hrsg.): Kinderleben – Modernisierung von Kindheit im interkulturellen Vergleich. Opladen 1994, S. 221-271.

Krüger, H.-H./Grunert, C.: Geschichte und Perspektiven der Kindheits- und Jugendforschung. In: Dies. (Hrsg.): Handbuch Kindheits- und Jugendforschung. Opladen 2002, S. 11-40.

Krüger, H.-H.: Entwicklungslinien, Forschungsfelder und Perspektiven der erziehungswissenschaftlichen Biographieforschung. In: Krüger, H.-H./Marotzki, W. (Hrsg.): Handbuch erziehungswissenschaftliche Biographieforschung. Opladen 1999, S. 13-32.

Langeveld, M.: Studien zur Anthropologie des Kindes. Tübingen 1956.

Lenhart, C.: Computer als Sozialisationsfaktor. Münster 1994.

Lenzen, D.: Das Kind. In: Ders. (Hrsg.): Erziehungswissenschaft. Ein Grundkurs. Reinbek 2000, S. 341-361.

Lenzen, D.: Mythologie der Kindheit – Die Verewigung des Kindlichen in der Erwachsenenkultur. Versteckte Bilder und vergessene Geschichten. Reinbek 1985.

Lippitz, W./Meyer-Drawe, K. (Hrsg.): Kind und Welt – Phänomenologische Studien zur Pädagogik. Frankfurt a.M. 1987.

Lippitz, W./Rittelmeyer, C. (Hrsg.): Phänomene des Kinderlebens. Bad Heilbrunn 1989.

Lippitz, W.: „Fremd"-Verstehen – Irritationen pädagogischer Erfahrung. In: Neue Sammlung 35 (1995), H. 2, S. 47-64.

Lippitz, W.: Aspekte einer phänomenologisch orientierten pädagogisch-anthropologischen Erforschung von Kindern. In: Vierteljahresschrift für wissenschaftliche Pädagogik, 1999, S. 238-247.

Markefka, M./Nauck, B. (Hrsg.): Handbuch der Kindheitsforschung. Neuwied u. Berlin 1993.

Marotzki, W.: Jugendliche Kompetenz und erwachsene Inkompetenz. In: Kramer, R.-T./Helsper, W./Busse, S. (Hrsg.): Pädagogische Generationsbeziehungen. Opladen 2001, S. 293-304.

Münchmeier, R.: Jugend als Konstrukt. In: Zeitschrift für Erziehungswissenschaft 1 (1998), H. 1, S. 103-118.

Nentwig-Gesemann, I./Klar, I.: Aktionismus, Regelmäßigkeiten und Regeln. Kinderspielkultur am Beispiel Pokémon. In: Psychologie und Gesellschaftskritik. 26 (2002), H. 2 S. 127-158.

Nentwig-Gesemann, I.: Gruppendiskussionen mit Kindern. Die dokumentarische Interpretation von Spielpraxis und Diskursorganisation. In: Zeitschrift für qualitative Bildungs-, Beratungs- und Sozialforschung 3 (2002), H.1, S. 41-63.

Nittel, D.: Das Erwachsenenleben aus der Sicht der Biographieforschung. In: Krüger, H-H./Marotzki, W. (Hrsg.): Handbuch erziehungswissenschaftliche Biographieforschung. Opladen 1999, S. 301-323.

Nohl, A.-M.: Interkulturelle Bildung im Breakdance. In: Androutsopoulos, J. (Hrsg.): Hip-Hop. Bielefeld 2003, S. 297-320.

Nohl, A.-M.: Jugend in der Migration – Türkische Banden und Cliquen in empirischer Analyse. Baltmannsweiler 1996.

Nohl, A.-M.: Personale und soziotechnische Bildungsprozesse im Internet. In: Zeitschrift für qualitative Bildungs-, Beratungs- und Sozialforschung 3 (2002), H. 2, S. 215-240.

Nohl, A.-M.: Qualitative Bildungsforschung und Pragmatismus: Empirische und theoretische Reflexionen zu Bildungs- und Wandlungsprozessen. In: Zeitschrift für Erziehungswissenschaft 4 (2001), H. 4, S. 605-623.

Oelkers, J.: „Kindheit" und ihre Kritik. In: Neue Sammlung 27 (1987), H. 2, S. 193-211.

Opitz, H.: Biographie-Arbeit im Alter. Würzburg 1998.

Oswald, H.: Der Jugendliche. In: Lenzen, D. (Hrsg.): Erziehungswissenschaft. Ein Grundkurs. Reinbek 2000, S. 383-405.

Otto, H.-U./Kutscher, N./Klein, A./Iske, S.: Soziale Ungleichheit im virtuellen Raum: Wie nutzen Jugendliche das Internet? Expertise für das Bundesministerium für Familie, Frauen, Senioren und Jugendliche. Internet: http://www.bmfsfj.de/RedaktionBMFSFJ/Abteilung5/Pdf-Anlagen/jugend-internet-kurzfassung,property=pdf.pdf, 05.03.2004.

Piaget, J.: Das moralische Urteil beim Kinde. München 1986.

Projektgruppe Bildung im Internet: Lern- und Bildungsprozesse älterer Menschen im Internet: eine qualitativ-empirische Analyse, erscheint in: Marotzki, W./Fromme, J./Meder, W. (Hrsg.): Cyberbildung. Wiesbaden 2004.

Rosendahl, B./Roth, G.: Kommunale Altenarbeit und Altenpolitik unter den Rahmenbedingungen des Pflege-Versicherungsgesetzes. In: neue praxis 30 (2000), H. 4, S. 313-316.

Sander, E.: Common Culture und neues Generationenverhältnis. Die Medienerfahrungen jüngerer Jugendlicher und ihrer Eltern im empirischen Vergleich. München 2001.

Sander, U./Vollbrecht, R.: Zwischen Kindheit und Jugend – Träume, Hoffnungen und Alltag 13 bis 15jähriger. Weinheim u. München 1985.

Schäfer, G.E.: Bildungsprozesse im Kindesalter – Selbstbildung, Erfahrung und Lernen in der frühen Kindheit. Weinheim u. München 1995.

Schäffer, B.: Die Band. Stil und ästhetische Praxis im Jugendalter. Opladen 1996.

Schäffer, B.: Generation – Medien – Bildung. Medienpraxiskulturen im Generationenvergleich. Opladen 2003.

Scheuerl, H. (Hrsg.): Theorie des Spiels. Weinheim u. Basel 1975.

Scheuerl, H.: Das Spiel. Untersuchungen über sein Wesen, seine pädagogischen Möglichkeiten und Grenzen. Weinheim u. Basel 1973.

Schmitz-Scherzer, R.(Hrsg.): Altern und Sterben. Bern 1992.

Schweppe, C.: Alter und Biographie. Ein Thema für die Sozialpädagogik? In: neue praxis 29 (1999), H. 6, S. 575-594.

Schweppe, C.: Biographie und Alter(n) auf dem Land. Lebenssituation und Lebensentwürfe. Opladen 2000.

Sekretariat der Ständigen Konferenz der Kultusminister der Länder in der Bundesrepublik Deutschland: Schüler, Klassen, Lehrer und Absolventen der Schulen 1991 bis 2000. Bonn 2001.

Spranger, E.: Psychologie des Jugendalters. Heidelberg 1949.

Stadelhofer, C./Carls: Virtuelle Selbstlerngruppen – Neue Anforderungen in der allgemeinen Weiterbildung für Ältere. In: medien praktisch 25 (2002) H. 1, S. 19-22.

Stadelhofer, C.: www.senioren – Interneterschließung – auch für ältere Erwachsene! In: medien praktisch 25 (2002), H. 1, 2002, S. 14-18.

Stiksrud, A./Wobit, F. (Hrsg.): Adoleszenz und Postadoleszenz. Beiträge zur angewandten Jugendpsychologie. Eschborn 1985.

Stroß, A.: Der Erwachsene. In: Lenzen, D. (Hrsg.) (1994): Erziehungswissenschaft – ein Grundkurs. Reinbek 1994.

Tervooren, A.: Pausenspiele als performative Kinderkultur. In: Wulf, C. u.a.: Das Soziale als Ritual. Opladen 2001, S. 205-248.

Thrasher, F. M.: The Gang – A Study of 1.313 Gangs in Chicago. Chicago 1963.

Vogelgesang, W.: Das Internet als jugendkultureller Erlebnisraum. In: Marotzki, W./Meister, D./Sander, U. (Hrsg.): Bildungswert des Internet. Opladen 2000, S. 363-385.

Vogelgesang, W.: LAN-Partys: Jugendkulturelle Erlebnisräume zwischen Off- und Online. In: medien + erziehung 47 (2003), H. 5, S. 65-75.

Weller, W.: Hiphop in São Paulo und Berlin. Ästhetische Praxis und Ausgrenzungserfahrungen junger Schwarzer und Migranten. Opladen 2003.

Welling, S.: Youth and New Media. Presentation at the EMTEL-Conference. 2003. Internet: http://www.lse.ac.uk/collections/EMTEL/Conference/papers/Welling.pdf, 30.09.2003.

Youniss, J.: Moral, kommunikative Beziehungen und die Entwicklung der Reziprozität. In: Edelstein, W./Habermas, J. (Hrsg.): Soziale Interaktion und soziales Verstehen. Frankfurt a.M. 1984, S. 34-60.

Youniss, J.: Parents and Peers in Social Development. A Sullivan-Piaget Perspective. Chicago 1980.

Youniss, J.: Soziale Konstruktion und psychische Entwicklung. Frankfurt a.M. 1994.
Zinnecker, J: Beziehungen zwischen jüngerer und älterer Generation im Urteil von Jugendlichen und Erwachsenen. In: Jugendwerk der Deutschen Shell (Hrsg.): Jugendliche und Erwachsene '85. Generationen im Vergleich. Band 1, Biografien, Orientierungsmuster, Perspektiven. Opladen 1985.
Zinnecker, J.: Jugend als Bildungsmoratorium. In: Melzer, W./Heitmeyer, W./Liegle, L./ Zinnecker, J. (Hrsg.): Osteuropäische Jugend im Wandel. Weinheim u. München 1991b, S. 9-24.
Zinnecker, J.: Kindheit und Jugend als pädagogische Moratorien. In: Benner, D./Tenorth, H.-E. (Hrsg.): Bildungsprozesse und Erziehungsverhältnisse im 20. Jahrhundert. Zeitschrift für Pädagogik, 42. Beiheft. Weinheim u. Basel 2000, S. 36-68.
Zinnecker, J.: Stresskinder und Glückskinder. Eltern als soziale Umwelt von Kindern. In: Zeitschrift für Pädagogik 43 (1997), H. 1, S. 7-34.
Zinnecker, J.: Zur Modernisierung von Jugend in Europa. In: Combe, A./Helsper, W. (Hrsg.): Hermeneutische Jugendforschung. Opladen 1991a, S. 71-98.

Literatur zu Kapitel 4

Einführungen:

Koller, H.-C.: Grundbegriffe, Theorien und Methoden der Erziehungswissenschaft. Stuttgart 2004.
Krüger, H.-H./Helsper, W. (Hrsg.): Einführung in Grundbegriffe und Grundfragen der Erziehungswissenschaft. Opladen 2004.

Handbücher:

Lenzen, D. (Hrsg.): Pädagogische Grundbegriffe. 2 Bde. Reinbek b. Hamburg 1993.

Zeitschriften:

Zeitschrift für Erziehungswissenschaft
Zeitschrift für Pädagogik

Zitierte Literatur:

Alheit, P./Mühlberg, D.: Arbeiterleben in den 1950er Jahren. Bremen 1990.
Baacke, D./Schulze, Th. (Hrsg.): Aus Geschichten lernen. Zur Einübung pädagogischen Verstehens. München 1979.
Baacke, D./Schulze, Th. (Hrsg.): Pädagogische Biographieforschung. Orientierungen, Probleme, Beispiele. Weinheim und Basel 1985.
Bandura, A.: Self-efficacy: The Exercise of Control. New York. 1997
Bauer, U.: Selbst- und/oder Fremdsozialisation: Zur Theoriedebatte in der Sozialisationsforschung. In: Zeitschrift für Sozialisationsforschung und Erziehungssoziologie 22 (2002), H. 2, S. 118-142.
Becker, R. (Hrsg.): Generationen und sozialer Wandel. Generationsdynamik, Generationsbeziehungen und Differenzierungen von Generationen. Opladen 1997.
Benner, D.: Allgemeine Pädagogik. Eine systematisch-problemgeschichtliche Einführung in die Grundstruktur pädagogischen Denkens und Handelns. Weinheim und München 1987.
Bernfeld, S.: Trieb und Tradition im Jugendalter. Kulturpsychologische Studien an Tagebüchern. Leipzig 1931.
Bertlein, H.: Jugendleben und soziales Bildungsschicksal. Hannover 1960.
Bildungskommission NRW: Zukunft der Bildung. Schule der Zukunft. Denkschrift der Kommission „Zukunft der Bildung – Schule der Zukunft" beim Ministerpräsidenten des Landes Nordrhein-Westfalen. Neuwied, Kriftel 1995.

Bock, K.: Politische Sozialisation in der Drei-Generationen-Familie. Eine qualitative Studie aus Ostdeutschland. Opladen 2000.

Bohnsack, R./Nohl, A.-M.: Adoleszenz und Migration. Empirische Zugänge einer praxeologisch fundierten Wissenssoziologie. In: Bohnsack, R./Marotzki, W. (Hrsg.): Biographieforschung und Kulturanalyse. Transdisziplinäre Zugänge qualitativer Forschung. Opladen 1998, S. 260-282.

Bohnsack, R./Schäffer, B.: Generation als konjunktiver Erfahrungsraum. In: Burkart, G./Wolf, J. (Hrsg.): Lebenszeiten. Opladen 2002, S. 249-273.

Bohnsack, R.: Generation, Milieu und Geschlecht. Ergebnisse aus Gruppendiskussionen mit Jugendlichen. Opladen 1989.

Bohnsack, R.: Milieubildung. Pädagogisches Prinzip und empirisches Phänomen. In: Böhnisch, L./Rudolph, M./Wolf, B. (Hrsg.): Jugendarbeit als Lebensort. Weinheim 1998, S. 95-112.

Bourdieu, P.: Zur Soziologie der symbolischen Formen. Frankfurt a.M. 1974.

Bower, G. H.; Hilgard, E. R.: Theorie des Lernen I. Stuttgart. 1983.

Breidenstein, G./Kelle, H.: Geschlechteralltag in der Schulklasse – Ethnographische Studien zur Gleichaltrigenkultur. Weinheim u. München 1998.

Brose, H.-G./Hildenbrand, B.: Biographisierung von Erleben und Handeln. In: Brose, H.G./Hildenbrand, B. (Hrsg.): Vom Ende des Individuums zur Individualität ohne Ende. Opladen, 1988. S. 11-30.

Brumlik, M.: Der symbolische Interaktionismus und seine pädagogische Bedeutung. Frankfurt a.M. 1973.

Brumlik, M.: Gerechtigkeit zwischen den Generationen. Berlin 1995.

Brumlik, M.: Symbolischer Interaktionismus. In: Lenzen, D./Mollenhauer, K. (Hrsg.): Theorien und Grundbegriffe der Erziehung und Bildung. Enzyklopädie Erziehungswissenschaft Band 1. Stuttgart 1983. S. 232-245.

Bruner, J.: Die Sprache der Erziehung. In: Zeitschrift für Pädagogik 49 (2003). H. 4, S. 485-498.

Bühler, Ch.: Das Seelenleben des Jugendlichen. Versuch einer Analyse und Theorie der psychischen Pubertät. Jena 1921.

Bühler, Ch.: Drei Generationen im Jugendtagebuch. Jena 1934.

Clancey, W. J.: Situated Action: A Neuropsychological Interpretation – Reponse to Vera and Simon. In: Cognitive Science 17, 1993, S. 87-116

Cloer, E.: Pädagogisches Wissen in biographischen Ansätzen der Historischen Sozialisations- und Bildungsforschung. In: Krüger, H.-H./Marotzki, W. (Hrsg.): Handbuch erziehungswissenschaftliche Biographieforschung. Opladen 1999, S. 165-190.

Cremer, H.: Zur Situation der Erziehungsberatung. In: Menne, K./Cremer, H./Hundsalz, A. (Hg.): Jahrbuch für Erziehungsberatung, Bd. 2. Weinheim und München 1996. S. 143-162.

de Shazer, St.: Der Dreh. Überraschende Wendungen und Lösungen in der Kurzzeittherapie. Heidelberg 1999.

Debatin, B.: Analyse einer öffentlichen Gruppenkonversation im Chat-Room – Referenzformen, kommunikationspraktische Regularitäten und soziale Strukturen in einem kontextarmen Medium. In: Prommer, E./Vowe, W. (Hrsg).: Computervermittelte Kommunikation – Öffentlichkeit im Wandel. Konstanz 1998, S. 13-37.

Dertouzos, M.: What will be. How the new world of information will change our lives. New York 1997.

Dewey, J.: Democracy and Education. In: Boydston, J.A. (ed.): John Dewey – The Middle Works, 1899-1924, Vol. 9: 1916, Carbondale 1985, S. 1-370.

Dewey, J.: Experience and Education. In: Boydston, J.A. (ed.): John Dewey – The Later Works, 1925-1953, Vol. 13: 1938-1939, Carbondale 1986a, S. 3-62.

Dewey, J.: How We Think. In: Boydston, J.A. (ed.): John Dewey – The Later Works, 1925-1953, Vol. 8: 1933, Carbondale 1986b, 105-352.

Dewey, J.: Wie wir denken. Zürich 2002.

Dewey, J.: The Reflex Arc Concept. In: Ders.: Philosophy, Psychology, and Social Practice. New York 1963, S. 252-266.

Dilthey, W.: Der Aufbau der geschichtlichen Welt in den Geisteswissenschaften. In: Gesammelte Schriften Band VII, fünfte Auflage. Göttingen/Stuttgart 1968.

Dilthey, W.: Das Wesen der Philosophie. In: Gesammelte Schriften Band V. S. 339-416. Stuttgart (Teubner) und Göttingen (Vandenhoeck & Ruprecht). [1907] 7. Aufl. 1982.

Dilthey, W.: Die geistige Welt. Einleitung in die Philosophie des Lebens. Erste Hälfte: Abhandlungen zur Grundlegung der Geisteswissenschaften. Gesammelte Schriften Band V. Göttingen/Stuttgart 1982.

Dohmen, G.: Bildung und Schule. Die Entstehung des deutschen Bildungsbegriffs und die Entwicklung seines Verhältnisses zur Schule. Weinheim. 1964.

Durkheim, E.: Erziehung und Soziologie. Düsseldorf 1972.

Ecarius, J. (Hrsg.): Was will die jüngere mit der älteren Generation? Generationenbeziehungen und Generationenverhältnisse in der Erziehungswissenschaft. Opladen 1998.

Ecarius, J.: Familienerziehung im historischen Wandel. Eine qualitative Studie über Erziehung und Erziehungserfahrungen von drei Generationen. Opladen 2002.

Egger, R.: Biographie und Bildungsrelevanz. Eine empirische Studie über Prozeßstrukturen moderner Bildungsbiographien. Wien/München 1995.

Elias, N.: Über den Prozeß der Zivilisation. Frankfurt a.M. 2 Bde. 1988.

Felden, H. von: Bildung und Geschlecht zwischen Moderne und Postmoderne. Zur Verknüpfung von Bildungs-, Biographie und Genderforschung. Opladen 2003.

Flavell, J.H.: Annahmen zum Begriff Metakognition sowie zur Entwicklung von Metakognition. In: W einert, F.E.; Kluwe, R.H. (Hg.) 1983, S. 23-31.

Fromme, J./Kommer, S./Mansel, J./Treumann, K.-P. (Hrsg.): Selbstsozialisation, Kinderkultur und Mediennutzung. Opladen 1999.

Fromme, J./Vollmer, N.: Mediensozialisation oder Medienkultur? In: Fromme, J./Kommer, S./Mansel, J./Treumann, K.-P. (Hrsg.): Selbstsozialisation, Kinderkultur und Mediennutzung. Opladen 1999, S. 200-224.

Fromme, J.: Spiel und Bildung im Zeitalter der Neuen Medien. In: medien praktisch 25 (2002), H. 2, S. 8-13.

Gabriel, N.: Kultur- Wissenschaften und neue Medien. Wissensvermittlung im digitalen Zeitalter. Darmstadt 1997.

Gängler, H.: Hilfe. In: Otto, H.-U.; Thiersch, H. (Hg.): Handbuch Sozialarbeit Sozialpädagogik. Neuwied 2001 S. 772-786.

Gebauer, G. et al.: Historische Anthropologie. Zum Problem der Humanwissenschaft heute oder Versuche einer Neubegründung. Reinbek bei Hamburg 1989.

Gehlen, A.: Der Mensch: seine Natur und seine Stellung in der Welt. In: Rehberg, K.-S. (Hrsg.) Gesamtausgabe, Band 3. Frankfurt a.M. [1940] 1993.

Gerstenmaier, J./Mandl, H.: Wissenserwerb unter konstruktivistischer Perspektive. In: Zeitschrift für Pädagogik, H. 6, 1995, S. 867-887.

Geulen, D./Hurrelmann, K.: Zur Programmatik einer umfassenden Sozialisationstheorie. In: Hurrelmann, K./Ulich, D. (Hrsg.): Handbuch der Sozialisationsforschung. Weinheim 1980, S. 51-67.

Geulen, D.: Sozialisation. In: Lenzen, D. (Hrsg.): Erziehungswissenschaft. Ein Grundkurs. Reinbek 2000, S. 99-132.

Giesecke, H.: Pädagogik als Beruf. Grundformen pädagogischen Handelns. Weinheim/München 1987.

Glaser, B. G./Strauss, A.: The Discovery of Grounded Theory. Chicago 1969.

Goffman, E.: Interaktion: Spaß am Spiel, Rollendistanz. München 1973. Original: Encounters – Two Studies in the Sociology of Interaction. Indianapolis 1961.

Greeno, J. G. and the Middle-School Mathematics Through Applications Project Group: Theories and Practices of Thinking and Learning to Think. In: American Journal of Education 106, 1997, S. 85-126.

Greeno, J. G. and the Middle-School Mathematics Through Applications Project Group: The Situativity of Knowing, Learning, and Research. In: American Psychologist 53, Nr. 1, 1998, S. 5-26.

Groothoff, H.-H.: Erziehung. In: Groothoff (Hrsg.): Pädagogik. Frankfurt a.M. 1967, S. 74-82.

Habermas, J.: Stichworte zur Theorie der Sozialisation. In: Ders.: Kultur und Kritik. Frankfurt a.M. 1977, S. 118-194.

Hahn, A./Kapp, V. (Hrsg.): Selbstthematisierung und Selbstzeugnis: Bekenntnis und Geständnis. Frankfurt a.M. 1987.

Haraway, D.: A Manifesto for Cyborgs: Science, Technology and Socialist-Feminism in the 1980s. In: Socialist Review 80 (1985), S. 65-108.

Havighurst, R.J.: Developmental Tasks and Education. New York. 1974.

Healy, J. A.: Failure to Connect: Why Computers Are Damaging to Our Children's Minds and What We Can Do About It. New York. 1998.

Heid, H.: Erziehung. In: Lenzen, D. (Hrsg.): Erziehungswissenschaft. Ein Grundkurs. Reinbek bei Hamburg 1994. S. 43-68.

Heinze, Th./Klusemann, H. W./Soeffner, H. G. (Hrsg.): Interpretationen einer Bildungsgeschichte. Überlegungen zur sozialwissenschaftlichen Hermeneutik. Bensheim 1980.

Helsper, W.: Sozialisation. In: Krüger, H.-H./Helsper, W. (Hrsg.): Einführung in Grundbegriffe und Grundfragen der Erziehungswissenschaft. Opladen 1996, S. 71-79.

Helsper, W./Hörster, R./Kade, J.: Ungewissheit im Modernisierungsprozess pädagogischer Felder. In: Dies. (Hrsg.) (2003): Pädagogische Felder im Modernisierungsprozeß. Weilerswist 2003, S. 7-20.

Henningsen, J.: Autobiographie und Erziehungswissenschaft. Eine methodologische Erörterung. In: Neue Sammlung (1962), S. 450-461.

Hentig, H. von: Bildung. München und Wien 1996.

Hentig, H. von: Jugend im Medienzeitalter. In: Zeitschrift für Erziehungswissenschaft Heft 1/98. 1998, S. 23-44.

Herrmann, U.: Biographische Konstruktionen und das gelebte Leben. Prolegomena zu einer Biographie- und Lebenslaufforschung in pädagogischer Absicht. In: Zeitschrift für Pädagogik 33 (1987). H. 3, S. 303-323.

Herzberg, H.: Biographie und Lernhabitus. Eine Studie im Rostocker Werftarbeitermilieu. Frankfurt a.M./New York 2004.

Heydorn, H.-J.: Zu einer Neufassung des Bildungsbegriffs. In: Ders.: Bildungstheoretische Schriften Band 3. Frankfurt a.M. 1980, S. 95-184.

Höltershinken, D. (Hrsg.): Das Problem der pädagogischen Anthropologie im deutschsprachigen Raum. Darmstadt 1976.

Hornstein, W.: Generation und Generationenverhältnisse in der „radikalisierten Moderne". Theoretische Perspektiven und Forschungsaufgaben in der Erziehungswissenschaft. In: Zeitschrift für Pädagogik (1999), 39. Beiheft, S. 51-68.

Humboldt, W. v.: Plan einer vergleichenden Anthropologie. In: Humboldt, Werke in fünf Bänden. Hrsg. v. A. Flitner und K. Giel. Stuttgart. [1796] 3. Aufl.. Bd. 1. 1980, S. 337-375.

Humboldt, W. v.: Über die Verschiedenheit des menschlichen Sprachbaues und ihren Einfluss auf die geistige Entwicklung des Menschengeschlechtes. In: Humboldt, Werke in fünf Bänden. Hrsg. v. A. Flitner und K. Giel. Stuttgart. [1830-1835] 3. Aufl. 1980. Bd. 3. S. 368-756.

Hundsalz, A.: Die Erziehungsberatung. Grundlagen, Organisation, Konzepte und Methoden. Weinheim und München 1995.

Hurrelmann, K.: Selbstsozialisation oder Selbstorganisation? Ein sympathisierender, aber kritischer Kommentar. In: Zeitschrift für Sozialisationsforschung und Erziehungssoziologie. 22 (2002), H. 2, S. 155-166.

Joas, H.: Die Kreativität des Handelns. Frankfurt a.M. 1996.

Joas, H.: Praktische Intersubjektivität. Die Entwicklung des Werkes von G.H. Mead. Frankfurt a.M. 2000.

Joy, B.: Warum die Zukunft uns nicht braucht. In: Frankfurter Allgemeine Zeitung Dienstag, 06. 06. 2000. Nr. 130. S. 49.

Kade, J.: Aneignungsverhältnisse diesseits und jenseits der Erwachsenenbildung. In: Zeitschrift für Pädagogik 3/1993. S. 391-408.

Kade, J.: Erziehung als pädagogische Kommunikation. In: Lenzen, D. (Hrsg.): Irritationen des Erziehungssystems. Pädagogische Resonanzen auf Niklas Luhmann. Frankfurt a.M. 2004, S. 199-232.

Kant, I.: Über Pädagogik. In: Weischedel, W. (Hrsg.): Werkausgabe Band XII. Frankfurt a.M. [1803] 1988, S. 691-761.

Keckeisen, W.: Kritische Erziehungswissenschaft. In: Lenzen, D./Mollenhauer, K. (Hrsg.) Theorien und Grundbegriffe der Erziehung und Bildung. Enzyklopädie Erziehungswissenschaft Band 1. Stuttgart 1983, S. 117-138.

Killius, N./Kluge, J./Reisch. L. (Hrsg.): Die Zukunft der Bildung. Frankfurt a.M. 2002.

Klafki, W.: Studien zur Bildungstheorie und Didaktik. Weinheim und Basel 1975.

Koller, H.-Ch.: Bildung in einer Vielfalt von Sprachen. Zur Aktualität Humboldts für die bildungstheoretische Diskussion unter den Bedingungen der (Post-)Moderne. In: Koch, L./Marotzki, W./Schäfer, A. (Hrsg.): Die Zukunft des Bildungsgedankens. Weinheim 1997, S. 45-64.

Koller, H.-Ch.: Bildung und Widerstreit. Zur Struktur biographischer Bildungsprozesse in der (Post-) Moderne. Müchen 1999.

Kramer, R.-T./Helsper, W./Busse, S. (Hrsg.): Pädagogische Generationsbeziehungen. Opladen 2001.

Krapp, A.; Weidenmann, R. (Hg.): Pädagogische Psychologie. Weinheim. 2001.

Krappmann, L./Lepenies, A. (Hrsg.): Alt und Jung. Spannung und Solidarität zwischen den Generationen. Frankfurt a.M. 1997.

Krappmann, L.: Soziologische Dimensionen der Identität. Stuttgart 1978.

Kraul, M./Marotzki, W. (Hrsg.): Biographische Arbeit. Perspektiven erziehungswissenschaftlicher Biographieforschung. Opladen 2002.

Krüger, H.-H./Marotzki, W. (Hrsg.): Handbuch erziehungswissenschaftliche Biographieforschung. Opladen 1999.

Krüger, H.-H.: Bilanz und Zukunft der erziehungswissenschaftlichen Biographieforschung. In: Krüger, H.H./Marotzki, W. (Hrsg.): Erziehungswissenschaftliche Biographieforschung. Opladen 1995, S. 32-54.

Küppers, W.: Mädchentagebücher in der Nachkriegszeit. Stuttgart 1964.

Kurz-Adam, M./Post, I. (Hg.): Erziehungsberatung und Wandel der Familie. Probleme, Neuansätze und Entwicklungslinien. Opladen 1995.

Kurz-Adam, M.: Modernisierung von innen? Wie der gesellschaftliche Wandel die Beratungsarbeit erreicht. In: Kurz-Adam, M.; Post, I. (Hg.): Erziehungsberatung und Wandel der Familie. Probleme, Neuansätze und Entwicklungslinien. Opladen 1995, S. 175-195.

Kurzweil, R.: Homo s@piens. Leben im 21. Jahrhundert. Was bleibt vom Menschen?. München [1999], 3. Aufl. 2001.

La Mettrie, J. O. de: Der Mensch als Maschine. Aus dem Franz. übersetzt und herausgegeben von C. Becker. Hamburg [1748] 1990.

Landmann, M.: Philosophische Anthropologie: menschliche Selbstdarstellung in Geschichte und Gegenwart. Berlin 1982.

Lange, A.: „Generationenrhetorik" und mehr: Versuche über ein Schlüsselkonzept. In: Sozialwissenschaftliche Literaturrundschau 22 (1999), H. 39, S. 71-89.

Lassahn, R.: Grundriß einer Allgemeinen Pädagogik. Zweite Auflage. Heidelberg 1983.

Lave, J./Wenger, E.: Situated learning. Legitimate peripheral participation. Cambridge 1991.

Leggewie, C.: Die 89er. Portrait einer neuen Generation. Hamburg 1995.

Lenzen, D. (Hrsg.): Pädagogik und Alltag. Methoden und Ergebnisse alltagsorientierter Forschung in der Erziehungswissenschaft. Stuttgart 1980.

Lenzen, D.: Orientierung Erziehungswissenschaft. Was sie kann, was sie will. Reinbek bei Hamburg 1999.

Lepenies, W.: Das Ende der Naturgeschichte. Frankfurt a.M. 1978.

Leutner, D.: Instruktionspsychologie. In: Rost, D. (Hg.): Handwörterbuch Pädagogische Psychologie. Weinheim 2001. S. 267-276.

Liebau, E. (Hrsg.): Das Generationenverhältnis. Über das Zusammenleben in Familie und Gesellschaft. Weinheim 1997.

Liebau, E./Wulf, Ch. (Hrsg.): Generation. Versuche über eine pädagogisch-anthropologische Grundbedingung. Weinheim 1998.

Lippitz, W.: „Ich glaube ich war damals ein richtiger verschüchterter kleiner Kant..." (Zorn 1987, 32). Moralische Erziehung – autobiographisch gesehen. In: Berg, Ch. (Hrsg.): Kinderwelten. Frankfurt a.M. 1991, S. 315-335.

Litt, Th.: Führen oder Wachsenlassen. Eine Erörterung des pädagogischen Grundproblems. 8. Auflage. Stuttgart [1927] 1960.
Loch, W.: Der Lebenslauf als anthropologischer Grundbegriff einer biographischen Erziehungstheorie. In: Krüger, H.-H./Marotzki, W. (Hrsg.): Handbuch erziehungswissenschaftliche Biographieforschung. Opladen 1999, S. 69-88.
Loch, W.: Lebenslauf und Erziehung. Reihe: Neue pädagogische Bemühungen, Band 79. Essen 1979.
Lorenz, K.: Das sogenannte Böse. Zur Naturgeschichte der Aggression" München [1963] 1974.
Lorenz, K.: Die acht Todsünden der zivilisierten Menschheit. Orig.-Ausg., 21. Aufl. München/Zürich [1973] 1989.
Lorenz, K.: Über tierisches u. menschliches Verhalten. 2 Bde. München/Zürich [1965] 1987/1988.
Luhmann, N./Lenzen, D. (Hg.): Bildung und Weiterbildung im Erziehungssystem. Frankfurt a.M. 1997.
Luhmann, N.: Soziale Systeme. Grundriß einer allgemeinen Theorie. Frankfurt a.M. 1984.
Lüscher, K./Schultheis, F. (Hrsg.): Generationsbeziehungen in „postmodernen" Gesellschaften. Konstanzer Beiträge zur sozialwissenschaftlichen Forschung 7. Konstanz 1993.
Mannheim, K.: Das Problem der Generationen. In: Mannheim, K.: Wissenssoziologie. Berlin/Neuwied [1928] 1964, S. 509-565.
Mannheim, K.: Strukturen des Denkens. Frankfurt a.M. 1980.
Mansel, J. (Hrsg.): Glückliche Kindheit – Schwierige Zeit? Über die veränderten Bedingungen des Aufwachsens. Opladen 1996.
Mansel, J./Fromme, J./Kommer, S./Treumann, K.P.: Selbstsozialisation, Kinderkultur und Mediennutzung. In: Fromme, J./Kommer, S./Mansel, J./Treumann, K.-P. (Hrsg.): Selbstsozialisation, Kinderkultur und Mediennutzung. Opladen 1999, S. 9-22.
Mansel, J./Rosenthal, G./Tölke, A. (Hrsg.): Generationen-Beziehungen, Austausch und Tradierung. Opladen 1997.
Marotzki, W.: Ideengeschichtliche und programmatische Dimensionen pädagogischer Biographieforschung. In: Hoffmann, D. (Hrsg.): Bilanz der Paradigmendiskussion in der Erziehungswissenschaft. Leistungen, Defizite, Grenzen. Weinheim 1991a, S. 81-110.
Marotzki, W.: Aspekte einer bildungstheoretisch orientierten Biographieforschung. In: Hoffmann, D./Heid, H. (Hrsg.): Bilanzierungen erziehungswissenschaftlicher Theorieentwicklung: Erfolgskontrolle durch Wissenschaftsforschung. Weinheim 1991b, S. 119-134.
Marotzki, W.: Entwurf einer strukturalen Bildungstheorie. Biographietheoretische Auslegung von Bildungsprozessen in hochkomplexen Gesellschaften. Weinheim 1990.
Marotzki, W.: Erziehungswissenschaftliche Biographieforschung. Methodologie – Tradition – Programmatik. In: Zeitschrift für Erziehungswissenschaft 3 (1999), S. 325-341.
Marotzki, W.: Neue kulturelle Vergewisserungen: Bildungsperspektiven des Internet. In: Sandbothe, M./Marotzki, W. (Hrsg.): Subjektivität und Öffentlichkeit. Kulturwissenschaftliche Grundlagenprobleme virtueller Welten. Köln 2000, S. 236-258.
Maturana, H. R.: Kognitive Strategien. In: Maturana. Erkennen: Die Organisation und Verkörperung von Wirklichkeit. Braunschweig/Wiesbaden 1972.
Maturana, R. H./Varela, F. J.: Der Baum der Erkenntnis. Bern u.a. 1987.
Mead, G.H.: Geist, Identität und Gesellschaft. Original: Mind, Self, and Society. [Chicago 1948]. Frankfurt a.M. 1991.
Mead, G.H.: Gesammelte Aufsätze. Bd. 1. Frankfurt a.M. 1987.
Meister, D./Sander, U.: Migration und Generation. In: Ecarius, J. (Hrsg.): Was will die jüngere mit der älteren Generation? Generationenbeziehungen und Generationenverhältnisse in der Erziehungswissenschaft. Opladen 1998, 183-205.
Menck, P.: Was ist Erziehung? Eine Einführung in die Erziehungswissenschaft. Donauwörth 1998.
Menne, K./Cremer, H./Hundsalz, A. (Hg.): Jahrbuch für Erziehungsberatung, Bd. 2. Weinheim und München 1996.
Merten, R./Olk, Th.: Wenn Sozialarbeit sich selbst zum Problem wird. Strategien reflexiver Modernisierung. In: Rauschenbach, Th./Gängler, H. (Hg.): Soziale Arbeit und Erziehung in der Risikogesellschaft. Neuwied 1992, S. 81-100.

Meyer-Drawe, K.: Maschine. In: Wulf, Ch. (Hrsg.): Vom Menschen. Handbuch Historische Anthropologie. Weinheim und Basel 1997. S. 726-737.
Meyer-Drawe, K.: Menschen im Spiegel ihrer Maschinen. München 1996.
Misch, G.: Geschichte der Autobiographie. Frankfurt 1949-1969.
Mittelstraß, J.: Wissenschaft als Lebensform. Reden über philosophische Orientierungen in Wissenschaft und Universität. Frankfurt a.M. 1982.
Mittelstraß, J.: Bildung und ethische Maße. In: Killius, N./Kluge, J./Reisch. L. (Hrsg.): Die Zukunft der Bildung. Frankfurt a.M. 2002, S. 151-170.
Mollenhauer, K.: Erziehung und Emanzipation: polemische Skizzen. München [1968], 7. Aufl. 1977.
Mollenhauer, K.: Was ist Erziehung?. In: Deutsche Jugend. Wiesbaden 1966, S. 159-194.
Moravec, H.: Computer übernehmen die Macht. Vom Siegeszug der künstlichen Intelligenz. Hamburg 1999.
Moravec, H.: Mind Children. Der Wettlauf zwischen menschlicher und künstlicher Intelligenz. Hamburg 1990.
More, M.: Die Zukunft willkommen heißen statt auf sie zu verzichten. 2000. Internet: http://www.transhumanismus.de/Dokumente/morejoy.htm, 21.11.2002.
More, M.: Die Extropischen Grundsätze 3.0. 1998. Internet: http://www.transhumanismus.de/Dokumente/ep30.html, 21.11.2002.
Müller, H.R.: Das Generationenverhältnis aus erziehungstheoretischer Sicht. In: neue praxis 28 (1998), H. 5, S. 502-509.
Neubauer, G. (Hrsg.): Jugend im deutsch-deutschen Vergleich. Die Lebenslage der jungen Generation im Jahr der Vereinigung. Neuwied 1992.
Niemeyer, Ch.: Hilfe. In: Lenzen, D. (Hg.): Erziehungswissenschaft. Ein Grundkurs. Reinbek b. Hamburg 1994, S. 159-185.
Nohl, A.-M.: Bildung und Spontaneität. Empirische Rekonstruktionen und pragmatische Reflexionen zu Phasen von Wandlungsprozessen in unterschiedlichen Lebensaltern. Habilitationsschrift an der Universität Magdeburg. Manuskript. Magdeburg 2004.
Nohl, A.-M./Ortlepp, W.: Bildung und Gedächtnis im Cyberspace, erscheint in: Marotzki, W./Fromme, J./Meder, W. (Hrsg.): Cyberbildung. Opladen 2004.
Nohl, A.-M.: Migration und Differenzerfahrung. Junge Einheimische und Migranten im rekonstruktiven Milieuvergleich. Opladen 2001.
Nohl, A.-M.: Personale und soziotechnische Bildungsprozesse im Internet. In: Zeitschrift für qualitative Bildungs-, Beratungs- und Sozialforschung 3 (2002), H. 2, S. 225-240
Nohl, A.-M.: Von der praktischen Widerständigkeit zum Generationsmilieu: Adoleszenz und Migration in einer Breakdance-Gruppe. In: Roth, R./Rucht, D. (Hrsg.): Jugendkulturen, Politik und Protest. Opladen: 2000, S. 237-252.
Nohl, H.: Das Verhältnis der Generationen in der Pädagogik. In: Ders.: Pädagogische Aufsätze. Langensalza 1918, S. 111-120.
Oelkers, J.: Einführung in die Theorie der Erziehung. Weinheim und Basel 2001.
Oelkers, J.: Reformpädagogik. Eine kritische Dogmengeschichte. Weinheim und München 1989.
Oelkers, J.: Theorie der Erziehung. Ein vernachlässigtes Thema. In: Zeitschrift für Pädagogik 37 (1991), H. 1, S. 13-18.
Ohe, W. v. d. (Hrsg.): Kulturanthropologie. Beiträge zum Neubeginn einer Disziplin. Berlin 1987.
Papert, S.: Kinder, Computer und neues Lernen. Basel. 1982.
Papert, S.: Revolution des Lernens. Kinder, Computer, Schule in einer digitalen Welt. Hannover. 1994.
Papert, S.: The Connected Family. Bridging the Digital Generation Lap. Atlanta, Georgia 1996.
Parmentier, M.: Ethnomethodologie. In: Lenzen, D./Mollenhauer, K. (Hrsg.) Theorien und Grundbegriffe der Erziehung und Bildung. Enzyklopädie Erziehungswissenschaft Band 1. Stuttgart 1983, S. 246-261.
Parsons, T.: Zur Theorie sozialer Systeme. Opladen 1976.
Perelman, L.: School's Out. A Radical New Formula for the Revitalization of America's Educational System. New York. 1992

Piaget, J.: Der Aufbau der Wirklichkeit beim Kinde. Stuttgart 1974.
Prange, K.: Plädoyer für Erziehung. Hohengehren 2000.
Projektgruppe Bildung im Internet: Lern- und Bildungsprozesse älterer Menschen im Internet: eine qualitativ-empirische Analyse, erscheint in: Marotzki, W./Fromme, J./Meder, W. (Hrsg.): Cyberbildung. Opladen 2005.
Projektgruppe Jugendbüro und Hauptschularbeit: Die Lebenswelt von Hauptschülern. Ergebnisse einer Untersuchung. München 1975.
Projektgruppe Jugendbüro: Subkultur und Familie als Orientierungsmuster. Zur Lebenswelt von Hauptschülern. München 1977.
Rauhut, F./Schaarschmidt, I.: Beiträge zur Geschichte des Bildungsbegriffs. Weinheim 1965.
Rauschenbach, T.: Der neue Generationenvertrag. In: Zeitschrift für Pädagogik (1994), 32. Beiheft, S. 161-176
Rauschenbach, Th./Gängler, H. (Hg.): Soziale Arbeit und Erziehung in der Risikogesellschaft. Neuwied 1992.
Reinmann-Rothmeier, G.; Mandl, H.: Unterrichten und Lernumgebungen gestalten. In: Krapp, A.; Weidenmann, R. (Hg.): Pädagogische Psychologie. Weinheim. 2001, S. 601-646.
Ritzel, W.: Pädagogik als praktische Wissenschaft. Heidelberg 1973.
Rousseau, J.-J.: Emile oder über die Erziehung. Stuttgart [1762] 1970.
Rutschky, K.: Erziehungszeugen. Autobiographien als Quelle für eine Geschichte der Erziehung. In: Zeitschrift für Pädagogik 4/1983. S. 499-518.
Rutschky, K.: Schwarze Pädagogik. Quellen zur Naturgeschichte der Bürgerlichen Erziehung. Frankfurt a.M./Berlin [1977] 1988.
Schäfers, B.: Grundbegriffe der Soziologie. Opladen 1992.
Schäffer, B.: Generation – Medien – Bildung. Medienpraxiskulturen im Generationenvergleich. Opladen 2003.
Schaller, K.: Pädagogik der Kommunikation. Annäherungen – Erprobungen. Sankt Augustin 1987.
Schaller, Klaus/Schäfer, K.-H.: Bildung und Kultur. Ein Repetitorium moderner Bildungstheorien I. In: Hamburg 1969.
Scheuerl, H.: Pädagogische Anthropologie. Eine historische Einführung. Stuttgart u.a. 1982.
Scheuerl, H.: Über die geisteswissenschaftliche Tradition in der Pädagogik und ihre Rekonstruktion. In: Zeitschrift für Pädagogik 27 (1981), H. 1, S. 1-6.
Schleiermacher, F.: Ausgewählte pädagogische Schriften. Paderborn 1959.
Schleiermacher, F.: Vorlesungen aus dem Jahre 1826. In: Pädagogische Schriften I. Hrsg. v. E. Weniger unter Mitwirkung von Th. Schulze. Frankfurt a.M. u.a. [1826] 1983.
Schneider, I. K.: Erziehung unter dem Einfluss konträrer Weltanschauungen. Dichte Biographische Beschreibung. Weinheim 1998.
Schnoor, D.: Schulentwicklung durch neue Medien. In: Kubicek u.a. (Hrsg.) 1998. S. 99-108.
Schoenebeck, H.: Antipädagogik im Dialog: eine Einführung in antipädagogisches Denken, 2. verb. u. erw. Auflage. Weinheim und Basel 1989.
Schulze, Th.: Biographisch orientierte Pädagogik. In: Petersen, J./Reinert, G.-B. (Hrsg.): Pädagogische Konzeptionen. Donauwörth 1992. S. 269-294.
Schulze, Th.: Das Allgemeine im Besonderen und das besondere Allgemeine. In: Hansen-Schaberg, I. (Hg.): „etwas erzählen". Die lebensgeschichtliche Dimension in der Pädagogik. Hohengehren 1997. S.176-188.
Schulze, Th.: Erziehungswissenschaftliche Biographieforschung. Anfänge, Fortschritt, Ausblicke. In: Krüger, H.H./Marotzki, W. (Hrsg.): Erziehungswissenschaftliche Biographieforschung. Opladen 1995, S. 10-31.
Schulze, Th.: Erziehungswissenschaftliche Biographieforschung. Anfänge, Fortschritt, Ausblicke. In: Krüger, H.-H.; Marotzki, W. (Hrsg.): Handbuch erziehungswissenschaftliche Biographieforschung. Opladen 1999, S. 33-55.
Schulze, Th.: Pädagogische Dimension der Biographieforschung. In: Hoerning, E. M. (Hrsg.): Biographieforschung und Erwachsenenbildung. Bad Heilbrunn 1991.
Schütz, A.: Über die mannigfaltigen Wirklichkeiten. In: Schütz, A.: Gesammelte Aufsätze Bd. 1: Das Problem der sozialen Wirklichkeit. Den Haag [1945] 1971, S. 237-298.

Schütze, F.: Biographieforschung und narratives Interview. In: Neue Praxis 13 (1983b) H. 3, S. 283-293.
Schütze, F.: Prozeßstrukturen des Lebensablaufs. In: Matthes, J./Pfeifenberger, A./Stosberg, M. (Hrsg.): Biographie in handlungswissenschaftlicher Perspektive. Nürnberg 1983a, S. 67- 156.
Searle, J. R.: Bewusstsein und Maschinen. In: Mensch oder Roboter – Wem gehört die Zukunft? Das Magazin 1/2001. Internet: http://www.wz.nrw.de/wzn-scripts/magazine.asp, 09.02.2004, 2001b.
Searle, J. R.: Geist, Hirn, Wissenschaft. Frankfurt a.M. 1986.
Searle, J. R.: I married a Computer. In: Richards, J. W. (Ed.): Are We Spiritual Machines? Ray Kurzweil vs. the Critics of Strong A.I. Seattle 2002.
Searle, J. R.: Ist das Gehirn ein Digitalcomputer?. In: Schefe, P./Hastedt, H./Dittrich, Y./Keil, G. (Hrsg.): Informatik und Philosophie. Mannheim 1993.
Searle, J. R.: Rationality in Action (Jean Nicod Lectures). Cambridge, MA 2001a.
Singer, W.: Ein neues Menschenbild? Frankfurt a.M. 2003.
Singer, W.: Keiner kann anders, als er ist. Verschaltungen legen uns fest: Wir sollten aufhören, von Freiheit zu reden. In: Frankfurter Allgemeine Zeitung, 08.01.2004, Nr. 6, S. 33.
Srubar, I.: Kosmion. Die Genese der pragmatischen Lebensweltheorie von Alfred Schütz und ihr anthropologischer Hintergrund. Frankfurt a.M. 1988.
Szydlik, M.: Lebenslange Solidarität? Generationenbeziehungen zwischen erwachsenen Kindern und Eltern. Opladen 2000.
Tenorth, H.-E.: Berufsethik, Kategorienanalyse, Methodenreflexion. Zum historischen Wandel des Allgemeinen in der wissenschaftlichen Pädagogik. In: Zeitschrift für Pädagogik 30 (1984), H. 1, S. 49-68.
Tenorth, H.-E.: Geschichte der Erziehung. Einführung in die Grundzüge ihrer neuzeitlichen Entwicklung. Weinheim/München 1988.
Terhart, E.: Lehr-Lern-Methoden. Weinheim u. München 1989.
Thiersch, H.: Sozialpädagogik und Erziehungswissenschaft. Reminiszenzen zu einer hoffentlich bald überflüssigen Diskussion. In: Krüger, H.-H./Rauschenbach, Th. (Hrsg.): Erziehungswissenschaft. Die Disziplin am Beginn einer neuen Epoche. Weinheim und München 1994, S. 131-146.
Thole, W./Küster-Schapfl, E.-U.: Sozialpädagogische Profis. Beruflicher Habitus, Wissen und Können von PädagogInnen in der außerschulischen Kinder- und Jugendarbeit. Opladen 1997.
Tiefel, S.: Beratung und Reflexion. Eine qualitative Studie zu professionellem Beratungshandeln in der Moderne. Wiesbaden 2004.
Tillmann, K.-J.: Sozialisationstheorien – Eine Einführung in den Zusammenhang von Gesellschaft, Institution und Subjektwerdung. Reinbek 2000
Uhle, R.: Grundlinien einer Rekonstruktion hermeneutisch praktischer Pädagogik. In: Zeitschrift für Pädagogik 1/1981. S. 7-29.
Veith, H.: Sozialisation als reflexive Vergesellschaftung. In: Zeitschrift für Sozialisationsforschung und Erziehungssoziologie 22 (2002), H. 2, S. 167-177.
Weber, E.: Erziehungsstile. Lehrbuch für Studierende der Pädagogik. Donauwörth 1970.
Weinert, F.E.; Kluwe, R.H. (Hg.): Metakognition, Motivation und Lernen. Stuttgart u.a. 1983
Weniger, E.: Bildung und Persönlichkeit. In: Ders.: Die Eigenständigkeit der Erziehung in Theorie und Praxis. 2. Aufl. Weinheim 1958.
Willmann, O.: Allgemeine Pädagogik. In: Sämtliche Werke. Bd. 3. Aalen [1873]1971.
Wulf, C./Althans, B./Audehm, K./Bausch, C./Göhlich, M./Sting, S./Tervooren, A./Wagner-Willi, M./Zirfas, J.: Das Soziale als Ritual – Zur performativen Bildung von Gemeinschaften. Opladen 2001.
Wulf, C. (Hrsg.): Vom Menschen. Handbuch Historische Anthropologie. Weinheim und Basel 1997.
Wulf, C. (Hrsg.): Einführung in die Historische Anthropologie. Weinheim 1994.
Zinnecker, J.: Selbstsozialisation – Ein Essay über ein aktuelles Konzept. In: Zeitschrift für Sozialisationsforschung und Erziehungssoziologie 20 (2000), H. 3, S. 272-290.

Zinnecker, J.: Sorgende Beziehungen zwischen Generationen im Lebensverlauf. Vorschläge zur Novellierung des pädagogischen Codes. In: Luhmann, N./Lenzen, D. (Hg.): Bildung und Weiterbildung im Erziehungssystem. Frankfurt a.M. 1997, S. 199-227.

Zinnecker, J.: Wohin mit dem „strukturlosen Subjektzentrismus"? Eine Gegenrede zur Entgegnung von Ullrich Bauer. In: Zeitschrift für Sozialisationsforschung und Erziehungssoziologie 22 (2002), H. 2, S. 143-154.

Zirfas, J./Wulf, C.: Integration im Ritual. Performative Prozesse und kulturelle Differenzen. In: Zeitschrift für Erziehungswissenschaft 4 (2001), H. 2, S. 191-208.

Literatur zu Kapitel 5

Einführungen:

Wellenreuther, M.: Quantitative Forschungsmethoden in der Erziehungswissenschaft. Weinheim u. München 2000

Bohnsack, R.: Rekonstruktive Sozialforschung. Einführung in Methodologie und Praxis qualitativer Forschung. Opladen 2003.

Handbücher:

Tippelt, R. (Hrsg.): Handbuch Bildungsforschung. Opladen 2002

Bohnsack, R./Marotzki, W./Meuser, M. (Hrsg.): Hauptbegriffe qualitativer Sozialforschung. Opladen 2003.

Friebertshäuser, B./Prengel, A. (Hrsg.): Handbuch qualitative Methoden in der Erziehungswissenschaft. Weinheim u. München 1997.

Zeitschriften:

Zeitschrift für qualitative Bildungs-, Beratungs- und Sozialforschung (ZBBS)
Empirische Pädagogik

Zitierte Literatur:

Artelt, C./Demmrich, A./Baumert, J.: Selbstreguliertes Lernen. In: Deutsches PISA-Konsortium (Hrsg.): PISA 2000. Opladen 2001, S. 271-298.

Baacke, D./Schulze, T. (Hg.): Aus Geschichten lernen. Weinheim u. München 1979.

Baumert, J./Klieme, E./Neubrand, M./Prenzel, M./Schiefele, U./Schneider, W./Stanat, P./Tillmann, K.-J./Weiß, M. (Hrsg.): PISA 2000. Basiskompetenzen von Schülerinnen und Schülern im internationalen Vergleich. Opladen 2001.

Böhme, J.: Schulmythen und ihre imaginäre Verbürgung durch oppositionelle Schüler. Bad Heilbrunn/Obb 2000.

Bohnsack, R.: Generation, Milieu und Geschlecht – Ergebnisse aus Gruppendiskussionen mit Jugendlichen. Opladen 1989

Bohnsack, R./Marotzki, W./Meuser, M. (Hrsg.): Hauptbegriffe qualitativer Sozialforschung. Opladen 2003.

Bohnsack, R./Nentwig-Gesemann, I./Nohl, A.-M. (Hrsg.): Die dokumentarische Methode und ihre Forschungspraxis. Grundlagen qualitativer Sozialforschung. Opladen 2001.

Bohnsack, R.: Rekonstruktive Sozialforschung. Einführung in Methodologie und Praxis qualitativer Forschung. Opladen 2003.

Bourdieu, P.: Die Praxis der reflexiven Anthropologie. In: Ders./Wacquant, L.J.D.: Reflexive Anthropologie. Frankfurt a.M. 1996, S. 251-294.

Eckert, Th.: Bildungsstatistik. In: Tippelt, R. (Hrsg.): Handbuch Bildungsforschung. Opladen 2002, S. 459-473.

Felden, H. von: Literacy oder Bildung? Der Literacy-Ansatz der PISA-Studie in bildungstheoretischer Perspektive. In: Moschner, B./Kiper, H./Kattmann, U. (Hrsg.): Perspektiven für Lehren und Lernen. PISA 2000 als Herausforderung. Baltmannsweiler 2003, S. 225-240

Flick, U./Kardorff, E. von/Steinke, I. (Hrsg.): Qualitative Forschung. Ein Handbuch. Reinbek bei Hamburg 2000.

Flick, U.: Qualitative Forschung. Eine Einführung. Reinbek 2003.

Friebertshäuser, B./Prengel, A. (Hrsg.): Handbuch qualitative Methoden in der Erziehungswissenschaft. Weinheim u. München 1997.

Friebertshäuser, B.: ErziehungswissenschaftlerInnen – die neuen Generalisten? In: Otto, H.-U./Rauschenbach, Th./Vogel, P. (Hrsg.): Erziehungswissenschaft: Professionalität und Kompetenz. Opladen 2002, S. 141-161.

Garfinkel, H.: Das Alltagswissen über soziale und innerhalb sozialer Strukturen. In: Arbeitsgruppe Bielefelder Soziologen (Hrsg.): Alltagswissen, Interaktion und gesellschaftliche Wirklichkeit. Bd. 1, Reinbek 1973, S. 189-210.

Garz, D./Blömer, U.: Qualitative Bildungsforschung. In: Tippelt, R. (Hrsg.): Handbuch Bildungsforschung. Opladen 2002, S. 441-457.

Glaser, B. G./Strauss, A.: The Discovery of Grounded Theory. Chicago 1969.

Helsper, W./Böhme, J./Kramer, R.-T./Lingkost, A.: Schulkultur und Schulmythos. Rekonstruktion zur Schulkultur I. Opladen 2001.

Hitzler, R./Honer, A. (Hrsg.): Sozialwissenschaftliche Hermeneutik. Opladen 1997.

Hoffmann-Riem, C.: Die Sozialforschung einer interpretativen Soziologie. In: Kölner Zeitschrift für Soziologie und Sozialpsychologie 32, 1980, S. 339-372

Koller, H.-C.: Bildung und Widerstreit. München 1999

König, E./Zedler, P. (Hrsg.): Bilanz qualitativer Forschung. Bd. I und II, 1995.

Kramer, R.-T.: Schulkultur und Schülerbiographien. Opladen 2002.

Kraul, M./Schulzeck, U./Weishaupt, H.: Forschung und wissenschaftlicher Nachwuchs. In: Tippelt, R./Rauschenbach, T./Weishaupt, H. (Hg.): Datenreport Erziehungswissenschaft. Wiesbaden 2004, S. 91-120

Kromrey, H.: Empirische Sozialforschung. Opladen 1998.

Krüger, H.-H./Ecarius, J./Grunert, C./Michelmann, D.: Kinderbiographien: Verselbständigungsschritte und Lebensentwürfe. In: Bois-Reymond, M. du/Büchner, P./Krüger, H.-H./Ecarius, J./Fuhs, B. (Hrsg.): Kinderleben – Modernisierung von Kindheit im interkulturellen Vergleich. Opladen 1994, S. 221-271.

Krüger, H.-H./Grunert, C./Rostampour, P./Seeling, C./Rauschenbach, Th./Huber, A./Züchner, I./Kleifgen, B./Fuchs, K./Lembert, A.: Wege in die Wissenschaft – Ergebnisse einer bundesweiten Diplom- und Magister-Pädagogen-Befragung. In: Zeitschrift für Erziehungswissenschaft 4 (2002), Heft 3, S. 436-453.

Krüger, H.-H./Marotzki, W. (Hrsg.): Handbuch erziehungswissenschaftliche Biographieforschung. Opladen 1999.

Krüger, H.-H./Schmidt, C./Siebholz, S./Weishaupt, H.: Personal. In: Tippelt, R./Rauschenbach, T./Weishaupt, H. (Hg.): Datenreport Erziehungswissenschaft. Wiesbaden 2004, S. 63-89.

Krüger, H.-H.: Einführung in Theorien und Methoden der Erziehungswissenschaft. Opladen 1999.

Krüger, H.-H.: Erziehungswissenschaftliche Forschung: Hochschulen, außeruniversitäre Forschungseinrichtungen, Praxisforschung. In: Krüger, H.-H./Rauschenbach, Th. (Hrsg.): Einführung in die Arbeitsfelder des Bildungs- und Sozialwesens. Opladen 2000, S. 319-333.

Kuhn, Thomas S.: Die Struktur wissenschaftlicher Revolutionen. Frankfurt a.M. 1973.

Lamnek, S.: Qualitative Sozialforschung. Bd. 1 und 2. München u. Weinheim 1995.

Lenzen, D. (Hrsg.): Erziehungswissenschaft. Ein Grundkurs. Reinbek 2000.

Loos, P./Schäffer, B.: Das Gruppendiskussionsverfahren. Opladen 2001.

Lüders, C.: Beobachten im Feld und Ethnographie. In: Flick, U./von Kardorff, E./Steinke, I. (Hrsg.): Qualitative Forschung. Reinbek 2000, S. 384-401.

Lüders, C.: Warum Forschung im erziehungswissenschaftlichen Studium. In: Otto, H.-U./Rauschenbach, Th./Vogel, P. (Hrsg.): Erziehungswissenschaft: Politik und Gesellschaft. Opladen 2002, S. 129-142.

Marotzki, W.: Entwurf einer strukturalen Bildungstheorie. Weinheim 1990.
Marotzki, W.: Erziehungswissenschaftliche Biographieforschung. In: Zeitschrift für Erziehungswissenschaft 2, H. 3, 1999, S. 325-341.
Marotzki, W.: Ethnographische Verfahren in der erziehungswissenschaftlichen Biographieforschung. In: Jüttemann, G./Thomae, H. (Hg.): Biographische Methoden in den Humanwissenschaften. Weinheim 1998, S. 44-59.
Marotzki, W.: Online-Ethnographie. In: Bohnsack, R./Marotzki, W./Meuser, M. (Hrsg.): Hauptbegriffe qualitativer Sozialforschung. Opladen 2003, S. 129-130.
Marotzki, W.: Qualitative Bildungsforschung. In: König, E./Zedler, P. (Hrsg.): Bilanz qualitativer Forschung. Bd. 1. Weinheim 1995, S. 99-133.
Mollenhauer, K.: Methoden erziehungswissenschaftlicher Bildinterpretation. In: Friebertshäuser, B./Prengel, A. (Hrsg.): Handbuch qualitative Forschungsmethoden in der Erziehungswissenschaft. Weinheim 1997, S. 247-264.
Nohl, A.-M.: Bildung und Spontaneität. Empirische Rekonstruktionen und pragmatistische Reflexionen zu Phasen von Wandlungsprozessen in unterschiedlichen Lebensaltern. Habilitationsschrift an der Universität Magdeburg. Manuskript. Magdeburg 2004.
Nohl, A.-M.: Komparative Analyse. In: Bohnsack, R./Marotzki, W./Meuser, M. (Hrsg.): Hauptbegriffe Qualitativer Sozialforschung. Opladen 2003, S. 100-101.
Nohl, A.-M.: Migration und Differenzerfahrung. Junge Einheimische und Migranten im rekonstruktiven Milieuvergleich. Opladen 2001.
Oevermann, U.: Die Methode der Fallrekonstruktion in der Grundlagenforschung sowie der klinischen und pädagogischen Praxis. In: Kraimer, K. (Hrsg.): Die Fallrekonstruktion. Frankfurt a.M. 2000, S. 58-156.
Popper, K.R.: Logik der Forschung. Tübingen 1966.
Reichertz, J.: Objektive Hermeneutik. In: Hitzler, R./Honer, A. (Hrsg.): Sozialwissenschaftliche Hermeneutik. Opladen 1997, S. 31-56.
Reim, Th./Riemann, G.: Die Forschungswerkstatt. In: Jakob, G./Wensierski, J. von (Hrsg.): Rekonstruktive Sozialpädagogik. Weinheim u. München 1997, S. 223-238.
Riemann, G.: Das Fremdwerden der eigenen Biographie. München 1987
Rittelmeyer, C./Parmentier, M.: Einführung in die pädagogische Hermeneutik. Darmstadt 2001.
Roth, H.: Die realistische Wendung in der Pädagogischen Forschung. In: Neue Sammlung 2 (1961), H. 6, S. 481-490.
Schütz, A.: Gesammelte Aufsätze I. Das Problem der sozialen Wirklichkeit. Den Haag 1971.
Schütze, F.: Biographieanalyse eines Müllerlebens. In: Scholz, H.-D. (Hrsg.): Wasser- und Windmühlen in Kurhessen und Waldeck – Pyrmont. Kaufungen 1991, S. 206-227.
Schütze, F.: Biographieforschung und narratives Interview. In: Neue Praxis 13 (1983a), H. 3, S. 283-293.
Schütze, F.: Prozeßstrukturen des Lebensablaufs. In: Matthes, J./Pfeifenberger, A./Stosberg, M. (Hrsg.): Biographie in handlungswissenschaftlicher Perspektive. Nürnberg 1983b, S. 67- 156.
Schütze, F./Meinefeld, W./Springer, W./Weymann, A.: Grundlagentheoretische Voraussetzungen methodisch kontrollierten Fremdverstehens. In: Arbeitsgruppe Bielefelder Soziologen (Hg.): Alltagswissen, Interaktion und gesellschaftliche Wirklichkeit. Bd. 2. Reinbek 1973, S. 433-495
Seel, N.M.: Quantitative Bildungsforschung. In: Tippelt, R. (Hrsg.): Handbuch Bildungsforschung. Opladen 2002, S. 427-440.
Strauss, A.: Qualitative Sozialforschung. München 1991.
Tenorth, H.-E.: „Bildung" – Thematisierungsformen und Bedeutung in der Erziehungswissenschaft. In: Zeitschrift für Pädagogik 43 (1997), H. 6, S. 969-984.
Tippelt, R. (Hrsg.): Handbuch Bildungsforschung. Opladen 2002.
Wellenreuther, M.: Quantitative Forschungsmethoden in der Erziehungswissenschaft. Weinheim u. München 2000.

MIX
Papier aus verantwortungsvollen Quellen
Paper from responsible sources
FSC® C105338

If you have any concerns about our products,
you can contact us on
ProductSafety@springernature.com

In case Publisher is established outside the EU,
the EU authorized representative is:
Springer Nature Customer Service Center GmbH
Europaplatz 3, 69115 Heidelberg, Germany

Printed by Libri Plureos GmbH
in Hamburg, Germany